시대가
투사로 만든
언론인

송건호
평전

시대가
투사로 만든
언론인

송건호
평전

김삼웅

권력에 흔들리지 않는 푸른 이끼 덮인 큰 바위

필자는 청암靑巖 송건호宋健鎬 선생에게 두 가지 빚을 졌다. 하나는 1991년에 백범 김구 선생의 암살 관련 진상을 규명하는 책『패배한 암살』학민사을 출간했을 때였다. 때마침 국회에서 백범 암살 진상규명 활동이 전개되고 있어 이 책을 내면서 진상규명을 촉구하는 강연회를 준비했다.

여의도 여성백인회관에서 열린 강연회에는 김대중 당시 평민당 총재와 이종찬 민정당 원내총무가 연사로 참석할 예정이었다. 우리는 송건호 선생에게도 강연을 부탁했다. 정치인 두 분을 모신 것은 국회에서 백범 김구 선생의 암살 관련 진상규명 활동을 촉구하기 위해서였다. 송건호 선생은 백범에 관한 책을 펴낼 만큼 평소에 백범을 무척 존경했고, 그 자신도 존경받는 언론인이었기 때문에 부탁을 드렸다.

그는 당시《한겨레신문》의 대표이사를 맡고 있었다. 한겨레신문사를 방문하여 사정을 말씀드렸더니 기꺼이 응해 주셨다. 강연회에서는 차분한 어조로 강연하고 『패배한 암살』에도 과분한 평가를 해 주셨다.

두 번째는 '글빚'이다. 송건호 선생은《사상계》1964년 10월호에 「곡필언론사曲筆言論史」라는 평론을 쓰셨다. 200자 원고지 100매에 이르는 분량이었다.

하얀색 표지에 한자로 '曲筆言論史〈100枚〉'라는 논설 제목이 소개되고, 본문의 208쪽부터 220쪽까지 그 내용이 실렸다. 논설의 부제는 '망국 변호론에서 3·15 부정선거 옹호론까지'였다. 글의 마지막에 '경향신문 논설위원'이라 명기한 것으로 보아 당시에는《경향신문》논설위원이었던 것 같다. 필자는 지금도 이 글이 실린《사상계》를 보관하고 있다.

이 글은 필자에게 두고두고 충격이었다. 갓 20대가 된 청년에게 「곡필언론사」는 한국 언론과 지성계를 보는 새로운 눈을 뜨게 만들었다. 그때까지만 해도 일부 신문사에서 펴낸 '명논설집'이니 '명사설선' 등을 보며, 우리 언론인과 지식인들은 직필·정론만 쓰는 줄 알았다.

송건호 선생의 이 논설은 부제처럼 비록 망국기에서부터 3·15 부정선거 기간까지만 다루고 있지만, 필자는 이 글에서 언론인과 지식인들의 추악한 뒷모습을 알게 되었다. 그 이후 정론과 곡필에 관심을 갖게 되어『한국곡필사』와『유신시대의 곡필』에 이어『곡필로 본 해방 50년』,『한국필화사』,『금서』,『위서』등을 쓰게 되었다. 게다가 친일파에도 관심이 생겨『친일정치 100년사』,『일제는 조선을 얼마나 망쳤을까』등을 쓰기도 했다.

돌이켜 보면 송건호 선생이 쓴 논설 한 편이 필자에게 곡필과 친일파 문제에 몰입하게 되는 계기가 되었다. 이 논설은 필자에게 엄청난 '문화 충격'을 주었고, 삶의 방향마저 바꾸었다. 송건호 선생께 많은 '글빚'을 진 셈이다.

이렇게 송건호 선생과 '인연'을 맺었으나 그가 언론계의 너무 큰 거목이라 가까이할 처지는 못 되었다. 그저 그의 글과 책을 열심히 찾아 읽고, 사숙했다. 특히 1975년에《동아일보》기자들의 언론자유선언과 백지광고 사태에 이어서 기자들이 대거 쫓겨날 때 이 신문사의 편집국장직을 헌신짝처럼 내던지고 해직기자들과 운명을 함께하는 모습을 지켜보면서 경외감은 더욱 짙어졌다. 송건호 선생은 기자들의 집단해고에 항의하여 "현재의 사태를 수습하는 길은 회사 측이 하루빨리 기자들을 복직시키는 것밖에 없다. 그러지 않으면 동아일보는 역사의 심판을 받을 것"이라는 성명을 내고 편집국장직을 사임했다.

당시《동아일보》기자들은 반독재 언론수호에 몸부림치고 있었다.

송건호 선생은 언론인으로서 강직한 성품과 지사적 풍모를 보여 주었다. 저명한 논객이자 열렬한 민주화 운동가였다. 박정희의 폭압으로 언론이 침묵할 때 함석헌의《씨ᄋᆞᆯ의 소리》편집위원, 한국기독교 교회협의회NCC의 인권위원으로 활동하면서 반독재 투쟁에 앞장섰다.

1970년대 중반 박정희 정부에서 청와대 공보비서를 시작으로 네 차례나 입각 제의와 유정회 국회의원직 제의를 받았고, 5공 때도 10여 차례나 비슷한 유혹을 받았다. 유명세를 탄 언론인과 대학교수들이 줄줄이 각료가 되거나 국회와 정부 요직으로 들어가던 시대에 독재정권이 민심 호도책으로 내세우기 위해 욕심내는 인물이었다. 그러나 송건호 선생은 달랐다. 그의 아호 '청암'대로 '푸른 이끼 덮인 큰 바위'는 권력에 흔들리지 않았다.

송건호 선생은 결코 물욕이나 권세욕 따위에 연연하지 않았다. 무욕無慾·무사無邪의 품성으로 지사적 언론인의 길을 지키다가 감옥에 가고 실업자가 되고 민주화운동에 헌신했다.

1980년에 벌어진 전두환의 군부 쿠데타는 송건호 선생을 비켜 가지 않았다. 그는 날조된 '김대중 내란음모 사건' 혐의로 구속되어 군사 법정에 서는 시련을 겪어야 했다. 여전히 부인과 6남매를 둔 가정의 생계는 궁핍하기 그지없었다.

내가 1970년대와 1980년대에 송건호 선생을 지켜보면서 놀라웠던 것은, 그의 투철한 시대정신과 왕성한 지식 욕구였다. 유신 체제와 5공의 광기가 계속되면서 지식인들은 현대사 연구를 외면했다. 마치 독일에서 나치가 집권하면서 근현대사를 전공하던 학자 대부분이 전공을 고대사나 중세사 연구로 바꾸었듯이, 한국 상황도 그와 별반 다르지 않았다. 유신 체제와 5공 체제를 다루다가 권력과 충돌하게 될 것이 두려워서 전공을 변경했기 때문이다.

송건호 선생은 다른 이들이 걷지 않는 길을 걸었다. 그는 유일하게 한국 현대사를 연구하는 개척자 역할을 했다. 당대인들이 숨 쉬고 있는 현대사의 황무지를 송건호 선생이 개척했다. 유신과 5공의 망령이 설치는 때에 『민족지성의 탐구』1975, 『한국 민족주의의 탐구』1977, 『한국현대사』1979, 『한국현대인물사론』1984, 『분단과 민족』, 『민족통일을 위하여』1986, 『민주언론 민족언론』등 많은 현대사의 노작을 저술했다.

송건호 선생은 유능한 논객이나 현대사 연구가의 소임에 만족한 것은 아니었다. 동아자유언론수호투쟁위원회를 구성하여 권력과 유착한 제도언론과 싸우고, 해직언론인들이 중심이 된 민주언론운동협의회를 발족했으며, 진보 정론지의 상징이 된 《말》의 발행인으로 군사독재와 싸우다 연행되기를 밥 먹듯이 했다. 그때마다 정·관계의 유혹이 따랐으나 한 번도 흔들리지 않았다.

1987년 6월항쟁은 송건호 선생 등 《동아일보》와 《조선일보》에서 쫓겨난 해직언론인들의 피나는 노력도 큰 보탬이 되었다. 이들은 권력과 유착한 제도언론이 민의를 배반하고 있을 때, 민주언론운동협의회민언협를 조직하여 각종 시국선언문과 학생·노동자들의 유인물을 시민들에게 나누어 주고 시위를 주도하면서 반독재 투쟁의 전위가 되었다. 송건호 선생은 '민언협'의 큰 어른이었고 방파제 역할을 했다.

뜨거운 6월항쟁에도 그해 민간·민주 정부의 수립은 좌절되었지만, 시민의 힘으로 《한겨레신문》이 창간되고, 쟁쟁한 언론인 중에서 송건호 선생이 초대 대표이사사장에 추대되었다. 《한겨레신문》 창간은 독재정권과 유착하면서 왜곡과 어용으로 일관해 온 제도언론에는 엄청난 충격을 주었고, 깨어 있는 국민에게는 국민주로 설립된 새로운 진보 정론지로서 신선한 희망을 주었다.

송건호 선생의 존재는 다양한 출신, 이질적인 성향의 언론인들이 모인 《한겨레신문》에 구심력으로 작용하고 진보 정론지로 자리 잡을 수 있는 버팀목이 되었다. 《한겨레신문》의 탄생과 성공은 지사 언론인 송건호가 있었기에 가능했던 일이다.

송건호 선생은 5·17 쿠데타가 일어나자마자 '143인 지식인 시국선언'을 주도했다가 끌려가 혹독한 고문을 당하고, 3년 6개월의 징역형을 선고받았다. 갖은 고문에도 굴하지 않은 선생을 수사관들은 '독종'이라고 불렀다. 고문의 후유증으로 1990년대 들어서면서 다리에 마비 증상이 생겼고, 1990년대 중반 이후에는 병마에 시달려 거의 몸을 못 쓰게 되었다. 그렇게 자택에서 칩거하던 선생은 2001년 12월에 75세를 일기로 사망하고, 광주 5·18 민주묘역에 안장되었다.

폭압의 시대에 깨어 있는 언론인으로, 현대사 연구가로서 비길 데 없는 언관言官이자 사관史官으로 독재권력이나 이와 유착한 귀족언론인과 싸우다가 고문을 당하고, 그 후유증으로 오랫동안 병마에 시달리다가 숨을 거두었다.

정권과 유착한 보수·족벌신문과 공영방송이 유신이나 5공 시대와 유사한 왜곡·타락상을 보이는 상황에서, 순백한 눈보다 맑고 깨끗한, 때 묻지 않은 양심적 언론인 청암이 그립다. 언론인 송건호 선생의 올곧은 삶과 정론직필의 정신, 현대사 연구의 탁월한 지절이 그립다.

송건호 선생은 평탄한 현실의 길을 버리고 고단한 역사의 길을 택했다. 다음의 글은 그의 역사관을 잘 보여 준다. "역사의 길은 형극의 길이자 사회의 온갖 세속적 가치로부터 소외되는 길이다. 그리하여 사람들은 역사의 길을 택하지 않고―그것이 옳다는 것을 알면서도―현실의 길을 걷는다. 현실의 길은 안락의 길이자 세속적 영화의 길이다. 그러기에 수난의 일제 식민 통치하에서 얼마나 많은 유익한 인재들이 역사의 길을 버리고 현실의 길을 택했던가."

송건호 선생 평전을 쓰는 것은 그의 청렴한 글쓰기 정신을 오늘의 기회주의, 속물 언론인, 학자, 지식인들에게 전범을 보여 주기 위해서이다. 고난 속에서도 불의한 감투와 녹봉을 거부하고 의롭게 산 청절을 되살리기 위해서다.

송건호 선생은 군사독재에 맨몸으로 저항하며 언론의 자유를 위해 헌신하신 대표적 언론인이었다. 본인은 물론 가정이 곤경에 빠지는 피어린 고난의 삶이었다. 필자는 선생의 고난한 생애와 언론자유 구현에 모든 것을 바친 정론 정신을 알리고자 2011년에 『송건호 평전』을 썼다. 그리고 신문·방송·통신에서 언론 본연의 역할을 충실히 하여 사회에 공헌하거나 언론 민주화에 기여한 개인 또는 단체에 수여하는 '송건호 언론상' 심사위원으로 참여하고 있다.

송건호 선생의 큰 뜻을 이어받는 언론인과 단체도 없지 않지만, 우리 사회에는 언론 기레기·학기學妓·관노官奴·법비法匪와 역사학계에 뉴라이트의 사적史賊들이 활개 치고 있다. 형이하학적形而下學的 속물들의 비정상이 판치지만, 머잖아 역사는 반드시 정상을 회복하게 될 것이다. 송건호 선생의 정론정신이 살아 있기 때문이다. 이런 기대를 품고 기존 내용에서 잘못된 내용을 찾아 바로잡고 중복된 내용을 가지치기하면서 책을 다시 펴낸다.

권력의 언론탄압과 곡필, 가짜 뉴스가 난무하는 시대에 참언론인 송건호 선생의 대표적인 모습을 정리하면 다음과 같다.

첫째, 언론인의 정도를 한눈팔지 않고 당당하게 걸은 정통 언론인이다. 둘째, 권력의 유혹과 사주의 방침에 흔들리지 않고 고고지절을 지킨 양심적 언론인이다. 셋째, 1964년『곡필언론사』를 집필하여 친일·배족 언론과 언론인의 치부를 처음으로 밝혀 냈다. 이는 임종국의『친일문학론』보다 2년 앞선 선구적인 글이다. 넷째, 신문사의 논지가 굴절하면 거침없이 그 언론사를 떠나는 강기와 용단을 보인 용기 있는 언론인이다. 다섯째, 신문사의 핵심 간부로서 사주보다 일선 기자들과 행동을 같이한 최초의 언론 간부이다. 여섯째, 전두환 정권의 폭압기에 금기시되었던 책『의열단』을 저술했다. 일곱째, 민주주의가 짓밟힐 때 거리에 나선 '행동하는 지식인'이다. 여덟째, 한국 현대사 연구의 첫 장을 연 이 분야 개척자이다. 아홉째, 제도언론이 타락하자 대안언론의 창간을 주도한 인물이다. 열째, 궁핍과 곤경에도 온후한 심성을 잃지 않은 올곧은 선비였다.

송건호 선생은 글 한 편도 허투루 쓰지 않았다. "나는 글을 쓸 때마다 항상 30년, 40년 후에 과연 이 글이 어떤 평가를 받을 것인가라는 생각과 먼 훗날 욕을 먹지 않는 글을 쓰겠다고 다짐하곤 한다. 크게는 이 민족을 위해, 작게는 내 자식들을 위해 어찌 더러운 이름을 남길 수야 있겠는가라는 점을 생각해 본다." 이 말은 그가 어떤 마음가짐으로 글을 썼는지 잘 들려준다.

청암 송건호 선생 평전에 독자 여러분의 많은 관심을 바라며, '청암'의 높고 푸른 등반길에 함께하기를 기원한다.

2025년 가을 두물거리에서
김삼웅

차례

1. 한국 언론 풍토에서 송건호의 위상

사이비 언론과 언론인이 판치던 시대

척박한 한국의 언론 풍토에서 송건호 같은 강직하고 청렴한 언론인이 활동하기란 보통 어려운 일이 아니었다. 이승만, 박정희, 전두환, 노태우로 이어지는 '백색과 국방색' 독재의 폭압과 비상식의 시대에 건전한 상식을 가진 언론인의 길은 고난일 수밖에 없었다. 상식적 언론인 송건호의 고난은 차라리 운명이었을지도 모른다.

포악무도한 독재정권 아래서 양심적인 언론인이라면 고난을 받는 것이 오히려 정상이다. 폭압과 무도를 보고도 제대로 비판하지 않는다면 바른 언론일 수 없고, 엄정한 비판을 용납하지 않는 것은 독재의 생리이기 때문이다.

폭압의 시대에 언론인이 취하게 되는 길태도에는 대략 네 가지가 있다. '① 체제에 순응하여 적당히, 어물쩍 쓰면서 생존하는 길, ② 권력에 추파를 던지며 어용곡필로 나서는 길, ③ 양시양비론을 펴면서 고고한 척하는 길, ④ 정론직필로 불의와 맞서며 정도를 걷는 길'이다.

송건호가 언론인으로서 직접 겪지 않았던 일제강점기는 잠시 접어 두자. 해방 이후 60여 년 동안 한국의 언론 또는 언론인은 ①과 ②가 대부분이었고, 그나마 ③은 드문 상태였고 ④의 경우는 더 드물었다. 역사가 짧은 한국의 헌정체제에서 독재와 쿠데타와 긴급조치, 위수령, 계엄령, 문민의 탈을 쓴 민간독재가 장기간 지속된 것은 ①과 ② 부류의 언론인이 주류가 되었기 때문에 가능했던 측면이 크다.

④형의 언론인들이 다수가 되어 자기희생을 감수하면서 언론 본연의 책무를 수행했다면, 군인들이 어찌 몇 차례씩이나 헌정질서를 뒤엎고, 긴급조치를 밥 먹듯이 선포하며, 집권당이 주요 법안이나 예산안 날치기를 연례행사처럼 할 수 있을까?

언론인에게 지나친 책임을 맡기는 것이 아니냐는 반문이 나올 수 있다. 그러나 언론 본연의 책무가 사실을 진실하게 보도하고 시시비비를 가리는 일이라면, 그 같은 책임은 당연한 것이다. 따라서 ①, ②, ③은 사이비 언론인에 해당한다.

법관을 지망하는 법학도가 '정의의 사도'를 꿈꾸듯이 언론을 지망하는 기자는 '진실의 보도'를 지향한다. 그러나 기자가 되고 나면 얼마 지나지 않아서 '한국적 언론 풍토병'에 감염되어 ①과 ②의 길을 걷게 되고 소수나마 ③을 택하게 된다. ④는 '희귀종'이다. "말하자면 기자들은 밥 우드워드[1]의 후계자가 되기를 꿈꾸어 왔지만, 결국 마르탱 부이그[2] 가문의 도급으로 일하는 노동자일 뿐이다."[3] 외국의 사례지만 한국 언론계의 실상과 크게 다르지 않은 것 같다. 밥 우드워드는 ④형이고, 마르탱 부이그 노동자는 ①, ②, ③형이다. 송건호는 한국의 밥 우드워드 같은 언론인형이다.

한국 언론이 너무 쉽게 탈선하고 이익집단으로 편입되어 보수화되는 경향은 체내에 잠재된 '유전 인자因子'의 영향이 크다. '유전 인자'는 일제강점기에 시작된 친일 언론에서 비롯되었다. 송건호는 이를 다음과 같이 진단한다.

> 자유당 때 이승만에게 충성 바친 사람이 박정희에게 충성하고 다시 전두환한테 바치고 (…) 다 그렇게 됐지요. 그들은 누가 권력을 쥐고 있건 복종하는 것이 체질적으로 몸에 밴 사람들입니다. 일제 때부터 습관적으로 그렇게 된 사람들이죠. 일제 때 친일한 사람들이 미국이나 이승만에게도 충성을 했죠. 만약 남한에 소련군이 들어왔더라도 받아만 주었다면 소련한테도 그렇게 했을 거예요.[4]

송건호는 1953년 26세 때 언론사에 들어가 1975년 《동아일보》 광고 사태 당시 사주의 기자 해임에 항의하여 편집국장을 사임하기까지 22년을 언론인으로 활동했다. 이어서 1984년 《말》지 발행인, 1988년부터 1993년까지 《한겨레신문》 대표이사와 발행인, 회장 등을 역임하며 30여 년을 오로지 언론계에서 일했다. 한눈팔지 않고 언론인으로만 활동한 '정통 언론인'이다.

송건호가 언론인으로 활동한 기간은 이승만, 박정희, 전두환, 노태우로 이어지는 독재정권의 시대였다. 격동의 현대사의 한복판에서 취재하고 사설과 논설을 썼다. 30대 초반부터 신문사 논설위원으로서 주로 사설과 칼럼을 집필했다. 언론계 생활의 대부분을 논설사설 쓰는 일을 했다.

한국전쟁이 휴전에 들어간 시점에 언론인으로 출발하여 이승만의 전횡과 4월 혁명, 5·16 쿠데타, 유신, 긴급조치를 겪고 언론자유선언을 주도하다가 언론계를 떠났으나 《말》과 《한겨레신문》에서 다시 활동하는 등 한국 현대사의 중심에서 글을 쓰고 시련을 겪었다.

박정희 군부독재가 장기화하면서 많은 언론인이 청와대나 국회로 진출하고, 그 관계자로 속속 변신했다. 정부 각 부서에 대변인제가 신설되면서부터는 더욱 심해지고, 이 같은 현상은 5공 이후에 가속화되었다. 송건호는 박정희와 전두환 정권에서 집중 포섭의 대상이 되었으나 단호하게 물리쳤다. "나는 분단조국에서는 관리를 안 하기로 결심했어요."[5] 분단체제 지식인으로서 독재 권력의 자리에 들어가지 않겠다는 단호한 결심이었고, 끝까지 이 신념을 관철했다. 언론인 중에서 리영희와 임재경 등도 똑같은 생각으로 일관했다.

해방 후 한국의 대표적 언론인 세 사람을 꼽으라면 천관우·최석채·송건호를 들 수 있을 것이다. 그러나 최석채는 유신 체제에 협력했고, 천관우는 어쨌든 전두환 군부정권에 관계했다. 언론인으로서 끝까지 정도를 걸은 대표적 인물이 송건호이다. 1970년 중반에 청와대 공보비서를 맡으라는 제의를 거부했고, 장관·유정회·국회의원 얘기도 있었지만, 다 거절했다.[6]

독재 비판하다 잔혹한 고문 받아

독재정권의 거듭된 러브콜을 거부하고 계속하여 비판하는 글을 쓰는데 성격까지 강직하다면, 돌아오는 것은 감옥행이고 남는 것은 빈곤이라는 사실은 등식처럼 성립했다.

송건호는 1980년 5·17 쿠데타가 일어나면서 날조된 김대중 내란음모 사건으로 연루되고, 포고령 위반 혐의로 구속되어 혹독한 고문을 당했다. 고문의 강도와 그 후유증은 컸다.

조작하기 위해서 마구 때리지요. 막 두들기다가 자기네들
도 걱정되는지 "벗어" 하더니 팬츠까지 까 내리더라고. 보니
까 새까맣게 멍이 들었어요. 내가 그걸 보고 그냥 기절을 했지
요. 그런데도 맞을 때는 아픈지도 몰랐어요. 불에 데면 화끈하
잖아요? 그것처럼 화끈화끈하지 통 아프지는 않았어요. 공포
에 떨고 독이 오르니까 도대체가 아픈 줄도 몰랐던 게지. 서대
문형무소에 있을 때는 도저히 아파서 못 견디겠어서 의사한테
얘기했는데 진통제를 주더군요. 그런데 한 십 년이 지나니까
날씨가 궂은 것 같으면 아파서 견딜 수가 없어요. 그래서 한
의사한테 갔더니 피를 빼내는데 새카맣게 죽은 피가 나와요.
죽은 피가 있었기 때문에 그런 모양이야. 죽은 피를 두 사발이
나 뺐더니 그다음부터는 통 아프지는 않습니다만 다리에 마비
증상이 생기더라고.[7]

해방된 신생 국가에서 자유언론이 자리 잡지 못하고 친일언
론과 독재정권의 어용언론이 활개 친 것은 부끄러운 일이었다.
이 같은 현상을 송건호는 미군정기부터 1980년대까지 변천한
과정을 냉철하게 분석했다.

송건호 평전

미군정 때는 우리 신문이 자유롭게 발행되었고, 또 좌우익으로 갈렸지만 사상적 자유가 있었으니까 서로 욕하고 그랬어요. 물론 미군정만은 비판하지 못했습니다. 미군정을 비판하면 신문사가 폐간되거나 기자가 끌려갔어요. 자유당 때는 탄압도 심했지만 저항도 심했습니다. 대항의 시대였죠.

그 뒤 1970년까지는 대항도 하고 탄압도 하고 그렇게 싸웠는데 탄압이 더 심했죠. 그러다가 유신 때부터 완전히 죽었어요. 사주가 국가권력과 결탁하고 1980년대에 들어와서는 월급이 무척 올랐어요. 실제로는 1967년에 이미 XX일보가 달라졌고 그 후 △△일보도 그랬고, 1974, 75년 광고 사태와 동아투위가 마지막입니다.

1972년부터 무슨 일이 있었느냐면, 사주들이 근대화라고 해서 정부로부터 특혜 융자를 받아 시설을 늘리면서 넘어갔죠. 기자들은 많이 기용되기 때문에 넘어갔고 간부들은 촌지에 끌려서 넘어갔고 그래서 주로 젊은 기자들만 싸웠습니다. 1973년 유신 때부터는 철저히 탄압했죠. 1980년대에 와서는 더 철저하게 탄압했는데 전두환 정권 때는 단순히 탄압만 한 것이 아니라 회사에서 특히 월급을 많이 줬어요. 그때부터 △△일보, XX일보 같은 경우는 기자들도 정부 편이 됐어요. 옛날처럼 두들겨 패지 않아도 기자들이 자진 협조를 하지요.[8]

송건호는 중앙 언론계에서 생애 대부분을 보냈다. 언론계 근무 중에 국학대, 국민대, 한양대에 출강한 것을 제외하면 30여년 동안 줄곧 언론인이었다. 《조선일보》, 《한국일보》, 《자유신문》, 《세계일보》, 《경향신문》, 《동아일보》, 《말》, 《한겨레신문》으로 이어지는 언론계 생활에서 수천, 수만 명의 언론인이 명멸한 가운데 그는 우뚝 남은 큰 별이 되었다. '지사 언론인' '투사 언론인' '민주 언론인'이라는 명예가 뒤따랐다.

당시만 해도 언론사와 상관 없이 언론인의 교류가 비교적 자유로웠다. 신문사의 벽도 그리 높지 않았다. 그러나 송건호는 회사의 성향, 특히 신문의 논조에 따라 '설 땅'을 찾거나 바꾸었다. 《조선일보》에서 《동아일보》로 옮긴 이유도 같은 이유에서였다.

조선일보에 있다가 다시 동아일보로 간 이유는 뭐냐면, 그때가 국회에서 김두한이 똥물을 퍼부었을 때예요. 그것 때문에 최석채 씨하고 싸웠어요. 최석채 씨가 정부와 가까웠을 때입니다. 나는 물론 오물을 던진 김가도 나쁘지만 정부도 잘못하지 않았느냐 그러니 둘 다 쳐야 한다고 했는데, 최석채 씨는 정부는 잘못이 없으니 김두한을 쳐야 한다고 해서, 내가 그것은 못 하겠다고 하고 동아일보에 갔죠.⁹

《동아일보》측은 정부의 눈치를 보면서 기자들을 대량 해고하려 했다. 이때 송건호는 이에 항의하며 신문사를 그만두었다.

> 그때 동아일보에서는 아시겠지만 기자들이 권력과 어려운 싸움을 하고 있을 때였습니다. 신문 제작은 신문사에 맡겨야 한다면서 정보부의 간섭을 거절했는데 정보부 쪽에서 자꾸 출입하잖아요.
>
> 그래서 자유언론실천 결의를 하고 제작 거부를 했지요. 그런데 신문사 측에서는 청와대와 싸우는 것이 무서우니 기자들을 대량 해고하려고 해서 내가 거기에 항의하고는 편집국장을 그만뒀죠.[10]

글 쓰는 일밖에 모르는 지식인·언론인이 직장을 그만두고, 권력으로부터 찍혀서 취업까지 안 되면 그 가정은 파산을 겪게 된다. 리영희가 그랬듯이 송건호도 고달픈 나날이 계속되었다. 부인과 함께 부양해야 할 자식이 6남매였다. 자식들의 대학 진학도 거의 시키지 못하고 생계는 엉망이 되었다. 장준하, 리영희와 판박이였다.

제도언론 버리고 재야언론에서 독재와 싸워

박정희 정권은 송건호가 대학 강사도 하지 못하게 압력을 넣고, 전화를 도청하여 출판사의 원고 집필까지도 취소하도록 방해했다. 친구들도 하나둘씩 떨어져 나가고, 만나서 차 한 잔 마시는 것도 두려워했다. 그러다 보니 어린 시절부터 찾아다녔던 시내의 헌책방을 순회하며 자료를 찾고 집에 들어앉아 글을 썼다. 그렇게 하여 쓴 책이 현대사에 관한 각종 저술이다. 그리고 민주화 투쟁에 몸을 던졌다.

송건호가 남긴 주옥같은 현대사 관련 저서들은 독재자들의 '도움'이 컸다. 직장에서 쫓겨나지 않았거나 다른 곳에 취업했다면 집필이 쉽지 않았을 것이기 때문이다.

당시는 아직 인터넷이 보급되지 않은 때였다. 재야운동가들은 직접 잡지를 만들거나 유인물을 제작하여 군사독재, 제도언론과 힘겨운 싸움을 하면서 민주화를 추진했다.

비록 신문이라는 수단을 갖고 있지 않으나 조금도 불편함이 없이 입으로 펜으로 진실의 전파를 위해 노력하기에 바쁘다. 그리고 지금은 어느덧 '제도언론'에 대항하는 '민중언론'이 성장하여 수많은 유인물이 나와 국민 대중의 눈을 깨우쳐 주고 있다. 우리가 비록 신문이라는 수단을 잃고 무직으로 고생하고 있지만, 진실을 갈구하는 대중이 존재하는 한 우리는 외롭지 않고 오히려 늘어나는 영향력 속에 활동을 계속할 수 있을 것이다.[11]

언론인 송건호가 추구했던 글쓰기의 정신은 '정론직필'이었다. 곡학아세를 질타하고 진실한 글쓰기를 추구하고, 무책임하게 글을 쓰는 일이 없어야 한다고 했다. 본인은 철저하게 이를 지켰다.

글 쓰는 사람은 따라서 절대로 기분에 따라 이렇게 혹은 저렇게 횡설수설해서는 안 된다. 그 글에는 논리가 일관되어 있어야 하고 전에 쓴 글과 다음에 쓴 글 사이에 모순이 없어야 한다. 어떤 때는 이런 소리를 하고 어떤 때는 또 저런 소리를 하는 식의 글을 써서는 안 된다. 글은 사람의 인격 표현이라고 했다. 내용이 일관성이 있어야 한다. 글의 내용이 자기의 숨김없는 생각을 나타내지 않고 어떤 필요에 의해 자기 생각과 다른 말을 하는 일이 없어야 한다. 글 쓰는 사람은 독자에 의해 글에 따라 하나의 상이미지이 그려진다. 문필인들이 세속적으로는 허약하기 짝이 없는 위인들이지만 이른바 지도층에 속한다고 보이는 까닭은 그의 글이 가지는 영향력 때문이다. 한 줄의 글도 마음에 없는 글을 무책임하게 쓰는 일이 없어야 한다.[12]

송건호가 언론인 생활을 할 때는 곡필의 전성시대였다. 언론 하면 신문을 말하는 시대의 언론인은 소수를 빼고는 독재권력의 하수인 역할을 했다. 대학생들도 시위를 벌일 때면 어김없이 정부의 언론탄압 중지와 함께 언론자유를 요구하면서 언론인의 타락상을 절절하게 지적했다.

대학생들은 현실을 냉정하게 바라보고 직설적으로 비판했다. 1970년 초기 당시 대학생들이 언론과 언론인을 규탄한 선언문을 들어보자.

먼저, 서울대학교 총학생회가 1970년 11월에 배포한 「점잖은 언론인들이여, 거칠게 저항하라」라는 선언문이다.

점잖은 언론인들이여, 거칠게 저항하라

더럽다, 분하다. 슬퍼하기엔 그대들의 소행은 인간의 것이 아니었다. 선배들에게 부끄럽지 않은가. 스스로 신문사의 문을 닫고 참회하라. 3천만 민중 앞에 속죄하라. 무슨 글을 쓰겠다는 것이냐.

오늘 당신들의 노예적 굴종 상태가 당신들이 뒷구멍으로 항용 불어 대던 그 외부 압력 때문만이 아니었음을 알았다. 스스로 썩었음을 알았다. 한 가닥 언덕마저 허물어졌다. 남은 것은 민중뿐임을 절감한다. (…)

한마디로 당신들은 언제까지 선배들의 투쟁담만 되뇌이고 이 노예적 굴종을 감수할 것인가. 언제까지 권력과 금력의 방조범의 굴레를 쓰고 있을 셈인가. 경영진의 압력과 공갈이 당신들의 오늘을 변명할 수 있을까. 청중수 15만이 데스크에서 5만으로 둔갑하는 것은 무슨 해괴한 굿거리인가. 언론자유의 형해화란 술김에 떠들 것이 아니라 저항하라, 당신들의 뒤엔 3천만 민중이 있고 반만년의 민족사가 있고 또 자유의 세계사가 있지 않은가. (…)

또 한 가지, 언론계를 발판으로 세속 출세를 탐하는 사이비 언론인들이여! 당장 펜대를 던져라. 권력이 그리우면 직접 정치판에 뛰어들어라.

돈을 벌려는 자는 장사판에 들어가라. 기회주의자처럼 보기 싫은 것은 없다.[13]

다음은 전국대학생연합회 '언론규탄대회 준비위원회'가 1971년 3월에 발표한 「언론인에게 보내는 경고장」이다.

언론인에게 보내는 경고장

우리는 더 이상 좌시할 수 없어 이 쓰러져 가는 민주주의 파
수대 앞에 모였다.

나오라! 사이비 언론인들이여! 이 민주의 광장으로 나와 국
민과 선배에게 속죄하라.

선배 투사의 한 서린 해골 위에 눌러앉아 대중을 우민화하
고 오도하여 얻은 그 허울 좋은 대가로 안일과 축재를 일삼는
자들이여!

나오라! 사이비 언론 뒤에 도사린 너 정보원이라는 이름의
제5적, 나오라! 민주정신의 혈맥을 빨아먹는 흡혈귀여!

안타깝다. 그 자리 그 건물이건만 민주투사는 간 곳 없고 잡
귀만 들끓는가. 사자의 위용은 어디 가고 도적 앞에 꼬리 흔드
는 강아지 꼴이 되었는가. 이것이 일컬어 제7적이던가.

정치문제는 폭력이 무서워 못 쓰고 사회문제는 돈 먹었으
니 눈감아 주고 문화기사는 판매부수 때문에 저질로 치닫는다
면, 더 이상 무엇을 쓰겠다는 것인가. 결코 대중을 선동하라는
것이 아니다. 적어도 현실의 반영만은 올바르게 해 주어야 하
지 않겠는가. (…)

듣건대 일선기자의 고생스러운 취재는 겁먹고 배부른 부차

장 선에서 잘리기 일쑤요, 힘들게 부차장 손을 벗어나면 편집국장 옆에서 중앙정보부원이 지면을 난도질하고 있다니 이것이 무슨 해괴한 굿거리인가.

통탄할 언론의 무기력과 타락은 이미 한계를 넘어서고 있다. 객관적인 상황의 요구가 그렇기 때문이 아니라 언론의 구체적 상황을 볼 때 더욱 그렇다.

《동아》야, 너는 보는가. 하늘 무서운 줄 모르고 올라만 가는 《조선》의 저 추한 껍데기는 너마저 저처럼 전락하려는가.《동아》야, 너도 알맹이는 사라지고 껍데기만 남았는가.

우리는 신문경영자가 이미 정상배로 전락했음을 단정하고, 또 신문을 출세의 발판으로 이용하려는 가짜들이 적지 않음을 알고 있다. 여기서 우리는 한 가닥 양심을 지니고 고민하고 있는 언론인이 어딘가에 있으리라 믿으며 그들께 호소한다.

신문은 이미 인적으로 일체성을 상실하고 있으며 거기에는 엄연한 대립관계가 존재함을 직시하고 과감히 편집권 독립투쟁에 나서라. 그것은 결코 반항도 아니요, 자신의 존재 이유의 확인에 불과한 것이 아닌가.

아직은 기억할 것이다. 신문과 학생의 공동투쟁이 안겨 주었던 저 4월의 벅찬 환희를, 완전범죄란 없는 법, 용기를 잃지 말고 일어서자. 이제 이 봄이 헛되이 지나가 버리면 영영 봄을

잃을지도 모른다. 4월의 공동투사여! 다시 손잡고 일어나 투쟁하자, 그날이 오기까지.[14]

학생들의 이 같은 거센 비판에 젊은 기자들은 더 이상 침묵하지 않았다. 1971년 4월 15일, 송건호가 근무하는 《동아일보》 기자들은 「민주자유언론 수호선언」을 채택했다.

민주자유언론 수호선언

자유언론의 일선 담당자인 우리는 오늘의 언론 위기가 한계 상황에 이르렀음을 통감하고 민주주의의 기초인 언론자유가 어떤 압력이나 사술로도 훼손되어서는 안 된다고 엄숙히 선언한다.

오늘의 언론이 진실의 발견과 공정한 보도라는 본연의 기능을 거의 거세당하고 만 것은 주로 외부로부터의 불법 부당한 제재와 간섭 때문임을 우리는 알고 있다.

돌이켜 보면 자랑스러운 선배 언론인들은 숨 막히는 외족의 압제 아래서도 국민의 알 권리와 국민 앞에 알릴 의무를 떳떳이 싸워 지켰다.

그러나 우리는 수년 내 강화된 온갖 형태의 박해로 자율의

의지를 빼앗긴 채 '언론부재' '언론불신'의 막다른 골목까지 밀려 나왔다. 작게는 '뉴스 원'의 봉쇄로부터 기사의 경중과 보도 여부에까지 외부의 손길이 미쳤고 이른바 정보기관원의 '상주'가 빚어 내는 모든 불합리한 사태는 일선 언론인들인 우리에게 참을 수 없는 치욕과 슬픔을 안겨 주었다.

이에 우리는 헌법이 보장하고 있는 언론의 자유가 어떤 구실로도 침해되어서는 안 되며 즉각적이고 완전하게 회복되어야 한다고 확신한다. 기관원의 상주나 출입은 허용할 수 없으며 신문 및 방송의 제작 판매의 전 과정은 언론인의 양심에 따라 자유롭게 이뤄져야 한다. 아울러 우리는 오늘의 언론위기의 책임을 전적으로 외부로만 전가하려 하지 않으며 권리 위에 잠잔 스스로의 게으름을 반성하려 한다.

—. 우리는 기자적 양심에 따라 진실을 진실대로 자유롭게 보도한다.

—. 우리는 외부로부터 직접 간접으로 가해지는 부당한 압력을 일치단결하여 배격한다.

—. 우리는 우리의 명예를 걸고 정보요원의 사내 상주 또는 출입을 거부한다.[15]

《동아일보》 기자들의 언론자유선언에 이어 한국기자협회도 그해 5월 15일에 「언론자유수호 행동강령」을 발표했다.

언론자유수호 행동강령

우리는 언론의 자유가 언론인 스스로의 피나는 투쟁에 의해서 확보되어야 한다는 것을 진리로 알고 있다.

우리들 전국의 기자들은 이 땅에 언론자유가 보장되어야 하고 언론자유의 수호를 위해서는 발행인·편집인·기자가 한 덩어리로 뭉쳐야 한다는 제15회 신문의 날 선언을 재확인한다. 이에 우리는 자유에 따르는 스스로의 책임과 윤리성에도 투철할 것을 다짐하면서 기자의 행동지침이 될 「언론자유수호 행동강령」을 채택한다.

—. 우리는 신문윤리 강령 및 기자협회 강령을 철저히 준수할 것을 재천명한다.

—. 우리는 기사를 취재 보도함에 있어 책임이 결여된 취재 태도를 지양하고 진실을 진실대로 기사화할 것을 다짐한다.

—. 우리는 관계기관이 기사에 관련하여 기자를 불법 연행하는 처사가 보도자유에 대한 가장 큰 위협으로 인정하고 앞으로 관계기관의 불법부당한 임의동행 형식의 연행을 일체 거부한다. 만약 불법적으로 기자가 강제연행 되었을 때는 가능

한 모든 적극적 자구행위를 강구한다.

　ー. 우리는 납득할 수 없는 이유로 기사가 깎이거나 게재되지 않았을 때에는 편집인과 더불어 그 타당성 여부를 논의한다.

　ー. 우리는 정보기관원의 언론기관 상주 또는 출입이 영구히 포기되어야 할 것임을 확인하며 이러한 우리의 의사를 단결된 행동으로 표시한다.[16]

정부 요직 따위 거부하며 정론 추구

1970년대 초반의 한국 사회는 1971년 4월의 제7대 대통령 선거를 앞두고 아직은 미약하지만 민주화의 물결이 일기 시작했다. 대학생들의 거듭된 언론자유 촉구 선언과 언론사 일선기자들의 자율선언도 이어졌다. 신문과 방송의 보도논평의 질도 부분적으로 달라지기 시작했다.

그러나 그것도 오래가지 못했다. 1972년 10월의 박정희 유신쿠데타로 언론에는 다시 재갈이 물리고, 그동안 권력과 '거래'해 오던 언론인들이 속속 청와대나 내각·유정회·공화당 그리고 정부 기관이나 국영 기업체로 갈아탔다. 아울러 한국 언론은 또 한 차례 세찬 폭풍우를 맞게 되었다. 외적 폭풍우도 거셨으나 내적인 공포감과 변신자들이 언론계를 더욱 타격하고 타락시켰다.

유신쿠데타가 자행될 때 송건호는 동아일보 통일문제연구소장이었다. 그 이후 수석논설위원1973을 거쳐 편집국장1974이 되었다. 《경향신문》 편집국장1965에 이어 중앙일간지로 두 번째 편집국장이었다. 신문·방송의 편집국장과 보도국장은 기자들이 가장 선망하는 자리로, 그 권한은 막강하다.

지금 얘기지만 나는 편집국장을 하고 싶은 마음이 없었어요. 다만 내가 돈이 없었기 때문에 직장에 들어갔고, 그냥 논설위원이나 하면서 글 쓰고 책 읽고 하려고 했는데 신문사가 어렵게 되니까 나를 부른 겁니다. 동아일보나 경향신문이 다 그랬어요. 정치적으로 어려울 때여서 할 사람도 없고 다들 안 하려고 하니까 나를 시킨 겁니다. 편집국 기자들도 나를 환영한다고 해서 가게 된 거지요. 경향신문에서는 정보부와 싸우고 동아일보에서도 내내 정보부와 싸우다가 나왔지요.[17]

이 부분은 송건호가 다소 겸양으로 한 말인 것 같다. 어느 때나 신문, 방송국의 편집국장과 보도국장을 노리는 사람은 많기 마련이다. 정치적 야망이 있는 기자 중에서 특히 지망자가 많았다. 송건호는 36세에 《경향신문》, 47세에 《동아일보》 편집 국장이 되었다. 본인의 의지와는 상관없이 '떠밀려서' 현직에 오른 셈이다.

1974년의 정치 상황은 또 한 차례 민주화의 거센 폭풍이 불어닥치는 격동의 시기였다. 유신쿠데타와 긴급조치에도 불구하고 시민, 학생, 재야, 노동계, 종교, 학계에서 들불처럼 민주화의 열기가 타오르자, 박정희는 긴급조치를 연거푸 발동하여 폭압으로 이에 맞섰다.

언론계는 1971년의 자유선언이 언제 일이었냐는 듯 유신 체제에서 다시 한번 굴종을 겪게 되고, 언론 외부의 풍향에 따라 1974년에 이르러 어렵게 다시 숨통이 트이기 시작했다.

당시 송건호가 이끈 《동아일보》는 민주화운동의 기사와 논평으로 시민들의 환호를 받았다. 이 시기 《동아일보》는 민주세력의 대변지 역할을 톡톡히 하여 국민의 사랑과 격려를 독차지했다. 신문은 누가 주필과 편집국장이 되느냐에 따라 사설과 논설, 지면의 질과 수준이 달라진다.

송건호 편집국장이 제작한 《동아일보》의 지면은 박정희의 심기를 크게 불편하게 만들었다. 이것은 또 경영진에 대한 압박과 광고 탄압으로 연결되어 이른바 '백지광고' 사태로 이어졌다. 개인 송건호와 용기 있는 자유언론인들의 좌절과 함께 한국 언론사의 일대 오욕으로 기록되는 일이었다.

《동아일보》백지광고 사태'는 정부의 언론탄압과 기자들의 민주언론 사수의 팽팽한 대결에서 사주의 기자 대량 해고라는 막장으로 내몰렸다. 한국 자유언론의 조종弔鐘이 울렸다.

"사주에게 백 몇 명을 복직시키라고 요구했는데 복직시켜 주겠어요? 송 아무개 저 자식 회사 간부가 회사 편을 들어야지 기자 편든다고 욕을 하지. 그래서 사이가 나빠졌어요."[18] 송건호는 기자들의 복직을 거부하는 사주에 항의하며 사표를 내던지고《동아일보》를 떠났다.

1975년은 한국 언론사는 물론 송건호의 개인 생애에도 일대 전기가 되었다. 유능한 언론인으로서 비교적 평탄하게 살아오던 그가 제도언론을 떠나 실업자가 되고, 고통받는 민중과 호흡을 함께하면서 반독재 민주전선에 서게 되었다. 개인적으로는 일대 시련이고 좌절이었으나 그로 인해 '민족언론'의 길을 걷게 되고, 본격적인 언론사史와 인물사 연구가, 전인미답의 현대사 연구가가 탄생하는 계기가 되었다.

그는 1975년 이후부터 현직을 떠남으로써 오히려 더 본격적이고 왕성한 저작활동을 펴게 되고, 또 민족의 현실을 구조적으로 인식하려는 젊고 싱싱하며 진지한 독자들에 의해서 주목받기 시작한다. 1970년대는 문제 저작을 펴내는 저자로서 그를 부각시키게 된다. '한 권의 책'이란 어느 날 느닷없이 만들어지는 것이 아니라, 한 사회의 역사적 산물이라는 사실을 우리는 그에게서 다시 확인하게 되는 것이다.[19]

지식인언론인 포함의 유형은 대략 일곱 가지인데, 동물에 비유하여 분류해 본다.

첫째는 칠면조형이다. 이 부류는 상황에 따라 수시로 변신하는 지식인언론인을 말한다. 이른바 사이비 지식인이다. 둘째는 펠리컨형이다. 진리와 정의를 위해 자기를 희생하는 지식인이다. 바른 지식인상이다. 셋째는 공작형이다. 허세의 지식인을 말한다. 실력 없이 허세로 한몫을 단단히 한다. 넷째는 참새형이다. 이 부류는 군집이전을 잘하며 이리저리 몰려다니며 아무 일에나 참견하지만 정작 나서야 할 때는 몸을 사리는 소심한 지식인들이다. 다섯째는 여우형이다. 교활한 지식인을 말한다. 여섯째는 박쥐형이다. 기회주의적인 지식인을 말하는데, 이쪽 저쪽을 넘나들면서 유리한 쪽에 선다. 마지막으로 학형이다. 고고한 지사형이지만, 위기가 닥치면 제 몸 추스르기에만 급급해한다. 학형의 지식인과 언론인도 흔치 않은 것이 현실이다.

지식인과 언론인을 야누스형과 하이에나형으로 비유해 분

류하기도 한다. 야누스형은 세월이 좋을 때는 제법 바른 소리, 큰소리를 치다가도 시국에 난기류가 흐르면 금세 보호색을 뒤집어쓰고 몸을 숨긴다. 하이에나형은 사자 소리만 들려도 벌벌 떨다가 사자 시체에는 가장 먼저 덤벼드는 지극히 약삭빠른 간교한 지식인을 말한다. 독재권력에는 찍소리도 한마디 못 하고 움츠리다가 이들이 쫓겨난 다음에는 누구보다 먼저 해방을 부르짖고 목이 터질 듯 민주화를 외치는 지식인이다.[20]

일제강점기와 백색독재, 군사독재 그리고 문민독재를 겪으면서 한국의 지식인과 언론인 중에는 정도를 걷지 않고 기회주의자가 되거나 어용화가 된 자가 적지 않았다. 이 같은 현상은 지금도 크게 달라지지 않았다. 오히려 더욱 극성을 부린다.

'지사 언론인'이라는 명예 얻어

송건호는 달랐다. 어둠이 짙을수록, 권력의 광기가 심한 때일수록 저항하고, 자신의 직을 걸어야 할 때면 흔연히 직을 걸고 불의와 맞섰다. 그래서 '지사 언론인' '투사 언론인'이라는 명예가 붙었다. 그 대신 권력의 핍박이 가해지고 가족에게는 빈한貧寒이 숙명처럼 따라다녔다. 일제강점기의 독립운동가들과 다르지 않았다.

송건호와 함께 '지사 언론인'의 월계관을 쓴 선배 언론인인 단재 신채호는 정론의 글쓰기와 역사 연구, 독립운동에 생애를 바쳤다. 신채호는 그 고통을 『꿈하늘』이라는 작품에서 다음과 같이 솔직히 말했다. "누가 처자를 어여삐 하지 않는 사람이 있겠는가마는 열사가 나라를 위함에는 가족까지 희생하는 법이니, 나라 사랑과 아내 사랑은 같이할 수 없다." 이것은 불의의 시대, 비상식의 시대에 저항하는 언론·지식인들이 운명처럼 겪어야 했던 일이고, 송건호도 이를 비껴가지 못했다.

> 지금도 내 처가 가끔 불평을 하지만 40년 동안 살면서 한 번도 같이 나가서 식사를 한 적이 없어요. 나가서 식사 한 번 한 적이 없고 술 담배도 안 하니 월급 타면 그냥 책 사고 교통비하고 그랬지요.[21]

나이 60이 넘어서야 온수가 나오는 문명의 혜택을 보았다는 리영희처럼 송건호도 비슷했다. '난형난제'란 이럴 때 적합한 용어일 듯하다. 두 사람은 절친한 사이였다.

> 글과 사람과는 모순이 있어선 안 된다. 일제 때 아부하고 자유당 때 아부하며 바람 부는 대로 자신과 민족을 더럽힌 인사

가 나라를 걱정하고 부정부패를 규탄하고 지조를 운위하는 것은 가소롭기 비할 바 없다. 그가 어떻게 눈 하나 까딱 않고 그런 글을 쓸 수 있는가 의심된다.

글의 내용과 자기의 생활 사이에는 큰 모순이 없어야 한다. 부정과 부패를 지탄하는 글을 쓰면서 자기 자신, 남한테 지탄받을 생활을 한다면 큰 모순이다.

사회의 부정부패, 그 밖의 각종 악과 싸우는 언론인들은 우선 자신의 생활부터 모범적이 되어야겠다. 언론인은 떳떳해야 한다. 정치인이 이것저것 공약을 했으면 꼭 지켜야 하듯이 언론인도 독자 앞에 어떤 주장을 했을 때 그런 생각과 최소한 모순되는 생활을 하지 말아야 한다.[22]

송건호가 펜 하나로 독재권력과 대결한 시대는 사이비 언론인들이 판치던 시절이기도 하다. 수많은 언론인과 지식인들이 타락해도 외롭게 청정함을 지키면서 민족언론과 민주언론의 정맥正脈을 이었던 송건호는 숫기 없는 평범한 사람이었다. "술도 못 마시면서 산山친구들과 떨어지기 싫어 술자리에 마지막까지 껴앉아 고작 500CC 생맥주 한잔으로 얼굴이 홍조 빛 되어 끄덕끄덕 방아를 찧고 있는 모습은 영락없이 티끌 하나 묻지 않은 아기의 모습이다. 누구라도 어루만져 주고 싶고, 쓰다

야만의 시대에 얌전한 언론 선비에서 투사가 된 송건호(맨 뒷줄 가운데).

듣어 주고 싶어진다."[23] 친구로서 오랫동안 곁에서 지켜본 한 작가의 증언이다.

　　말이 났으니 말이지만 6남매의 아버지인 청암은 집에서 별 명이 '형광등'이다. 일상생활의 자잘한 일에 대해서는 너무너무 모르는 것이 많고, 잔눈치에도 너무 어둡다. 텔레비전 프로로는 '암행어사'나 '전설의 고향' 같은 것이나 좋아하여, 그 시간대帶가 되면 애들은 아버지 찾기에 바쁘다.

　　어쩌다가 두꺼비집 퓨즈가 끊어져 전깃불이 나가도, 그걸 이어놓을 엄두를 내는 건 사모님 쪽이다. 그리고 이런 때 청암은 사모님이 올라서서 공사를 하고 있는 세 발 사다리 밑을 두 손으로 꽉 부여잡고,

"얼래 얼래, 조심해, 조심하라구."

하고 겁에 질린 소리나 한다. 그러면서도 가장 체모 같은 건 추호나마 생각하지 않는다. 그야말로 '형광등'이다.[24]

노래판이라도 벌어지면 그의 단골 노래인 〈인생이 철길이냐〉를 구성지게 불렀다. "똑같은 정거장이요 / 똑같은 철길인데 / 설움길 웃음길이 어이한 철길이냐 / 인생이 철길이냐 / 철길이 인생이냐 / 아득한 인생선에 / 해가 뜨고 비가 온다."[25]

제도언론의 온상을 박차고 황량한 재야언론의 선두에 선 송건호는 한국 언론의 비극을 다음과 같이 비판한다. 아끼던 언론에 배반당한 이의 절규이다.

옛날처럼 언론의 독립과 자유를 위해 투쟁하는 기자를 볼수가 없다. 언론의 현실을 걱정하거나 제구실을 못 하고 있는데 대해 고민하는 흔적도 보이지 않는다. 간혹 언론통제에 불만을 가진 기자들이 없는 것이 아니나 언론의 현실에 항의하고 자진해서 언론계를 떠나는 사람은 거의 없다.

오늘의 언론계에서 가장 큰 문제는 언론기업의 독립성 상실, 즉 권력에 종속되어 누가 집권하든 언제나 권력과 타협해서 신문기업을 살려 나가야겠다는 사고가 생기게 되었다는 그간의 변화를 지적하지 않을 수 없다.

극단적으로 말한다면 한국을 식민통치하기 위해 외세가 진출해 온다 해도 저항하지 못하고 적당히 현실과 타협해 기업으로서의 신문을 살리고자 생각하게 될 것이라는 점이다.[26]

송건호는 『한국현대인물사론』을 쓰면서 "우리의 경우, 한 인물에 대한 평가 근거는 '민주주의'와 '민족'이 되어야 한다. 이 민족의 통일, 이 사회의 민주주의, 이 민족의 자주와 자유를 위해 그가 어떤 삶을 살았는가에 따라 평가해야 한다"라고 밝혔다. 이것은 바로 송건호 자신에 대한 평가 기준이기도 하다. 송건호는 '민족'과 '민주주의'를 위해 힘겨운 활동을 한 언론인이고 지식인이었다. 붓끝을 흐리지 않는 언관이고 사관이었다.

2. 일제 말기에 보낸 소년 시절

평범한 가문의 집안에서 태어나

송건호는 1926년 9월 27일음력에 충청북도 옥천에서 태어났다. 이곳은 민족시인 정지용鄭芝溶, 1902~?의 고향이기도 하다. 송건호는 군북면 비야리에서, 정지용은 옥천면 하계리에서 24년의 터울로 태어났다. 송건호의 고향 군북면은 서부에 꽃봉, 꾀꼬리봉, 환산 등이 솟아 있고 동부에도 높고 낮은 산들이 서로 어깨를 맞대고 있다. 서화천이 면의 중앙을 북쪽으로 흐르면서 금강으로 합류했다. 금강은 대청호라는 거대한 인공호수가 만들어지면서 평지는 거의 수몰되었다. 송건호가 태어난 비야리는 고리산 자락에 자리해 비교적 넉넉한 들판을 품고, 백제 왕자 여창이 쌓았다는 산성의 흔적도 남아 있는 곳이었다.

1950년 송건호가 스물네 살 때 한국전쟁이 일어나 학업을 중단하고 낙향했을 즈음에 마흔여덟 살의 정지용은 서울에서 인민군 정치보위부에 납북되었기 때문에 두 사람이 서로 얼굴을 마주할 일은 전혀 없었을 것이다.

옥천이라는 작은 곳에서 이처럼 일제강점기의 투철한 민족 시인 정지용과, 군사독재 암흑기의 투철한 민주언론인이자 현대사 연구가인 송건호라는 큰 인물들이 배출되었다.

다음은 정지용의 시 〈애국愛國의 노래〉이다.

　　　채찍 아래 옳은 도리

　　　삼십육 년 피와 눈물

　　　나중까지 견뎠거니

　　　자유 이제 바로 왔네

　　　동분서주 혁명동지

　　　밀림 속의 백전의병百戰義兵

　　　독립군의 총부리로

　　　세계탄환 쏘았노라 (…)

　　　만국사람 우러보아

　　　누가 일러 적다 하리

　　　뚜렷하기 그지없어

　　　온 누리가 한눈일레[1]

정지용 하면 일반에게는 아무래도 대중가요로 널리 불리고
있는 시 〈향수〉일 것이다.

넓은 벌 동쪽 끝으로
옛이야기 지즐대는 실개천이 휘돌아 나가고,
얼룩백이 황소가
해설피 금빛 게으른 울음을 우는 곳.
— 그곳이 참하 꿈엔들 잊힐 리야.

질화로에 재가 식어지면
뷔인 밭에 밤바람 소리 말을 달리고,
엷은 조름에 겨운 늙으신 아버지가
짚벼개를 돋아 고이시는 곳,
— 그곳이 참하 꿈엔들 잊힐 리야.

흙에서 자란 내 마음
파아란 하늘빛이 그리워
함부로 쏜 화살을 찾으려
풀섶 이슬에 함추름 휘적시던 곳,
— 그곳이 참하 꿈엔들 잊힐 리야. (…)

정갈한 민족의 언어로 평생 시만을 쓴 정지용과 투명한 민중의 언어로 삿邪됨 없이 논설을 쓰고 현대사를 연구한 송건호가 같은 지역에서 태어난 것은 예삿일이 아니다.

송건호는 아버지 송재찬宋在瓚과 어머니 박재호朴在鎬의 3남 5녀 중 차남으로 태어났다. 그때는 일제의 압제와 수탈이 절정이던 암흑기였다. 그의 형제와 자매로는 1녀 송증옥, 2녀 송증금, 3녀 송인호, 4녀 송명호, 장남 송정호, 3남 송진호가 있었다. 본관은 은진이었고, 증조할아버지 대부터 비야리에 정착하여 중농 정도의 논밭을 일구며 살아왔다. 할아버지나 아버지, 어머니는 평범한 농사꾼이었다. 그러던 중 일제 말기 관청의 헌금 강요와 각종 조세를 피해 대전으로 이사 갔다가 다시 비야리 마을로 돌아오면서 형편이 어려워졌다.

아버지는 성격이 부드럽고, 아버지보다 세 살 많은 어머니는 성격이 강직했다. 송건호는 자신이 어머니를 많이 닮은 것 같다고 술회한 바 있다. 어머니는 독학으로 글을 깨쳐 책이 귀하던 당시 『춘향전』과 『옥루몽』 등을 읽고 마을 사람들에게 들려주곤 했다. 어릴 적 어머니의 책 읽는 모습은 송건호가 훗날 책을 좋아하게 되는 계기가 되었다. 송건호는 한성상업학교 시절 국어 선생님도 책을 좋아하게 되는 데 영향을 미쳤다고 밝혔다.

송건호의 조상 중에는 이렇다 할 인물이 없었던 것으로 보아

서울 원효동에서 부모님과 함께(1956년 5월 25일).

송건호 평전

평범한 가문의 집안이었다. 증조할아버지가 민족의식이 다소 있었던 것 같다.

나라가 망하자 증조할아버지께서 "왜놈들 보기 싫다"고 당신의 호를 '하곡'이라 짓고 이 깊은 산중으로 이사하신 것이다. 우리 집은 그런대로 밥술이나 먹는 살림을 했다. 할아버지가 이재에 밝으셔서 당신의 평생 동안 땅을 사들여서 아버지는 그 덕분에 생활에는 별걱정 없이 사신 듯하다. 그때가 개화기인데도 할아버지나 아버지는 민족의 운명을 개척하기 위해 신학문을 배워 개화한다거나 할 야심이나 욕망이 있지도 않았고, 그저 증조부께서 이사 온 이 깊은 산골 '비야골'에서 농사를 지으며 살다 돌아가셨다. 할아버지가 돌아가신 때는 1931년으로 기억된다. 그때의 내 나이는 겨우 대여섯 살쯤이었기 때문에 그때의 일이 아물아물하게나마 기억에 남아 있다.[2]

온화한 아버지와 '여장부' 어머니

송건호는 뒷날 자신의 출생지에 관해 다음과 같이 밝혔다.

나는 충청북도의 깊은 산골짜기 어느 조그맣고 가난한 마을에서 태어났다. 기차는 물론 자동차도 자전거도 심지어 '신작로'라는 길조차 10여 리나 걸어 나가야 볼 수 있는 3면이 병풍처럼 산으로 둘러싸인 산골마을이었다.

당시로서는 오락시설이 있을 리 없고 즐거움도 변화도 자극도 있을 수 없는 이 마을은 이름조차 '비야골'이라 불렀다. 이 마을에서의 내 생활은 종일토록 산으로 들로 개울로 혼자 돌아다니는 일이었다. 어쩌다 10리 밖 떨어진 역에 나가서 전깃불이라도 보면 엄청나게 밝고 환한 그 불에 겁부터 내는 그런 두메산골 생활이었다.

산, 대추나무, 감나무, 매미 우는 소리, 지저귀는 새 떼, 개울, 물속에 뛰노는 피라미 떼들, 눈, 비, 안개, 이 모든 것이 나에게는 한없이 신비롭고 즐겁기만 한 자연의 벗들이었다. 어떤 때는 매미 소리를 쫓아 헤매고 개울에서 새우를 훑으며 해가 지는 줄도 모르고 혼자서 마을 주변의 자연 속을 헤매면 어머니·아버지가 놀라 찾아오기도 했다.[3]

송건호가 태어나던 1926년 4월에 조선에서는 순종이 사망하고 6월에는 6·10 만세운동이 전국 각지에서 전개되었다. 이듬해에는 신간회가 창립되어 활동했지만, 외딴 산골 비야리에는 이런 민족적인 항쟁이 전혀 영향을 미치지 못했다.

송건호는 학교에 가기 전에 집에서 한학을 배우고, 아홉 살 때 면사무소에 있는 사립학교에 입학했다. 머리가 좋아서 공부를 꽤 잘했다고 한다.

나도 9세에 비야골에서 십 리 남짓 떨어진 면사무소 소재지의 사립학교에 입학했다. 신작로도 없고 기차도 구경하지 못한 곳에서 자란 아홉 살 된 소년은 공부를 하다 기적소리에 기겁을 하고 "기차 소리다"라고 저도 모르게 크게 소리치다 선생님에게 꾸중을 들은 일도 있었다. 지금은 부산행 열차를 타고 대전에서 옥천으로 가다 보면 한 중간쯤 되는 곳에 증약이라는 곳이 있는데, 바로 이곳에 내가 옛날에 1년 남짓 통학한 사립학교가 있었다. 아버지는 나를 공부시켜 훌륭한 사람으로 만들겠다거나 신학문을 가르치겠다거나 하는 자녀 교육에 대한 어떤 특별한 야심이나 계획이 있어서가 아니라 "남들이 자식을 학교에 보내니까 나도 보낸다"는 막연한 생각을 하신 것 같다.

지금 생각하면 나도 그 사립학교에서 꽤 공부를 잘하는 아이였던 듯하다. 나는 아버지보다 어머니의 성격을 많이 닮은 것 같다. 그래서 내가 철들면서부터 독서를 좋아했던 것도 짐작건대 어머니를 닮았기 때문일 것이다.[4]

비록 산골 면 소재지이지만 부모가 공립이 아닌 사립학교를 보낸 것을 보면 송건호의 집은 당시 어느 정도 여유가 있었던 것 같다.

할아버지는 땅을 얼마쯤 남기고 돌아가셨다. 그리고 집에서 농사를 짓기는 했지만 이웃 면에도 땅이 조금 있어서 소작을 주었는데, 가을에 추수 때면 도지_{도조}를 가져오는 사람들이 자주 들락거렸다. 때로는 흉작이라며 도지를 좀 깎아 달라고 조르는 일이 자주 있었는데, 그때마다 아버지는 그들의 요구를 거절하지 못하고 다 들어주었다. 소작인들은 대부분이 아버지를 좋아했는데, 아버지가 마음이 유하다는 소문이 나서 깍쟁이 소작인은 흉년이니 그해의 도지를 아주 없애 달라고 떼쓰기도 했다.[5]

송건호의 아버지는 부드럽고 착한 성품이었고 부부싸움을 할 때도 먼저 피하여 큰 싸움이 되지 않았다고 송건호는 기억한다. 특히 송건호에게는 다정한 친구 같은 사람이었다.

자기 아버지가 무섭다고 가까이 앉아 있기 싫다고 말하는 아이들도 있었으나 나는 아버지가 무섭다거나 싫다거나 거북

하거나 하는 일이 전혀 없었다. 아버지는 나에게 다정한 벗과 같았다. 아버지는 일찍이 자식인 나에게 역정을 내시는 일이 없었다. 그러나 아버지와 어머니가 다투시는 것을 어렸을 때 가끔 볼 때가 있었다. 어머니가 무어라고 불평을 하시면 아버지는 아무 말 없이 그냥 문을 열고 밖으로 나가 버렸다. 그러면 부부싸움이 되지 않았다. 나는 지금껏 아버지와 어머니가 언성을 높이고 싸우는 것을 못 보았다. 아버지가 늘 피해 버리고, 그래서 시비가 되지 않았다. 마음이 착하시고 남에게 싫은 소리 한마디 못 하시는 아버지, 나도 아버지가 참 유하고 착했다는 것을 지금도 기억하고 있다.[6]

송건호는 온화하고 유한 아버지보다는 다소 강직한 편이고 마을에서 '여장부'라는 소리도 들었던 어머니를 많이 닮았다.

송건호는 모친을 많이 닮았다. 특히 날카로운 눈매와 이마는 모친을 그대로 빼닮았다. 박재호는 키가 자그마해도 다부지고 강단이 있었다. 비야리에서 아씨 마님으로 통하던 박재호는 남편을 대신해 집 안팎의 일을 다 처리했는데, 먹고 살기 어려운 사람들이 늘 찾아왔다. 인심 후하기로 소문이 자자했고, 어려운 사람들의 사정을 누구보다 잘 헤아려 주었던 것이다.

일꾼을 부르면 대접 가득 떡을 담아 기어이 그 자리에서 먹게 했다. 집에 가져가면 애들 먹이느라 일꾼 입에 들어가지 못할 것을 알았기 때문이다. 하루 세 끼 먹는 것도 어려웠던 시절이라 처음으로 배불리 먹어 본다는 일꾼들도 적지 않았었다. 박재호는 일꾼들이 배불리 먹은 다음에야 식구들 먹일 떡을 손에 쥐어 집으로 돌려보냈다.

마음 씀씀이가 이러했던 덕에 박재호는 여장부라는 말을 들었다. 인심만 좋은 게 아니라 야무지고 경우도 반듯해 그녀가 모습을 나타내면 남의 집 일이라고 대충하던 사람들도 모를 똑바로 심었을 정도다. 남자 같으면 한자리했을 것이라고 안타까워하는 사람들도 많았다.[7]

송건호는 생김새에서 성격, 어렸을 때부터 책을 좋아하는 성품에 이르기까지 어머니의 유전자를 물려받았던 것 같다. 자신의 사적 기록이나 가족사에 관해 별로 글을 남기지 않았으나, 「어머니」라는 글에서는 어머니에 대한 아련한 추억을 되살렸다.

내가 어릴 때 늘 업어 주시던 어머니, 배가 아프다고 보채면

"내 손은 약손이다" "내 손은 약손이다"를 수없이 외며 배를 문질러 주시던 어머니, 맛있는 것은 꼭 두었다가 학교에서 돌아오면 먹으라고 주시던 어머니, 맛있게 먹고 있는 자식의 옆에서 만족하게 바라보시던 어머니, 새벽마다 샘물을 한 동이 이어와 터주에 모셔 놓고 자식이 잘되게 해 달라고 비가 오나 눈이 오나 하늘에 대고 비시던 어머니, 나는 그런 아득한 시절의 추억을 하다가 눈앞에 구부러진 허리로 누워 계신 어머니 모습을 대할 때 갑자기 눈시울이 뜨거워지는 것을 느낀다.[8]

참혹한 일제 말기 견디며 성장

송건호는 증약사립보통학교를 우수한 성적으로 마쳤다. 학생이 70명 정도 되는 반에서 우등이었다고 한다. 이듬해에는 진학을 위해 충남 대덕군 동면의 동명東明공립보통학교 2학년으로 전학했다.

비야리에서 20리8km나 떨어져 있는 학교는 산길과 신작로를 한참 걸어야 나왔다. 교과서는 보자기로 싸서 어깨에 둘러메고 도시락은 손에 들고, 비가 오나 눈이 오나 빠지지 않고 다녔다.

송건호네 가족은 1939년에 대전으로 이사하게 되는데, 이는 면사무소와 주재소에서 국방헌금을 강요하고 각종 조세가 많아서 이를 피하기 위해서였다고 한다. 송건호도 가족을 따라 대전에 있는 욱정공립보통학교로 전학해야 했다.

아버지를 생각하면 요즈음도 일제 말기에 있었던 기억들이 새로워진다. 그때 그곳의 시골 면장이나 주재소 사람들은 기부를 하라고 졸라 대는 것이 보통이 아니었다. 아버지는 친일을 하지 않았다. 그래서 면이나 주재소에서 기부금을 내라고 졸라 대는 바람에―지금 생각하면 국방헌금이 아니었던가 싶은데―견디다 못해 1939년에 마침내 대전으로 이사를 하지 않으면 안 되었다. 대전으로 이사하면 그 일을 면할 수 있지 않을까 해서 그랬다.[9]

대전은 그 당시에도 큰 도시였다. 산골에서 살던 소년이 '문화충격'을 받기에 충분했을 것이다. 1년 뒤인 1940년 봄에는 서울의 사립상업학교에 입학하게 된다. 이곳에서 훌륭한 선생님들을 많이 만나면서 송건호는 학문에 눈을 뜨고 꿈을 갖게 되었다.

나는 이사 때문에 대전 욱정초등학교 6학년으로 전학했는

형(오른쪽)과 함께.

데 그곳은 조선인 학교였다. 시골의 초등학교에서 도시의 초
등학교로 옮긴 것은 내 평생에 있어서 대단한 변화였다. 이한
기라는 분의 지도를 받으며 1년 동안 대전에서 공부했는데, 무
슨 까닭인지 지방의 중학에 진학하지 않고 서울에 와서 사립
상업학교에 입학했다. 지금 생각하면 이것은 나에게 큰 영향
을 주었다. 이 사립상업학교에는 훌륭한 분이 많았다. 나도 그
분들의 감화로 비로소 민족에 눈을 뜨고 학문에 눈을 뜨고 앞
으로 훌륭한 사람이 되어야겠다는 꿈을 가질 수 있었다.[10]

청소년 시절에 어떤 학교에서 어떤 선생님을 만나느냐에 따
라 인생의 행로는 크게 바뀔 수 있다. 송건호의 경우가 그랬다.

송건호의 부모님은 3남 5녀의 형제자매 중에서 특히 둘째 아들에게 거는 기대가 커서 송건호를 대전이 아닌 서울의 한성사립상업학교에 입학시켰다. 넉넉하지 못한 가정 형편으로 서울 유학을 결정하는 게 쉽지 않았을 텐데, 아마도 육정보통학교의 교사 중 누군가가 송건호의 재능을 알아보고 부모를 설득하여 서울 진학이 가능토록 도움을 주었을 것이다.

이때는 일제가 우리나라에서 내선일체와 황국신민화를 내세우는 등 민족말살정책을 시행하고, 중일전쟁과 태평양 전쟁 등으로 군국주의 체제를 확산하고 전쟁 야욕을 높여 가던 시기였다.

> 1940년 봄 나는 서울로 상경, 중학에 입학했다. 그때는 미일 전쟁이 일어나기 직전이고 한국은 '내선일체'와 '국민총력연맹'을 결성하는 등 암담한 시기로 들어가기 시작한 무렵이었다. 조선 민족의 항일운동은 거의 숨을 죽이고 한때 민족운동을 하던 지도자를 포함해 거의 모든 항일운동은 친일로 방향 전환을 하기 시작했다. 천지는 내선일체를 주장하는 소리로 가득 차 있었다.[11]

시국은 날로 악화했다. 1937년 7월에 중일전쟁이 시작되면

송건호 평전

서 총독부는 '황국신민서사'를 제정하여 초등학교 학생들에게까지 낭송토록 하고, 1938년에는 조선육군지원병령과 국민정신총동원령, 1939년 국민징용령 등을 잇달아 선포하여 조선 사회에는 불안과 공포가 겹겹이 쌓여 갔다.

송건호도 일본군으로 끌려가는 청장년들을 환송하기 위해 약 4킬로미터 떨어진 기차역까지 동원되기 일쑤였고, 온갖 쇠붙이를 모으는 일 등에 시달리느라 공부할 시간이 별로 없었다. 학교에서는 아동용 '황국신민서사'를 암송하고 이를 외우지 못하면 벌을 받았다.

'황국신민서사'는 두 가지 버전, 즉 아동용과 일반인용이 있었다. 그 내용은 다음과 같다.

황국신민서사아동용

1. 저희는 대일본제국의 신민臣民입니다.

2. 저희는 마음을 합하여 천황폐하에게 충의忠義를 다합니다.

3. 저희는 괴로움을 참고 몸과 마음을 굳세게 하여 훌륭하고 강한 국민이 되겠습니다.

황국신민서사중등학교 이상 일반인용

1. 우리는 황국 신민이다. 충성으로써 군국君國에 보답한다.

2. 우리 황국 신민은 서로 믿고 아끼고 협력하여 단결을 공
   고히 한다.

3. 우리 황국 신민은 괴로움을 참고 몸과 마음을 굳세게 하
   는 힘을 길러 황도皇道를 선양宣揚한다.[12]

송건호가 훗날 일본 제국주의와 친일파들에 대한 적대감이
강하고 이 문제에 대해 많은 글을 쓴 것은 어릴 적의 체험도 크
게 작용했을 것이다.

송건호는 이렇듯 일제 말기의 어려운 시기에 서울에서 중학
교를 다녔다. 북아현동에서 하숙하면서 학교를 다녔지만, 학교
는 공부보다 각종 행사에 더 많이 동원되었다. 사교적이지 못
한 송건호는 학교가 끝나면 하숙 집에서 책을 읽거나 시내의
헌책방을 찾아다녔다.

나는 그때 무엇보다도 학자금 문제가 걱정거리였다. 하여
간 서울에서의 내 생활은 북아현동에 하숙하면서 여러 가지
많은 책을 읽었던 기억이 난다. 그때 대전 우리 집 생활은 해
방을 4~5년 앞두면서 점점 어려워졌다. 사정은 잘 몰랐지만
아버지가 별로 이재에 밝지 못하고 또 하시는 일도 별로 없었
기 때문에 생활이 점점 어려워질 수밖에 없었던 듯하다. 그래

송건호 평전

서 서울의 하숙생활도 식량이 부족해서 배가 고팠으니, 방학 때에 대전의 집에 돌아오면 며칠 동안 주린 배를 채우느라 한 끼에 두 사발씩을 먹어 치우곤 했다.

나는 독서를 좋아하여 어디를 가나 고서점을 뒤지는 일이 일과였다. 서울에서는 안국동과 본정동지금의 충무로을 샅샅이 뒤져 그때로서도 어느 정도 '진서'라고 할 만한 책을 구하기도 했다. 그래서 나에게는 책값이 늘 모자랐다. 아버지에게 이런 구실 저런 핑계를 대서 없는 줄을 알면서도 졸라대고 어느 때 는 당신 지갑 속의 몇 푼 안 되는 돈까지 톡톡 털어 내어주고 하셨다.[13]

이때부터 송건호는 평생을 두고 책 읽기와 헌책방을 순례하 는 것이 '취미생활'이자 습관이 되었다.

서울 유학으로 인생의 전환점을 맞다

1944년 여름, 송건호의 집은 대전 생활을 접고 다시 옛 고향 비야리로 되돌아갔다. 송건호의 회고처럼 아버지가 별로 이재 에 밝지 않고 달리 하는 일도 없었기 때문이다. 그러다 보니 송 건호의 서울 하숙 생활도 어려움이 많았다. 처음으로 부모 곁을 떠난 열네 살 소년은 1년간 연희동에 사는 친척 집에서 하숙했다.

연희동에 하숙하고 있을 때 나는 학교에서 돌아오면 가방을 하숙방에 던져 놓고 산에 올라 붉게 물든 서쪽 하늘을 바라보며 고향 생각을 간절히 하곤 했다. 이럴 때면 연희전문학교 지금의 연세대학교 학생들이 학교 뒷산의 솔밭 속을 서성대며 역시 고향을 그리는 노래를 부르고 있었다.

고향눈 부슬부슬 나리는 아침,
어머니 작별하신 정거장에서
눈물로 맹세해온 사나이 결심,
한시련들 잊으리까, 잊으오리까
어머님, 안심하소서.

솔밭 속에서 고향을 그리는 이러한 노랫소리가 들려올 때는 견딜 수 없게 고향 생각이 났다. 한번은 여름방학 때에 고향을 가면서 두서너 정거장이나 앞두고 내릴 짐을 챙기고 차에서 내려갈 준비를 서둔다고 고향 동무들이 비웃는 일도 있었다.[14]

송건호는 어렸을 적에 지극히 감성적이고 소심한 성격이었던 것 같다. 서울로 유학 와서 고향 생각을 한 것을 두고 한 말이 아니다.

나는 주변머리가 없어 부모님으로부터 중학교 2~3학년이 될 때까지 혼자 하숙을 옮길 줄을 모른다는 불신을 받았으니, 그때마다 시골에서 아버지가 올라와 내 가방과 책상을 용달에 싣고 이집 저집을 찾아다니며 하숙을 구해 주셨다.[15]

송건호는 2학년 때 북아현동의 학교 근처로 하숙을 옮겨 이집에서 3년 동안을 지냈다. 그리고 자연에 대한 어린 시절의 탐구욕이 새로운 지식에 대한 탐구로 바꾸어 고서점을 찾아다니며 열심히 책을 모으고 읽었다.

학교에서 돌아와 가방을 하숙방에 던지고는 안국동 고서점가로 달려가 공짜로 헌 잡지 읽기에 정신을 잃었다. '종일 헌 잡지 읽고 돌아가는 중학생'으로 점원들 사이에 이미 낯이 익어 있었다.
자연에 대한 호기심에서 헌 잡지 난독의 소년 시절로, 다시 영웅전 탐독으로 이어졌다.[16]

송건호는 학교에서 특히 한문과 역사를 좋아했다. 헌책방을 순회하면서 구한 각종 책 중에서 우리 역사를 다룬 내용이 있으면 열심히 찾아 읽었다. 다행히도 "신간 책이 거의 일본 군국주의 찬양이나 침략전쟁 찬양이나 황도정신 일색이었으나 고서점에는 아직도 자유주의 냄새를 풍기는 책들이 남아 있었"[17]기 때문이다. 일제의 식민지 교육으로 학생들은 대부분 일본을 조국으로 알고 조선이라는 나라의 존재도 모르는 실정이었다.

그때는 천지가 일본 일색이어서 해방이란 생각도 못 했어요. 당시 지식인들은 이광수·최남선을 대단한 인물로 알고 있었기에, 일제가 이광수와 최남선을 집중 공작해서 거역을 못하게 한 겁니다. 나도 중학교 2학년 때까지는 일본이 우리나라이고 대동아전쟁에서 이겨야 한다고 생각했어요. 그런데 대학에 들어가려고 하니까 '반도인'—그때는 그렇게 불렀어요—이라고 차별을 해요. 그때야 "우리는 일본 사람이 아니고 일본은 우리를 무시한다"는 것을 알았고, 그때부터 내심 반항하기 시작했죠. 일본말도 안 썼고. 그때는 한 반에서 6~7명 정도가 민족의식이 좀 있었을 뿐 대부분은 침묵을 지켰고 적극적인 친일 행위자는 7~8명 정도 되었죠. 그런데 침묵하는 사람들은 복종을 잘하지요.[18]

송건호가 서울에서 보낸 10대의 시기는 우리 민족사에서 가장 혹독한 시련기였다. 1940년 2월 조선총독부는 창씨개명령을 내리고 거의 강제로 이를 실시했다. 창씨개명일본식 성명 강요을 하지 않은 사람의 자녀는 학교에 입학할 수 없었고, 학교에 다니던 아이들도 교사의 학대를 받아야 했다. 창씨개명을 하지 않으면 취직도 할 수 없었고, 직장에 다니는 경우에는 해고 대상자가 되었다. 행정기관은 민원 사무를 취급해 주지 않았으며, 노무 징용의 우선 대상자가 되었다.

1941년 12월에 일본이 미국 하와이의 진주만을 기습공격하면서 시작된 태평양 전쟁으로 총독부는 조선에서 강제 징용, 징병, 위안부, 학도병이라는 이름으로 청장년들을 끌어가고, 내선일체와 신사참배, 동방요배일본 천황이 살고 있는 동쪽을 향해 절하는 의식 등을 강요하면서 우리말과 우리글도 사용하지 못하게 막았다.

이 시기에 송건호는 주로 하숙방이나 헌책방에서 책을 읽으며 시간을 보냈다. 훗날 폭포수처럼 쏟아 낸 각종 칼럼, 사설, 평론, 수필, 전기 등을 집필하는 데 필요한 지식과 문장력은 이렇게 길러졌다.

중학교 1, 2학년 때는 주로 일본어 소설을 탐독했으나 3, 4

학년 때는 정치인 위인 등의 전기를 탐독했고 4학년 2학기부터는 점점 한글책에 관심을 돌려 구석진 고서점을 찾아다니며 먼지가 소복이 쌓인 책을 뒤적이며 점점 자취를 감추기 시작한 한글 소설들을 탐독하기 시작했다. 보통학교지금의 초등학교 5학년 때까지는 『조선어독본』이라는 것을 배웠기 때문에 불충분하기는 했으나 한글을 읽을 수 있었다.[19]

그러나 그 당시 청소년들은 불행한 세대였다. 물론 당시에 징병과 징용 등에 끌려간 청장년 세대보다는 나은 편이었으나, 어릴 적부터 제 나라 글과 말도 배우지 못한 채 일본 제국주의를 조국으로 알고 지내야 했다. 송건호도 "중학교 2학년 2학기 때 미국과의 전쟁이 시작되었으나 그때 나는 아직 민족의식이 없고 일본의 승리를 굳게 믿고 또 기대하고 있었다. 나는 홍콩, 싱가포르가 점령될 때마다 일본인이나 다름없이 만세를 부르며 기뻐"[20]할 만큼 일본인과 다름없이 생각하고 행동했다.

송건호는 대학에 진학할 즈음부터 생각이 바뀌기 시작했다. "3학년이 되고 대학에 진학을 생각하면서 조선인이 일본인에게 비해서 큰 차별대우를 받고 있다는 사실을 깨닫고 그때부터 나는 점점 민족의식이 싹트기 시작했다."[21]

태평양 전쟁이 한창이던 1940년대 초에는 공출과 군납 등 일제의 수탈이 더욱 심해져 식량이 모자랐다. 제대로 먹지 못해 늘 배를 곯다 보니 책을 읽으면서 먹는 장면이 나오면 그 장면을 상상하며 읽고 또 읽을 지경이었다.

1943년경부터 모든 조선인 전문대생이 거의 학병으로 끌려가고 중학생들은 근로 봉사에 동원되어 갔다. 공출과 군납으로 식량이 모자라고 먹을 것이 부족했다. "식량 사정도 점점 악화되어 하숙비는 비싸졌으나 하숙집 밥은 점점 양이 줄어들어 아침상에 들어온 밥을 다 먹고 도시락까지 다 먹어도 양이 차지 않아 늘 배가 고팠다. 어쩌다 소설을 읽다가 먹는 장면이 나오면 읽고 또 읽으면서 먹는 장면을 상상하기도 했다."[22]

많은 책 읽으며 민족의식 깨우쳐

이 시기 송건호는 중학생 신분으로 많은 책을 읽고 민족의식을 깨우쳤다. 누군가의 가르침이나 자극이 아니라 순전히 자신의 힘과 노력으로 싹트기 시작한 민족의식이고 학구열이었다.

조선 민족으로서의 이러한 의식화는 나의 독서생활에도 커다란 영향을 미쳤다. 학교 교과서는 시험 때나 들여다보는 정도로 하고 틈이 있는 대로 여러 가지 독서에 열중했다. 나의 민족적 의식화는 내 독서 경향을 한글소설로 기울어지게 했다. 중학교 4학년 무렵 내가 탐독한 책 중 아직도 기억에 남는 책은 박영철의 『50년의 회고』1920년대 출판라는 인문 자서전이었는데, 그는 유명한 친일파였지만 조선 민족 문제를 다룬 책으로서 그때의 사회 분위기나 내 의식 상황으로서는 커다란 충격을 준 책이었다.[23]

불교 경전인 『초발심자경문初發心自警文』에 '사음수성독蛇飮水成毒 우음수성유牛飮水成乳'라는 말이 있다. '뱀은 물을 마시고 독을 만들고 소는 물을 마시고 우유를 만든다'라는 뜻이다. 같은 시대 같은 상황에서도 친일파가 된 지식인과 학생들이 있었는가 하면, 스스로 민족의식을 일깨운 송건호 같은 소년도 있었다.

이 무렵에 송건호는 이광수의 『흙』, 『유정』 등을 탐독했다. 당시에 이미 이광수는 1급 친일파로 변절한 상태였다. 그러나 소설은 나름대로 조선 민족에 애정을 갖고, 농촌사업을 한다는 내용으로 젊은 학생들에게 여전히 감명을 주었다.

이 무렵 또 내가 감명받은 책으로는 가가와 도요히코가 쓴 자서전적 소설 『사선을 넘어서』라는 책이었다. 가가와는 일본의 유명한 기독교 사회운동가로서 고베의 빈민촌에서 전도 사업을 하며 이러한 그의 생활을 소재로 쓴 책이었다. 나는 이 책을 읽고서 군국주의의 죄상을 어렴풋하게나마 생각하게 되었고 가난한 빈민에 대한 관심이 생기게 되었다. 이 시기에 나는 상허의 소설을 애독했다. 그의 작품은 일제 말기의 암담한 분위기를 잘 반영해 주고 있었다. 『청춘무성』, 『제2의 운명』, 『왕자 호동』 같은 작품을 애독했으며 그의 수많은 단편은 아주 매력적이었다. 나는 그의 작품을 읽으면서 한글을 더욱 깨치게 되었고 한글을 통해서 나는 더욱 민족의식에 눈뜰 수 있게 되었다.[24]

송건호가 비교적 젊은 나이에 신문사 논설위원으로 발탁되고 활약할 수 있었던 것은 이렇게 중학생 시절부터 읽기 시작한 각종 서적을 통해 튼튼히 쌓아 올린 지식과 문장력 때문이다. 그가 또래 학생들에 비해 일본어보다 한글을 자유롭게 쓰고 읽게 된 것도 한글 소설을 많이 읽은 덕분이었다.

3. 해방과 전쟁, 그리고 대학 생활

신학교 지원했으나 낙방

송건호의 청소년기는 일제 말기와 겹쳐서 생활은 나날이 더욱 팍팍해지고 힘들어졌다. 조선의 모든 자원은 군수품으로 징발되면서 물자는 부족해지고, 국민은 먹고살기도 어려웠다. 학교라고 사정이 다르지 않았다.

송건호가 다니던 5년제 한성상업학교의 졸업은 원래 1945년 2월이었다. 그러나 일제는 전쟁에 동원하기 위해 졸업을 1944년 12월로 앞당겼다. 전국적으로 벌어지는 현상이었다. 뜻하지 않게 빨리 졸업한 송건호는 얼마 뒤 고향으로 내려갔다.

겨울 농한기라 일손을 보탤 농사일도 없어 열심히 책을 읽었다. 그동안 헌책방을 순례하면서 모은 책이 적지 않았다. 10대 시절 독서의 경향을 기록한 내용을 보자. 여기에서 'A'는 송건호 자신을 일컫는다.

패망 직전 A는 춘원의 『이순신』, 『단종애사』, 『가실嘉實』 등을 열독했고, 특히 『가실』에 대해서는 동료들 사이에 돌려가며 읽었다. 중학생들의 독서 경향은 춘원에서 김동인, 이효석, 상허, 박종화 등으로 옮겨갔다. 중학 3학년이 되면서 군인이나 정치가의 전기傳記에 관심이 쏠려 나폴레옹, 비스마르크, 히틀러, 무솔리니 같은 전기에서 일본의 명치 시대 군인·정치인 전기에 관심이 갔다. 일본인들의 전기를 통해 한말 당시의 비참한 민족의 운명을 다소나마 알 수 있었다.[1]

조기 졸업을 하고 고향으로 돌아가서도 송건호는 책을 손에서 놓지 않았다. 그러나 시국은 언제까지나 젊은이가 책이나 읽도록 내버려 두지 않았다. 일제 경찰과 군청은 그에게 해군에 지원하라고 강요했다. 그래서 일제의 징병을 거부하면서 택한 것이 일본군 식량창고 사무원이었다. 송건호는 "거기에서 일하면서도 겁도 없이, 사람들을 모아 놓고 '조금만 참자'고 큰소리치기도 했다."[2] 그러던 중 그곳에서 해방을 맞았다.

끝나지 않을 것 같던 일제강점기가 끝나고 조국이 해방되었을 때 송건호는 열아홉 살이었다. 전쟁이 좀 더 길어졌으면 그역시 일본군으로 징집되는 것을 피하기 어려웠을 텐데, 그야말로 행운이었다.

한성상업고등학교 시절에 친구
와 함께(오른쪽이 송건호).

　해방을 맞은 송건호는 그해 연말에 서울로 올라왔다. 집에서
는 취직하라고 했으나 송건호는 공부를 더 하고 싶었다. 송건
호가 어려서부터 학구적인 성격이라는 것을 잘 알고 있었기에
집에서도 말리지 않았다. 그는 연세대 신학과에 응시했다가 떨
어지고 경성법학전문학교에 입학했다.

　송건호와 함께 '동아투위'에서 활동하고, 그의 저서를 여러
권 출판하는 등 가까운 사이였던 언론인 김언호는 이에 대해
다음과 같이 말했다. 본인에게 직접 들은 것으로 보인다.

　　　　　　　　　　　　　　　　　　　　　　송건호 평전

해방이 되자 집에서는 그에게 취직을 하라고 했다. 그러나 그는 공부를 해야 한다고 우겼다. 12월 초순 서울로 올 때까지 영어를 집중적으로 공부하면서 한글로 작문을 지어 보기도 했다. 연세대 신학과에 응시했으나 떨어졌다. "경쟁자가 많아서라기보다도 기독교의 배경이 없다는 것이" 탈락의 원인이었던 것 같았다. 그리하여 경성법학전문학교에 들어가게 된다.[3]

송건호가 왜 신학과에 들어가려고 했는지 그 배경은 알려지지 않았다. 송건호 전기를 쓴 정지아 작가는 송건호가 신학과에 지원하고 경성법학전문학교에 들어가게 된 이유를 다음과 같이 기술한다.

송건호가 진학을 위해 다시 상경한 것은 해방 직후였다. 시험을 치른 학교는 뜻밖의 연희전문학교^{현 연세대} 신학과였다. 그러나 그의 집안은 고리산에 봉성암이라는 암자까지 세웠을 정도로 대대로 불교를 믿어 왔다. 그런데 덜컥 신학과에 지원한 것은 옛날 아현동에서 하숙하던 시절, 기독교 신자였던 하숙집 주인이 좋은 학교라고 추켜세우는 말을 들은 기억 때문이었다. 또한 빈민운동에 투신했던 일본의 목사 가가와 도요히코의 체험기인 『사선을 넘어서』란 책을 읽고 깊은 감명을 받아서이기도 했다.

기독교가 무엇인지조차 잘 모르고 기독교인도 아니면서 그가 신학을 공부하고자 한 것은 세상의 불의와 불평등을 고쳐보겠다는 순수한 의도로 보인다. 불행인지 다행인지 그는 입학에 실패했다. 자존심이 강한 그는 그 하숙집 주인에게 더 좋은 학교가 어디냐고 물었다. 주인은 경성법학전문학교라고 대답했다. 송건호가 경성법학전문학교에 진학한 것은 이 역시순전히 하숙집 주인이 추천 때문이었던 것이다.[4]

송건호와 오랜 친구인 작가 이호철은 송건호가 연희대 신학과에 응시했으나 '점수 미달'로 낙방했다고 썼다. "해방이 되자집에서 취직을 하라고 했으나 본인은 공부를 하겠다고 혼자 영어를 집중적으로 하면서 한글 작문을 지어 보기도 했다. 그리하여 연세대 신학과에 응시했으나 보기 좋게 낙방을 한다. 본인은 '기독교의 배경이 없다는 것이 낙방 이유'였을 거라고 하고 있지만, 그건 핑계일 뿐 점수 미달이었을 것이다."[5]

그때 송건호가 신학교에 입학했다면 그의 인생은 전혀 다른방향으로 흘렀을지도 모른다.

경성법학전문학교 입학, 아르바이트로 학비 마련

경성법학전문학교는 조선이 국권을 강탈당하기 이전에 설치되었던 법관양성소가 국치 이후에 일본에 의해 1922년에 개편되어 해방 뒤까지 존속된 관립 학교였다. 법률에 관한 실무적 교육을 가르쳐 실무법조인을 양성하는 것이 목적이었으며, 3년제였다. 뒷날 서울대학교가 발족하면서 경성제국대학 법문학부와 함께 발전적으로 해체한 뒤 서울대학교 법과대학에 흡수되었다.

경성법학전문학교는 1946년 2월에 개강했다. 송건호는 신학기부터 자취하면서 신문도 배달하고 번역도 하고 토건회사에도 근무하는 등 스스로 생활비와 학비를 벌었다.

이 무렵 송건호네 가세가 기울어 학자금을 지원받기도 어려운 형편이었다. 그래서 자기 힘으로 돈을 벌어 공부하겠다는 강한 자립 의지에서 여러 가지 아르바이트를 했다.

해방이 된 다음 해 여름부터인가 나는 고학을 시작했다. 신문 배달도 하고 번역도 하고 어떤 토건회사에 근무도 했는데, 한창 젊은 나이라 피곤한 줄을 몰랐다. 그때만 해도 서울대학교의 등록금이라야 만 원도 채 안 되었기 때문에 등록금을 마련하는 일은 조금도 힘들지 않았다.

　나는 길을 걸으며 영어 단어를 외우거나 전차 속에서 책을 읽었으며, 일도 열심히 하고 고단하면 아무 데서나 쓰러져 잤다. 그땐 우리 집의 경제 형편이 넉넉하지 못했다. 아버지는 60세가 넘으시고 아버지보다 3세 위이신 어머니는 더욱 노인이기 때문에 돈으로 일꾼을 사서 농사를 지을 수밖에 없어서 내가 그 영농자금을 보내드려야만 했다.[6]

송건호는 서울에서 학교에 다니면서 대단히 당찬 모습으로 성장했다. 숫기 없고 소극적이었던 소년이 활기차고 부지런한 청년이 되었다.

해방의 혼란기에 서울에서 이것저것 아르바이트를 하여 학비와 생활비를 버는 것은 물론이고 고향에 영농자금까지 보낼 정도라면 당시 실정에서는 보통 힘든 일이 아니었다. 송건호의 이야기를 조금 더 들어보자.

　열심히 신문 배달을 하면 등록금은 물론이려니와 숙식 문제도 해결되고 집에 얼마 안 되는 돈이나마 부쳐 드릴 수가 있었다. 이런 생활이 어느 정도 계속되었다. 그러다가 1948년부터는 동료 몇몇과 자취를 했다. 먹을 쌀은 이제 내가 직접 시골

에서 갖다 나르고, 용돈도 내가 마련해서 쓰고, 집의 영농자금
도 내가 보내 드리는, 힘겹지만 그러나 즐거운 생활을 했다.[7]

그러나 해방정국은 대학생이 아르바이트하며 여유롭게 공
부나 하기에는 너무 요란하고 혼란스러운 시기였다. 다른 많은
분야에서도 그랬지만 당장 대학 문제 역시 사회적인 이슈가 되
었다.

대표적인 사건이 1946년에 있었던 이른바 국립대학안국대안
반대투쟁이었다. 처음에는 서울에서 시작됐으나 반대투쟁은
곧 전국적으로 거세게 벌어졌다.

6월 19일에 미군정이 경성대학과 경성의학전문학교, 경성법
학전문학교, 경성공업전문학교, 수원농림전문학교 등을 통합
하는 국립대학안國立大學案을 발표한 것이 발단이었다. 일부 학
생과 교수들이 이에 반대했으나 미군정은 이를 무시하고, 8월
23일에 '미군정령'으로 통합을 강행했다.

처음에는 사회주의 계열의 교수와 학생들이 반대 시위를 주
도했다. 그러나 이데올로기를 떠나 날이 갈수록 시위에 참여하
는 학생과 교수가 늘어났다. 이유는 미군정의 국립대학안이 고
등교육기관의 축소를 의미하고, 총장 및 행정담당 인사를 미국
인으로 임명한 것은 운영의 자치권을 박탈하는 것이며, 통합의

조처가 각 학교의 고유성을 해친다는 것 등이었다. 또 양적인 증대로 인한 질적 저하와 교수의 부족 등도 반대 이유로 제시되었다. 미군정 당국은 서울대학 초대 총장에 미국인 현역 대위를 임명했다.

국대안 반대운동은 여러 달 동안 계속되었다. 관련 대학뿐만 아니라 서울의 다른 대학에서도 등록거부 등 동정동맹휴학에 들어가고, 12월 초에는 서울대학교 9개 단과대학을 비롯하여 연희대학, 한양대학, 동국대학, 국학대학에 이어 전국으로 확산해 57개 학교, 4만여 명의 학생이 동맹휴학에 들어갔다. 이 때문에 많은 학생이 당국에 구속되고, 학생들은 '국대안'을 지지하는 '서북청년단'의 폭력에 맞서 싸우다가 부상을 당하기도 했다.

의협심이 강했던 송건호도 국대안 반대투쟁에 참가했다. 송건호의 회고를 들어 보면, 학생들은 대부분 국대안에 반대하고 초등학생들도 반대할 정도였다.

남로당이 상당히 침투했겠지만 그때는 대부분의 학생들이 국대안에 반대했어요. 나도 반대를 했는데, 미국 놈들이 잘못했기 때문에 반대해야 한다는 생각이었지 특별히 다른 이유는 없었어요. 제정신 가진 사람은 거의 다 국대안을 반대했고,

일부가 적극적으로 지지했죠. 초등학교 학생들도 국대안 반대 데모대에 나설 정도로 굉장했습니다.[8]

국대안 반대투쟁 참가, 서울대 법대 입학

송건호는 국대안 반대투쟁 시위에 적극적으로 가담하지는 않고 소극적으로 참여했던 것 같다. 송건호도 "적극적으로 앞장서지는 않았고 따라만 다닌 정도"[9]였다고 말했다. 이 무렵에 전개되었던 찬·반탁 문제와 관련해서도 송건호는 자신의 의견을 별로 개진하지 않았다. 이로 미루어 보면 그는 시국 현안에 대해 적극 나서지는 않았던 듯싶다. 온순한 성격도 작용했을 것이다.

송건호는 경성법학전문학교에 입학하여 얼마 동안 착실히 학교를 잘 다녔으나 국대안 사건으로 학교를 1년 쉬게 되었다. 그러다가 서울대학교가 국립대학으로 설립되면서 1948년에 법과대학 행정학과에 입학했다. 법과대학은 다시 시험을 치러서 학생을 뽑지 않고, 경성법학전문학교 등과 통합 신설되면서 자동적으로 편입된 것으로 보인다.

송건호가 스물네 살 때 한국전쟁이 벌어졌다. 서울대학교 3학년 재학 중이었다. 전쟁이 터지면서 학업은 중단되었다. 일

제 말기에 대학에 입학하고 재학 중에 전쟁을 겪어 제대로 공
부할 여건이 마련되지 못한 세대였다. 전쟁 중에 서울에서 아
르바이트를 계속할 상황도 아니어서 고향으로 내려갔다.

그러던 1951년 초, 국민방위군에 소집되어 부산까지 내려
갔다.

1951년 1월 여드렛날의 일로 기억된다. 6·25 때 우리 고장
의 청·장년들은 모두 며칠 동안 먹을 양식을 메고 부산으로
피난하라는 명령이 내려졌다. 나는 그때 잠시 동안 시골인 고
향에 와 있을 때라 마을 청년들과 함께 옥천·영동을 거쳐 부

산까지 가지 않으면 안 되었다. 피난을 떠나기 전날 밤에 나는 사랑방에서 아버지와 함께 잤는데 몹시 피곤해서 눕자마자 잠이 들었다. 그런데 한밤중에 나는 눈을 떴다. 어디선가 소리를 죽여서 훌쩍거리는 울음소리가 들려오는 것이었다. 나는 정신을 바짝 차렸다. 어디에서 들리는 울음소리인가 궁금해서 가만히 살펴보니, 그것은 자고 계신 줄만 알았던 아버지의 울음소리였다.[10]

국민방위군은 1950년 12월에 공포된 '국민방위군설치법'에 따라 제2국민병에 해당하는 만 17세 이상부터 40세 미만의 남자들로 조직된 군대였다. 이들의 규모는 약 50만 명이었다. 중공군이 개입해 전세가 불리해지면서 전선을 후퇴하는 과정에서 국민방위군도 후방으로 후퇴했는데, 이때 1천 명이 넘는 사상자가 발생했다. 그런데 이 과정에서 국민방위군 간부들이 막대한 돈과 물자를 부정으로 착복하고 처분한 사실이 드러났다. 결국 이 사건으로 국방부장관인 신성모가 사임하고, 국민방위군은 1951년 5월에 해산되었다.

송건호도 국민방위군에 소집되었다가 부대가 해산되자 고향으로 돌아왔다. 소집 도중에 탈출했다는 증언도 있다.

당시 징집 대상이었던 송건호가 입대하지 않은 것은 대학생

신분이었기 때문으로 해석된다. 당시 대학생은 징집에서 제외되었기 때문이다. 그래서 농촌 청년 중에는 소를 팔아서라도 대학에 들어가고자 했고, 이를 빗대서 대학을 '우골탑牛骨塔'이라 부르기도 했다.

송건호의 국민방위군 징집과 관련해서는 다소 불투명한 부분이 있다.

송건호의 누이에 따르면 송건호 역시 국민방위군에 징집되었으나 가다 말고 뭘 놓고 와서 가지러 가야 한다면서 탈출했다고 한다. 위의 기록에 국민방위군에 징집되었다는 직접적인 표현은 없으나 "1951년 1월 동네 청장년들과 약간의 양식을 가지고 부산으로 피난하라는 명령"을 국민방위군 징집으로 해석해도 무리가 없을 듯하다. 아버지가 울음을 터뜨린 까닭도 피난이 아니라 징집이었기 때문일 것이다.

국민방위군에 징집되었으나 탈출했다는 사실은 오해의 여지가 있을 수 있다. 그러나 송건호가 징집명령을 받은 것은 1951년 1월, 아직 국민방위군에 대한 예산도 책정되어 있지 않아 부당한 처우를 참다못한 방위군들이 집단탈출을 시작하고, 이러한 사실이 국민들에게 알려져 원성이 높았을 무렵이다.[11]

반세기 동안 문필활동을 하면서 수많은 글을 쓰고, 논리가 정연하기로 소문이 난 송건호가 자신의 국민방위군과 관련해서는 다소 추상적으로 애매하게 기술했다. 국민방위군이라는 명칭도 없고, 도중에 탈출했다는 이야기도 없다. 송건호가 앞의 글을 쓴 것은 1986년이었다. 군사독재가 여전히 맹위를 떨치고 있을 때였다.

송건호는 1953년에 법과대학 2학년으로 복학하면서 제대로 된 수업을 받을 수 있었다. 그러나 수업에는 별로 관심을 보이지 않았다. 당초 법학은 그의 성향에 맞지 않았다.

> 53년 수복 뒤에 2학년으로 복학을 하나 이때도 청암은 정작 학교 공부엔 그다지 취미를 못 붙인다. 의당 그랬을 터이었다. 법학이라는 것은 이 사람과 원체 인연이 멀었을 터이었다. 하여, 버릇대로 청계천변 등의 구질구질한 고서점을 뒤지며 독서에만 몰두한다.[12]

6·25 전쟁을 치른 한국 사회는 참담하기 그지없었다. 산업시설은 대부분 파괴되고, 많은 국민이 하루하루 먹고살기도 힘들었다. 거리에는 상이군경과 거지가 떼를 이루고, 3년씩이나 계속된 전란으로 식량의 생산량도 크게 줄었다.

송건호는 1952년부터 학생 신분으로 직장을 얻었다. 교통부 촉탁으로 서울철도국에 들어가 한글을 영문으로 번역하는 일이었다. 그동안 틈틈이 익힌 영어 실력 덕분에 생활비와 학비를 벌 수 있었다. "그가 느닷없이 철도국에 들어간 것은 당시 철도국 공무원으로 일하고 있던 큰 형의 영향이었다. 철도국에서 일을 하면 징집을 면할 수 있었다."[13]

4. 언론인으로 사회 진출하다

언로의 물길 터진 해방공간

8·15 해방은 언로言路의 해방이기도 했다. 제국주의나 압제자들은 말길을 막고 언론을 장악하며 여론을 조작하는 일부터 시작한다. 일제강점기가 암흑기였던 것은 정당한 언로가 막히고 여론을 조작했기 때문이다.

왕조시대에도 성군은 언로를 열고 폭군은 언로를 닫았다. 조선왕조의 설계자 정도전은 이성계에게 지어 바친 「문덕곡文德曲」에서 '작개언로作開言路'를 말했다. 군주가 민정을 알기 위해서는 언로를 항상 열어야 한다는 것, 그리고 임금이 수행해야 할 네 가지 중요한 덕목의 첫째는 언로에 있다고 그 중요성을 역설했다.

지치주의至治主義를 내걸고 혁신정치를 도모했던 조광조는 "언로의 통색通塞이 국가에 가장 긴요하다. 언로가 통하면 치안

治安하지만 막히면 난망하다. 군주는 모름지기 언로를 넓히는 데 힘써 공경 백사로부터 시정 백성에 이르기까지 그들로 하여금 각기 자기의 말을 할 수 있도록 하라"라고 주창했다.

율곡 이이는 "언로가 열리고 닫히는 데 국가의 흥망이 달려 있다. 공론이란 유국有國의 원기이다. 공론이 조정에 있으면 나라가 다스려지나, 만약 위아래 모두 공론이 없다면 나라는 망하고 만다"라면서 "장사하는 사람이나 나그네나 할 것 없이, 오히려 길道로에서도 의논할 수 있는 것으로 예론 즉 공론을 상려하는 사이에서까지 구해야 한다"라고 언로 진작의 방법론을 제시하기도 했다.[1]

언로의 숨통을 죄고 있던 일제가 패망하면서 한국 사회는 각종 언론기관이 우후죽순 생겨났다. 언론기관은 해방정국의 다양한 집단의 정치색처럼 각양각색이었다. 경향 각지에서 비록 수공업적 단계를 벗어나지 못한 형태로나마 신문과 잡지, 통신사가 쏟아져 나온 것은 당연했다. 마침내 35년간 막혔던 숨통이 터진 것이다.

송건호는 현대 한국 언론사를 연구해 당시 상황을 정리했는데, 그 내용은 다음과 같다.

우선 우파 신문을 소개해 보면 서울을 중심으로 할 때《민중일보》발행인 장도빈, 1945년 9월 22일,《동방신문》1945년 9월 25일,《동신일보》사장 이종열, 1945년 10월 4일 등이 있었고,《동신일보》는 다음 해 1946년 3월 2일, 유자후를 사장으로 '세계일보'라 개제했다. 그리고《조선민중일보》발행인 이동정, 1945년 11월 1일,《대한독립신문》은 이승만을 절대 지지하고 나섰다.《대공일보大公日報》사장 홍종우, 1945년 11월 10일,《대동신문》사장 이종영, 1945년 11월 25일이 있었는데,《대동신문》은 후일 친일파로 반민특위에 의해 구속된 바 있는 이종영이 창간한 저돌적인 반공지로서 유명했다. 하지만 위의 각 신문은 일종의 '군소' 신문으로서 편집 면이나 내용 면에서나 수준이 얕았고 따라서 영향력도 별로 크지 못했다.

10월 5일 창간된《자유신문》은 다소 진보적 냄새를 풍기기는 했지만 비교적 공정한 논조로 "조선민족 통일정권 수립을 위한 민족 여론의 공기 되기를 기한다"고 창간사에서 천명했듯이 좌·우가 날카롭게 대립하고 있던 당시의 언론계에서 상당히 영향력 있는 신문으로서 주목을 받았다.

총독부 기관지인《매일신보》편집국장의 경력을 가진 정인익을 사장으로 발행·편집인·주필에는 정진석을, 편집위원장에는 역시 매신 계의 이정순 등이 참여했다. 이 무렵의 신문들은 '진보적 민주주의'를 지지하는 논조를 폈고, '진보적 민주주의'를 반대하는 우익지를 '반동신문'으로 몰아붙이는 경향이 있었으며, 《자유신문》 역시 진보적 논조를 펴기는 했으나 좌·우 어느 쪽에도 치우치지 않고 어떠한 정치세력에도 직접 가담하지 않으면서 애써 공정한 자세를 유지하려고 고심한 듯하다.[2]

건국준비위원회를 결성하여 해방정국에 대처하는 등 우파보다 발 빠르게 움직였던 좌파 세력은 언론 분야에서도 우파에 앞섰다. 송건호의 연구 성과를 조금 더 살펴본다.

일제가 패망하자 건준이 당시로서는 유일하게 한글 신문을 찍어 낼 수 있는 인쇄시설을 갖춘 《매일신보》를 즉각 접수하여 16일 《해방일보》라는 한글신문을 찍어 낸 것을 보아도 좌파의 적극성을 알 수 있다. 그러나 우파는 이처럼 재빠른 행동을 보일 수 없었다. (…)

공산당은 당시 우수한 인쇄시설을 갖춘 근택빌딩을 접수하여 그곳을 당 본부로 삼고 공산당기관지 《인민일보》를 찍어내고 있었다. 이러한 사정으로 8·15 후의 언론계는 거의 진보적 민주주의 진영 및 좌익 쪽에서 장악했다. 이러한 경향이 가장 뚜렷이 나타난 것이 《조선인민보》의 창간이었다.

미군이 서울에 진주하기 하루 전날인 1945년 9월 8일 김정도사장 겸 발행인·고재두부사장 등 《경성일보》에서 나온 젊은 기자들이 《조선인민보》라는 타블로이드판 국문 신문을 창간했다. 이 신문은 《매일신보》를 제외하고는 8·15 후 처음으로 창간된 국문 신문으로서 당시로서는 비교적 세련된 편집과 '진보적 민주주의'를 표방하고 '건준' 및 '인민공화국'을 지지하는 상당히 영향력 있는 신문의 하나였다. 그 후 몇 좌파지가 나왔으나 그 인기도는 《조선인민보》를 따를 수 없었고, 정치색은 약간씩의 차이가 있었으나 다 같이 진보적 민주주의를 지향하는 《자유신문》 및 《중앙신문》과 더불어 그 무렵의 언론계를 지배하고 있었다. (⋯)

이 밖에 《노동자신문》1945년 8월, 경성노조 선전부, 《서울뉴스》공산당 서울시당 기관지, 《혁명신문》, 《전선戰線》조선공산당 중앙위 기관지, 부정기간, 《순보 농민》1945년 10월 15일, 《전국노동자신문》1945년 11월 1일, 전평의, 《문예신보》1945년 11월 9일, 《조선문화신보》1945년 11월 9일, 《문화전선》1945년 11월 15일 조선문화건설 중앙협의회 기관지, 《아동문학》1945년 12월 1일, 위 협회의 기관지 등 군소 신문이 나왔으나, 좌경 신문으로서 《중앙신문》을 빼놓을 수 없다.[3]

송건호가 언론계의 첫발을 내디딘 통신사의 상황은 어떠했는지도 살펴보자.

우리나라 유일의 통신인 일제의 동맹통신同盟通信 서울지사
는 김동성·남상일 등에 접수되어 국제통신으로 창설되었다.
그러나 이보다 앞서 8·15 직후 최초의 통신으로서 좌익계의
해방통신이 출현했다. 이와 때를 같이하며 민원식·남정린 등
이 연합통신을 창설하여 처음으로 미국의 AP 통신과 계약을
맺었고, 김용채·신현중 등이 조선통신을 창설하여 UP 통신과
계약을 맺어 각각 외신을 수신 보도했다.

1945년 12월 하순에 들어서 국제통신과 연합통신이 합쳐서
합동통신으로 발족했고, 조선통신은 그동안 경영자가 수차 바
뀌어 고려통신·대한통신 등의 명칭으로 불리다가 동양통신으
로 낙착되었다. 이 밖에도 김승범이 창립한 공립통신이 있어
1945년 말 현재 세 개의 통신이 활약했다.

이 중 조선통신은 좌경했고 공립통신도 좌경했으며, 합동
통신은 우경 중립 태도를 유지했다.[4]

3·1 혁명을 계기로 창간하여 한때 민족의 '표현기관'을 자부
하며 활동하다가 친일지로 전락하고 1940년에 폐간되었던《조
선일보》와《동아일보》는 언제 복간되었을까?

한편 1940년 8월 10일 일제 당국에 의해 강제 폐간된 한글

신문인 《조선일보》와 《동아일보》도 8·15 해방 덕분으로 그해에 복간되었다. 폐간 당시 총독부에 인쇄시설까지 매도한 탓도 있었지만, 이 신문들의 복간은 《조선일보》가 해방 3개월이 지난 11월 23일에 타블로이드판 2면으로 속간호를 내놓았고, 《동아일보》는 이보다 더 늦은 12월 1일에 속간호를 발행했다. 조선과 동아는 당시 언론계의 일반적인 풍조인 진보적 민주주의와는 달리 반탁의 선봉 역을 담당하여 정치적으로 최우익에 섰으며, 이미 창간된 《대동신문》과 더불어 반공 언론의 구실을 했다. 그러나 후일 조선은 김구 노선의 대변지로, 동아는 한민당의 사실상의 기관지로 되었다. 속간 당시 이 두 신문은 별로 영향력이 크지 못했다.[5]

친일 언론인들 다시 등장

민족의 힘으로 해방을 쟁취하지 못한 까닭에 해방정국에는 일제에 부역했던 언론인들 대부분이 아무런 반성이나 자책 없이 활동을 재개했다.

《조선일보》와 《동아일보》 출신들도 마찬가지였다. 예외가 있다면 총독부 기관지 《매일신보》의 기자와 직원들이다.

《매일신보》는 1945년 9월 24일 「매일신보사 전 종업원은 삼가 3천만 동포와 백만 독자에게 고한다」라는 사과문을 발표했다. 다음은 사과문의 뒷부분이다.

　생각하면 과거 다년간에 걸쳐 그것이 비록 제국주의 일본의 억압에 의한 것이라고는 하나 그러나 우리가 총독정치의 익찬翼贊 선전기관의 졸병으로서 범하여 온 죄과에 대하여는 어떠한 엄정한 비판과 준열한 힐책일지라도 이를 감수할 각오이어니와, 우리는 이때를 당하여 심기일전, 건국대업의 완성을 위하여 분골쇄신의 성誠을 다할 것을 맹세하는 바이다.
　우리는 감히 동포와 독자 제위의 양서諒恕를 바라는 바이며 동시에 갱생의 도정에 있는 우리들에게 협력과 편달을 아끼지 말기를 절망切望하는 바다.[6]

　해방정국의 새로운 지배자로 군림한 미군정은 언론의 자유를 허용하지 않았다. 8월 8일 서울에 진주한 미 제24군단장 하지는 11일 한국인 기자단과 첫 회견을 하고 미군정의 언론정책을 밝혔다.

　미군이 한국에 들어온 이후의 언론 자유는 문자 그대로의 자유가 왔다. 일본제국주의 아래에서 얼마나 한국의 언론계가 상처를 받았는지 나는 잘 알고 있다. (…) 그러나 그 반면에 신문과 언론이 치안을 방해하는 데까지 미칠 때에는 우리로선 적당한 처치를 해야 할 것이다.[7]

미군정은 '치안 방해'라는 막연한 이유를 들어 비판적 언론을 통제하는 한편 치안유지법과 사상범예방구금법 등 일제가 만든 일부 악법은 폐지했으나 신문지법과 보안법 등은 존속시키면서 점령통치에 활용했다. 질서유지와 효율적 통치라는 명분으로 실시된 미군정의 점령정책은 식민지 잔재의 완전한 청산과 언론·출판·집회·결사의 자유를 요구한 민중과 독립운동 세력에게는 타격을 가하는가 하면 친일 세력에게는 유리한 입지를 마련해 주었다.

해방정국에는 정치세력 사이에서 신탁통치에 찬성하느냐 반대하느냐 하는 문제를 비롯하여 이념과 노선을 둘러싸고 격렬하게 대립했는데, 각급 언론은 정파와 색깔에 따라 이데올로기성 기사로 지면을 도배했다. 미군정은 자신들의 정책을 비판하는 좌경지나 진보매체를 철저히 탄압하여 군정이 끝날 즈음에는 우경 보수지만 남게 되었다.

미군정의 정치적 유산을 물려받은 이승만은 1948년에 정부 수반으로 취임한 지 한 달도 안 되어 다음과 '기사 게재 금지 7

개 항목'이라는 언론정책을 발표하면서 언론통제 입장을 분명히 취했다.

1. 대한민국의 국시·국책을 위반하는 기사
2. 정부를 모략하는 기사
3. 공산당과 이북 괴뢰정권을 인정 내지 비호하는 기사
4. 허위의 사실을 날조, 선동하는 기사
5. 우방과의 국교를 저해하고 국위를 손상하는 기사
6. 자극적인 논조나 보도로서 민심을 격앙 소란케 하는 외에 민심에 나쁜 영향을 미치는 기사
7. 국가의 기밀을 누설하는 기사[8]

이승만의 언론정책 가운데 특히 4항과 6항, 7항 등은 문제가 많은 항목이었다. 당연히 비판적인 언론을 탄압하기 위한 것으로 언론계의 거센 저항을 받았다. 무엇이 '허위'인지 애매하고 '날조·선동' 그리고 무엇이 '자극적인' 논조인지 얼마든지 임의로 해석할 수 있기 때문이었다.

'국가의 기밀' 역시 애매하기는 마찬가지였다. 어디까지를 국가의 기밀로 인정되는 것인지, 그 기준과 판단을 두고 권력기관의 임의성을 배제하기 어려웠다.

당시의 이승만 정권은 아직 정치적 기반을 확고하게 다지지 못한 정권이었으므로 이러한 언론법으로써 자기 정권을 보호하려 한 것이다. 집권하자마자 이와 같은 가혹한 언론정책을 발표했고, 이어 9월 13일 《제일신문》에 정간 처분을 내리는 동시에 부사장 김정형, 주간 신영철 외 10명의 기자들을 검거했다. 동 15일에는 《조선중앙일보》를, 이어 18일에는 《세계일보》를 각각 정간 처분하고 편집국장 김창엽 외 8명을 구속했다. 이와 같은 정간 조처와 간부 및 기자들의 구속은 '국시위반'과 '광무신문지법' 저촉 혐의 때문이라고 했다.

　　정부의 이와 같은 단호한 언론 단속으로 '진보적 민주주의'를 표방하며 이승만 정권을 비판하던 신문들은 거의 자취를 감추고 《동아일보》·《조선일보》·《한성신문》·《경향신문》 등이 언론계의 새 주역으로 등장하게 되었다.[9]

　이승만 정권은 대한제국 말기에 일제가 침략하면서 우리나라 언론을 통제하기 위해 가장 먼저 마련한 '광무신문지법'까지 되살려 신생 언론을 탄압했다. 나아가 '진보적 민주주의'를 표방하는 신문은 대부분 폐간시키거나 정간시키고, 일제강점기에 태어난 신문과 일부 종교계에서 창간한 신문만을 남겨두었다.

재학 중 대한통신 외신부 기자로 취업

송건호가 언론계에 첫발을 내디딘 것은 대학에 다니던 1953
년이다. 서울철도국에서 통역과 번역 일을 하면서 익힌 영어에
자신감을 얻은 그는 대한통신사 기자 공채 시험에 응시했다.
그리고 당당히 합격하면서 외신부 기자로 입사했다.

송건호가 생애 대부분을 직업으로 삼았던 언론계의 첫발을
들여놓은 대한통신은 한국전쟁의 산물이다. 한국전쟁이 발발
하고 얼마 뒤인 1950년 8월에 당시 공보처장 김활란이 새로운
통신사의 설립을 추진하자 국회 사무총장이던 박종만이 유피
UP 통신사와 계약하며 대한통신을 설립했다. 사옥은 피난 수도
인 부산의 광복동에 두었다. 주간은 조성복, 편집국장은 정현
진이었다.

9·28 수복 뒤에도 회사가 계속 부산에 눌러앉게 되자 일부
경영진과 직원들이 이 해 10월에 서울로 올라와 합동통신사 사
옥에서 통신을 발행했다. 그 뒤 서울 남대문로 동양통신사 사
옥 자리로 옮겨 대한통신을 발행했으며, 부산에서는 정현진 명
의로 부산판 대한통신을 발행했다. 그 뒤 통신사 통합운동이
좌절되면서 정일형이 통신사를 인수했다.

전무에 한응렬, 상무에 최기섭, 취체역取締役, 주식회사의 '이사'를

이르던 말에 김성곤과 이병철, 편집국장에 강영수 등이 포진하며 경영진을 꾸렸다. 송건호가 입사한 것은 이 무렵이다.

대한통신은 얼마 뒤 발행인 정일형이 1952년 정치파동에 연루되면서, 양우정이 회사를 인수하여 동양통신으로 이름을 바꾸었다.

외신부 기자로 첫 언론인 생활을 시작한 송건호는 대한통신사 시절에 대한 기록을 남기지 않았다. 이 시기에 쓴 일기에서도 업무와 관련한 흔적을 찾기 어렵다.

송건호가 언론을 택한 것을 작가 정지아는 다음과 같이 해석했다. "집안 형편이 넉넉했더라면 그는 공부를 계속했을 것이고 법학을 전공하지는 않았을 것이다. 그는 법이라는 닫힌 세계보다는 세계의 흐름에 더 관심이 많았기 때문이다. 당시에 돈벌이를 하면서도 세계의 흐름을 주시할 수 있는 분야가 바로 언론계였다."[10]

송건호는 1978년에 쓴 『드골 평전』의 머리말에서 "텔레타이프의 전파를 타고 시시각각 전해지는 드골의 성명과 행동이 젊은 한 외신기자에게는 실로 경이적 출현이 아닐 수 없었다"[11]라고 썼다. 이것은 결코 드골의 경우만은 아니었을 것이다. 일제 말기, 해방정국, 미군정, 이승만 집권 초기, 6·25 한국전쟁 등을 겪으면서 참담했던 조국의 현실에서 그는 "돈벌이를 하면서도 세계의 흐름을 주시할 수 있는" 언론계, 그중에서도 외신부를 택했다.

나는 신문기자 생활을 외신부 기자로 출발했다. 때는 1953년 봄, 냉전이 바야흐로 절정에 달해 있었고 이 땅의 이승만 정권은 냉전의 물결을 집어 타고 자기의 권력을 유지하는 데 최대한 이용하고 있었다. 때문에 우리 땅은 냉전 사조가 국민생활 구석구석까지 휩쓸어 이성과 양식이 소리를 죽이고 위축된 가운데 권력을 등에 업은 억지 논리가 지식인 사회를 짓누르고 있었다. 숨이 막힐 듯 답답한 시대였다. 온갖 횡포와 비리가 냉전의 간판 밑에 합리화되었고 이승만 정권 안보에 이용되고 있었다.

50년대의 국제 냉전의 물결은 이승만 정권 안보에는 절대적인 무기가 되었으나 민중과 지식인에게는 견디기 어려운 고통이었다. 이때 홀연히 나타난 것이 드골이라는 사나이였다. 모든 가치판단 기준이 오로지 이데올로기에 의해 좌우되고 있을 때 냉전의 논리를 발길로 차고 내셔널리즘의 논리를 세워 '프랑스 영광'을 주장한 것이 바로 드골이었다.[12]

송건호의 대한통신사 근무는 오래가지 않았다. 1년여 뒤 신설된《조선일보》외신부로 옮겼기 때문이다. 특별한 이유는 없었고 월급을 조금 더 많이 준다는 조건 때문이었다.[13]

재학 중에 첫 취업에 성공한 1953년은 송건호의 생애에서 이것 말고도 중요한 몇 가지 일이 일어난 해였다.

먼저, 강원도 춘천 출신으로 대전의 여자중학교에서 교사로 일하던 이정순李貞順과 중매로 만나 결혼에 이르게 된다. 11월에는 첫딸 희진熙珍이 태어났다. 직장을 갖고, 가정을 꾸리고, 귀여운 딸까지 얻게 되니 뜻깊은 한 해가 아닐 수 없었다.

이승만 폭정 지켜보며 언론인 자질 키워

송건호가 1954년에《조선일보》외신부로 옮긴 것은 이 신문사가 외신부를 신설하면서 스카우트를 했기 때문이다. 그런데 이곳에서 평생의 지우가 되는 김자동을 만났다. 독립운동가의 후손인 김자동1929~2022, 전 임시정부기념사업회 회장 역시 영어를 잘했고, 두 사람은 시국 문제를 비롯하여 역사관에서 뜻이 잘 맞았다.

김자동은 4·19 혁명 뒤 진보신문《민족일보》에 참여했다가 옥고를 치르는 등 고난을 겪었다. 그러나 이들의 우정은 변하지 않았다.

송건호와 이정순의 결혼 사진.

1955년, 송건호는 고려대학교 50주년 기념 전국학생현상 모집에서 1등으로 당선되었다.

송건호는 1958년에 《한국일보》의 외신부장으로 자리를 옮길 때까지 3년여 동안 《조선일보》 외신부에서 근무했다. 이듬해 잠시 《자유신문》의 외신부장으로 옮겼지만, 줄곧 외신부에서만 일했다. 기자가 취재처가 없이 내근만 하게 되면 춥고 배고프기 마련이다. 누가 밥 한 끼, 술 한 잔 사 주지 않는 것이 내근 기자이기 때문이다.

송건호는 그런데 오히려 이것이 좋았다. 그의 성격과도 잘 맞았다. 출입처를 쏘다니느라 시간을 낭비하지 않아서 좋았고, 그날그날 급변하는 국제 정세를 꿰뚫을 수 있어서 좋았다. 술과 담배를 즐겨하지 않기도 했지만 술자리를 멀리하다 보니 시간을 벌게 되고, 그 대신 시내의 헌책방을 순례하며 많은 책을 사 모았다.

송건호가 다른 기자들처럼 출입처를 갖고 주연을 즐겼다면 뒷날 대논객, 현대사 연구 대가의 모습은 찾기 어려웠을 것이다. "송건호는 외신기자를 하고 싶어서 한 것이 아니라 외신을 번역할 사람이 당시에는 많지 않았다고 한다. 사람들은 청암이 선비처럼 얌전하고 학구적인 데다 당시의 일반적인 신문기자들처럼 잡기나 술 등에는 도무지 취미가 없는 성격도 부서 배

치에 영향을 주었을 것이라고 보탠다.''[14]

송건호가 초년 기자로서 외신 업무에 심취해 있을 때 이승만
의 전횡은 날이 갈수록 심해졌다. 이승만 독재의 큰 줄기의 하
나는 언론탄압으로 나타났다. 1953년 8월 31일에 정부에 비판
적이던 《연합신문》과 동양통신의 편집국장 정국은을 정부 전
복음모 혐의로 체포하고, 장기집권을 위한 정치파동을 일으키
면서는 언론을 탄압하는 각종 악법 조항을 끼워 넣었다.

이승만 정권은 신문의 단순한 오자를 트집 잡아 정간 처분을
내리는가 하면, 1955년 9월 13일에는 《대구매일신문》의 사설
「학도를 도구로 이용하지 말라」를 빌미로 백주에 테러를 자행
했다. 자유당 경북도당부 감찰부장 홍영섭 등 20여 명이 시내
버스를 탈취하여 신문사를 습격해 사원들에게 중상을 입히고
인쇄시설을 파괴한 뒤 달아나는 '백주 테러'였다.

그런데 경상북도 사찰과장은 국회진상조사단 앞에서 "백주
의 테러는 테러가 아니다"라는 희대의 망언을 하고, 테러범은
검거하지 않은 채 오히려 사설을 쓴 최석채를 국가보안법 위
반 혐의로 구속했다.

이승만은 1952년 7월에 임시수도 부산에서 발췌개헌을 통과
시킨 데 이어 1954년 11월에는 사사오입 개헌 파동을 일으켜
자신의 권력을 연장하는 헌법 유린을 거침없이 자행했다. 헌

법은 이승만의 한갓 장식품으로 전락하고 언론은 대부분 권력 비판의 기능을 잃고 어용지로 타락했다. 《경향신문》과 《동아일보》가 그나마 정론 직필로 독재권력을 비판할 수 있었을 뿐이다.

송건호는 외신 분야 담당이어서 국내 정치 문제에는 비교적 관심이 덜한 편이었다. 그러나 점점 심해져 가는 이승만 정권의 독재와 폭압 앞에서는 끓어오르는 분노를 억제하기 어려웠다. 다만, 성격이 온순한 편이어서 직접 비판에 나서거나 외신부 영역을 넘어서는 일은 별로 하지 않았다.

이승만은 마침내 몰락의 길로 내달렸다. 1958년 12월 24일, 국회에서 경위권을 발동해 야당 의원들을 폭력적으로 몰아낸 채 자유당 단독으로 신국가보안법을 처리했다. 신국가보안법에는 언론을 탄압하기 위해 "허위 사실을 적시 또는 유포하거나 사실을 왜곡하여 적시 또는 유포"하는 행위 등을 끼워 넣는 등 이 법은 언론의 자유를 침해할 가능성이 있는 것은 물론 인권침해의 우려도 있었다.

언론탄압을 주목적으로 하는 이 법을 무리하게 서두른 이유는 1960년 봄으로 예정된 정·부통령 선거를 앞두고 언론을 장악하기 위해서였다.

이승만은 독립운동가 출신으로 자신의 내각에 초대 농림부

장관으로 기용했던 조봉암을 간첩죄로 몰아 처형하고 진보당을 해산시켰다. 1959년 4월 30일에는 당시 가장 강력한 야당지이자 정부의 눈엣가시 같았던 《경향신문》에 대해 미군정법령 88호를 적용하여 폐간시켰다. 이 신문의 단평 「여적餘滴」이 폭력을 선동했다는 엉뚱한 이유에서였다.

이승만은 정치적 라이벌인 최능진과 김구와 조봉암을 이런 저런 구실을 붙여 죽이고, 장면 부통령 암살미수 사건을 저지르는 등 자기 무덤을 스스로 파고 있었다. 친일경찰을 동원하여 반민특위를 짓밟고, 친일 반민족 인사들을 중용하면서 이들을 중심으로 경찰국가 체제를 만들었다. 야당의 정당한 집회는 깡패들을 동원하여 난장판을 만들고 언론에 족쇄를 물려 민심을 왜곡시켰다. 미국에서 지원한 경제원조는 특권층에만 나눠주어 일반 국민은 극심한 민생고에 시달리고 자유당 간부들과 관리들의 부정부패가 판을 쳤다.

1960년 3·15 정·부통령 선거에서는 야당의 대통령 후보인 조병옥이 갑자기 사망하는 바람에 이승만의 정권 연장이 가능했다. 그런데도 부통령 후보 이기붕을 당선시키기 위해 "선거라는 이름의 강도 행위"를 자행하다가 성난 민심의 저항을 받았다.

4·19 혁명이 일어나던 때 송건호는 《세계일보》에서 일하고

있었다. 30대 중반의 평범한 외신부 기자 송건호는 4월 혁명을
지켜보면서 이승만에 대한 하염없는 분노를 삼켰다. 뒷날 이승
만의 폭정과 관련한 글을 여러 편 쓰게 되는데, 이는 이승만 시
대의 '체험'과 정신적 '상처'에서 기인한 것이었다.

송건호가 이승만 정권을 어떻게 인식했는지 그의 말을 들어
보자.

이승만은 국민적 지도자로서 국민 대중을 공정히 대한 것
이 아니라 친일세력과 일부 수구세력만을 오히려 즐겨 가까이
했고 그의 가까운 친구이며 그의 전기 작가인 올리버가 말했
듯이 이승만은 한반도 문제를 생각할 때 언제나 미국 정부나
미국 여론을 염두에 두고 했으며 따라서 자타가 공인하는 민
족주의 세력인 김구의 임정계와도 반목하고 자기 추종세력만
을 거느리고 독선과 아집에 사로잡혀 있었다. 이러한 그의 정
치노선과 성격적 결함을 이용해 그에게 접근, 하나의 세력으
로 기반을 잡은 것이 친일파들이었다.

이승만은 놀라울 정도로 끈질긴 집념으로 미국의 대한정
책에 편승, 친일세력을 포함한 한민당 등 일부 추종세력을 동
원, 자기의 집권기반을 구축했다. 그의 집권 과정과 권력체제
가 어떻게 형성되었는가를 추적해 보면 건국 후 한국 민족주

의 담당세력으로 자처한 이승만 체제의 성격을 이해할 수 있을 것이다.

한마디로 이승만 체제는 정부 수립 후 반민특위 해체, 귀속재산 불하, 농지개혁 등으로 유리하게 전개된 새로운 상황 속에서 롤백을 시도한 지난날 부일협력자, 정상배, 기회주의자들을 기반으로 한, 다분히 수구적 계층을 중심으로 형성되었다. 이승만의 권력기반이 이와 같이 낡은 사회계층을 주축으로 했다는 것은 그 후 새 나라 역사에 끊임없는 불안과 혼란과 부패를 불러일으키게 한 원인이 되었다. 한국 민족주의에 수난이 시작된 것도 바로 이 같은 정치적·경제적 배경 때문이었다.

8·15의 일제 패망 후 국민들 사이에는 친일파 숙청을 요구하는 여론이 높았으나 미군정은 이러한 여론을 전혀 무시하고 이들을 미군정에 그대로 등용했고 맥아더 사령부의 주선으로 귀국한 이승만도 미군정에 동조, 친일파 숙청에 불찬을 표시하며 그들을 오히려 감쌌다.[15]

5. 논설위원으로 소장 논객 활동 시작

언론사 투신 7년 만에 논설위원 발탁

1960년 4월 혁명의 해 6월, 송건호는《한국일보》논설위원으로 전격 발탁된다. 언론사 입사 7년여 만에 오랜 외신기자 생활을 접고 중앙일간지 논설위원이 된 것이다. 그에게는 취재보다 논설사설을 쓰는 것이 성격이나 능력에도 걸맞았다.

송건호의 생애는 4기로 분류할 수 있다. 먼저, 태어나서부터 외신기자 시절까지를 제1기, 35세에 신문사 논설위원과 편집국장 등 주로 논설사설과 각종 평론을 집필하던 시기를 제2기, 1975년《동아일보》편집국장을 박차고 뛰어나와 재야 언론인으로 활약하면서 현대사를 연구하던 기간을 제3기,《한겨레신문》창간에 참여하고 사장을 지내는 시기를 제4기라고 할 수 있다.

송건호는 어려서부터 다방면의 책들을 읽으면서 폭넓은 지식을 축적해 온 데다 외신 업무를 오래 해서 국제 정세는 누구보다 훤히 꿰뚫었다. 서른다섯 살에 신문사 논설위원으로 입신한 언론인 송건호는 그제야 제자리를 잡은 셈이었다.

1954년 5월, 장기영은 임원규가 경영하던 《태양신문》을 인수했다. 그 뒤에 서울시 종로구 중학동에 사옥을 짓고, 같은 해 6월 9일에 장기영을 발행인·편집인·인쇄인 겸 사장으로 해 《한국일보》 창간호를 냈다. 그러나 지령은 1호가 아닌 1237호였다. 《태양신문》의 지령을 이어받았기 때문이다. 사실상 제호만 바꾼 것이었다. 사시社是로 "춘추필법의 정신, 정정당당한 보도, 불편부당의 자세"를 내걸었다.

《한국일보》는 인수 2개월 뒤 제1기 견습기자를 모집했다. 한국 신문계에서 처음으로 기자공채 제도를 실시하여 기존 신문사들에 커다란 영향을 미쳤다. 송건호는 논설위원급이어서 공채 아닌 특채 형식으로 들어갔다.

1960년 6월은 4월 혁명의 여진이 남아 있고, 정국의 향방이 아직 불투명한 때였다. 5월 29일에 이승만이 하와이로 망명하고, 6월 15일에 내각제 개헌안이 국회에서 통과됨으로써 혁명은 자리 잡을 수 있었다. 7월 29일에 실시된 민·참의원 총선거에서 오랫동안 야당을 해 온 민주당이 절대 과반수 의석을 확보하고 8월 13일에 윤보선이 대통령으로 취임했다. 8월 19일에는 민주당 신파 출신인 장면이 총리로 인준되었다.

4·19 혁명 4개월 뒤에야 새 정권이 들어서게 되면서 정국도 어느 정도 안정을 찾아가는 듯했다. 그러나 4월 민주혁명의 수명은 오래가지 못했다.

송건호가 《한국일보》에서 자리 잡고 논설을 쓰고 있을 때 일본군 출신 박정희 소장이 쿠데타를 일으켰다. 1961년 5월 16일 미명이었다. 쿠데타 세력은 구정권 인사는 물론 혁신계 인사와 많은 언론인을 체포했다. 1년여 동안 체포되거나 재판에 회부된 언론인은 900여 명에 이르렀다. 물론 이들 중에는 혁명의 물결에 편승하여 독버섯처럼 나타난 사이비 언론인도 적지 않았다.

박정희의 군부 쿠데타 세력은 4월 혁명 공간에서 창간된 진보신문 《민족일보》 사장 조용수를 좌경으로 몰아 처형하고 다수의 간부들을 구속하여 장기 징역을 선고하는 등 피바람을 일으켰다. 목적은 두 가지였다. 자신의 남로당 전력에 대한 '세탁'을 미국에 보여 주는 것과, 언론인의 기를 죽이는 데 있었다. 이로써 언론계의 기를 죽이고 저항언론을 침묵시켰다. 이런 상황에서 박정희는 "언론인은 기개가 부족하다"라고 '조롱'하기도 했다.

박정희의 '언론관'을 중앙정보부장 김형욱은 다음과 같이 기록했다. "어떤 때 그는 자기를 꼬집는 기사가 실린 신문을 구겨 쥐고 내 앞에서 부르르 전율하면서 증오를 이기지 못하기도 했다. 그 내용은 고사하고 새파란 젊은이들의 붓끝에서 자기가 이리저리 놀림감이 되는 것을 자신의 철두철미한 권위의식으로서는 도저히 용납할 수 없다는 것이었다."[1]

송건호는 4·19 혁명 공간에서 《민국일보》의 논설위원으로 자리를 옮겼다. 《민국일보》는 자유당계 신문이었던 《세계일보》가 1960년 7월 9일에 제호를 바꾸고 새 진용으로 출발하면서 언론계의 유능한 인사들을 불러들였다. 편집국장 천관우를 비롯하여 논설위원으로 노희엽·소두영·이우현·홍성욱·임홍빈, 편집부에 김경환, 정치부에 노석찬·조세형·남재희·노철용·김중배·이상우, 문화부에 최일남·유현익, 외신부에 서동구 등 쟁쟁한 인물들이 여기에 참여했다.

야심 차게 출발했던 《민국일보》는 재창간 1년여 만인 1961년 7월 13일에 문을 닫았다. 5·16의 광풍으로 인한 외압과 경영난이 겹쳤던 듯하다.

그런데 언론학자 정진석이 《정경문화》 1983년 2월호에 쓴 「요절한 정열의 필봉 민국일보 734일」에는 어디에도 송건호의 이름은 보이지 않는다. 편집부는 물론 논설위원의 명단이나 외신부에 어디에도 그의 이름은 없다.

송건호는 《민국일보》가 문을 닫으면서 다시 《한국일보》로 돌아와 논설위원으로 일했다. 그가 언론사를 자주 옮기면서도 늘 다시 새 자리를 잡을 수 있었던 것은 성실성과 남다른 필력 때문이었다.

박정희는 1962년 3월 16일에 정치활동정화법을 공포하여 구 정치인들의 발을 묶었다. 이에 윤보선 대통령이 항의하고 하야 하자, 3월 24일에 직접 대통령 권한대행에 취임했다. 박정희는 이로써 명실상부한 1인 통치권자가 되었다.

송건호는 1962년 3월 31일에 「쿠데타」라는 칼럼을 썼다. 5·16의 살벌한 분위기가 어느 정도 가셨다고는 하지만 여전히 계엄통치의 상황이었을 때 쓴 글이다.

앙리코 페리라는 학자는 다음과 같은 학설을 주장한 일이 있다. "일정한 조건 밑에 놓여 있는 사회는 그 조건에 따라 반 드시 일정한 양의 범죄가 발생한다."

다르게 표현한다면 아무리 혁명이 되풀이되고 정치가의 '얼굴'이 바뀌어도 종전의 정치적·경제적·군사적 제 조건이 그 대로 존속되는 한 사회의 모든 범죄와 빈곤은 결코 그 양이 줄 어들지 않는다는 것이다. 페리의 학설은 지금 유행하고 있는 쿠데타가 무엇인가 시사하는 점이 있을 것 같다. 쿠데타를 자주 일으키는 사고 속에는 쿠데타로 정치가 바뀌기만 하면 사회의 모든 부패와 범죄도 제거될 수 있다고 생각하고 있는지도 모른다. 미얀마의 쿠데타, 아르헨티나의 쿠데타, 시리아의 쿠데타가 모두 그러한 사고에서 나온 것인지도 알 수 없다.[2]

박정희의 군사쿠데타는 반공과 부정부패 척결을 내세우며 합헌 민주정부를 짓밟고 자행되었다. 3권을 장악하고 언론을 탄압·통제하면서 밀어붙인 국정 운영은 곧 '신악이 구악을 뺨치는' 부패의 온상으로 변질되었다. 송건호는 이 같은 현상을 두고 앙리코 페리의 학설을 들어 쿠데타를 비판했던 것이다.

예나 지금이나 아집과 독선에 빠진 권력자는 비판을 들으려 하지 않는다. 자신은 잘못이 없다는 무류성無謬性에 집착하기 때문이다. 권력이 독점되면서 아첨배로 포진한 측근들에 둘러싸인 채 언론의 냉정한 비판을 차단함으로써 시시비비의 가치 판단을 할 수 없게 되면서 나타나는 증후군이다.

《경향신문》 편집국장이 되고, 외압에 맞서다

송건호는 1963년 다시 《경향신문》 논설위원으로 자리를 옮겼다. 이 신문은 이승만 정권에서 폐간되었다가 4월 혁명 직후인 4월 27일 자 조간부터 복간되어 꾸준히 정론을 펴 왔다. 당시 언론인들의 '자리바꿈'은 일상적인 일이었다. 언론사 간의 벽이 그리 높지도 않았을 뿐만 아니라, 혁명과 쿠데타의 격변기여서 신문사가 새로 생기거나 문을 닫는 경우가 잦았던 것도 이유가 되었다.

박정희는 1963년에 혁명공약을 헌신짝 버리듯 하면서 군정연장을 발표했다. 민정 이양만을 기다리던 국민에게는 커다란 충격이었다. 언론계의 충격도 이만저만이 아니었다. 그 부당함을 잘 알면서도 누구도 나서서 이를 비판하는 사설을 쓰려 하지 않았다. 송건호는 구속당할 각오를 하고, 군정 연장을 반대한다는 내용의 사설을 200자 원고지 15매 분량으로 썼다. 이 사설은 1주일 동안 묵혀 있다가 결국 지면에 실리지 못했다.[3]

그 당시에는 이와 비슷한 일이 적지 않았다. 기자나 논설위원이 아무리 용기를 갖고 권력에 비판적인 기사와 사설을 써도 사주가 싣지 못하게 하면 그 글은 햇빛을 보지 못하고 쓰레기통에 던져지는 신세가 되고 말았다.

1960년대 한국의 신문계는 노동조합이 결성되지 않아서 내부의 견제 장치도 없었다. 5·16 쿠데타 이후 언론사 사주들은 정세의 동향에 민감해졌고, 무엇보다 절대권력자 박정희의 움직임에는 동물적 촉각을 곤두세웠다. 게다가 4월 혁명 뒤에 창간하여 학생과 지식인 사회에서 선풍적인 인기를 끌고 단연 진보언론의 대표 주자로 자리매김한 《민족일보》가 어떻게 권력의 된서리를 맞았는지 사주들은 똑똑히 지켜본 터였다. '민족일보 사건'이라고도 부르는 이 사건으로 《민족일보》의 젊은 사주 조용수는 처형되고, 논설위원 등은 장기 징역형을 살았다.

그래도 젊은 기자·언론인들의 패기는 여전히 살아 있었다. 이들은 4월 혁명의 세례를 받으면서 언론의 자유와 독립의 중요성을 깨쳤고, 전제 권력과 대결하여 시시비비를 가리는 일이야말로 언론의 본분임을 알고 있었다. 군부정권에 의해 언론인의 테러가 잇달아 발생한 것도 용기 있는 언론인이 존재한다는 사실을 반증했다.

박정희 정권은 자신들이 정한 시나리오대로 일을 착착 진행했다. 혁명공약에서 참신한 정치인들에게 정권을 이양하겠다고 했지만, 이것은 처음부터 속임수에 지나지 않았다. 박정희는 몇 차례 '번의먹었던 마음을 뒤집음' 소동을 벌인 끝에 민정 참여를 선언하고, 결국 1963년 10월 15일에 치러진 대통령 선거에서 야당 후보 윤보선을 물리치고 '민선 대통령'이 되었다.

쿠데타를 일으켜 권력을 장악한 주동자가 순순히 민간인에게 정권을 넘겨준 사례는 거의 찾기 어려웠다. 박정희도 결코 예외가 아니었다.

송건호는 통신사에 근무할 당시 프랑스의 드골 장군을 관심 있게 지켜보았다. '자유프랑스'라는 레지스탕스 부대를 조직하여 나치와 싸우고 파리를 해방시켰다. 1945년에는 수상에 취임했다가 선거에 패배하자 깨끗하게 사임하는 멋진 모습을 보여주었다. 드골의 모습과 달리 이승만의 구질구질한 권력 연장 술책이나 새로운 권력자 박정희의 지저분한 정권 연장 행태에 송건호는 개탄하지 않을 수 없었다. 이는 송건호가 뒷날 『드골평전』과 『한국현대인물사론』을 집필하는 계기가 되었다.

거듭 말하거니와 신문사 논설위원은 송건호의 적성에 꼭 맞는 직업이었다. 그러나 잦은 이직으로 한 곳에 오래 있지는 못했다. 이직이 잦은 것은 격동하는 시국과 유동하는 언론사 내부의 문제, 여기에 그의 강직한 성격이 더해진 때문이었다. 그는 자신의 소신에 따라 써야 할 주제의 사설을 쓰지 못하게 하거나, 안 써야 할 논설을 강요당할 때는 거침없이 자리를 박차고 일어났다.

송건호는 《경향신문》 논설주간을 거쳐 1965년 8월에 편집국장이 되었다. 언론계 투신 12년 만에 종합일간지 편집국장이 된 것이다. 마흔 살 때였다. 편집국장에 취임하면서 "신문의 정도를 걷자! 문제가 생기면 모든 책임을 국장에게 맡겨라"라고 선언할 만큼 그는 정론지 편집을 지향했다. 이 무렵 신문사 편집국에는 중앙정보부 요원들이 상주하면서, 기사를 선별하고 기사 크기를 키우고 줄이거나 심지어 사설의 내용까지 일일이 간섭했다.

당시 《경향신문》은 군사정권에 상당히 날을 세우고 있었다. 1964년 2월 1일 자 1면에 실린 「3분三粉 의혹 점차 확대」라는 머리기사는 이른바 '3분 폭리'가 커다란 사회문제로 비화하는 데 도화선이 되었다. 1964년 5월 13일 자에는 「난국타개는 이것부터」라는 제목의 기사로 인하여 그해 6월 3일 선포된 비상계엄령 아래 이준구 사장 등이 구속되기도 했다. 송건호는 이 과정에서 처음으로 당국에 연행되면서 "신문의 독립과 자유"를 위해 분투했다.⁴

이 무렵 송건호는 '재야인사'의 모습이 아니라 '강직한 중견 언론인'에 불과했다고 한 연구가는 평가했다.

청암이 《경향신문》 논설위원으로 자리를 옮긴 것은 박정희 장군이 민정 이양 공약을 식언했던 1963년의 일이었고, 그로부터 선생의 출세가도 한 귀퉁이에도 여파가 불어닥치게 된다. 당시 《경향신문》은 정부에 대해 가장 비판적인 논조를 견지했던 일간지였다. 그리고 1968년 이른바 '경향신문 사건'이 터지기 직전의 몇 개월간 그는 그 신문사의 편집국장 자리를 지키고 있었다. 그의 첫 연행 경험은 이때 이루어졌다.

그러나 그의 이 첫 고초로부터 '재야인사'인 지금의 송건호를 떠올린다는 것은 아무래도 무리가 있다. 그는 그저 신문의 독립과 자유를 신조로 삼고 있던 강직한 중견 언론인에 불과했고, 기자라면 적어도 그 정도 연행 경험 한 번쯤은 내세울 만한 경력도 못 되는 것이 이 나라 언론의 참담한 현실이었기 때문이다.[5]

박정희 정권은 《경향신문》을 '빼앗기로' 작정했다. 이 신문 주일 특파원의 동생이 관련된 간첩 사건을 빌미로 사장 이준구 등 세 명을 반공법 위반 혐의로 구속했다. 법원은 이준구에게 3년 형을 선고했다. 그런 뒤에 사장 석방의 조건으로 신문사의 공매처분을 내걸었다.

형식상 내세우기는 경향신문사가 은행 부채를 상환하지 않아 공매처분 절차를 밟는다고 했다. 당시 신문사 대부분이 적지 않은 은행 부채를 안고 있었는데, 정권은 유독 경향신문사만을 겨냥했다. 이후 진행된 공매에서 경향신문사는 2억 1천8백만 원에 낙찰된다. 박정희 정권은 신문사 하나를 거저 빼앗은 셈이었다.

이준구 사장이 구속 기소되어 재판을 받는 동안 송건호는 실질적으로 회사를 운영하면서 박 정권과 대치했다.

사장 이준구가 감옥에 있는 상황이라 이러한 무거운 짐이 편집국장이었던 송건호의 두 어깨에 지워져 있었다. 매일 편집국에 진을 치고 있는 정보부원들과 싸워야 했고, 또 한편으로는 끊임없는 회유를 견뎌야 했다. 송건호는 당시 중앙정보부장이었던 김형욱에게 불려 가서 대통령과 적당히 타협하면 되지 않겠느냐는 말도 들었다.

그러나 그는 타협에 응하지 않았다. 중앙정보부에 끌려가 고초를 당한 적도 있다. 언젠가 이어령이 필화 사건으로 중앙정보부에 끌려갔을 때 송건호도 옆방에 있었다. 이어령을 취조하던 수사관이 "송건호란 사람에 대해 어떻게 생각하느냐?"고 뜬금없이 물었다. 의도를 몰라 머뭇거리고 있었더니 수사관은 "사람도 아니다"라면서 말을 풀어놓았다. 취조를 당하면 대개 밥을 못 먹게 마련인데, 그는 한 그릇을 말끔히 비우고 한 그릇을 더 내놓으라고 했다는 것이다.

송건호가 중앙정보부에서는 왜 그렇게 대담하게 행동했는지 알 수 없으나, 막상 힘든 일이 코앞에 닥치면 대범해지는 성격은, 귀신 형용의 누이를 보고 발을 탕탕 구르며 네 정체를 밝히라고 큰소리치던 저 어린 날 그대로이긴 하다.[6]

송건호는 자신이 속했던 《경향신문》의 경매 처분을 비롯하여 박정희가 '번의' 끝에 정권을 장악하게 된 과정을 『한국현대언론사』에서 다음과 같이 객관적으로 기술했다.

1965년에 언론계에서 일어난 커다란 사건은 《경향신문》 경매 처분 사건이었다. 박 정권으로 체제를 굳힌 쿠데타 세력은 당초 5·16 당시 '혁명공약'이라는 것을 발표하여 정치가 바로잡히면 자기들은 양심적인 민간인에게 정권을 이양하고 군 본연의 자리로 돌아가겠다고 국민에게 공약한 바 있었다. 그러나 그들은 이 공약을 지키지 않았고 1963년 10월 대통령 선거에 출마, 예정대로 정권을 장악했다. 그런데 그들은 이 사이에 정치인들을 이른바 '정치정화법'으로 활동을 못 하게 발을 묶어 놓고, 그사이에 증권파동 등 세인의 의혹을 살 각종 부정수단으로 정치자금을 마련하여 정권 장악의 준비를 극비리에 서두르는 한편, 1962년 12월 내각책임제 헌법을 대통령중심제로 개헌을 단행하여 이 새 헌법에 따라 대통령에 출마하고 정권을 장악한 것이다.[7]

송건호의 《경향신문》 편집국장 시절과 관련하여 한 후배 언론인은 다음과 같이 썼다.

청암은 65년 40살의 나이로 경향신문 편집국장에 취임해 신문사 첫 편집국장 시절을 맞았다. 당시 진보적인 색채의 경향신문이 권력에 의해 사주가 교체되는 압력을 받아 비틀거릴 때였다. 이때 처음으로 정보기관에 끌려가기 시작해 5공 때까지 끊임없이 '관재수'에 시달리는 생활이 예고됐다. 청암의 표현대로라면 돈복은 없으면서도 관제 구설수만은 그치지 않아 걸핏하면 당하던, 언제 끌려가도 기분 나쁜 그 '연행'이 이때 시작된 것이다.

6개월의 짧은 국장 재임 시절 줄곧 외압에 맞섰는데 이때부터 권력의 표적이 되다시피 했다. 순수한 소년 같기도 하고 어쩌면 샌님 같기도 한, 큰 소리 한번 내지르는 법이 없을 것 같은 온순한 성격 어디에서 그런 결과가 숨겨져 있었는지 궁금해할 정도로 불의 앞에 꺾이지 않는 진면목이 여실히 나타난 것이다.[8]

《세대》에 「신문 사설에 나타난 민족의 지성」 집필

송건호는 월간 《세대世代》 1963년 7월호에 「신문 사설에 나타난 민족의 지성」을 썼다. 분량이 16쪽에 이르는 본격적인 연구 논설이다. '필자주註'에서 이 글은 "《독립신문》1896년 4월 7일 창간 시부터 1940년 8월 11일 동아·조선의 폐간에 이르기까지 주로 신문 사설의 변화와 그 표정의 흔적을 더듬어 본 것"이라 밝혔다. 이 글은 신문의 50년사를 연대순이 아니라 큰 역사적 사건을 중심으로 "첫째 계몽적《독립신문》시대, 둘째 망국 전후의 한문조 신문 시대, 셋째 3·1 운동 직후의 민간지 등장 시대, 넷째 광주학생 사건 당시의 신문 전성시대, 다섯째 일제의 대륙 침략이 개시된 지나사변 발발의 암흑시대, 그리고 폐간"[9] 시기로 나누어 정리했다. '지나사변'은 '중일전쟁'을 말한다.

이 글은 '저널리즘 문장의 성격, 독립신문이 보여 준 계몽성, 개화기의 한글 신문들, 망국과 한문조 논설의 등장, 3·1 운동과 새로운 계몽언론, 광주학생 사건 시대의 논설, 지나사변과 사설의 표정, 눈물조차 못 흘린 폐간사'를 다루었다.

이는 조선 말기에서 동아·조선의 폐간 때까지 50년 동안의 신문 사설을 분석하는 글로, 이 분야에서 보기 드문 노작이다. 물론 한계도 없지 않다.

"조선 사람은 매양 길을 다닐 때에 입을 벌리고 다니니 이 것은 남이 보기에 매우 어리석게 보이고 또 사람의 몸에 대단히 해로우니라. 누구든지 야만국을 가서 보거드면 야만인들은 다 입을 벌리고 다니되 문명개화한 사람들은 평시에 입 벌리는 법이 없으니 조선 사람들은 아무쪼록 입을 벌리지 않고 다니기를 바라노라."

67년 전 창간된 《독립신문》에서 인용한 사설의 한 부분이다. 문장이 순 한글로 되어 있고 매우 편이하며 별로 교육을 받지 않은 부녀자들도 누구나 읽고 이해할 수 있는 글이다. 우리가 이 글을 읽으며 느끼는 사실은 60년이 지난 오늘날에도 한국의 사실에는 별반 발전이 없다는 점이다. 아니 보기에 따라서 발전은 고사하고 되려 상당한 후퇴를 했다는 감마저 준다.[10]

송건호는 대단히 성실한 언론인이었다. 이런 주제의 논설 한편을 쓰기 위해서는 국회도서관이나 국립도서관에서 50년간의 묵은 신문철을 하나하나 찾아 옮겨 적어야 하는 수고가 따른다. 컴퓨터는커녕 복사기도 없던 시절이다.

"《독립신문》의 특색은 우리 민족의 자각·희망 즉 내셔널리즘을 고창하고 있는 점이라 하겠다"라고 전제한 다음 송건호는 다음의 사설을 인용한다.

"엇던 사람들은 말하기를 죠선이 암만 하여도 나라히 안 되겠다고 하여도 우리난 말하기를 죠선이 암만 하여도 나라히 되겠다고 하노라. 우리가 이러케 생각하난 까닭은 실상이 업시 공연히 하난 말이 아니라 죠선 인민을 자세히 공부하여 보거드면 죠선 인민이 일본 인민에서 조곰치도 못하지 안 한 인종이라. 일본서도 삼십 년 전에난 죠선과 갓치 세 잇난 사람이 무세한 사람을 압제하고 문명개화라 하면 다 슬허하고 외국 풍속이라 하면 다 꺼리고 외국 학문이라 하면 천히 넉여 나라히 외국에 좁혀 지내고 하더니 삼십 년 안에 국중에 학교를 세워 인민을 교육하야… 오늘날 일본이 동양에 데일 부강한 나라히 되얏난지라…"

우리도 문명개화하여 서구 문명을 배우면 일본처럼 부강한 나라가 된다는 자신이 이 사설 속에는 역역히 드러나 있다. "우리난 말하기를 죠선이 암만 하여도 나라히 되겠다고 하노라." 이 말에 이르러서는 오늘 우리의 가슴도 감격으로 벅차게 하는 자신의 표명이 아닐 수 없다.[11]

송건호는 개화기 한글 신문을 정리하면서 서재필의 수기 「체미 50년」을 인용한다.

공정을 기하기 위해 나는 불편부당주의를 견지하고 어느 누구에게도 기울어지지 않았다. 나는 친척 친구 할 것 없이 두 편 정책들을 모두 매도했다. 그 두 편이 외세의 앞제비 노릇을 했기 때문이다. 나는 공석에서나 글로나 말로나 조선의 민리 민복만을 위하여 일하고 남의 굿에 놀지 않음이 조선 위정자의 의무임을 역설했다. (…)[12]

송건호는 시대별로 신문 사설의 변화를 추적해 다음과 같이 정리한다.

개화기의 신문은 상하귀천 남녀노소 할 것 없이 모든 국민에게 읽히는 것을 목적으로 삼았다. 독립신문이 그 창간호 사설에서 "모도 언문으로 쓰기란 남녀상하귀천이 모도 보게 홈이요…"라고 말한 것은 당시의 신문 성격을 적절히 대변해 주고 있다. 계몽가의 신문이 가지는 역사적인 사명이 유감없이 나타나 있다.

그러나 나라가 일제의 손에 망하고 식민지의 압제 받는 민족이 되자 대중은 계몽보다 망국의 슬픔에 비분강개했다. 사회는 일제에 대한 증오·반항심으로 충만하여 언론 또한 격렬해지지 않을 수 없었다. 망국에 대한 비분의 심정은 한문으로 표현되기 알맞았다.[13]

송건호는 망국기 《황성신문》과 《대한매일신보》의 논설을 정리하면서, 초대 통감 이토의 술회담을 통해 당시 한국 신문의 역량을 소개했다.

> 한국 내 신문이 가진 권력이란 비상한 것이라 이토의 백 마디 말보다 신문의 일필이 한인을 감동케 하는 힘이 매우 크다. 그중에도 지금 한국에서 발간하는 일 외국인의 《대한매일신보》는 확증이 있는 일본의 제반 악정을 반대하여 한국인을 선동함이 연속부절하니 이에 관하여는 통감이 책임을 질 밖에 없다.[14]

송건호는 이 논설의 말미를 동아·조선이 일제의 탄압으로 문을 닫게 된 상황을 "눈물조차 흘리지 못한 '폐간사'"라고 동정적으로 표현하고 있다. 그러면서 일제의 만주 침략 이후 이들 신문사설의 친일 행적에 대해서는 넘어가고 있다. 이것은 이 시기 송건호의 '한계'로 지적된다.

《사상계》에 「식민주의와 제국주의」 집필

장준하는 1963년 3월 《사상계》 창간 10주년 기념 특별증간호를 발행하면서 대대적인 특집을 기획했다. 50여 명의 필진을 동원해 「오늘의 세계와 내일의 세계」, 「20세기 사상의 모험」, 「전후세계의 정치와 행동」, 「복지사회로 가는 길」, 「소외시대의 인간과 사회」, 「민족해방의 세기」, 「새로운 한국의 길」 등을 실었다. 그 당시 우리나라의 이름깨나 알려진 전문가들이 대부분 참여하는 흔치 않은 기획이었다.

송건호는 「민족해방의 세기」 편에 '식민주의와 제국주의'라는 주제를 맡아 글을 썼다. '보이지 않는 손이 더 무섭다'라는 부제에서 알 수 있듯 제국주의의 본질을 파헤치는, 이 분야 최초의 평론이었다. 이 무렵부터 소장 논객으로 각종 평론을 집필하기 시작했다.

송건호는 이 글에서 근대식민주의 유형을 '프랑스형, 영국형, 미국형, 화란네덜란드형'으로 분류하면서, 제국주의 식민정책을 크게 직접통치와 간접통치로 나누었다.

간접통치는 식민지 원주민의 구습관에 의한 통치기구를 그대로 유지케 하여 본국 정부는 지도적 역할만을 하는 통치 방식이다. 직접통치가 보다 안전하기는 하나 본국의 재정 부담이 크고 원주민과의 마찰도 적지 않기 때문에 구미 선진제국의 식민정책은 대부분이 간접통치 방식을 취했다.

간접통치도 원주민들의 모순을 조장 이용하는 분할정치

divide and rule도 상당한 성과를 거둘 수 있었다. 그러나 어떠한 식민통치도 본국은 자기들의 정책을 도덕적으로 위장화하여 식민지 민족주의의 저항을 저지하고 본국 정부의 경제적 요청에 의해 그들을 착취했다.[15]

송건호는 식민정책을 크게 나누어 영국형과 프랑스형으로 다시 구분하고, "영국형은 전형적인 간접통치이고 프랑스형은 전형적인 직접통치이다. 영국형에 속하는 국가에는 미국·화란이 있고 프랑스형에는 일본이 속한다. 그러나 식민지 본국과 식민지의 발달 정도에 따라 각 국의 통치형은 약간씩 특색이 있다"라고 분석했다.

송건호가 이 글에서 특히 강조한 대목은 네오콜로니얼리즘 neocolonialism, 즉 신식민주의 문제이다. 2차 세계대전 이후 요원의 불꽃처럼 아시아와 아프리카의 민족해방운동이 전개되자 '위장된 식민주의', 즉 네오콜로니얼리즘이 나타나게 되었다는 것이다.

네오콜로니얼리즘의 특색은 그 관계가 정복자와 식민지라는 위치가 아니라 동맹자라는 이름의 관계를 맺고 있는 것이 특색이다. 그들의 관계는 대개 군사원조, 경제원조, 기술원조라는 이름으로 맺어지고 있다.

　대개의 신생국은 비록 독립은 했어도 오랫동안의 식민지적 착취 때문에 가난한 것이 가장 큰 고통이다. 무엇보다 먼저 경제건설을 하지 않으면 안 된다. 그러나 그들에게 제일 부족한 것이 자금이다. 그들은 외국의 원조 없이는 경제건설이 불가능하다. 그러나 문제는 원조를 받는 조건에 있다. 외국에서 자금을 돌린다 해도 금리가 너무 비싸거나 기간이 너무 짧으면 그런 자금은 꿀 수가 없다. 물론 거저 원조를 받는다면 그것보다 더 좋은 일은 없겠으나 그 원조에 까다로운 조건이 붙어 있다면 겨우 얻은 민족의 주권도 유명무실한 것이 되고 만다. 또 사고 싶은 물건이 있을 때 외국의 원조자금으로 그러한 물건을 마음대로 살 수 있느냐 하는 점도 생각해 볼 문제다. 만약 이러한 점에서 신생국이 자기들의 주권을 행사할 수 없다면 그러한 나라는 도저히 명실히 상부한 독립국이라고 볼 수 없다.[16]

　송건호는 '위장된 신식민주의'의 본질을 짚으면서 경제원조와 군사원조가 신생국의 자주성을 상실하고 군통수권에 간섭하는 구실로 삼고 있다고 지적한다. 이는 우리나라의 실정을 시사하는 내용이어서 많은 주목을 받았다.

경제원조로 신생국이 자주성을 잃을 수 있는 기회는 물자의 '증여' 경우에도 있다. 물자를 원조할 때 원조국이 모든 권한을 신생국에 일임하면 문제는 간단하다. 그러나 물자를 판 돈으로 어느 나라에서 무엇을 사라고 일일이 간섭하게 되면 신생국은 자기들이 필요한 물건을 원하는 나라에서 살 수 있는 선택권을 상실한다. 이것은 신생국의 특별예산에 원조국이 간여하는 결과가 된다. 물자에 의한 원조일 경우 원조국은 신생국이 필요로 하는 물자를 주어야 한다.

그러나 원조국이 저희들 나라에서 처분에 곤란한 잉여농산물을 가져올 때 신생국의 농업이 받는 타격은 이만저만이 아니다. 군사원조의 경우도 문제점이 많다. 군사원조는 신생국이 공산주의의 위협 앞에 있을 때 방위력의 증강을 위해 있는 원조이다. 그러나 군사원조에도 조건이 붙는 경우가 많다. 가령 병력을 동원할 때 또는 무기를 사용할 때 일일이 원조국가의 동의가 있어야 한다면 통수권은 이미 원조국 손에 있다고밖에 볼 수 없다.

원조국은 제공된 무기가 군사원조의 협정정신에 입각하여 사용되고 있는가 없는가를 확인할 필요가 있다는 주장을 후진국의 군통수권에 간섭하는 구실로 삼고 있다.

요약해 말한다면 선진국과 신생국은 서로 평등한 동맹관계에서 경제·군사·기술원조가 이루어져야 하는데, 그 '원조'가 일방적으로 원조국 이익 위주이거나 또는 원조에 까다로운 조건에 붙는다는 데 후진국의 고민이 있고 여기에 '네오콜로니얼리즘'이라는 낙인과 함께 후진국의 반발이 커진다.[17]

송건호는 이 글의 필자를 소개할 때 자신의 직함을 '시사평론가'라 했다. 외부 기고의 비판적 논설에 신문사 직함을 쓰기가 부담스러웠던 것 같다.

《사상계》에 「민족지성의 반성과 비판」 집필

1963년에 박정희는 '민정 이양'이라는 이름으로 군복을 벗고 대통령 선거에 출마하여 대통령에 당선되었다. 당시 선거에서는 박정희 후보의 사상전향 문제와 관련해 이른바 '사상논쟁'이 치열하게 벌어졌다.

《사상계》 1963년 11월호는 이와 관련해 '진위眞僞를 가리라!'라는 특집을 마련하여 박정희의 사상을 집중적으로 검증했다. 특집 기사로 《경향신문》 정치부장 김경래의 「전향자냐? 아니냐?: 인간 박정희의 전향 주변」, 《한국일보》 정치부장대우 정종식의 「군사혁명과 윤보선」, 정치평론가 신상초의 「무엇이 사상논쟁이냐?」,《동아일보》논설위원 임방현의 「자주·사대 논쟁의 저변」,《서울경제신문》기자 서기원의 「정치자금 수수께끼의 실마리」 등이 실렸다.

여기에 고려대 교수 이상은의 「박정희 씨에게 부치는 글」, 고려대 교수 김성식의 「민족주의와 민주주의」, 고려대 부교수 조순승의 「절대권력은 절대 부패한다」,《한국일보》논설위원 임홍빈의 「군정의 부산물」 등이 비중 있게 게재되었다.

송건호는《경향신문》논설위원으로 「민족지성의 반성과 비판: 한국지성인론」을 실었다. 200자 원고지 100매가 훨씬 넘는 분량의 글이다. 그가 평생을 두고 씨름한 화두가 민족주의, 언론인의 직필과 곡필, 이승만 등 인물론, 민족지성의 문제였다면, 한국 지성인 문제는 이때 처음으로 시도한 화두가 되었다.

한때 민족주의자로 사상가로 민중 앞에 희망의 등불이던 지식인, 그러나 오늘날 그들의 무력과 무지조, 무사상으로 국민의 신임은 땅에 떨어졌다. 민중은 지금 비전을 못 가지며 방향감각을 상실하고 있다. 지식인의 앙가주망이란 결코 어떠한 기정사실의 합리화에만 있지는 않을 것이다. 지성과 비전, 지식인과 현실 참여. 오늘날처럼 지식인 문제가 재검토를 요하게 된 때도 없을 것이다.[18]

편집자가 이 부분을 발문으로 뽑을 만큼 송건호는 지식인의 문제에 천착했다. 이후에도 그는 많은 비판적인 논설을 집필했다. 논설은 지식인의 '성찰'로부터 시작된다.

우리는 벌써 한 번쯤은 한국 지식인에 대한 반성이나 성찰이 있어야 했다. 특히 5·16 이후 대학교수를 비롯한 지식인들이 대량 '현실'에 동원 내지 참여하고 있음을 볼 때 지식인의 현실에 미치는 영향은 다른 어느 때보다도 크다고 하지 않을 수 없다. 지식인의 기능, 자세·모랄 같은 것이 시대적으로 클로즈업되는 이유도 여기에 있을 것이다.

지난날 여러 사람들에 의해 인텔리겐쟈 또는 지성에 관한 논의가 없었던 것은 아니다. 그러나 그것은 대부분의 경우 지성 일반, 인텔리겐차 일반에 대한 논의에 그쳤고 '지금 이곳'의 한국 지식인에 대한 반성이나 논의는 아니었던 것으로 기억된다.[19]

송건호는 이 글에서 지식인에 대한 일반적인 개념과 기능을 설명하고 '한국 지식층의 지적 상황'을 분석한다.

오늘의 한국 지식층을 압도적으로 지배하고 있는 것은 말할 것도 없이 아메리카 사상이다. 비단 사상뿐 아니라 정치·경제·교육·사회풍속 생활에 이르기까지 아메리카 영향을 떠나서는 거의 볼 만한 것이 없다. 젊은 학생들이 다투어 아메리카 유학을 하며 아메리카 유학을 못 한 지식인들도 다투어 아메리카 학풍을 모방하기에 여념이 없다. 한국이 아메리카 영향 안에 들어선 지도 벌써 18년, 그간 학계·행정계에는 어느덧 아메리카 학풍의 훈련을 받은 일꾼들이 대부분의 요직을 차지하게 되었고 이들의 영향은 점차 우리 생활 깊숙이까지 미치게 되었다.[20]

송건호는 이미 60여 년 전, 그러니까 해방 18년 시점에서 한국 지식층을 지배한 '아메리카 학풍'을 우려했다. 오늘날 아메리카에 거의 '종속화'되다시피 한 현상을 지켜보았다면 다시 어떤 글을 썼을지 궁금해진다.

송건호는 이어서 박정희 치하에서 온갖 곡필을 휘두르는 '전천후 지식인들'을 겨냥한다.

수많은 잡지·신문이 매일처럼 쏟아져 나오고 있다. 그곳에 나오는 수많은 이름들의 글을 검토해 본 사람 같으면 부패·부정의 정권 밑에서 온갖 아부를 다 한 자가 4·19 후엔 또 새로운 위장 아래 새 정세에 적응하려고 하더니 5·16 후에는 어느 덧 정치인 행세를 하기도 하고 부장, 위원장·전문위원, 고문을 하면서도 조금의 모순을 느끼지 않는 사람들을 본다. 오히려 시대에 좀 더 유리한 조건으로 편승하지 못해 애타는 자가 적지 않음을 본다. 지식인의 신념은 거의 땅에 떨어졌다. 프랑스에서 지식인들이 차지하는 그 신망은 우리의 현실로서는 거의 상상도 못 할 일이다. 오늘날 '애국심'이 한 개 조소의 대상이 되어 있듯이 지식인의 지조—일관성 있는 태도—역시 아무런 매력도 주지 못하고 있다. 지조를 지키는 그 자체가 지난 중의 지난사인 것이 한국이다.

수많은 지식인이 정권이 교체될 때마다 권력에 아부하고 권력이 필요한 대로 가진 지식을 제공하기에 앞을 다투었다. 그러나 시대에 영합하는 지식인의 이러한 무지조성은 그들 개개인의 성격 문제에만 그치지 않고 보다 그들이 처해 있는 사회적 상황에서 분석되어야 할 문제일 것 같다.[21]

송건호가 이 글에서 질타하는 것은 지식인들의 해바라기성이다. 오늘날 유신, 5공, 윤석열 등 독재체제에 기생했던 지식인, 언론인들과 그 아류들이 변함없이 한국 사회의 여론을 주도하고 있는 현상과 비교된다.

3·15 부정선거 때 민주주의와 인권이 휴머니즘이 그렇게 개돼지처럼 유린되었어도 한국의 지식인 사회는 거의 아무런 레지스탕스도 하지 못했다. 오히려 지식인의 상당수가 부패정권에 가담하여 휴머니즘을 유린하는 폭력을 두둔하고 앞장섰음을 보았다. 지성의 일치단결한 저항이 아니라 지식인의 향배는 주로 파벌과 인간관계에서 좌우되었다. 모순을 인간관계에서 해결하려고 하면서 현실적으로는 인간관계에 구애받지 않는 것이 미국 지식인의 장점이라고 한다면 인간관계로 그 활동이 좌우되면서도 인간관계의 지식인다운 극복에 아주 무력한 것이 한국 지식인의 통폐이기도 하다. (…) 민중의 관심 밖의 존재가 되어 있다고 말하는 것이 더 사실일지 모른다. 오히려 권력을 향한 '해바라기' 같은 존재가 되어 시국을 더욱 혼란에 빠뜨리는 데 일익을 담당하고 있는 실정이다.[22]

《청맥》에 「지성의 사회참여」 기고

송건호는 1964년 11월호 《청맥靑脈》에 「지성의 사회참여」라는 제목의 시론을 썼다. 《청맥》은 같은 해 8월에 창간된 진보적 월간지였다. 대표 김진환金進煥은 창간사에서 "민족사적 제과제 해결에 긴끽緊喫한 인소因素며 과정일 수밖에 없는 창조·

투쟁·발전을 절규하며 유린된 사회정의를 바로잡고 민족의 올바른 진로를 제고하며 불패의 정의 편에 서서 민족대의를 고창하고 주권국민의 긍지를 유지하며 대중과 더불어 호흡할 수 있는 생명력을 평이하게 다루어 겨레의 욕구를 발표하고 지표를 제시하는 중임을 맡아 보려 한다"라고 선언하면서 진보 지식인들의 글을 실었다.

《청맥》1964년 11월호에는 송건호의 시론과 함께 조동필의 「냉전의 벽을 뚫어라」, 김기두의 「새로운 젊은이가 나와야 한다」 등이 실렸다. 또한 '남이 사는 내 나라'라는 주제로 특집을 구성해 문학, 음악, 언어, 종교, 언론, 오락, 윤리, 유행 부문에 스며든 외래성을 파헤치고 대안을 제시했다.

송건호는 이 시론에서 5·16 이후 지식인_{지성인}의 사회참여 문제를 본격적으로 분석했다. 5·16 쿠데타 권력에 참여한 지식인과 함께 이를 비판한 반 5·16파 지식인들의 문제점도 날카롭게 지적한다.

5·16은 보기에 따라서 지식인 정치이기도 했다. 그리고 그 지식인 정치는 오늘날 이 땅의 지식인들의 성가를 여지없이 땅에 떨어지게 했다. 5·16에 참여한 지식인의 과오는 컸고 그만큼 오늘날 하나의 멸시의 대상조차 되지 않을 수 없다.

그러면 5·16파 지식인을 멸시와 증오의 눈으로 보는 반 5·16파 지식인은 그간 무엇을 했는가. 군정 3년간은 너무나 조용했다. 침묵의 3년간이었다. 이것 역시 지식인에겐 하나의 수치가 아닐까. 과연 군정 말기부터 지식인의 소리는 요란해 졌다. 3년간의 침묵이 한꺼번에 폭발할 듯한 소란이었다.[23]

쿠데타에 참여하여 인권을 짓밟고 민주주의를 유린한 친 5·16파 지식인들의 행위와 함께 군정 3년간 침묵으로 일관한 반 5·16파 지식인들을 신랄하게 비판한다. 송건호는 그러고 나서 이렇게 묻는다. "지식을 하나의 논리와 세계관으로까지 지양시키지 않으면 안 된다. 지식의 신념 체계가 있는 곳에 지성인이 있고 지식의 백과사전적 저축 속에 지식인이 있다. 만약 5·16파 지식인이 현실에 혼란을 조장하여 멸시의 대상이 되어야 한다면 비 5·16파 지식인들은 단지 이것저것 불만에 그치고 비전을 제시하지 못했다는 데에 지성인으로서 수치를 느껴야 할 것이 아닌가."[24]

송건호는 또 지성인의 역할을 제시하면서 실천성 없는 지식인의 존재를 다음과 같이 비판한다.

지성은 크게 말해서 현실의 인식 능력이다. 따라서 모순이 자연 속에 있을 때에는 자연과학을 발전시키고 사회에 모순이 있을 때에는 사회과학이 모순을 적출하고 극복한다. 만약 우리 사회에 모순, 곤란이 있다면 우리는 사회과학을 무기로 모순의 정체를 잡고 그것을 극복해 나가지 않으면 안 된다.

사회과학의 임무가 여기에 있다. 따라서 사회과학은 결코 사회와 유리되어서는 안 되며 먼저 지금 이곳의 현실을 인식하고 극복하는 과학이 되지 않으면 안 된다. 사회과학이라는 이름 아래 단지 이 나라 저 나라의 학설이나 암송하고 기억하는 것으로 학문이 끝났다고 생각한다면 사회과학의 본래의 기능과는 동떨어진 것이며 사회과학의 관념성을 벗어날 수 없다.[25]

사회과학자들이 마치 조선시대 주자학자들처럼 외국 학자들의 학설이나 해석하면서 현실의 모순을 외면하는 행태를 비판하며, '사회과학의 관념성'을 벗고 현실을 비판하고 비전을 제시하라고 요구한다.

필자의 견해를 솔직히 말한다면 한국에서는 지성의 현실 참여가 아직 없다고 단언하려 한다. 이러한 단언은 주로 두 가지 이유에 근거하고 있다. 하나는 반 5·16파 지식인들의 저항운동이 지성 본래의 입장에서 현실 참여를 하고 있지 않다는 사실이다. 현실 참여의 적극분자들의 동태를 보면 그들의 활동무대가 거의 저널리즘이거나 야당이거나 좀 순수하다는 층도 가두데모적 차원을 벗어나지 못하고 있다. 물론 권력악에 대한 저항의 권위가 저널리즘에 있고 야당 속에 있음은 말할 것도 없다. 극한상황 속에서는 데모로 나타나는 것도 어쩔 수 없는 일이다.

그러나 차원이 저널리즘이나 야당이나 데모에 그친다면 이러한 저항은 이 문제, 저 사건 가령 4대 의혹사건이나 대일 굴욕외교 반대니 하는 당연한 문제에 대한 반사적 저항에 그치는 것이다. 이것은 지성적 현실 참여가 아니라 민중적 참여이며, 본질에 대한 저항이 아니라 현상에 대한 저항에 그치는 것이다. 필자가 지성ㅅ의 현실 참여는 있었지만 '지성'의 현실 참여가 아직 없었다고 말하는 소이가 여기에 있다.[26]

송건호는 단호하게 지성인의 현실 참여의 기본 과제를 제시한다. 이것은 오늘날의 지식인들에게도 충분히 적용될 수 있는 내용이다.

지성이 '참된 현실'과 밀착하고 민중에 비전을 제시하려면 단지 이것저것 문제의 규명에 그치지 않고 사회를 전체체제적

연관 속에서 파악하고 그것의 변동이나 모순을 적출해 내는 것을 기본 과제로 삼아야 했다. 이러한 분석은 현실적인 위기의식_{저널리즘}과 결부되어 있지 않으면 안 된다. 오늘날 지식인들의 병폐는 저널리즘과 아카데미즘이 서로 유리되어 있다는 데 있다.

지성이 현실에 위기의식을 가진다는 것은 사회과학적 인식의 출발점이 된다. 이것은 지성과 역사성과 풍토성에서 이미 논한 바 있다. 사회과학의 역사는 형극의 길이었다. '참된 현실'을 분석 폭로하고 새로운 역사를 창조하려는 아카데미즘은 현상을 유지하려는 낡은 기성세력에 의해 혐오, 기피당하고 억압·탄압받는다. '참된 현실'을 폭로하고 모순을 적출하는 것은 아카데미즘으로서 매우 큰 용기를 필요로 한다.[27]

《사상계》에 「곡필언론사」 집필

당시 《사상계》, 《정경연구》, 《세대》 같은 종합교양지들이 신문이 하지 못한 언론의 기능을 하고 있었다. 송건호는 1960년대 초반기부터 신문 사설을 쓰는 틈틈이 이들 매체에 비중 있는 평론을 왕성하게 썼다. 시사 문제를 날카롭게 분석하는 필력으로 그는 서서히 소장 논객으로 자리 잡아 갔다.

송건호는 무엇보다 언론의 변질상에 관심이 많았다. 5·16 쿠데타와 박정희의 집권 과정에서 한국 언론의 비판과 저항이 전혀 없었던 것은 아니다. 그러나 언론은 대부분 굴종하는 모습으로 변질되었다. 정론직필보다 곡학아세의 글이 대세가 되었다.

이에 송건호는《사상계》1964년 10월호에「곡필언론사」라는 제목으로 글을 썼다. 200자 원고지 100매에 이르는 무게 있는 논설이다. 필자가 알기에 '언론곡필'을 본격적으로 다룬 글은 이 글이 처음이 아닌가 싶다.《사상계》는 당시 박정희 정권의 굴욕적인 한일회담 반대투쟁의 이념적·이론적 교양지 역할을 했다.

1964년은 야당과 재야가 정부의 대일 굴욕외교에 반대하여 범국민 투쟁위원회를 결성하여 격렬하게 반대투쟁을 전개하던 시점이었다. 한일회담 반대 시위로 구속된 학생들의 영장을 기각한 법원에 국군 공수단 소속 군인들이 난입하는 일까지 벌어졌다.

6월 3일에는 학생 1만여 명이 광화문까지 진출하여 굴욕외교 반대와 박정희 퇴진을 요구했다. 학생들 시위에 놀란 정부는 이날 밤 서울 일원에 비상계엄령을 선포하고, 시위를 주도한 학생들을 구속·송치했다. 이른바 6·3 사태가 발생한 것이다.

8월 14일에는 중앙정보부가 '인민혁명당 사건'을 날조하여 일부 혁신계 인사와 언론인, 교수, 학생 등을 무더기로 검거하면서 이들이 국가전복을 기도했다고 발표했다. 검찰 고위층이 이들을 구속 기소하자 소장 검사들이 이에 반발해 집단 사표를 내는 소동이 벌어지기도 했다.

정부는 6·3 학생 시위 주도자들을 탄압하고 여론을 호도하기 위해 인민혁명당인혁당 사건을 조작한 것이다. 인혁당 사건은 사건 발생 반세기 만에 정부가 날조한 것으로 드러났다. 2007년 1월 23일, 서울 중앙지법은 도예종 등 '인혁당재건위사건' 희생자 여덟 명에 대하여 무죄를 선고했다.

박정희 정권의 이 같은 폭압에도 언론은 대부분 침묵하거나 오히려 정부 발표를 대서특필하여 공안정국으로 몰아가는 데 가세했다. 《사상계》 등 비판적 언론이 없지는 않았으나 주류 언론 대부분이 친정부화되면서 진실은 묻히고 서슬푸른 공안 정국이 조성되었다. 언론을 불신하는 사회적 분위기가 만들어지고, 국민은 언론과 지식인들을 믿지 않았다.

송건호가 「곡필언론사」를 쓰게 된 것은 바로 이러한 정치·사회적 배경 때문이었다. 곡필은 직필과 정론의 반대개념이다. 곡필과 비슷한 말로 곡학曲學이 있다. 진리에 어그러진 학문, 바른길로 들어서지 못한 학문을 뜻한다. 곡학아세曲學阿世란 곧 곡필과 곡학으로 세상 사람들에게 아첨하는 것을 일컫는 말이다. 곡필은 오보나 표절보다 더 악질적이다. 오보는 잘 모르고 저지르는 글이고, 표절은 남의 글을 도둑질하는 것이지만, 곡필은 멀쩡한 정신으로 진실과 자기 자신을 속이는 비양심적인 부도덕 행위이기 때문이다.

우리나라에는 예나 지금이나 곡필을 일삼으며 곡학아세하는 무리가 넘쳐난다. 글을 쓰고 학문을 하는 사람들이 곡필을 일삼는다는 것은 지식인언론인의 정도에서 벗어난 매문 행위이다. 자기 한 몸 부귀영화를 누리겠다고 진실을 왜곡하고 사실을 호도하는 것은 지식인의 본분은 물론 인간의 양식을 저버리는 가장 저질적이고 추악한 범죄 행위이다.

전통적으로 문민 우위의 사회인 한국에서는 예전부터 곡필은 하늘이 죽이고 직필은 사람이 죽인다고 했다. 곡필은 쓰기 쉽다. 권력의 옹호가 있고, 관직이 보장되거나 영달이라는 반대급부가 따르기 때문이다. 그러나 곡필은 하늘이 용서하지 않는다. 여기에서 하늘을 역사라고 바꿔 불러도 무방할 터이다.

반대로 직필은 어렵다. 권력이나 사주, 간부들이 가만둘 리 없기에 자리가 위태로워진다. 또한 이해당사자들이 덤비고 몽매한 세론世論의 비난이 뒤따른다. 심하면 필화를 입게 되고, 때로는 테러도 감내해야 한다. 직장을 잃게 되고 그 사회에서 고립당하기도 한다. 그러나 직필은 당장은 핍박이 따르지만 언젠가는 평가받게 된다. 역사의 장에 기록된다.[28]

곡필은 찬핵鑽核과 같다. 송곳으로 열매의 씨劾, 仁를 뚫어서 죽이는 것을 찬핵이라 한다. 이것은 곧 국민의 얼을 죽이고 비판의식을 훼손하고, 사회정의를 말살하는 행위이다. 진실과 선과 정의의 가치를 죽이고 그 자리에 거짓과 위선과 불의와 악을 대신하는 범죄이다. 2차 세계대전 뒤에 프랑스의 드골이 과거청산을 시도하면서 반역 지식인과 언론인과 작가들을 가장 가혹하게 처리한 것도 이런 이유 때문이었다. 곡필은 미사여구와 그럴듯한 논리성으로 당의정糖衣錠되기 때문에 일반인들은 쉽게 식별하기 어렵다.

곡필은 연탄가스처럼 서서히 마취시켜서 사람들은 곡필의 피해를 잘 모르는 채 살아간다. 곡필은 사람들을 쉽게 미혹시킨다. 일제강점기는 물론 이승만 정권과 역대 군사독재, 지금의 사이비 문민시대에 이르기까지 곡필 지식인과 곡필 언론인들이 여론의 주류가 되면서 우리 현대사를 오도해 왔다.

이들이 쓴 곡필은 일제와 미군정, 독재자들을 그럴듯하게 미화했다. 독립운동 세력을 '불령선인', 통일세력을 '용공', 민주인사들을 '좌경'으로 몰아쳤다. 그러면서도 이들이 한 차례도 '심판'받거나 '청산'되지 않은 것은 이들이 언론과 자본과 대학을 장악해 왔기 때문이다. 대한민국의 불행한 역사 중 하나이다.

박정희 시대에도 이승만 정권에 기생하며 온갖 요설을 써 온 언론인·학자·문인들이 군사독재를 찬양하며, 굴욕외교와 베트남 참전을 반대하는 양심적 지식인과 언론인들을 매도했다. 4월 혁명으로 곡필 지식인들이 당연히 청산되었어야 했지만 안타깝게도 그러지 못했다. 마치 8·15 해방과 함께 친일 곡필배들의 청산이 이루어지지 못한 것과 같은 현상이었다. 곡필 지식인·언론인은 6월 항쟁 뒤에도, 김대중·노무현의 민주정부에서도 청산은커녕 더욱 기승을 부리며, 한국 사회의 주류가 되었다. 선출되지 않은 '정치권력'으로 행세한다.

양심적 언론인 송건호가 「곡필언론사」를 쓰게 된 것은 이와 같은 불행한 한국 지성사를 통찰했기 때문이다. 그는 이후에도 '곡필'과 관련한 여러 편의 논설과 시론을 썼다.

「곡필언론사」 주요 내용

송건호는 이 글의 서두를 다음과 같이 시작한다. "외제外帝에 붙어 망국을 변호하고 그것을 항구화시키려던 매국의 곡필, 관권에 아부하여 부정과 불의를 대변하던 비양심의 곡필, 언론인의 자세가 흔들리고 언론관제화의 기운이 높은 오늘, 우리는 이 과거의 추악한 곡필기록을 더듬어 본다."[29]

다음은 송건호가 인식하는 '곡필의 논리'다.

지식인 사회에서 가장 큰 수치는 곡필하는 일이라고 알려져 있다. 지식인들은 다투어 곡필을 비웃고 그러한 지식인을 이미 지성인이 아니라고 단정하기를 서슴치 않는다. 그러나 직필하기가 얼마나 큰 용기가 필요한가에 대해서는 그다지 깊은 검토가 없는 듯하다. 현실을 지배하는 것은 대부분 조소의 대상인바 그 '곡필'이며 당연한 것처럼 생각되는 '직필'은 놀랄 만큼 읽어 보기가 어렵단 사실이다. 이것이 숨길 수 없는 한국의 현실이기도 하다.

한 가지 더 주목해야 할 점은 곡필이 그 자신이 결코 곡필이라고 정체를 드러내지 않는다는 사실이다. 곡필일수록 '대국大局'을 논하고 '민족'과 '국가'를 걱정하고 때로는 '민족주의'와 '헌법'과 사회의 '안녕 질서'와 '반공'을 내세우기를 잘한다는 데 주목할 필요가 있다. 곡필도 사회적 근거를 가지고 있다. 그 근거란 바로 반민주 부패 권력이다. 곡필이 지식인 사회에서 그처럼 타기의 대상이면서도 곡필이 현실적으로 언제나 우세를 차지하는 이유가 여기에 있다.

곡필이 사회적 근거를 가지고 있다는 것은 그것이 어떠한 의미에서 볼 때 현실에 대한 하나의 해결책을 제시하고 있다는 것을 의미한다. 곡필도 논리를 갖추고 있는 것이다. 곡필을 경계해야 할 가장 큰 점이 바로 여기에 있다.[30]

송건호의 이 논설은 망국 변호론에서 3·15 부정선거 변호론까지를 취급한다. '독립운동과 《매일신보》의 논조', '6·10 만세 사건과 친일파의 견해', '3·15 부정선거와 《서울신문》' 등으로 나누어 곡필의 사례를 설명했다.

《매일신보》는 해방이 될 때까지 일제를 옹호하고 항일운동을 매도해 온 총독부 기관지였다. 의열단이 '7가살七可殺' 중 하나로 손꼽을 정도였다. 논설의 한 부분을 살펴보자.

일본의 대정大正 13년1924 하면 나라를 빼앗긴 우리의 독립투사들이 만주, 시베리아, 중국 혹은 미주에서 활발히 일본군에 무력항쟁을 전개하고 있을 때였다. 일본인들은 우리의 독립투사들을 '마적단' '불령선인들'이라고 불렀다.

그러면 이 당시 《매일신보》는 이 애국지사들에 대해 어떠한 논평을 하고 있었던가. 1924년 정월 23일 자 「소위 독립당」이라는 사설은 '진정한 고찰을 망望 하노라'라는 부제 밑에 다음과 같은 욕설을 퍼부었다.

국경 방면으로부터 도래한 특보에 의할진대 구랍 이래로 소위 조선인 독립단이 도처에 익익 창궐하여 폭만한 행동으로 인명을 살해하야 금품을 약탈하야 피해지의 비전飛電이 속지함으로써 동변도東邊道 윤공서尹公署는 압록강 상류 소속 각 현 지사에게 엄훈을 발하야 주방군駐防軍으로 하야금 엄중히 경계하라 하얐고… 조선인 불령단의 취체 방비에 관하야 각 독군督軍에게 급전을 타종하얐다 하난도다. (…)

이제 오인은 피등의 장래를 위하야 극히 우려함을 마지 안노니 대저 주의와 사상은 일정한 도의적 관념으로 그 시비 적부를 시만하야 써 일률로 차此를 억압키 난難한 자니 조선인의 오날의 경우로 혹은 현 정치에 열복하야 장래의 번영을 도모하여 혹은 차에 불만불평을 회回하고 과격한 행동에 출出하야 가사 장래의 행복을 득치 못할지라도 일시의 쾌거로써 자족함은 각기 견지와 입장을 달리한 개인의 처리상 피치 못할 현상이다. (…)

이 사설을 읽고 얼마나 많은 동포들이 독립운동을 그릇 인식하게 되었을까. 사설은 민족을 위하는 길이 따로 있다고 역설하면서 '피등' 즉 독립투사들의 장래를 우려한다고까지 했다. 자기들만이 참된 애국자라는 말투다. 곡필에도 그럴듯한

이론을 전개하고 있다는 사실을 여기에서 발견한다.[31]

3·15 부정선거와 관련해 왜곡 보도를 쏟아낸 《서울신문》을 다음과 같이 신랄하게 비판한다.

3·15 부정선거를 전후해서 전 국민이 일치하여 자유당 횡포와 싸우고 있을 때 홀로 《서울신문》만은 3·15 선거가 유례없는 '공명선거'라고 끝내 우겨 이채를 띠었다. 그러나 당시 국민은 그렇게 통반을 통해 구독을 강요했건만 누구도 《서울신문》을 읽으려 하지 않았다.

그러나 곡필언론사를 쓰기 위해 그때의 《서울신문》 사설을 하나하나 읽어 가며 놀란 것은 지난날 《매신》이 독립을 외치는 학생들에게 하던 말을 그대로 이 신문이 되풀이하고 있었다는 사실을 발견하고 놀랐다. 2월 28일 대구에서 학생 데모가 일어났을 때 《서울신문》은 야당의 선동에 원인을 돌리고 「학생들은 자숙자제하라」는 사설에서 다음과 같이 말했다.

"…학생의 본분은 학문에 대한 진리를 탐구하는 동시에 장차 국가와 사회에 유위有爲한 인재가 되고자 인격함양에 전념해야 되는 것이다.… 1분 1초를 다투어 학업에 면려하지 않고는 자기의 목표를 달성하기 어렵다는 것을 학생 자신들이 누구보다도 통찰하여야 하며 결코 정치적 선동의 이용 도구가 되거나 데모니 시위니 하는 것으로 헛되이 시간 낭비를 강요당해서는 안 되는 것이다.… 거만의 데모 사건은 민족 정기의 선봉이 된 광주학생 사건의 선배들을 모독하는 행위인 것이 분명하다.… 학생들은 부모 형제들이 무엇을 원하며 또 학생으로서는 어떻게 할 것인가를 자각하여 이와 같은 경거망동으로 조소를 받을 행동은 금후 자숙자계해야 할 것이다."

악을 보아도 현실엔 눈을 감고 공부나 하라는 것이다. 현실을 그렇게 만들어 놓은 책임에 대해선 일언반구의 반성도 없다. (…)

4월 23일 자 사설은 「폭력은 민주주의의 반역이다」「선동적인 행위는 일체 중지하라」는 두 개의 사설이 나와 있고 15일 자 사설은 「몰지각한 폭동자와 무책임한 지도층의 언동을 경고한다」라 했고, 16일 자 사설은 「폭동의 주모집단이 마산 시민이 아니라면 마산 사건은 마산 시민의 의사와 상반된다」—부제—「마산 시민은 국민적 자각 위에 폭동 재발 방지에 협력해야 한다」라는 장황한 제목을 등장시키고 있다.

17일에 가서는 드디어 다음과 같은 사설 제목이 나타났다. 「공산간첩에 선동된 데모가 공산선전에 역이용되고 있는 것을 알아야 한다」. 데모대들을 공산당의 누명을 씌워 때려잡으려는 뱃심이 엿보이기 시작한 것이다. 그러나 그러한 흉계를 채 꾸미기도 전에 서울에서 대학들이 전면적으로 궐기하고야 말았다.[32]

《정경연구》에 「이승만론」 집필

송건호가 '이승만론'을 처음으로 쓴 것은 《정경연구》 1965년 9월호가 아닌가 싶다. 박정희 전성시대였던 당시에 이 잡지가 마련한 특집 '사라진 정치지도자 군상'에 필자로 참여하면서 이승만을 겨냥했다. 특집은 해방 뒤 한국 정치지도자론을 주제로 송진우, 여운형, 장덕수, 김구, 김규식, 김성수, 신익희, 조병옥, 안재홍, 이승만 등 10명을 다루었다.

송건호는 「이 박사와 민주주의」라는 제목으로 이승만을 분석한다. 그 내용의 일부를 들어본다.

이 박사는 자유를 위해 평생을 바친 위대한 투사라고 한다. 그러나 그의 집권 12년간 한국 민주주의는 대체 어떤 형편에 있었던가.

1946년 12월 이 박사가 귀국한 지 1년이 되던 때 마침 한국을 방문한 미국의 《시카고 선》지 특파원 마크 게인 기자는 이 박사의 인상을 다음과 같이 말했다.

"이와 이야기하면서 나는 그가 위험한 존재라는 것을 발견했다. 민주주의의 미사와 기구를 비민주적 목적을 위해서 사정없이 이용하기 위해 현대라는 시대에 방황하고 있는 시대착오라고 생각했다."

리차드 알렌은 「한국과 이승만」에서 다음과 같이 이승만을 평했다.

"하와이에 있는 망명결사 내부의 심각한 파쟁을 통해서 그는 음모와 암살을 무기로 하는 정치집단 사이에서의 생존투쟁 수단을 체득했다. 목표를 같이하는 정치집단의 울타리 속에서 정쟁만을 배웠지 계몽적이며 문명사회적인 정치 경륜을 배우지 못했다는 것은 그의 불행이었다. 하여간 '한국의 아버지'로서의 역할을 하기 위해 귀국했을 때 그는 그와 같은 음흉한 정치기술을 몸에 지니고 돌아왔다."

알렌은 다른 곳에서 또 이 박사를 다음과 같이 평했다.

"귀국하기까지의 그의 투쟁생활은 연단에 서서 자기의 적을 몰아치는 생활의 연속이었다. 한 국가원수의 지위에 오른 후에도 그는 대통령의 지위가 요구하는 생활에 만족할 수 없었다. 그는 상대방이 쓰러질 때까지는 만족할 수 없었고 언제나 싸울 적을 때려눕히기를 그치지 않았다."

마크 게인이나 리차드 알렌의 이 박사 평이 옳은지 잘못인지는 사람에 따라 견해가 다를 것이다. 그러나 정권을 계속 장악하기 위해 전시 부산 피난 수도에서 국회의원들을 국제공산당으로 몰면서까지 개헌을 강행했고 서울에 와서는 세계 헌정사상 유례없는 사사오입식 개헌을 강행하기도 하고 그것도 이것도 여의치 않게 되자 3·15 부정선거를 감행하여 국민주권을 짓밟았다.

민주주의와 반공이라는 미사 아래 비민주적 목적을 추구하는 데 온갖 짓을 할 인물이라는 마크 게인의 예언은 그대로 적중된 말이라고 아니할 수 없다. 형님 동생으로 가까이 지낸 백범도 일단 정견이 달라지면 선생을 시해한 살인범을 중령까지 진급시키기도 했다.

이 박사가 민주주의를 말하고 자유를 외치기는 했으나 이것은 그가 공산당과 싸울 때만 쓰는 말이요 자신의 집권을 위해서는 민주주의고 자유고 헌신짝처럼 버렸다.[33]

「정치자금과 재벌」 집필

송건호는 1960년대 중반 소장 논객으로 지식인 사회에 자리잡았다. 그의 관심 범위는 대단히 넓었고 시각은 예리했다.

당시는 이승만 권력의 비호를 받으면서 몇몇 재벌기업이 생기고, 박정희 정권에서 급성장하여 권력에 정치자금을 대는 등 정경유착 현상이 심화하고 있었다. 이에 송건호는 《정경연구》 1965년 3~4월 합병호에 「정치자금과 재벌」이라는 제목의 논설을 집필했다.

송건호는 이 논설에서 한국 재벌이 정부의 각종 특혜로 급성장한 배경을 설명하고 미국과 일본의 경우를 살핀 뒤에 정경유착의 청산, 정치자금의 합리화 등의 문제를 제기한다.

한국의 재벌들은 미국이나 일본의 재벌과는 약간 성격이 달라 주로 정부의 '특혜' 그늘에서 성장했다. 특혜사를 더듬어 보면 첫째가 이미 말한 귀속재산 불하, 다음이 유명한 중석불 사건, 그리고 무역과 불화弗貨 싸움, 연계자금, 국공유지 불하, 특혜 금융, 지불보증 등이다.

재벌이 일정한 단계까지 성장하면 권력의 특혜에 만족하지 않고 공공연히 권력에 영향력을 행사했고 입법권에 관여한다. 특히 재벌은 국회와 밀접한 관계가 있다. 연중행사처럼 되풀이되는 세법 개정에는 예외 없이 재벌들이 행정부와 국회에까지 2중으로 작용하고 급할 때는 국회에까지 출장하여 수표가 난무한다. 재벌은 또한 당을 초월하여 제각기 출신도별로 재

벌들의 촉수가 뻗친다. 오늘과 재벌과 정치인 사이에는 떼려야 뗄 수 없는 깊은 관계가 있다.[34]

송건호는 반세기 전에 이미 정경유착의 문제점을 적시하고, '정치자금의 합리화' 방안을 제시했다.

첫째, 당기구의 정비다. 대중의 적극적인 정치참가를 촉구하여 당원을 확대하고 조직화하는 일이다. 이것으로 당재정의 기초를 재계의 기부로써가 아니라 당원의 당비로 충당하는 방법이다.

둘째는 정치기부금의 세분화와 분산화다. 당원한테서 널리 당비를 조달하는 것도 그 방법의 하나이겠으나 기업체, 단체 등의 기부도 세분화 분산화하는 방법이다. 이것으로 특정 재벌에 대한 편중정책이 어느 정도 지양될 수 있을 것이다.

셋째로 당재정의 공개제다. 이상 세 가지 방법이 생각되기는 하나 재벌과 밀접한 관계가 있는 보수정당으로서 정치자금의 정화란 지난 중의 지난사라 할 것이다. 요는 정당과 정치인들의 양심에 기대할 수밖에 없는 문제다.[35]

송건호는 군사독재의 폭압이 계속되는 시대에 한국 언론계의 중심에 서 있었다. 5·16 뒤 언론계는 군사독재에 장악되었지만, 일부 저항적인 언론인들이 발버둥을 치고 있었다. 송건호도 1964년 《한양漢陽》 10월호에 「한국과 미국」이라는 논설을 기고했는데, 이 글을 이유로 군사정부는 이 잡지의 국내 배포를 금지했다. 《한양》은 재일교포 김인재金仁在가 일본 도쿄에서 한글로 발행하는 월간 종합교양지였다.

그사이에 송건호의 가정에서는 경사가 잇따랐다. 1956년에 차녀 려금麗金이 태어나고 2년 뒤에는 3녀 희정熙禎, 1961년에는 장남 준용俊容이 태어났다. 송건호도 1956년에 서울법대 졸업장을 받았다. 직장 일로 뒤늦은 8년 만에 대학을 졸업했다. 또 1963년에 4녀 주연周姸이 태어나고 그해부터 국학대학에 강의를 나가기 시작했다. 1965년에 2남 제용劑容이 태어났으며, 동남아 여러 나라를 순방했다.

송건호 개인이나 가정은 이 무렵이 가장 행복하고 평탄했던 시절이었을 것이다. 군사독재의 전횡이 극심해 송건호의 양식으로나 언론인의 시각으로는 못마땅한 부분이 적지 않았으나 송건호에게 안정적인 직장이 있었기 때문이다. 또 언론인들과 더불어 동남아 여행을 할 수 있었다. 당시에만 해도 해외여행은 특권층의 전유물처럼 되어서 일반인들은 감히 엄두도 내기 어려운 호사였다.

6. 언론계 실직·복직 되풀이하면서 논설 집필

최석채와 싸우고 《조선일보》 떠나

송건호는 《경향신문》이 박정희 정권에 강탈당하자 미련 없이 이 신문사를 떠났다. 새로 신문사를 맡게 된 사주 측에서 남아 달라고 했지만 거부했다. 송건호는 당시 정부의 강압적 회유도 있었다고 털어놓았다. "정통성 때문에 그랬겠지만 계속 남아 있으라고 했는데도 그만두고 《조선일보》로 갔어요. 그때 중앙정보부장 김형욱한테 붙들려 가서 대통령과 적당히 타협하면 되지 않겠느냐는 말도 들었어요."[1]

《대한매일신보》 주필로서 항일 논설을 쓰던 신채호가 이 신문이 친일파의 손으로 넘어간 뒤에도 계속 논설 책임을 맡아 달라는 요청을 거부하고 망명길에 올랐던 것과 비교된다.

《경향신문》을 지키려던 송건호의 노력은 거대한 독재권력의 폭력 앞에 너무나 미약했다. 더욱이 사주가 무릎을 꿇는 상황에서는 어찌할 방법이 없었다. 그가 옮긴 곳은 《조선일보》였다. 이 신문사는 1953년부터 3년여 동안 외신부에서 근무했던 까닭에 그리 낯설지 않았다.

그러나 그곳에서 오래 근무하지는 않았다. 최석채 주필과 의견 노선 차이가 컸기 때문이다. 최석채는 한때 《대구매일》의 주필로서 이승만 정권과 당당하게 대결했던 왕년의 언론투사였다. 그런 최석채가 《조선일보》로 옮기고부터는 박정희 정권과 친밀한, 친정부 언론인으로 변신하고 있었다. 《조선일보》라는 풍토가 사람을 변질시킨 것인지, 변절한 까닭에 영입되었던 것인지, 그 상관관계는 알기 어렵다.

송건호는 소위 김두한의 국회 오물 똥물 투척 사건을 어떻게 보도할 것인지를 두고 최석채 주필과 싸웠다. 그의 이야기를 들어보자.

《조선일보》에 있다가 다시 《동아일보》로 간 이유는 그때가 국회에서 김두한이 똥물을 퍼부었을 때예요. 그것 때문에 최석채 씨하고 싸웠어요. 최석채 씨가 정부와 가까웠을 때입니다. 나는 물론 오물을 던진 김가도 나쁘지만 정부도 잘못하지 않았느냐, 그러니 둘 다 쳐야 한다고 했는데, 최석채 씨는 정부는 잘못이 없으니 김두한을 쳐야 한다고 해서, 내가 그것을 못하겠다고 하고 《동아일보》에 갔죠.

그때 《동아일보》에서는 기자들이 권력과 어려운 싸움을 하고 있을 때예요. 신문 제작은 신문사에 맡겨야 한다면서 정보부의 간섭을 거절했는데 정보부 쪽에서 출입하잖아요. 그래서 자유언론실천 결의를 하고 제작 거부를 했지요.[2]

송건호는 그렇게 오래지 않아 《조선일보》를 떠나 이번에는 《동아일보》로 자리를 옮겼다. 그런데 이처럼 송건호의 언론인 생애에서 중요한 계기가 되기도 한 '김두한 오물 투척 사건'은 과연 어떤 사건이고, 왜 일어났을까.

1966년 9월 22일, 국회에서 삼성 계열의 회사인 한국비료의 '사카린 밀수 사건'과 관련해 대정부 질의를 하던 도중에 국회의원이었던 김두한이 정일권 국무총리를 비롯해 국무위원들에게 오물똥물을 투척했다. 재벌의 밀수와 이를 방조해 온 정부의 불의를 보고 참지 못하고, 3·1 만세운동의 진원지이기도 한 종로 탑골공원 공동화장실에서 오물을 담아 와서 국무위원들에게 던졌던 것이다. 이 사건으로 김두한은 의원직이 박탈되고 구속되었다.

삼성그룹이 울산에 한국비료를 건설하는 과정에서 다량의 사카린을 건설 자재로 위장해 밀수한 사실은 1966년 9월 15일

자 《경향신문》의 보도를 통해 세상에 알려졌다. 신문에 따르면, 삼성은 사카린 원료인 OTSA 60톤을 밀반입하고 이를 금복화학에 매각하여 관세 등 520여만 원을 포탈한 것으로 드러났다. 일명 사카린 밀수 사건은 재벌이 사회적으로 지탄받는 밀수를 했다는 점에서 많은 국민의 분노를 자아냈다.

삼성의 밀수를 비난하는 국민 여론은 점차 고조되어 야당 청년당원들이 국회의사당 앞에서 시위를 벌이는 것을 시작으로 서울대 학생들이 '반외세 반매판' 기업규탄대회로 이어졌다.

야당은 서울 효창구장에서 '특정 재벌 밀수진상 폭로 및 규명 국민궐기대회'를 개최했으며, 지방 도시에서도 연일 규탄대회가 열렸다. 대구 수성천변에서 열린 야당의 밀수규탄대회 연사로 나간 장준하 의원은 박정희를 '밀수 왕초'라고 규탄했다. 서울시경은 장준하를 국가원수에 대한 명예훼손 혐의로 구속했다. 사카린 밀수 사건으로 장기영 경제기획원 장관이 해임되고 내각이 총사퇴하는 등 정치적 파문이 날로 커져 갔다. 이런 가운데 이병철이 한국비료의 주식 51%를 국가에 헌납하겠다고 발표함으로써 이 사건은 일단락되었다.

송건호는 자신이 근무하던 《경향신문》에서 당초 이 사건을 폭로한 '인연'도 있어서 김두한 의원을 일방적으로 매도할 수는 없었다.

결국 최석채와 의견 대립을 보이고 《조선일보》를 떠났다. 언론인의 양식으로는 삼성의 사카린 밀수와 김두한을 양비론兩非論 정도는 몰라도 단비론單非論으로, 일방적으로 김두한을 비판할 수는 없는 노릇이었다.

일반적으로 양비론은 선과 악, 정과 사, 진리와 오류를 뒤범벅하여 무가치의 정신적 아노미 현상을 일으키게 한다. 모든 가치의 구분을 희석시키고 옥석을 가리지 못하게 만든다. 어용 곡필보다 양비론의 폐해가 훨씬 더하다. 권력은 어차피 욕먹고 비판받게 되니 야당과 재야 민주세력까지 싸잡아 욕을 먹게 하고 대안부재의 국면에서 정권을 유지시키려는 지극히 고등전략의 발호가 지식인·언론인들의 양비론이다. (…) 따지고 보면 양비론 속에는 가치의 척도와 사물의 본말을 전도시키고 선과 악을 유사화類似化시키는 반지성의 음모가 도사리고 있다. 양비론자들은 정당한 비판기능을 상실한 '지식기능자'에 불과하다. 공평한 것처럼 가장하고 실제로는 독재자의 편을 드는 어용의 면모를 드러낸다.[3]

삼성의 사카린 밀수와 김두한의 오물투척 사건에서 재벌을 비호하면서 김두한을 매도하는 단비론보다 최소한 양비론은 정당성을 갖는 것이었다.

「한국적 정치 지도자상의 현실과 이상」 집필

한국의 타락한 일부 지식인과 언론인들의 가장 큰 병폐는 곡필에 이어 시시비비를 제대로 가리지 않는 양비론 또는 양시론 兩是論이다. 황소 도둑이나 바늘 도둑을 똑같이 도둑으로 매도하거나, 독재 세력이나 민주화 세력을 그럴듯하게 함께 미화함으로써, 마치 공정한 논객인 것처럼 행세하려 드는 것이다.

차라리 어용곡필은 구린 냄새가 나기 때문에 쉽게 분별이 가능하지만, 양시·양비론은 어지간한 식견이 없이는 분별이 쉽지 않다. 그래서 이들 논객들의 활동 수명이 비교적 오래가는 경우가 있다.

송건호는 최석채의 단비론을 단호히 거부하고 신문사를 뛰쳐나왔다. 그리고 1968년에 서베를린 신문연구소로 유학을 떠났다. 그곳에서 6개월 동안 머물면서 서독 언론을 연구했다. 1969년에 《동아일보》 논설위원으로 입사했으니 2년여 동안 실직 상태에서 외국어대학교에 나가 틈틈이 강의를 했다.

언론인으로서 송건호와 최석채는 결별한 상태였지만 최석채는 송건호에게 인간적 '의리'는 다했다. 송건호가 뒷날 '동아 사태'로 언론계를 떠나 낭인 생활을 할 때였다. 누구에게 말할 수 없을 만큼 생활이 어려워져 딸을 대학에 보낼 수도 없는 처

지였다. 생각다 못한 송건호는 고등학교를 졸업한 딸의 취직을
최석채에게 부탁했다.

생활이 어려워서 못 가르쳤어요자식 진학―필자. 그래서 최석채
씨한테 가서 상의했더니 내 딸을 자기가 데리고 있겠다고 하
대요. 그때는 누구를 만나도 바쁘다면서 나하고 다방에서 차
한 잔 마시는 것도 꺼렸는데, 내 딸을 취직시킨다는 것은 보통
용기가 아니었습니다. 그래서 다른 것을 떠나서라도 최석채
씨에게는 인간적으로 의리를 느낍니다.[4]

박정희의 권력 야망은 이승만에게 절대로 뒤지지 않았다.
1967년 5월 3일 실시된 제6대 대통령 선거에서도 윤보선을 물
리치고 재선에 성공했다. 그런데 그해 6월 8일에 실시된 제7대
국회의원 선거에 관권을 총동원했다. 1960년 3·15 부정선거를
무색게 할 정도의 일명 '6·8 부정선거'였다. 3선개헌을 겨냥한
박정희가 공화당만으로 개헌이 가능한 의석수를 맞추느라 부
정선거를 자행했다.

야당과 학생들은 부정선거 규탄 시위를 벌였고, 시국은 떠들
썩했다. 이런 가운데 중앙정보부는 '동베를린 거점 북한 대남
공작단 사건일명 동백림 사건'을 발표한다. 당국의 발표에 따르면,

독일과 프랑스의 유학생, 교민 등이 동베를린의 북한공작단에 포섭되어 평양을 오가고 북한 노동당에 입당한 뒤 이적활동을 해 왔다고 한다.

이 사건으로 과거 유럽에 유학했거나 유학 중인 대학교수, 유학생, 음악가, 화가 등 107명이 구속되었다. 그 가운데 조영수와 정규명에게 사형을, 윤이상 등 4명에게 무기징역을 선고하고, 그 밖에도 13명에게 최고 15년을 선고하는 등 34명에게 중형을 선고했다2006년에 '국정원 과거사 진실규명을 통한 발전위원회'는 당시 정부가 단순 대북 접촉과 동조행위를 국가보안법과 형법상의 간첩죄를 무리하게 적용하여 사건의 외연과 범죄사실을 확대·과장했다고 밝혔다.

송건호가 독일에 머물 때는 마침 동베를린 사건이 터진 직후여서 독일의 교민사회는 살얼음판을 걷는 분위기였다. 송건호는 박정희 정권의 분별없는 행동으로 유럽 외교의 발판을 깨뜨리고 교포들의 관계를 사정없이 짓밟은 참상을 현지에서 지켜보아야 했다. 한 사람의 권력에 대한 야망과 집착이 외교나 국익을 어떻게 훼손하는지도 몸소 느꼈다.

1968년의 한반도 정세는 박정희의 장기집권을 구축하는 데 매우 유리한 조건을 만들어 주었다.

1월에 북한 무장공비 31명이 청와대를 습격하기 위해 서울에 침입했다가 김신조 한 사람만 생포되고 28명은 사살되는 사건이 벌어졌다. 1월 23일에는 북한이 원산항 앞바다에서 미국 정보함 푸에블로호를 나포하면서 한반도 긴장이 극에 이르렀다.

국가안보를 내세워 쿠데타를 일으킨 정권이 청와대 코앞까지 뚫리며 안보의 허술함을 만천하에 드러냈다. 이 전대미문의 사태로 박정희 정권은 크게 문책을 당했어야 마땅한데 상황은 오히려 거꾸로 진행되었다.

박정희는 다시 안보를 내세워 향토예비군을 창설하고, 청장년들을 한 그물에 묶었다. 5월 25일에는 공화당 김용태 의원 등이 국민복지연구회를 만들어 김종필을 박정희 후계자로 옹립하려다 '역린'을 건드리는 바람에 당에서 제명당하고, 김종필은 정계 은퇴를 선언했다. 8월 24일에는 중앙정보부가 통일혁명당 사건을 발표한다. 신영복을 비롯한 소장 학자와 언론인 등 158명을 검거하고 이 가운데 50명을 구속하는 등 공안정국을 조성했다.

박정희는 장기집권을 위해 북한군의 도발을 안보 위기로 환치시켜서 이를 역이용하고, 내부적으로는 잠재적 경쟁자인 김종필을 제거하는 데 성공했다.

송건호는 실직 상태에서 1967년부터 외국어대학교에 출강하며 글도 썼다. 그는《사상계》1968년 10월호에「한국적 정치지도자상의 현실과 이상」이라는 글을 기고했다. 당시 《사상계》는 장준하 사장이 물러나고 부완혁이 맡아 비판적 정론지 역할을 하고 있었다.

《사상계》 10월호는 '지도자론'을 특집으로 꾸몄다. 차기벽의 「리더십 형성의 일반론」, H. 에릭슨의 「지도자의 심리적 역사적 고찰」, 유정열의 「후진국 정치지도자의 집권과정」, 스탠리 호프만의 「위대한 영광에의 의지―드골」, 이정식의 「현대 대중 사회와 리더십」, 정양은의 「작업집단과 리더십」, 이영일의 「개발독재 발상법 서설」, 윌리엄 맥코드의 「정치적 도전의 타개책」 등과 함께 송건호의 글도 실렸다.

송건호는 뒷날 '인물론'을 많이 썼는데, 이 글은 나중에 할 연구의 선행과제가 된 셈이었다. 송건호의 논설은 '한국적 리더십의 현황', '낡은 리더십의 몇 가지 형태', '지도자의 이상상'으로 나누어 설명하며, 이승만·김구·여운형 세 사람을 집중적으로 분석한다.

해방 후 한반도에 밀어닥친 냉전을 둘러싸고 세 지도자는 심각히 분열되었다. 우남이승만은 냉전에 편승함으로써 민족을 살릴 수 있다고 생각했고, 백범김구과 몽양여운형은 냉전과 대결하는 속에서 민족을 살릴 수 있다고 믿었다. 지도자의 역량이나 식견은 민족의 운명이 기로에 섰을 때 그 진가가 더욱 빛난다.

한민족의 운명을 좌우하는 데 있어서 이 세 지도자가 취한 자세는 다각도로 연구할 수 있는 대상이 되겠으나 한 가지 공통적으로 지적할 수 있는 점은 지도자라고 하면서 기실 그들은 민중 속에 뿌리를 박으려 하지 않은 지도자였다는 점이다.[5]

'이승만, 김구, 여운형'의 리더십 분석

송건호는 먼저 이승만의 리더십을 날카롭게 비판한다.

이 박사의 민족관을 우리는 '아버지'적 민족관이라고 불러 본다. 왜냐하면 그는 대한민국을 자기 가정 정도 이상으로는 보지 않았기 때문이다. 언제부터 일인지 이 박사를 '국부'라고 부르는 버릇이 있었다. 이승만 대통령이라고 부르지 않고 '국부 이승만 대통령'이라고 부르는 습관이 있었다. 이 박사는 아버지요 국민은 아들이라는 뜻이다. (…)

만약 지도자와 국민 관계를 한 가정의 부자 관계처럼 주장한다면 그것은 일종의 사기 관계에 불과하다. 국민은 아버지인 지도자에게 무조건 복종해야 하는 반면에 지도자의 일거일

동은 아들에 대한 자비로 비칠 뿐이다. 지도자의 비민주적 행동도 이런 경우 부자적 애정관계로 컴프라지 되기 쉽다.

이 박사의 12년간 정치가 얼마나 횡포를 극했고 그것이 국부라는 이름 밑에 얼마나 당연한 것처럼 선전되고 그에 대한 비판이 봉쇄되어 왔는가를 기억할 수 있다.

이 박사는 대통령 자리에서 쫓겨나는 날까지 그 자리는 아무도 넘겨다보아서는 안 될 자리였다. 그의 말은 그대로 국법이 되었고 법률 같은 것은 그의 앞에 있으나 마나 한 것에 불과했다. 하와이에 쫓겨난 후 죽을 때까지도 그는 국민 앞에 잘못을 후회한다는 말은 한마디도 하고 있지 않다. 자기와 국민과의 관계를 부자 관계로 끝까지 착각하고 있던 그로서는 오히려 당연한 태도였는지도 모른다.[6]

다음은 백범 김구에 관한 고찰이다.

이 박사와는 정반대되는 노선을 걸으면서도 결국 이 박사적 리더십과 역사적 차원을 같이한 지도자에 백범을 지적할수 있다. 백범은 지사적 지도자였다. 지사란 애국자를 말한다. 애국자도 평범한 애국자가 아니라 비상한 애국자다. 지사는 정상적 애국생활에서보다도 망국의 역경 속에서 피를 마시고 독립운동을 맹세한 투사들을 의미하는 경우가 많다. 지사는 국민 대중이 침략자의 총칼 앞에 숨을 죽이고 저항의 용기를 잃었을 때 비장한 각오로 원수에 폭탄을 던지거나 해외에 가서 독립운동을 하여 민족을 대신해 자기 한 몸을 희생시키는 애국자를 가리킨다.[7]

송건호는 애국자·지사의 일반론을 김구에 관한 '애국론'으로 분석한다.

같은 애국도 국민을 애국의 객체로 보느냐 주체로 보느냐에 따라 애국의 역사적 의미는 전혀 달라진다. 백범의 애국은 순수한 애국이기는 했으나 민중에서 유리된 고고한 애국, 메시아적 애국이었다는 데에 특징이 있었다. 요즘 말하는 엘리트 의식도 잘못하면 반대중적인 것이 될 염려가 짙다. 백범의 애국은 그 순수성을 높이 평가해야 하면서도 그의 애국을 구시대적 애국·고전적 애국·지양해야 할 애국으로 보아야 하는 까닭이 여기에 있다. 오늘날의 애국은 민족대중을 애국의 주체로 보아야 하는 데에 시대적 요청이 있다. 이 같은 애국을 우리는 현대 애국이라고 말한다.[8]

송건호는 김구의 애국심의 순수성을 높이 평가하면서도 몇 가지 문제점을 지적한다. 이것은 이승만과의 균형을 맞추기 위한 것인지는 몰라도 그가 열거한 이유는 쉽게 납득이 어려운 지적이다. 즉 김구의 애국을 '구시대적 애국', '고전적 애국', '지양해야 할 애국'으로 분석하면서도 이와 관련해서 구체적으로 설명하지 않았다. 그러니 그의 지적이 무엇을 의미하는지, 김구의 항일투쟁과 통일정부수립운동의 어느 부분이 '구시대적'이고 '지양해야 할' 애국인지 이해하기 어렵다.

마지막 대상은 여운형이다. "몽양의 리더십은 동시대의 지도자들에 비해 참신한 점이 많았다. 그는 한국 사회의 온갖 낡은 것을 버리기에 누구보다도 용감했고 앞장서기도 했다"라면서 분석을 시도한다.

몽양은 우남처럼 '아버지'를 자처하여 민중을 깔보지도 않았고, 백범처럼 고고하고 희생적 애국 속에서 국민을 해방의 객체로 보지도 않았다. 그는 만년 청년이었고 젊음을 사랑했으며 그의 주변에는 젊은이들이 언제나 들끓었다. 하지만 그는 당시의 한국 정계에서는 외로운 편에 속했다. 거센 냉전의 물결 속에서 극한 대립을 지속하고 좌우 세력 틈에 끼어 협공을 받다가 경륜을 펴 보지도 못한 채 비극 속에 쓰러지고 말았다. 그의 비극은 한민족의 비극을 그대로 상징하기도 했다. 그러나 몽양의 보다 큰 비극은 오히려 그가 가지는 지도자로서의 결함 속에 있는 것이 아닌가 한다.

그는 젊은이를 사랑했고 젊은 세대 사이에 인기도 높았으나 몽양 역시 지도자로서 사명의식의 과잉에 빠져 국민의 주체성을 미처 인식 못 한 듯한 흠이 있다. 그가 정계에 대중적 기반이 없이 막연히 부동적 인기에만 머무른 것도 요는 대중의 한을 인식하고 그들 속에 파고 들어가 그들의 창조적 에너지를 발굴하려는 적극성이 부족한 데 기인한다.[10]

송건호는 여운형의 평가에서 '사명의식의 과잉'과 대중적 기반 없이 막연히 '부동적 인기'에만 머무른 것처럼 비판한다. '사명의식의 과잉'이 일제강점기의 활동과 해방공간에서 '건국준비위원회 발족' 등을 의미한다면 다소 납득이 안 되는 분석이다. 또 '부동적 인기' 역시 마찬가지이다. 여운형은 1945년 8월 일제 패망과 동시에 건국준비위원회를 결성하여 그해 8월 말까지 전국에 지부 145개를 조직할 만큼 튼튼한 전국 규모의 조직을 갖춰 '부동적 인기'와는 다른 양상이었다. 송건호는 여운형의 민중적 인기를 인정하면서도 여전히 '부동적 인기'였다고 지적한다.

몽양은 민중적 인기가 높긴 했으나 그의 인기는 막연한 부동적 인기였을 뿐 뿌리를 박은 사회적 지지세력을 갖지 못했다. 이것은 역사의 추진세력이 대중의 창조적 에너지에 의해서만 발동된다는 점을 등한한 때문이다. 한 지도자의 역사에 남을 만한 찬란한 업적은 그 원동력이 지도자 개인의 타고난 천재에 있다기보다 대중의 정열이 광범위 동원되는 곳에서만 가능해진다. 아무리 지도자의 개인적 자질보다 더 결정적 역할을 하는 것이 민중의 힘이다.[11]

송건호는 이 글의 마지막 부분에서 이상적 지도자론을 제시했다.

신생국에 있어서 이상적 지도자는 자신을 둘러싸고 있는 복잡하고 어려운 국제관계에서 어떠한 자세를 취하는가, 의연한 자주성을 견지하는가, 아니면 우유부단히 민족적 국가적 긍지를 욕되게 하는가에 달려 있다 해도 과언이 아니다. 신생국가일수록 국제적 이익이 국내 건설과 밀접한 관계를 갖고 국내 건설의 성격을 규제하기도 하기 때문이다. 결론적으로 말해서 신생국의 지도자는 국제사회에서 민족적 긍지를 갖고 떳떳하게 자주성을 발휘하는 자부심 강한 인물이어야 한다.

국민 대중이 지도자와 마음으로부터 일체감을 느끼고 건설에 매진하는 자발성을 발휘하는 것도 이 때문일 것이다.[12]

송건호는 신생국 지도자의 자격으로 국제사회에서 민족적 긍지를 갖고 떳떳하게 자주성을 발휘하는 인물로 명토 박는다.

박정희 권력 연장 때 《동아일보》 논설위원으로

송건호는 학교에서 강의하고 글을 쓰다가 1969년에 《동아일보》 논설위원이 되었다. 1969년은 박정희가 3선개헌을 감행하여 장기집권의 문턱을 넘어선 해였다.

《동아일보》에서 발행하는 월간지 《신동아》는 1968년 12월호에 김진배 《동아일보》 정치부 기자와 박창래 경제부 기자가 함께 쓴 「차관」이라는 제목의 기사를 실었다. 한일협정 뒤 무분별하게 들여온 각종 차관은 도입 과정에서 정치자금 등 각종 부작용과 비리를 빚으면서 국민의 많은 관심을 불러일으켰는데, 이를 비판 분석한 기사였다.

이 분석 기사는 28쪽 분량으로, 꽤 길었다. 당시 차관의 실태, 차관 도입으로 비대해진 재벌의 생태, 권력과 관련 정치자금의 문제점 등을 구체적 사례를 들어서 파헤쳤다.

　박정희 정권이 이 폭로기사를 그냥 내버려 둘 리 없었다. 기
사를 내보낸 후폭풍은 거셌다. 1968년 11월 23일에는 담당 기
자들과 홍승면 《신동아》 주간, 손세일 부장이, 12월 3일에는
《동아일보》 김상만 사장과 천관우 주필이 잇달아 연행되었다.
홍승면과 손세일은 반공법 위반 혐의로 구속되었다가 석방되
었다. 이들이 천관우와 함께 사표를 내는 선에서 사태를 마무
리했다. 김진배와 박창래 기자는 구속 기소되었다.

　이것이 세칭 '《신동아》 필화 사건'의 요지다. 이 사건을 소개
한 것은 송건호가 《동아일보》에 입사하게 된 배경을 설명하기
위해서이다.

《동아일보》는 이처럼 회사가 '쑥대밭'이 된 처지였기에 송건호의 존재가 필요했다. "그냥 논설위원이나 하면서 글 쓰고 책 읽으려고 했는데 신문사가 어렵게 되니까 나를 부른 겁니다. 동아일보나 경향신문이 다 그랬어요. 정치적으로 어려울 때여서 할 사람도 없고 다들 안 하려고 하니까 나를 시킨 겁니다. 편집국 기자들도 나를 환영한다고 해서 가게 된 거지요."[13]

송건호가 《동아일보》에 들어갈 무렵 박정희의 집권 연장에 대한 야욕은 점점 커졌다. 때마침 북한 측의 도발도 잦아졌다. 1969년 6월 8일에는 울진·삼척에 무장공비가 침투하고, 4월 15일에는 북한군이 미국 정찰기 EC-21기를 격추하면서 승무원 31명이 사망하는 일이 벌어졌다. 이를 빌미로 박정희 정권은 '안보'를 내세우며 '공안' 정국을 조성했다.

이런 상황에서 공화당은 9월 14일 새벽에 국회에서 3선 개헌안을 날치기로 처리해 박정희가 3선을 할 수 있는 길을 터 주었다. 야당과 학생들은 격렬하게 반대 투쟁을 전개했다. 그러나 10월 17일, 이런 반대에도 아랑곳없이 개헌안은 국민투표에서 가결되었다. 이로써 정국은 '태풍권'에 들어섰다.

야당인 신민당에서는 '40대 기수론'이 제기되고, 김영삼과 김대중의 대결 끝에 김대중의 역전승으로 40대 대통령 후보가 탄생했다.

1971년 4월의 제7대 대통령 선거를 코앞에 둔 시점이었다. 방학 중인데도 1월에 전국의 각 대학에서는 교련 반대 시위가 시작되었다. 4월 14일에는 민주수호전국청년학생연맹이 결성되었다. 이어 4월 19일에는 함석헌, 김재준, 이병린, 천관우를 공동대표로 하는 민주수호국민협의회가 결성되어 대통령 선거의 공정성을 요구하고, 관권 부정을 규탄했다. 재야 민주 인사들이 조직적인 활동에 나선 건 이때가 처음이다.

4월 27일 실시된 제7대 대통령 선거는 박정희 정권의 관권·금권이 총동원된 선거였다. 결과는 박정희 후보가 김대중 후보를 95만여 표 차이로 누르고 당선되었다. 이로써 박정희는 장기집권의 길에 들어섰다.

선거에 앞서 언론계에서도 학생과 재야인사들의 영향을 받아 공정보도와 자유언론 쟁취를 위해 궐기하고 나섰다. 정치권이 요동치고, 학생·재야·언론계가 민주화를 열망하며 몸부림쳤다.

송건호는 1970년에 《동아일보》 논설위원 자격으로 다른 회사 언론인들과 함께 동남아 여러 나라를 순방했다. 1971년에는 동아일보사 내 통일문제연구소장에 취임했다.

끊임없이 크고 작은 태풍이 밀어닥치는 불안한 현실 속에서 동아일보로 간 송건호는 언제나 그렇듯 묵묵히 그 세월을 견디고 있었다. 한 번도 자진해서 앞장서 본 적은 없지만 자신에게 주어진 역사적 책무를 거부한 적도 없다. 그는 언론의 독립이라는 명백한 언론인의 양심이자 진리의 길을 걷고 있었다. 그 길은 너무도 위험한 백척간두의 길이었다. 그러나 탄탄대로든 백척간두든 옳다고 생각한 이상 송건호의 삶은 그 길을 결코 벗어날 수 없었다. 아니, 의지로 벗어나지 않은 것이 아니라 그것이 옳기 때문에 두려움과 갈등에도 불구하고 벗어나지 못하는 것이 그의 성품이었다.[14]

제7대 대통령 선거를 앞두고 학생과 시민들은 특히 《동아일보》에 크게 관심을 보였다. 《동아일보》는 이승만 정권부터 그때까지 다른 언론에 비해 비교적 공정하게 보도하면서 국민의 사랑을 받았다. 그런데 박정희 정권이 장기집권을 획책하는 과정에서 빚어진 《신동아》의 「차관」 필화 사건 등으로 점차 공정성과 비판정신이 물러지고 있었다.

1971년 3월 25일, 학생들은 「언론인에게 보내는 경고장」을 통해 "《동아》야 너는 보는가. 하늘 무서운 줄 모르고 올라만 가는 《조선》의 저 추한 껍데기를 너마저 저처럼 전락하려는가. 《동아》 너도 알맹이는 사라지고 껍데기만 남았는가"[15]라고 '경고'하면서 광화문 동아일보사 앞에서 시위를 벌였다.

이 무렵 대학생들의 여론조사에서는 언론이 책임을 다하지 못하고 있다는 비난이 95.6%나 되었다. 1971년에 들어서도 대학가의 언론에 대한 항의는 그치지 않았다. 1971년 3월 26일 서울대 학생회장단 30여 명이 동아일보사 앞에 몰려와 위에서 소개한 것처럼 "만일 언론이 사실을 외면한 채 계속 독자 대중을 저버리는 편집 태도는 지속한다면 불매운동을 비롯한 그 이상의 극한적 방법도 불사하겠다"고 하며 언론 화형식을 가졌다. 이들은 언론인에게 보내는 경고장에서 "언론의 무기력과 타락은 이미 인내의 한계를 넘어섰다"고 주장하면서 언론의 과감한 편집권 투쟁을 종용한 바 있다. 이러한 내외로부터의 비판에 언론계에서도 점차 자성의 소리가 일어났다.[16]

유일하게 3선 개헌 반대 사설 집필

《동아일보》 기자들은 1971년 4월 15일에 「언론자유수호선언」을 발표했다. 이 선언에서 3개 항을 결의하고 이를 실천하기로 다짐했다.

―. 우리는 기자적 양심에 따라 진실을 진실대로 자유롭게 보도한다.

―. 우리는 외부로부터 직접 간접으로 가해지는 부당한 압력을 일치단결하여 배격한다.

―. 우리는 우리의 명예를 걸고 정보요원의 사내 상주 또는 출입을 거부한다.[17]

《동아일보》 기자들의 언론자유수호선언에는 논설위원인 송건호도 참석했다. 간부 중에 이 자리에 참석한 이는 송건호와 사회부장 김중배뿐이었다.

이날의 언론자유수호선언식에 참석한 기자는 30여 명, 간부 중에서는 논설위원 송건호와 사회부장 김중배가 참석했다. 1964년 신문윤리위원회법이 국회를 통과한 후부터 신문사에 드나들던 중앙정보부 요원들이 철수한 것도 바로 이날이었다. 중앙정보부에 전화를 걸어 중정 요원의 철수를 요구한 것은 당시 편집국장이었던 박권상이었다.[18]

당시 《동아일보》 기자는 200여 명이었다. 송건호는 논설위원 신분으로 언론자유를 목이 터지도록 외치고 선언문에 서명했다. 예나 지금이나 한국의 언론풍토에서는 논설위원이 일선 기자들과 행동을 함께하기란 쉽지 않다. 그럼에도 송건호는 자신의 신조이기도 한 편집권의 독립과 정치권력으로부터 언론 자유를 수호하는 행동에 동참하는 데 주저하지 않았다.

소수의 《동아일보》 기자들에 의해 추진된 언론자유수호선언은 다른 신문사 기자들의 참여를 이끌었다. 언론자유수호운동은 곧 요원의 불길처럼 번져 《한국일보》, 《조선일보》, 《중앙일보》, 《경향신문》 등 주요 언론사뿐만 아니라 지역 언론으로도 번졌다.

> 《동아일보》 기자들의 선언에 뒤이어 언론자유수호선언은 《한국일보》16일, 《조선일보》·《대한일보》·《중앙일보》 및 동양방송, 《경향신문》17일, 《신아일보》, 문화방송19일, 《현대경제》20일, 합동통신21일, 《산업경제신문》23일, 동화통신26일 등 서울의 각 신문·통신사로 번졌으며 드디어 29일에는 지방의 《경남매일신문》, 5월 3일에는 《국제신문》 등으로 번져 언론의 자유를 다짐했다.[19]

이 무렵 송건호의 언론관, 구체적으로는 논설위원으로서 사설을 집필하는 자세 등을 알 수 있는 글이 한 편 있다.

한국기자협회는 1969년 가을 《저널리즘》이라는 기관지를 창간했다. 창간호는 '전환기의 신문'이라는 특집을 마련했는데, 송건호는 여기에 「신문과 사설과 사회」라는 논설을 썼다. 이 논설의 마지막 부분에 그의 생각이 잘 드러나 있다.

오늘날 언론의 논평 자세에서 꼭 강조하고 싶은 점이 있다 면 그것은 정정당당히 그리고 솔직하게 태도를 밝혔으면 하는 점이다. 중요 문제에 대한 각 사 사설을 보면 찬성·반대할 것 없이 자기주장을 뚜렷이 밝히기를 꺼리고 있는 듯한 감을 준 다. 찬성을 하면서도 사의 찬성 태도를 분명히, 그리고 명쾌하 게 밝히지 않고 이것저것 문제점을 들어 마치 무엇인가 저항 을 하고 있는 듯이 독자 앞에 위장하고 있다는 불쾌감을 주는 가 하면, 반대를 한다고 하면서 반대의 논거를 전개하기보다 그 반대 사실로 해서 혹 상대에게 줄 수 있는 분노를 달래는 듯한 장황한 수식어나 형용사에 우선 고소를 금할 수 없을 때 가 있다. 중대 문제에 대해서일수록 떳떳이 찬성도, 떳떳이 반 대도 하지 못하는 것이 오늘날 한국 언론이 지닌 가장 큰 병폐 가 아닌가 한다.

그러나 언론이 자기 소신에 의연하지 못하다는 것을 논설 위원 개개인의 인격과 관련시켜 볼 수는 없을 것이다. 사설私

說이 아니고 보면 사설社說 필자는 불가불 사시社是를 따르지 않을 수 없다. 그러나 언론계의 실정을 솔직히 말할 때 우리나라 신문사의 사시란 사社의 한낱 간판에 불과할 뿐 사의 그때 그때의 사정—때로는 발행인 사정에 따라 적당히 변하는 것이 사실이 아닌가 한다.[20]

한국의 언론은 박정희의 폭압적인 3선 개헌을 두고도 시비곡직을 분명히 밝히지 않고 어정쩡한 자세를 취했다. 정도의 차이는 있을지언정 신문들은 모두 지지 또는 방관자의 입장에 섰다. 《동아일보》가 유일하게 1969년 8월 8일 자 사설 「헌법개정과 우리의 견해」를 통해 비록 완곡한 표현으로나마 개헌 반대의 논리를 전개했고, 《중앙일보》가 사설에서 지지하거나 반대한다고 말하지 않고 침묵했을 뿐이다.

《동아일보》의 당시 정치 담당 논설위원은 송건호였다. 그러니 사설 「헌법개정과 우리의 견해」도 송건호가 집필했을 가능성이 크다. 이 사설은 "가중되고 있는 적의 도전을 막고 바야흐로 궤도에 오른 경제건설에 박차를 가하려는" 데 있어 박정희 대통령의 치적을 어느 정도 인정하면서도 개헌 문제에 관해서만은 반대 이유를 분명히 밝혔다.

개헌을 주장하는 측이 애국충정에서 출발했듯이 우리의 주장 역시 당파의식을 떠나 순수한 애국충정에서 출발했다는 것을 모든 국민이 이해하리라고 믿고 싶다.

이유는 오히려 명백하다. 즉 우리는 개헌 주장의 동기가 결국 결과와 합치될 수 없으리라고 확신하는 까닭이다. 다시 말해 국가의 안전과 활력을 기대하는 데서 헌법을 고치겠다고 출발한 그 동기나 그 충정은 이해할 수 있지만 결과적으로 개헌은 그런 목적을 오히려 위태롭게 할 염려가 다분히 있다고 믿기 때문이다.

지금은 (…) 이성과 예지로 사리를 판단해야 할 순간마다, 그것은 개헌을 추진하는 측이나 반대하는 측에 다 같이 해당된다. 이러한 자세로 냉철하게 현실을 분석해야 할 때임을 염두에 둘 때, 현실적으로 개헌파동은 국론을 크게 분열하고 당파심을 조장할 것이며, 개헌이 되든 안 되든 뿌리 깊은 상처를 입게 된다는 것을 다 같이 걱정하지 않을 수 없고, 이러한 상처가 점차 국가의 안전과 활력에 치명적인 저해요인이 되리라는 것은 거의 명백한 것이다. (…)

박 대통령이 경제건설과 국가방위에 초석을 깔아 놓았듯이 헌정제도를 건전히 운영하는 데 필요한 관례를 세워 주었으면 하는 국민의 염원을 강조하고 싶다. 무릇 한 제도의 확립은 장구한 시일과 관행이 필요하다. 일시적인 필요 또는 불필요로 가볍게 변혁을 가져올 때, 비록 그것이 올바른 변혁이라 하더라도 결과적으로 끊임없는 변혁을 초래하여 국민에게 이익을 줄 수 있는 그 제도의 건전한 운영은 어렵게 될 것이다.[21]

「한국 정치와 테러리즘」 집필

송건호는 1971년 4·27 대통령 선거를 앞두고 월간 《신동아》에 「한국 정치와 테러리즘」이라는 시론을 썼다.

박정희의 쿠데타 이후 각종 테러가 사회질서를 어지럽혔는데, 특히 정치 테러는 정권 비판자들을 위협했다. 집권 초기에 있었던 일들은 젖혀 두고, 당시의 대표적인 사례는 1966년 6월 9일에 야당 의원 박한상이 괴한에게 습격당한 사건을 들 수 있다. 이때 경찰은 범인을 조작하려다 물의를 빚었다.

또한 3선 개헌 과정에서 김영삼 의원이 1969년 6월 20일에 집으로 가던 중 괴한들에게 초산 테러를 당하는 일도 있었다. 1971년 1월 17일에는 김대중 신민당 대통령 후보가 강화도에서 유세를 마치고 돌아가던 길에 경호원들이 경찰에게 테러를 당했다. 이렇듯 각종 크고 작은 테러가 끊임없이 일어났다.

1971년 대통령 선거를 앞두고 또 어떤 테러가 일어날지 몰라

가족과 함께(1972년).

서 국민은 불안에 떨었다. 이런 시기에 송건호는 《신동아》권
두 논문으로 「한국 정치와 테러리즘」이라는 시론을 썼다. 매우
시의적절한 글이었다. 13쪽 분량인데, 서두에서는 '테러의 사
회학'을 제시하고 우리나라 테러의 양상을 다음과 같이 분석
했다.

우리나라에서 정치테러라고 하면 우선 고하 송진우 씨의
암살로부터 몽양 여운형, 설산 장덕수, 백범 김구 씨의 암살을
거쳐 6·25 이후의 이데올로기적 테러로, 다시 4·19, 5·16 후의

정치인, 언론인에 대한 테러에 이르기까지 몇 개 단계와 몇 가지 형태를 거치고 있다. 이러한 테러사史를 이해하려면 먼저 정치테러가 어떠한 상황에서 일어나며 그 형태는 지난날 어떠한 발전 과정을 밟아 왔는가를 우선 일반적으로 성찰해 볼 필요가 있다.[22]

송건호는 정치테러가 자행되는 현상은 "그 정치가 이미 대중으로부터 유리되어 있다는 사실 외에 또 그 정치가 정도에서 일탈하고 있어 위기 상황에 빠져 있다는 것을 의미한다"라고 전제한 뒤에, "아주 어리석거나 아주 궁지에 빠진 정치권력이 아니면 물리적 테러는 좀처럼 행하지 않는다. 선진국 정치에서 테러는 볼 수 없는 까닭도 여기에 있다"[23]라고 분석했다.

송건호는 정치권력의 폭력화 과정을, 처음부터 정치권력이 폭력적 성격을 띠고 나타나는 전체주의 권력과, 민주체제를 지니고 있기는 하나 부패하면서 정권을 유지하기 위해 점차 폭력화 과정을 밟아 가는 권력으로 구분한다.

송건호는 '보수정치와 테러'에서는 여운형과 장덕수와 김구의 테러에 관한 배경 등을 밝히고, '이데올로기 시대의 테러'에서는 6·25 전쟁과 이승만 정권 시대에 자행된 각종 정치테러를 정리한다. 특히 이 시대의 테러는 물리적 테러뿐만 아니라 권력기관의 용공 조작, 부정선거, 야당 탄압, 언론·지식인들의 어용곡필, 불법 개헌 등을 정치테러의 범주에 포함하여 규명한다.

'대중정치와 테러'에서는 4·19와 5·16 이후 도시화, 대중매체의 등장 등으로 나타난 대중정치 상황의 테러 유형을 분석한다.

대중정치 상황에서는 이미 보스가 정치를 좌우하는 시대가 지나고 따라서 보스의 암살만으로 적대세력을 일거에 거세하기 어렵게 되었다. 또 오늘과 같은 상황에서는 정적을 용공이라는 딱지를 붙여 제거하기에는 수법이 너무나 진부해졌다는 평도 없지 않게 되었다. 말하자면 이데올로기 테러는 신중해지고 지능화되었으며, 따라서 특별한 경우가 아니면 쓰지 않는 수법테러이 되었다. 대중정치 상황에서는 보스의 정치 비중이 약해져 이미 보스에 대한 테러만으로 적대세력을 제거할 수 없게 되어 과거와 같이 보스를 살해할 필요성이 적어졌다. 그보다도 필요한 대상 인물을 더 이상 "까불지 못하도록" 투지를 위축시켜 놓거나 또는 테러의 대상자보다도 그 테러를 통해 여타의 정적 요소들에 공포 분위기를 일으키려는 심리적 효과를 노리는 경향이 커진 것 같다.[24]

송건호는 마지막으로 그 당시 벌어진 언론·정치인들에 대한 테러를 정리했다. 그 대표적인 사건으로 1966년 4월 25일《동아일보》정치부 최영철 기자 테러 사건, 같은 해 민중당 소속 박한상 의원 테러 사건, 1969년 6월 2일 신민당 원내총무 김영삼 초산 테러 사건 등을 비롯하여,《동아일보》편집국장 변영권 자택 폭파 사건, 동아방송 제작과장 조동화 납치 폭행, 민중당 유옥우 의원 자택 폭파 사건, 신민당 대통령 후보 김대중 자택 폭발 사건, 신민당 선거대책본부장 정일형 자택 화제 사건 등을 열거했다.

오늘날 우리 한국인의 인심은 정치적 시달림을 너무나 오랫동안, 또 너무나 많이 받아 온 때문인지 아무것도 아닌 사건도 이를 정치와 관련시켜 보든지 아니면 다른 무슨 곡절이 있는 것이 아니냐고 의혹의 눈초리로 대하는 심리상태에 있다. 민심이 순진성을 상실하고 있다는 것이다. 한 가지 지적할 점은 국민의 이러한 순진성 상실은 그 원인이 오로지 정치가 아직도 정도를 걷지 못하고 있기 때문이라고밖에 볼 수 없다는 것이다. 한 가지 부탁이 있다면 정치지도층에 정치 작풍의 정화를 위해 노력해 주었으면 하는 것이다.[25]

7. 박정희의 폭압 조치에 저항

'국가보위에 관한 특별조치법(국보법)' 반대 사설 집필

박정희의 권력욕은 3선 개헌과 제7대 대통령 당선으로 충족되지 않았다. 그의 야망은 김대중 신민당 대통령 후보가 대선 과정에서 폭로한 대로 종신 집권이 가능한 총통제에 있었다.

박정희는 제7대 대통령에 취임한 지 5개월 만인 1971년 12월 6일에 느닷없이 국가비상사태를 선언했다. 박정희는 이날 국가안보를 최우선시하고 일체의 사회불안을 용납하지 않으며 최악의 경우에는 국민의 자유의 일부도 유보할 결의를 가져야 한다는 이유를 들어 초헌법적인 조치를 감행했다.

이에 따라 여당인 공화당은 12월 27일에 사후적으로 대통령에게 비상대권을 부여하는 '국가보위에 관한 특별조치법국보법'을 변칙적으로 처리했다. 공화당은 야당의 반대를 무시하며 박정희에게 1인 독재의 권력을 법적으로 부여했다.

이 법에 따르면, 대통령은 비상사태하에서 경제규제 명령, 국가 동원령 선포, 옥외 집회·시위 규제, 언론·출판에 대한 특별조치, 노동자들의 단체 행동권 규제 등을 부여받았다. 당시 대통령은 비상사태에서 계엄령 등 특별조치를 할 수 있다고 헌법에 명시되어 있었는데도 또 이 같은 특별법을 제정하여 독재권을 확보했다.

박정희가 '국보법'을 제정한 이유에는 언론을 규제하기 위한 목적도 있었다. 1971년 4·27 대통령 선거는 비록 야당의 김대중이 95만여 표 차이로 패배했지만, 박정희는 적지 않은 충격을 받았다. 당시 국가 총예산의 10분의 1이 넘는 600억 원에 달하는 천문학적 선거자금을 쏟아붓고, 관권이 총동원되어 선거를 치렀는데도 간신히 승리했기 때문이다. 특히 유권자의 수준이 높다고 인식되는 서울에서 참패한 것은 더욱 낯부끄러운 일이었다.

대통령 선거가 끝난 뒤 각종 사건·사태와 민중항쟁이 끊이지 않았다. 7월의 사법파동, 8월의 경기도 광주대단지 철거민 집단항쟁, 10월의 공화당 항명 파동과 수경사 군인들의 고려대 난입 사태 등이 벌어지고, 2학기 개학과 더불어 대학가의 시위가 일자 10월 15일에는 서울에 위수령이 발동되면서 각 대학에 휴교령이 내려졌다.

사회가 이처럼 혼란한 상황에서 국가비상사태가 선포되었고, '국보법'은 사후적으로 제정되었다. 유신으로 가는 길목이었다.

박정희의 초헌법적인 비상사태 선포와 국보법 제정 과정에서 한국 언론은 그 추악한 모습을 다시 한번 적나라하게 보여주었다. 그런데 이것도 모자라 한국신문협회가 12월 8일에 「국가비상사태 선언에 대한 성명서」를 채택하면서 박정희의 행태를 적극 지지하고 또 신문들이 이를 1면에 대서특필하면서 우리를 더욱 경악게 했다.

비상사태를 선포하면서 내세운 6개 항 중에는 "언론의 무책임한 안보 논의를 삼가야 한다"라는 언론 규제 항목이 버젓이 있다. 그런데도 신문협회는 이를 비판하기는커녕 지지 성명을 발표하면서 한국 언론이 얼마나 타락했는지 스스로 증명해 주었다.

한국신문협회는 중공의 유엔 진출로 말미암은 국제정세의 격동과 북괴의 무력도발 책동의 증대에 따라 국가의 안전보장이 심각한 시점에 처하고 있는 중대성에 비추어 1971년 12월 17일 이사회의 결의를 거쳐 다음과 같이 성명한다.

1. 현하 국가의 위기는 6·25 전야를 방불케 하는 긴박상태

에 있음을 인식하고 정부의 비상사태 선언을 강력히 뒷받침할 국민의 총단결을 호소한다.

2. 정부는 비상사태하에서 국민의 총화를 저해하는 사회의 불안과 부조리를 조속히 정리하고 건전한 사회기풍을 진작하여 조국수호의 숭고한 애국정열을 집약하는 과감한 시책을 촉구한다.

3. 국가안전보장 논의에 있어서 언론이 지켜야 할 정도를 지인하고 모든 언론은 앞으로 국가안보의 차원에서 향도적 사명을 수행함으로써 자율언론의 책임을 다할 것을 다짐한다.[1]

중국의 유엔 가입은 오히려 한반도 안보에는 유리한 측면이 있었다. 중국은 유엔에 가입하며 국제평화의 준수를 다짐했다. 그런데 이를 거꾸로 국가안보 위기 사태로 선전하고 비상대권을 장악한 박정희나, 언론의 규제에는 말 한마디 못 하고 엉뚱하게 언론의 '향도적 사명'을 천명한 신문협회와 이를 대서특필한 언론인의 추태는 '일란성 세쌍둥이'의 모습이었다.

그러나 모든 언론인이 이런 모습을 보이지는 않았다. 《동아일보》의 사설은 조금 달랐다.

언론은 무책임한 안보 논의를 삼가야 한다고 말하는데, 어떤 논의가 무책임한지 좀 더 상세한 설명을 해 주기 바란다. 최악의 경우에 자유의 일부도 유보할 결의를 해야 한다고 하는데, 최악의 경우가 어떤 것인지 구체적인 설명이 필요하다.[2]

이 사설을 송건호가 집필했는지는 확인하기 어렵다. 다만, 당시 정치 담당 논설위원이었던 그가 이 사설을 집필했을 가능성은 높다.

이때 사설을 통해 박정희의 강압 조치에 의문을 제기한《동아일보》는 주필 이동욱과 전 주필 천관우가 사임을 강요당했고, 1972년 1월 5일 언론을 통제하면 유언비어가 성행한다고 자유를 주장하는 사설을 쓴 논설위원 송건호가 정보기관에 연행되어 조사를 받았다. 독재체제로 들어가는 정치변혁에 언론계의 저항은 겨우 이 정도에서 그치고 박 정권은 그 앞길에 거칠 것이 없었다.[3]

송건호는 또 다른 사설 때문에 정보기관에 연행되는 고초를 겪어야 했다. 언론계가 정치폭력에 떨고 있을 때, 송건호는 신념을 지키면서 언론의 정도를 걷고자 노력했음을 보여 주었다.

적십자사 자문위원으로 두 차례 방북

박정희의 목표는 '10월 유신'으로 명명된 종신집권 체제를 확립하는 것이었다. 이를 위해 1972년 5월 초에 중앙정보부장 이후락이 극비리에 평양을 방문하여 김일성을 만나고, 이어 북한 부수상 박성철이 서울에서 박정희를 만나는 등 밀실에서 남북 접촉이 이루어졌다.

7월 4일에는 남북 당국이 서울과 평양에서 동시에 '7·4 남북 공동성명'을 발표했다. 성명은 자주·평화·민족 대단결의 3대 통일원칙을 비롯하여 상호 중상·비방 및 무력도발의 중지, 다방면에 걸친 교류 실시 등에 합의한다고 발표했다. 이를 실현하기 위해 남북조절위원회가 구성되었다.

이에 앞서 1971년 9월 20일에 남북적십자회담이 열렸다. 송건호는 남북적십자회담 자문위원으로 위촉되어 1972년에 평양을 두 차례 방문했다. 송건호는 분단하의 독재정권에서는 어떤 공직도 맡지 않겠다는 신념을 갖고 있었으나 남북적십자회담 자문위원은 정부의 관직이 아니어서 수락했다. 이때 북한을 두 차례 다녀오면서 북한 체제의 경직성과, 이데올로기에 종속된 인사들의 모습에서 크게 실망했다고 한다.

남북적십자회담과 7·4 남북공동성명으로 남북 간에 화해와

북한을 방문했을 때 북한 관계자들과 함께.

협력이 진척되는 듯이 보였다. 이산가족뿐만 아니라 많은 국민
이 정부에 희망을 걸었다. 모처럼 한반도에 냉전의 먹구름이
걷히고 데탕트가 이루어지는 것으로 믿었다. 그러나 이것은 속
임수로 끝나고 만다.

「통일논의의 한계와 반공법」 집필

송건호는 1971년 10월호 《신동아》에 「통일논의의 한계와 반
공법」이라는 장문의 논설을 썼다. 박정희의 비상사태 선포가
나타나기 직전이다.

이 글에서 그는 반공법과 국가보안법의 반시대성을 비판했다. 국가보안법^{국보법}과 반공법의 폐지를 언론인이 다루기 어려운 시절이었다.

'반공법'과 '국가보안법'을 시대에 맞도록 개정해야 한다는 논의가 들리고 있다. 그러나 정부는 공산권과 교역을 주장하고 또 현재 하고 있으며 심지어 '이산가족찾기운동'의 일환으로 판문점에서 북한 적십자사와 만나 이야기를 주고받고 있으면서도 여전히 반공법을 개정할 수 없다는 태도를 취하고 있다. 여기에서 제기되는 첫째 의문은 정부는 왜 공산권과 교류를 해야겠다는 생각을 갖게 되었는가. 둘째 그러면서도 정부는 왜 반공법을 개정할 수 없다고 하는가. 셋째 정부가 남북적십자회담을 제의한 배경은 무엇인가, 넷째 과연 반공법은 개정해야 하는가, 만약 개정해야 한다면 어느 정도 개정해야 되는가 등등의 문제가 제기된다.[4]

송건호는 두 법률의 개정과 관련한 사회 분위기를 전하고, 한국 분단의 배경을 설명한다.

특히 한국은 국제 냉전의 중심무대가 되어 양체제 간의 냉전을 거의 혼자 떠맡다시피 했다. 독일은 패전국으로서 동서독으로 국토가 분단되었고 월남은 내전으로 분열되었으나 한국은 패전국도 아니요 또 내전으로 국토가 분단된 것도 아니다. 한반도의 분단은 순전히 미·소의 연합국의 편의에 의해서 분단되었다. 그 후 전 민족의 통일을 위한 한결같은 염원에도 불구하고 이 분단이 항구화되고 급기야는 남북에 제각기 정권이 서고 6·25라는 처참을 극한 내전까지 겪게 되었다.

이러한 민족의 비극은 말할 것도 없이 한반도의 다른 어떤 나라 어떤 지역보다도 국제 냉전의 초점으로 화한 당연한 결과로 국내 정치도 냉전이데올로기의 영향을 크게 받았다. 우리나라에 반공법과 국가보안법이 제정된 것은 이러한 국내의 상황에서 자신의 국가적 안전을 유지하기 위한 부득이한 조처였다고 볼 수 있을 것이다.[5]

송건호는 반공법의 문제점을 하나씩 지적하면서 국제정세의 변화를 들어 국보법을 폐지하라고 촉구한다. "이 법을 엄격히 따질 때 정부를 신랄히 비판하는 것도 적에 동조하는 것이 되어 결과적으로 적을 이롭게 했다는 비난을 받아 4조를 위반했다는 것이 될 수 있다. 반공법이 제정된 당시에도 이 점은 논란된 바 있으나 그냥 통과되고 말았다"[6]라고 비판했다. 또 반공법 제5조의 "반국가단체나 국외의 공산 계열의 이익이 된다는 점을 알면서 그 구성원 또는 그 지령을 받은 자와 회합 또는 통신 기타의 방법으로 연락을 하거나 금품의 제공을 받은 자는 7년 이하의 징역에 처한다"라는 조항에도 비판의 날을 세웠다.

이 조항에 따르면 적을 이롭게 할 특별한 목적이 없는 경우라도 공산 계열의 구성원과 화합하거나 통신을 하면 이 조항에 해당한다는 것이다. 이북에 가족을 둔 사람이 인도적 목적에서 일본을 통해 통신연락을 했다가 적발되어 반공법 위반 혐의로 입건·구속되어 재판을 받은 예를 들어 문제점을 지적했다.

원칙적으로 보아 통일론 연구는 다양할수록 중지를 모을 수 있고 이런 견지에서 강대국 보장론이나 중립화론이나 연방론이라 할지라도 아무런 부자유 없이 연구될 수 있어야 당연하다. 그런데 만약 이러한 자유를 허용하지 못한다면 그 가장 큰 이유가 정부가 선정을 베풀었다는 자신을 못 갖고 민심을 휘어잡을 수 있다는 자신이 없기 때문이다.

즉 통일논의의 한계란 반공법 등 조항에만 달려 있는 것이 아니라 오히려 나라의 정치 경제적 여건에 보다 많은 규제를 받는다고 보는 것이 옳을지 모른다. 정부에 선정을 했다는 자신이 있으면 있을수록 통일논의의 자유는 폭이 넓어질 것이며,

송건호 평전

그러한 자신이 없다면 없을수록 자유를 규제하러 들 것이다.[7]

「새 남북관계의 전망」 집필

송건호는 1972년 7·4 남북공동성명이 발표되고 남북관계가 획기적으로 변화하려는 즈음에 「새 남북관계의 전망」이라는 시론을 썼다. 이 글은 《신동아》 8월호에 실렸는데, 잡지의 제작 시간을 감안해 보면 7·4 남북공동성명 직후에 쓴 것 같다.

그는 전격적인 7·4 남북공동성명의 발표와 관련해 "일반 국민은 물론 신문인들도 대부분 놀랐다. 그 충격이 너무 커서 한때 소화하기에 힘들 정도였다"[8]라고 심경을 밝혔다. 이와 같은 중대 사실이 한 달 이상이나 감쪽같이 비밀에 붙여졌다는 사실은 경이에 속한다고도 말했다.

송건호는 7·4 남북공동성명의 배경과 관련해서는 국제정치 특히 미국과 중국의 관계 변화에 대한 분석을 시도했다.

가장 큰 요인은 미국과 중공 간의 이해관계에 변화가 생긴 사실이다. 국제관계는 여러 가지 이해관계의 거미줄이라고 말해서 과언이 아니다. 미국이 한국을 도운 것은 순수한 휴머니즘 정신에서만 행해진 것이 아님은 말할 것도 없다. 중공이 북한을 원조한 것도 순수한 공산주의 교리에서 행해진 것이 아님도 물론이다. 여기에는 제대로의 타산이 있었다. 그런데 이 타산이 서로 약간씩 달라진 것이다. 미국은 국내에 숱한 고민을 안고 있고 밖으로도 월남전쟁 때문에 허덕이고 있다. 중공은 소련과의 대결에서 미·소 대 중공이라는 점은 바라고 있지 않고 미국은 소·중공과 각기 친교를 맺어 소·중공이 마음 놓고 반목할 수 있는 여유를 주고 싶었는지 모른다.

이리하여 북한은 소련이나 중공이 유사시에 믿을 수 있는 우방이 아니라는 사실을 깨닫게 되고 66년 8월의 이른바 주체성의 지향으로 나가게 되었다. 이러한 점에서는 한국의 입장도 비슷하다. 남북이 서로 적대하면서 자립자위라는 똑같은 국가 목표를 내걸었다는 것은 결코 우연이라고 볼 수 없다. 이와 같이 한반도를 둘러싼 동북아 정세가 이미 한반도의 긴장완화를 재촉하는 조건으로써 성숙하고 있었다.[9]

송건호는 또 7·4 남북공동성명이 나오게 된 배경이 남북의 군사력이 이미 남북 간의 전면전을 감내하기에는 너무 강력해졌다는 점도 아울러 지적했다. 남북 간에 군사력의 균형이 이루어졌다는 것이다.

군비란 전쟁을 하기 위한 준비다. 그러나 경제적 고통을 찾아 가며 군비를 서두는 것은 결코 원해서가 아니라 자기보존의 국가적 본능이다. 그런데 피차 전면전이 용납 안 되는 군사력에 도달돼 있다는 것이 알려졌을 때 전면전에 대비해서 끝없이 국력을 소모한다는 것이 지극히 비경제적 지출이라는 것을 깨닫게 된다. 이러한 적대관계가 동일 민족 간에 지속되고 있을 때에는 민족 생존본능이 또한 발동한다.[10]

송건호는 신문사 논설위원의 위치에서, 그동안 외신 문제를 다루어 온 치밀함으로써 남북공동성명의 국제정치적 배경을 분석한다. 특히 남북통일을 '자주적으로' 해결한다는 부분에 대해서 높이 평가했다.

여러 합의와 관련해서 남북이 통일을 '자주적으로' 해결할 것을 다짐한 것은 민족적 자존심을 보인 것이라 믿고 싶다. 자기 민족 문제는 자기 민족 스스로가 해결한다는 것은 원칙적으로 옳다. 여기에 반대할 만한 명분은 찾을 수 없다. 민족적 자존심, 긍지의 표시로서 가장 만족스럽게 생각되는 것은 상호 중상 비방하지 말자고 한 항목이다.[11]

송건호는 남북대화의 진행에 있어서 반공교육 등 몇 가지 검토해야 할 문제점을 지적한다.

6·25나 1·21 사태를 소재로 공산당의 만행을 그리는 속에서 반공교육을 해 왔다. 그러나 남북 간에 대화의 길이 트이자 반공교육계에 당혹의 빛이 보인 것은 그 교육이 공산당에 대한 감정적 증오심에 바탕을 두어 왔기 때문이다. 이러한 교육이 일시적으로 필요하다는 것은 이해할 수 있다. 그러나 감정에 바탕을 둔 교육은 새로운 감정 증오심을 불러일으키기 위해 또 다른 소재를 찾아야 한다. 교육은 이성에 입각해서 가르치는 것이 정상이다.

아직 남북공동성명을 그대로 믿기에는 시기상조라 하더라도 소·중공을 포함해 공산권과 통상을 비롯해 관계 개선을 희망하고 있는 입장이라면 공산권에 대한 실증적 면을 연구하고 공산사회가 자본주의사회와 어떤 차이점을 갖고 있는가를 교육해야 한다. 그럴수록 민주사회의 장점을 살려 어린이들로 하여금 생활을 통해 반공교육을 할 수 있도록 연구 검토해야 하겠다.

남북의 새로운 관계 개선은 어느 특정 층의 독점이 아니고 자의에 맡길 수도 없다. 국민의 여론은 광범히 그리고 다양하게 반영되어야 하고 여기에 언론의 기능이 더욱 커져야 한다. 남북관계나 공동성명에 관해서 또 앞으로의 국내 체제에 대한 언론의 공정한 보도와 솔직한 비판은 존중되지 않으면 안 된다. 언론 활동이 존중되지 않고서 민주체제를 과시할 수는 없다. 더욱 민주주의 본래의 체제로 우리의 태세를 굳히지 않으면 안 될 것이다.[12]

송건호는 통일지향의 언론인으로서 남북화해에 큰 기대를 걸었다. 무엇보다 자주적으로 통일을 이루겠다는 7·4 공동성명의 내용에 대해 감당하기 어려운 흥분을 느끼게 되었다. 그러면서 정부가 이를 빌미로 민주체제의 변형이나 언론규제와 같은 일이 없도록 강조했다.

그러나 송건호가 너무 순진했던 것 같다. 박정희가 오로지 자신의 안위를 위해 변신을 거듭해 온 전력과 박정희의 권력 야망을 미처 간파하지 못한 것이다. 송건호가 실망하는 데는 그리 오랜 시간이 필요하지 않았다.

박정희 '유신 체제'와 김일성 '유일체제'의 적대적 공존

남북적십자회담이나 7·4 남북공동성명, 남북조절위원회 따위는 박정희의 유신 쿠데타를 위한 변주곡일 뿐이었다. 1972년 10월 17일, 박정희는 드디어 군부대를 동원하여 헌법 기능을 마비시키고 반대파의 정치활동을 전면 봉쇄하면서 친위 쿠데타를 감행했다.

5·16 쿠데타를 일으킨 지 11년, 3선 연임 금지의 헌법을 고친 지 3년, 4·27 선거로 제8대 대통령에 취임한 지 1년 반 만이었다. 그는 또다시 쿠데타를 일으켜 헌정을 짓밟고 1인 독재체제를 강화했다. 계엄령 선포, 국회와 정당 해산, 정치활동 금지, 비상국무회의 설치 등 비상조치가 잇따랐다.

박정희는 '대통령 특별선언'을 통해 비상조치를 왜 발동했는지 직접 설명했다. 그는 "평화통일과 남북대화를 추진할 주체가 필요한데, 현행 법령과 체제는 냉전시대의 산물로서 오늘날의 상황에 적응할 수 없으며, 대의기구는 파쟁과 정략의 희생이 되어 통일과 남북대화를 뒷받침할 수 없으므로 부득이 비상조치로써 체제개혁을 단행한다"라고 주장했다.

남북통일과 남북대화를 위해서 '파쟁과 정략을 일삼는' 대의기구국회의 문제점을 제시하면서 친위 쿠데타의 명분으로 내걸었다. 그러나 유신 이후 남북관계는 더욱더 꼬이게 되었고, 따지고 보면 국회는 3선 개헌 날치기 등 자신이 주도한 '불량기관'으로 전락했다.

더욱 놀라운 사실은, 그해 12월 25일에 북한에서는 최고인민
회의 5기 1차 회의를 열어 주석제를 신설하는 새 헌법을 공포
했다는 것이다. 남한에서는 박정희가 영구집권을 노리며 '유신
체제'를 만들고, 북한에서는 김일성을 주석으로 하는 '유일체
제'를 마련한 꼴이었다. 결과적으로 남북 독재자끼리 '적대적
공존 관계'가 이루어진 셈이다.

이로써 박정희나 김일성은 모두 자신이 원하는 정치적 목적
을 달성했다. 더 이상 남북대화를 진행할 이유가 없었다. 당연
히 적십자사의 활동도 중단되면서, 송건호의 적십자사의 자문
위원 역할도 사라졌다. 송건호는 배신감에 분노를 삼켰다.

유신 체제의 등장으로 한국의 언론은 다시 한번 기회주의와
어용성을 세상에 드러냈다. 헌정질서를 뒤엎고 야당 의원들을
구속하면서 진행된 유신쿠데타에 언론은 대부분 이를 지지하
거나 동조 또는 침묵했다. 한국 현대 언론사에서 부끄러운 모
습의 표본이라 할 수 있었다.

통일주체국민회의라는 어용기관에서 박정희는 제8대 대통
령에 당선되었다. 1973년 2월 27일, 제9대 국회의원 선거는 대
통령의 지명으로 유신정우회유정회가 국회의원 의석의 3분의 1
을 차지하는 가운데 치러졌다. 송건호와 가까운 많은 언론인·
교수들이 표변하여 유신 체제에 가담하여 요직을 차지했다.

유신 쿠데타를 반대하며 일본에 망명 중이던 김대중 전 신민당 대통령 후보가 중앙정보부 요원들에 의해 납치되어 오는가 하면, 전《사상계》발행인 장준하가 등산길에 의문사를 당하는 등 살벌한 유신독재가 자행되었다.

그러나 우리나라나 세계의 역사를 돌아보면 폭압통치가 오래 지속될 수는 없었다. 폭력과 독재는 늘 민중의 저항에 부딪히게 마련이다. 유신 체제의 첫 도전자는 학생들이었다.

1973년 10월 2일 서울대 문리대생들의 민주화 시위를 시작으로 대학가에서 반유신 시위가 확산했다. 그러자 재야인사들도 점차 저항의 대열에 합류했다. 가장 먼저 유신 체제에 저항의 칼을 뽑는 사람들은 함석헌, 장준하, 백기완 등이었다. 이들은 12월 24일에 '개헌청원운동본부'를 발족하면서 개헌청원 100만인 서명운동을 시작했다. 열흘 만에 약 30만 명이 서명에 동참하는 등 많은 국민이 이를 지지했다.

국민적 저항에 부딪힌 박정희가 내놓은 응답은 폭압적 진압이었다. 1974년 1월 8일, 긴급조치 1·2호를 선포했다.

1호는 유신헌법을 비방하거나 유신헌법의 개헌과 폐지 등을 논의하는 것을 일체 금지했다. 이러한 행위를 보도하는 것도 금지했다. 이를 위반하면 15년 이하의 징역에 처해졌다. 2호는 비상군법회의 설치에 관한 내용이었다. 박정희는 유신 체제에 대한 반대는 물론 개헌청원 운동가들까지도 군법회의에 회부하면서 극악스럽게 탄압했다.

그럼에도 학생과 민주인사들은 유신반대 투쟁을 멈추지 않았다. 대학가와 종교계에서 유신반대 투쟁은 오히려 더욱 거세졌다. 그러자 박정희는 4월 3일에 다시 긴급조치 제4호를 선포했다. 그 빌미는 민청학련 사건이었다.

민청학련 사건은 단순한 학생 시위를 정부가 '국가변란을 목적으로 폭력혁명'을 기도한 사건으로 왜곡·날조한 사건이다. 이 사건으로 학생·종교인·교수 등 250여 명을 구속하고, 군사재판을 열어 이철·김지하 등에게는 사형, 정문화 등 16명에게는 무기징역, 나머지 사람들에게는 최고 20년에서 최하 5년의 징역형이라는 사상 유례없는 중형을 선고하여 국내외에 큰 충격을 주었다.

박정희 정권은 국민의 여론을 묵살하고 물리력으로 국민에게 유신 체제를 강요하는 한편 언론 통제를 더욱 강화했다. 이같은 조처는 박정희 정권의 정통성이 크게 흔들리면서 이미 정상적인 방법으로는 통치가 불가능하게 되었기 때문에 내려졌다.

언론에 대한 강압은 박정희 정권의 위기 상태의 심화와 정비례했다. 이 무렵 언론의 무기력과 정부의 언론탄압을 비난하는 각계의 소리는 날이 갈수록 더욱 높아졌다. 1974년 한 해는 언론계에서는 사느냐 죽느냐를 판가름하는 가장 절박한 역사적 순간이었다.

언론기업인들은 1964년에서 1968년 사이에 한 사람도 빠짐없이 모두가 권력에 굴복했고, 이것과 거의 때를 같이해 '편협'편집인협회—필자도 무력화되었다. 따라서 1974년의 언론계 파동은 유일하게 살아 있는 기자들이 중심이 되어 자유언론을 주장하고 나섰지만 이미 권력의 시녀로 전락된 기업주에 의해 언론자유 수호의 마지막 기수들조차 언론계에서 대량 추방되는 양상으로 낙착된 것이다.[13]

박정희의 '청탁' 제의에 '지방공장 견학'을

송건호는 박정희에 대해 개인적으로 특별히 악감정 같은 것을 갖고 있지 않았다. 그는 어떤 사람을 깍듯이 좋아하거나 싫어하지 않는 성격을 가진 사람이었다. 애증 관계가 분명하지 않았던 것 같다. 박정희가 합헌정권을 짓밟고 쿠데타를 자행한 것이나 3선 개헌을 통해 장기집권에 들어선 일, 제7대 대통령에 당선되고서는 국가비상사태를 선포하여 초헌법적 대권을

《동아일보》 논설위원이던 시절에 박순천 여사와 인터뷰하는 모습(1973년 11월 5일).

장악한 일 등에 대해서 중견 언론인으로서 이를 비판하는 입장
이었으나 그 이상은 아니었다.

제3공화국 시절 송건호는 '수요회' 멤버였다. 한때 송건호를
비롯하여 정재각고려대 철학과 교수, 박관숙연세대 외교학과 교수, 오주환
고려대 교수, 손제석서울대 국제정치학과 교수, 구범모서울대 정치학과 교수 등
이 회원으로 참여했다. "수요회는 이를테면 박정희의 정책자
문위원회라고 할 수 있었다. 그렇다고 해도 수요회 멤버 전원
이 박정희 정권에 협조적인 것은 아니었다. 말 그대로 수요회
는 정책에 대한 건의를 하는 모임일 뿐이었고, 이때까지만 해
도 박정희는 자신에게 비협조적인 사람도 용인하는 정도의 너
그러움이 있었다."[14]

'수요회'가 언제 어떤 목적으로 조직되었는지, 회원은 누구

인지 등 그 존재에 대해 구체적으로 밝혀진 바가 없다. 송건호 자신도 이에 대해 언급하지 않았다. 대학 교수들과 언론계 중진들 사이에 일종의 친목서클로 시작되었다가 소문이 나면서 멤버들의 면면을 보고 청와대에서 손길을 뻗쳤던 것이 아닌가 싶다. 멤버 중에는 나중에 박정희 정권의 요직에 참여한 인사도 적지 않았다.

송건호는 박정희가 1972년에 유신 쿠데타를 일으켜 다시 헌정질서를 짓밟은 행태를 지켜보면서 '수요회'를 탈퇴했다. 어떤 형태로나마 박정희에게 정책자문 같은 일은 무의미하다고 느꼈기 때문이었다.

오랫동안 청와대 비서실장으로 일했던 김정렴의 회고를 들어 보자.

자문단 멤버가 모두 박 대통령에게 협조적이었던 것은 아니다. 동아일보 논설위원이었던 송건호 씨는 박 대통령이 7대 대통령에 취임한 후 장기집권에 대한 야당 공세가 가열되자 수요회에 참가하지 않겠다는 뜻을 표시했다.

나는 김성진 씨로부터 그런 얘기를 듣고 "여론을 이끄는 중요한 분이니 만류해 보라"고 했다. 박 대통령도 송 씨의 식견과 지사적 몸가짐에 호감을 갖고 있었다.

하지만 송 씨는 뜻을 굽히지 않았다. 공식적인 이유는 동아일보의 사규에 저촉된다는 것이었다. 개인적으로는 박 대통령의 장기집권을 받아들일 수 없다는 자기의 정치적 소신을 김 대변인에게 전했다. 그는 그러면서도 그런 사정을 바깥에 공개하지 않는 분별 있는 처신을 했다.[15]

송건호는 박정희의 유혹을 끝까지 거부했다. 이런 송건호와 박정희에게 재미있는 '비화'가 하나 있었다. 당시 《조선일보》 정치 담당 논설위원이었던 남재희는 그 비화를 들려주며 송건호를 '대쪽 같은 선비'에 비유했다.

유신 전, 8대 국회 때의 일이다. 그때 박 대통령은 언론계를 포함한 각계 인사들과 부지런히 접촉했다. 유신 후에는 달라졌지만 말이다.

그런 맥락에서일 것이다. 박 대통령은 대여섯 신문사의 정치 담당 논설위원을 청와대 본관의 한 방에 초대하여 푸짐하게 술을 냈다. 나는 조선일보 정치 담당 논설위원으로 참석했다. 동아일보의 유명한 송건호 씨도 포함되어 있었다. 중국 음식에 아마 시바스 리갈이었을 것 같은 양주였고, 박 대통령이 계속 술잔을 돌려서 모두들 취해 버렸다. 박 대통령은 담배도

뽑아 권하여 라이터 불도 켜 주는 파격적인 친절을 베풀었다. 대통령과 논설위원 사이라는 벽이 거의 무너졌었다.

나중에 당시의 김종신 공보비서관에게 들은 이야기다. 송건호 씨가 소피를 보러 화장실에 갔을 때 박 대통령도 거의 동시에 화장실에 가게 되어 나란히 서서 생리 현상을 해결했다. 그때가 방광의 압박을 풀었기에 기분이 좋은 때라고 했다. 박 대통령은 송건호 씨를 좋게 평가하고 있었기 때문에 이런 말을 했다.

"송 선생, 내가 송 선생을 무언가 꼭 한 가지 도와주고 싶은데 원하는 거 있으면 말씀해 보세요."

"각하, 요즘 지방에 공장들이 엄청 세워졌다 하는데 저는 아직 가 보지 못했습니다. 한번 보고 싶습니다."

너무나도 놀라운, 욕심 없고도 순진한 부탁이다. 그 덕(?)에 송건호 씨는 나중에 산업시찰단에 포함되었지만 지금 생각해도 어처구니없다. 세계 여러 나라의 발전 과정을 연구하고 싶다면 연구 자금을 두둑이 탔을 것이다. 사실 그 모임에도 참석했던 경향신문의 이명영 씨는 김일성이 여럿이었다는 것을 연구하겠다고 하여 두둑한 연구 자금을 타냈으며 후에 『김일성 열전』을 저술하기도 했다.

송건호 씨는 그러한 대쪽 같은 선비였다. 그 후 동아일보 편

집국장을 거쳐, 한겨레신문 창간 때 사장을 지내는 등 언론계
의 거목으로 존경받고 있다.[16]

언론계 격동의 시기에 《동아일보》 편집국장 취임

송건호는 언론인으로서 언론에 관한 글을 많이 썼다. 독립된
언론이 존재해야만 민주공화제가 제대로 운영된다는 신념이
확고했다. 이승만과 박정희가 자신을 비판하는 언론을 탄압하
고 회유하면서 언론의 정기능을 왜곡한 것이 한국 정치의 후진
성을 가져오게 되는 한 요인이 되었다고 믿었다. 그래서 건강
하고 독립된 언론을 위하여 부단히 '언론론論'을 썼다. 그가 평
생 쓴 논설 중 상당 부분이 언론과 관련한 글이었다.

한 언론인으로서 송건호 선생은 누구보다도 많은 언론론言
論論을 썼다. 『민족지성의 탐구』의 70퍼센트가 그렇고, 『한국
민족주의의 탐구』, 『민족과 민중』1981, 당초에는 『단절 시대의 가교』
라는 이름으로 출간되었다 등에서도 언론은 늘 그의 관심의 대상이
었다. 한국기독교사회문제연구원에서 펴낸 《언론과 사회》에
200자 원고지 900장이나 되는 분량으로 「한국현대언론사론」
을 발표한 바 있는데, 이 '언론사론'은 1945년부터 1980년까지

의 이 땅의 언론사를 정리했다. 그 밖에 《기자협회보》 등에 발표했던 언론 관계의 글들이 2천여 매나 된다. 이들 글에서 끊임없이 언론의 민주사회적 사명, 민족적 사명을 역설하고 있다는 사실은 바로 한 언론인으로서 그 스스로의 자세정립이자 이 땅의 언론이 그만큼 다사다난한 시절에 좌절하고 고뇌하고 있음을 단적으로 설명하는 것이었다.[17]

송건호는 '독립언론'이 존재해야 한다고 생각했다. 민주주의의 성패는 언론의 자유, 바꿔 말해서 독립언론의 존재가 가능한가에 있다고 믿었다.

오늘날 언론계에서 가장 큰 문제는 언론기업의 독립성 상실 즉 권력에 종속되어 누가 집권하든 언제나 권력과 타협해서 신문기업을 살려 나가야겠다는 사고가 생기게 되었다는 그간의 변화를 지적하지 않을 수 없다.
극단으로 말한다면 한국을 식민통치하기 위해 외세가 진출해 온다 해도 저항하지 못하고 적당히 현실과 타협해 기업으로서의 신문을 살리고자 생각하게 될 것이라는 점이다.[18]

송건호는 한국 언론의 위기 양상을 '독립성의 상실'로 보았다. 심지어 외세의 침략에도 영합할 것이라고까지 우려했다. 그 책임의 상당 부분은 언론사 사주들에게 있다고 말했다.

언론기업인들은 1964년에서 1968년 사이에 한 사람도 빠짐없이 모두가 권력에 굴복했고, 이것과 거의 때를 같이해 '편협'도 무력화되었다. 따라서 1974년의 언론계 파동은 유일하게 살아 있는 기자들이 중심이 되어 자유언론을 주장하고 나섰지만 이미 권력의 시녀로 전락된 기업주에 의해 언론자유 수호의 마지막 기수들조차 언론계에서 대량 추방되는 양상으로 낙착된 것이다.[19]

송건호는 1974년 7월에 《동아일보》 편집국장을 맡았다. "이 무렵 《동아일보》는 노동조합 사건으로 소연할 때였다. 회사는 노조 파업을 수습하려고 그를 편집국장에 앉혔다."[20]

송건호가 수석 논설위원에서 편집국장으로 가게 되기까지 《동아일보》의 사정은 긴박했다. 1974년 3월 6일 《동아일보》와 동아방송 기자 33명이 노동조합을 결성하고 서울시에 노조설립신고를 마치는 한편, 이튿날 편집국·출판국·방송국의 기자·프로듀서·아나운서 등을 상대로 가입 신청을 받아 조합원 103명을 확보했다. 이로써 언론계에 첫 노조가 결성되었다.

노조가 결성되자 사측은 긴급 이사회를 열어 노조 집행부와 임원 11명 등 13명을 해임했다. 이에 노조 측은 권근술 등 13명으로 부당해임대책위원회를 구성하여 맞섰지만, 회사는 다시 대책위원 등에 대한 해임6명, 무기휴직6명, 감봉10명으로 중징계했다.

경영자 측의 강경책에 노조는 3월 13일 서울민사지방법원에 부당해임 효력정지 가처분신청을 내서 법정투쟁에 들어가는 한편, 3월 14일에는 김병익 등 13명으로 2차 부당해임대책위원회를 구성하고, 회사의 인사 조치 재발에 대비하여 제3차, 제4차 대책위원도 내정하여 두었다. 그리고 3월 27일에는 해임자, 무기 정직자 등이 서울지방노동위원회에 부당노동행위 규제신청을 내는 한편 2차 해임자, 정직자들도 부당인사조처 효력정지 가처분신청을 냈다.

이처럼 기자들이 조직적으로 대응하고 언론계 안팎의 여론까지 경영자 측의 부당한 처사를 비판하게 되자 김상만 사장이 해임·징계된 조합원 35명에 대해 전면 사면한다고 발표했다. 그러나 이것은 징계조치의 철회와 백지화가 아니고 시혜적인 '사면'이었다고 보고, 사장의 노조탄압의 의지가 조금도 수정되지 않는 점을 비판했다. 부당 해임자, 정직자 25명이 회사로 복귀했다.

정부의 탄압도 가중되었다. 노조설립 신고를 반려한 것이다. 노조 측은 7월 11일 고등법원에 행정소송을 제기하면서 본격적인 법정투쟁을 전개했다.[21]

《동아일보》 기자들이 노조를 결성하고 사주와 정부의 탄압에 적극적으로 맞서게 된 데는 그럴만한 이유가 있었다. 1973년 가을부터 언론계에서는 언론자유수호운동이 전개되었다. 그러다가 1974년 1월 8일 선포된 대통령 긴급조치로 다시 움츠러들었다.

정부의 강압 조치는 국내 언론뿐만 아니라 외신에까지 이어졌다. 정부는 1973년 8월 일본 《요미우리신문》 지국을 폐쇄하고 특파원을 추방했다. 1974년 2월 4일에는 《아사히신문》의 국내 수입, 배포도 취소했다.

1974년에 접어들면서부터 박 정권에 의한 언론인 연행 사건이 빈번해졌다. 합동통신의 기자가 지방의 병무행정에 관한 내용을 기사화한 혐의로 구속되었고, 《중앙일보》 기자가 5월 3일 박영복에 관한 부정대부사건을 보도했다가 구속되었으며, 이 사건과 관련하여 경향·동아·조선·동아방송 기자들이 여러 명 연행되어 조사를 받았고, 이 사건을 풍자하는 시사만화를 게재한 만화가도 연행되어 조사를 받았다.

이 당시의 언론 상황을 설명하는 몇 가지 예를 들어 보기로
하자.

1974년 9월 초, 특권 상류층 여성들 다수가 보석 밀수에 관
련된 사건이 발생했다. 그런데 박 정권은 '국가안보'를 내세워
이 사건을 기사화하지 못하도록 압력을 가해 안보라는 명분이
어떻게 악용되고 있는가를 보여 주었고, 또 바로 같은 9월에
한국기자협회 회장 선출이 있었으나 서울의 각 신문사 발행인
들이 서울 소재 신문사 기자들은 회장 출마를 못 하도록 결의
를 하여 회장 출마를 둘러싸고 사장과 기자 간에 갈등이 벌어
진 사건이 있었다.

이 당시 언론은 법률외적 통제를 받아 거의 제구실을 못 하
고 있었다.

첫째는 기관원이 무상출입하여 일상적으로 신문 제작에 압
력을 가했으며 조금이라도 말을 안 듣거나 비위에 거슬리는
기사를 썼을 경우에는 '임의동행'이라는 형식으로 연행하여
조사·위협했으며, 걸핏하면 기자들에게 폭행을 가해 공포에
떨게 했다. 《기자협회보》에 나타난 사례에 의하면 1964년 11
월 10일부터 1974년 말까지의 약 10년간, 언론인에 대한 폭행
은 모두 97건으로 나타나 있다. 이유를 분류하면 취재 방해가

64건에 65.98%, 기사 불만이 29건에 29.90%, 기타가 4건에 4.12%로 나타나 있다.[22]

송건호는 《동아일보》 기자들이 언론자유쟁취 투쟁에 나서고, 권력의 언론계 탄압이 극심한 시점에 편집국장에 취임했다. 자신이 원해서라기보다 회사사주의 필요에 따라 등용된 셈이다. 그에게는 비교적 평탄했던 언론인의 계절은 지나고 고난의 시절이 기다리고 있었다.

8. 기자 대거 해직에 항거해 편집국장 사퇴

《동아일보》 기자들의 '자유언론실천선언'

《동아일보》편집국장에 취임하며 송건호는 인생의 제3기를 맞는다. 이 시기에 자유언론 투쟁을 하는 기자들이 대거 해직 당하자 이에 저항해 그도 신문사를 떠난다. 이후 극심한 생활 고에 맞닥뜨리게 되고, 투옥의 시련도 겪어야 했다. 그 와중에 도 현대사 연구는 멈추지 않았다.

1974년 2학기가 시작되면서 대학생들의 유신철폐 투쟁이 다 시 거세게 불타올랐다. 송건호는 이 시기에 편집인협회 보도자 유위원장과 IPI 국내위원이 되어 적극 활동했다.

9월 23일, 이화여대생 4,000여 명이 학문의 자유와 언론의 자유 등 6개 항을 요구하는 성명을 발표하고 시위를 벌였다. 이를 계기로 학생 시위는 전국 대학으로 번졌다. 감리교신학 대, 한신대, 서울대, 홍익대, 경북대, 고려대, 동국대, 건국대, 중앙대, 부산대, 전남대, 충남대, 조선대, 성신여대, 서울신학대, 숭전대, 경북대, 동아대, 서강대, 국민대, 강원대, 목원대, 한신대, 경희대, 가톨릭신학대 순으로 대학생들의 반유신 시위가 확산했다. 학생들은 유신철폐와 언론의 자유를 요구했다.

1974년 9월에 원주에서 천주교정의구현전국사제단이 결성되었다. 그해 7월에 지학순 주교가 양심선언을 발표한 뒤 15년 형을 선고받자 젊은 사제들이 중심이 되어 결성되었다. 사제단은 시국선언문을 통해 구속학생 석방, 민주인사 탄압 중지, 언론자유 보장 등을 요구하고 나섰다.

중앙정보부는 10월 22일 《한국일보》 사장 장강재와 편집국장 김경환을 베트남 문제 해설기사와 관련하여 연행 조사하고, 23일에는 《동아일보》 사회면에 보도된 1단짜리 서울농대생 할복 사건 기사와 관련하여 편집국장 송건호와 방송 뉴스·지방부장 등 3명을 연행했다. 송건호의 지시로 실렸던 이 기사는 그나마 2판부터는 빠졌다. 《동아일보》 기자들은 편집국장 등을 연행한 데 항의하여 철야 농성을 시작했다.

10월 24일, 동아일보사의 편집국과 방송국 소속 기자 180여명은 기자협회 집행부의 주도로 '자유언론실천선언'을 발표했다. 긴 세월 동안 박정희 정권의 폭압에 짓눌렸던 언론이 마침내 저항의 횃불을 든 몸부림이었다. '10·24 자유언론실천선언'

은 한국언론사에서 최초로 들어 올린 집단저항의 횃불이었고, 이날은 궁극적으로 자유언론이 막을 내리고 양심적 기자들이 수난을 당하는 조종弔鐘의 날이 되었다.

자유언론을 다시금 확인·천명하는 순수하고 강인한 첫 함성은 서울 광화문 네거리에 있는 동아일보사에서 터져 나왔다. 유엔의 날이었던 24일, 동아일보사의 편집국, 방송국, 출판국 기자 2백여 명은 오전 9시 15분 편집국에 집결했다. 휴일이라서 기자들이 출입처로 취재 나가지 않고 있어서 집결은 한층 자연스러웠다. 일선 경찰서에 나가 있던 사진기자들도 뛰어 들어왔다. 총회 현장인 편집국 가운데 기둥에는 붓으로 쓴 '자유언론실천선언'이라는 대형 표어가 붙여졌다.

이날 기자들은 다음과 같은 「자유언론실천선언」을 열띤 박수로 채택했다. 이 집회는 한국기자협회 동아일보사 분회가 주관했다.

우리는 오늘날 우리 사회가 처한 미증유의 난국을 극복할 수 있는 길이 언론의 자유로운 활동에 있음을 선언한다. 민주사회를 유지하고 자유국가를 발전시키기 위한 기본적인 사회기능인 자유언론을 어떠한 구실로도 억압할 수 없으며 어느 누구도 간섭할 수 없는 것임을 선언한다.

우리는 교회와 대학 등 언론계 밖에서 언론의 자유회복이 주장되고 언론인의 각성이 촉구되고 있는 현실에 대하여 뼈아픈 부끄러움을 느낀다.

본질적으로 자유언론은 바로 우리 언론 종사자들 자신의 실천과제일 뿐 당국에서 허용받거나 국민 대중이 찾아다 쥐여주는 것이 아니다. 따라서 우리는 자유언론에 역행하는 어떠한 압력에도 굴하지 않고 자유민주사회 존립의 기본요건인 자유언론 실천에 모든 노력을 다할 것을 선언하며, 우리의 뜨거운 심장을 모아 다음과 같이 결의한다.

−. 신문·잡지·방송에 대한 어떠한 외부 간섭도 우리의 일치된 단결로 강력히 배제한다.

−. 기관원의 출입을 엄격히 거부한다.

−. 언론인의 불법 연행을 일체 거부한다. 만약 어떠한 명목으로라도 불법 연행이 자행되는 경우 그가 귀사할 때까지 퇴근하지 않기로 한다.[1]

기자들의 거센 요구에 회사 측은 이날 저녁에 이를 받아들였다. 다음 날 신문에 '1면 3단 기사'로 이 내용을 보도했다. 연행되었던 편집국장 송건호와 간부들이 밤늦게 귀사하면서 기자들은 농성을 풀었다. 동아일보사 기자들의 자유언론실천선언은 다른 신문사와 방송사로 퍼졌다. 1974년 가을의 한국 언론계는 자유언론을 요구하는 기자들과 이를 막으려는 박정희 정권, 그 사이에 낀 사주들 사이에 팽팽한 긴장과 대결이 고조되었다.

《동아일보》와 동아방송,《신동아》가 당국의 간섭을 받지 않고 언론의 기능을 수행하자 12월 20일부터 광고 해약 사태가 벌어졌다. 오랜 광고주들이 광고 동판을 회수해 가는가 하면, 연말까지 계약된 광고들을 일방적으로 해약하기도 했다. 이듬해 1월 25일까지 평상시 통상 상품광고의 98%가 떨어져 나갔다.

이 같은 사태에 동아일보사 기자 200여 명은 12월 25일에 "어떠한 압력에도 굴하지 않고 결연히 자유언론을 실천해 나갈 것"을 다짐했다.

광고 탄압에 시민들 격려 광고 쏟아져

광고가 끊기자 어쩔 수 없이 신문·방송·잡지에 백지 광고가 나가면서 뜻하지 않은 반전이 벌어졌다. '동아 돕기 운동'이 일어나고 시민들의 격려 광고가 쏟아졌다. 시민들은 손때 묻은 저금통을 들고 오거나 결혼반지와 돌반지까지 들고 찾아와 권력에 굴복하지 말라고 격려했다.

격려 광고는 1974년 12월부터 1975년 5월까지 하루평균 350건, 모두 합치면 5만 건에 이르렀다. 격려 광고 중에서 특히 날카롭고 재치 있는 문구 몇 개를 다시 들어 보자.

동아여 힘을 내라. 네 뒤엔 국민이 있다 / 비판언론 두려우면 권력 누릴 자격 없다 / 집권층이 올바르면 왜 언론을 두려워하나 / 빛은 어두울수록 더 빛이 난다 / 가만히 보고만 있을 수가 없어서… / 배운 대로 실행하지 못한 부끄러움을 이렇게 광고하나이다 / 나는 저주한다. 비겁한 압력자 굴복한 광고주 / 동아, 너마저 굴복하면 나 진짜로 이민 갈 거야 / 정의의 붓대 누가 꺾으랴 / 권력과 재벌은 역사의 심판이 두려움을 알라 / 동아일보를 보는 재미로 세상을 산다 / 술 한 잔 덜 먹고 내 마음을 담는다 / 정권은 망해도 언론은 영원하다 / 부러지더라도 휘지는 않겠다 / 외국서적 판매원 여러분, 광고 한 줄로 동아를 살리자 / 해마다 1년간 모은 돼지저금통을 깨서 불우한 이웃에게 전해왔으나 이번에는 광고 해약으로 어려움을 겪는 동아를 돕는 데 쓰기로 했다 / 이럴 수가 있습니까? / 왜 정부에선 신문을 못살게 할까요? / 우리 집 '황소'가 날이 갈수록

성질이 난폭해지니 무슨 약이 좋을까요? / 안타까운 마음으로
여백을 삽니다 / 직필은 사람이 죽이고 곡필은 하늘이 죽인다
/ 작은 광고들이 모두 탄환임을 알라

신문의 각종 격려 문안이 사람들 사이에 화제가 되었다. 촌
철살인의 글도, 그 어떤 기사보다 더 감동적인 글도 많았다. 야
당, 종교계, 문인단체는 물론 신문 판매 소년들까지 격려 광고
물결에 동참했다.

격려 광고의 큰 물꼬를 튼 사람은 김대중 전 신민당 대통령
후보였다. 그때 일본에서 납치되어 동교동 자택에 연금 중이던
그가 1975년 1월 1일 자 8면 광고란에 '언론의 자유를 지키려
는 한 시민'이라는 이름으로 격려 광고를 실었다. 이것이 계기
가 되어 시민들의 격려 광고가 봇물 터지듯 연일 이어졌다.

정부의 광고탄압이 계속되자 한국기자협회는 정부의 언론
탄압 중지, 구독 운동 전개, 광고해약 회사 상품 불매 운동, 동
아 철회 광고를 게재한 신문 불매 운동 등의 행동강령을 제시
했다. 이에 따라 범시민적 격려 광고 운동이 전개되고, 각급 사
회단체와 종교단체, 일반 시민들의 격려 광고가 쏟아졌다.

정부의 동아일보사 광고 탄압과 시민들의 격려 광고라는 이
례적인 사태에 해외 언론기관들도 각별한 관심을 보였다. 영

국의 《타임스》는 1월 16일 자 기사에서 "박 정권은 동아일보를 억압하기 위해 경제적인 탄압수단을 사용하고 있다. 그러나 구독 부수가 부쩍 늘어나고 있으며 국민은 대대적으로 개인 광고를 내고 있다"라고 보도했다. 프랑스의 《르몽드》는 1월 29일 자에서 '언론의 자유를 위한 대신문의 투쟁'이라는 제목 아래 동아의 언론자유 투쟁에 관해 긴 기사를 실었다. 미국의 《워싱턴 포스트》는 1월 20일 자에서 '한국 신문의 유령의 적'이라는 장문의 기사를 통해 독재정권이 자유언론을 비열하게 탄압하고 있다고 보도했다.

송건호는 상업광고가 없는 신문을 제작하면서 국민의 뜨거운 격려 광고와 성원에 감격했다. 연일 기자들을 격려하면서 국민의 뜻에 배치되지 않는 신문을 만들어야 한다고 다짐하는 것을 잊지 않았다.

동아 광고사태가 벌어지던 때 송건호는 《동아일보》의 자매지인 《신동아》가 주최한 '언론자유와 민주주의'라는 주제의 특집 좌담에 참석했다. 참석자는 리영희 한양대 교수, 장을병 성균관대 교수였고, 사회는 유재천 서강대 교수가 보았다.

이날 좌담회에서 발언한 내용을 보면 당시 송건호의 언론관을 엿볼 수 있다.

지금 언론계 사람들이 언론자유 또는 자유언론이라는 것을 주장하고 또 독자들도 언론자유라는 것을 내세우고 있습니다마는 우리나라의 현 시점에서 볼 때 독자도 그렇고 또 신문기자 자신도 언론자유를 약간 관념적으로 이해하고 있는 것이 아닌가 생각합니다. 나는 몇 가지 단계를 생각하는데 우리나라에서 절실히 필요한 것은 언론자유이기에 앞서 언론인으로서의 의무를 우리는 생각해 봐야겠습니다. 세상에서는 이런일 저런 일, 많은 일들이 일어나고 있는데 그 일어난 일들을 있는 그대로 국민한테 또 정부에 알려 주는 것이 우리 일인데, 이 알려 주어야 한다는 것은 자유가 아니라 의무입니다.

그런데 이것을 자유라고 말하고 있고 자유로 파악하고 있는데 이것은 자유가 아닙니다. 이것은 의무입니다. 그런데 현 단계에서는 이런 일 저런 일 중에 국민한테 알리지 못하거나 또알리는 데 어려움을 겪는 경우가 있습니다. 그런 어려운 여건을 배제하고 알려야 할 것은 알려야 한다는 것이 현 단계에서우리 언론계의 하나의 과제이고 우리의 절실한 주장입니다. 그다음 단계에 가서 어떻게 알려야 할 것인가가 문제입니다.[2]

송건호의 이야기는 상식적인 듯 보이지만 주장하는 바는 명확하다. 언론인들이 언론자유니 자유언론이니 하는 다소 원론적이고 추상적인 명분에 사로잡히기 전에 사실 보도의 의무를 다하면 된다는 주장이다. 실제로 그렇다. 언론인들이 사실을 진실하게만 보도하고 비판하면, 즉 언론의 기본 의무를 책임 있게 수행하면 언론자유는 달리 떠들 필요가 없다.

제작 거부 만류했으나 기자들 강행

정부의 광고 탄압이 장기화하면서 동아일보사의 편집과 방송 제작 간부들은 1975년 2월 8일에 광고 형식으로 지면에 결의문을 발표했다. 송건호 편집국장을 비롯하여 논설·해설·심의위원·편집국과 출판국·방송국의 간부들이 참여했다. 결의문의 내용은 다음과 같다.

　一. 우리는 10·24 자유언론실천선언을 재확인한다.
　一. 우리는 동아일보와 신동아·여성동아의 광고 전면 봉쇄에 엄중히 항의하며 이를 즉각 철회하기를 촉구한다.
　一. 우리는 거사적으로 일치단결하여 신문·방송·잡지 제작에 전념하고 있음을 천명한다.[3]

상업광고의 해약 사태와 권력의 압력에 직면한 회사 측은 기구 축소와 기자·직원들의 해고 카드를 들고나왔다. 농성을 주도한 기자들이 1차로 해고 대상이 되었다. 기자들은 이에 맞서 3월 12일 오전 편집국에서 긴급총회를 열었다. 총회에는 편집국·출판국·방송국 소속의 기자들과 일부 방송국 사원이 참석했다. 부·차장들은 특별히 자리를 피하지 않은 채 신문 제작에 대비했다. 이 자리에서 「자유언론실천백서」와 「결의문」이 채택됐다.

'백서'는 10·24 이후의 실천특위와 분회의 활동에 대해 "민주주의 민족주의 문화주의를 바탕으로 민주·민권·인간회복을 부르짖는 역사의 소명에 따라, 반민족·반민주·비인간의 악순환을 없애기 위해, 또한 지난 14년간 계속된 오욕적 곡필모멸사를 회오로써 청산하는 자세로 노력해 왔다"라고 평가했다.

이어 백서는 위정자들에게 "당신들은 동아에 대한 광고 탄압이 성공도 못 거둔 채 국내외에 물의만 일으키는 역효과로 끝나자 이제 자유언론을 주장·실천하는 기자들을 구조적 제도적으로 제거하려는 이른바 '언론 유신' 작업을 꾀하고 있다"라고 지적하면서 언론계 내부의 이간분열 책동을 중지하라고 촉구했다.

백서는 다음으로 경영진에게 "이 이상 부정·불륜한 권력과의 야합, 결탁을 거두고 자유 정의 진리를 갈망하는 국민의 쪽으로 돌아올 것"을 촉구하고, 끝으로 동료 언론인들에게 용기 있게 자유언론 실천에 앞장서라고 호소했다.[4]

기자들은 총회에서 제작 거부를 결의한 뒤 취재를 거부하고 편집국에서 농성에 들어갔다. "이 과정에서 송건호 편집국장이 제작 거부 결의만큼은 하지 말아 달라고 간곡히 부탁하기도 했다. 또 이 주필이동욱—필자이 총회장에 나타나 제작 거부에 대해 발언하려다 이부영 기자 등의 제지와 간부들의 만류로 총회장 밖으로 나가기도 했다."[5]

'제작 거부'와 관련《동아일보》기자로 현장에 있었던 정동 익뒷날 '동아투위' 위원장 역임은 법정에서 다음과 같이 증언한다.

> 3월 12일의 총회가 송 국장송건호—필자의 간곡한 제작 권유에도 불구하고 제작 거부를 결의하게 된 것은 그동안 유인물 배포, 농성, 건의, 각 부장을 통한 의사전달 등 여러 경로를 거쳐 의사전달을 시도했으나 실패하자 자유언론실천운동이나 언론노조운동에 참여했던 기자들은 어떠한 구실 아래에서거나 필경 해임 등의 처벌을 받게 될 것이라는 절박한 상황 아래에서 이 방법만이 스스로 생존권을 지키고 나아가서 자유언론운동의 구조적인 분쇄를 막기 위한 최후의 그리고 최소한의 자구수단이라는 결론 때문이었다.[6]

간부였으나 일선 기자들과 더불어 언론 독립을 위해 투쟁하는 송건호(오른쪽 맨 앞).

송건호는 가능하면 신문은 정상적으로 제작하면서 권력과 싸우고자 했으나 기자들의 입장은 달랐다. 결국 사주가 권력과 결탁하여 언론자유투쟁에 앞장선 기자들을 해고하고, 신문·방송은 다시 '언론 유신'으로 돌아가게 될 것을 우려한 것이다. 그래서 제작 거부를 결행하고 공무국과 편집국에서 농성을 하기에 이르렀다.

여기에는 물론 자유언론실천운동에 참여하지 않은 간부와 기자들도 적지 않았다. 이들 중에는 뒷날 《동아일보》의 고위직은 물론 정부 요직, 국회의원 등에 진출한 이들도 있다.

기자들이 농성에 들어간 3월 12일 밤 사주 측은 기자협회 분회장 권영자 기자 등 17명을 다시 해고하는 칼날을 휘둘렀다. 이로써 해고된 사람은 모두 37명이었다.

3월 14일 저녁에 윤보선, 김대중, 김영삼, 천관우, 함석헌 등 재야인사 22명은 「동아사태에 대한 우리의 호소」라는 성명에서 "경위야 어떻든 동아의 경영주가 자유언론실천에 앞장서온 젊은 기자들을 집단적으로 해임하고 이로 말미암아 신문사의 기능이 마비되고 단합이 깨질 위기에 처하여 회사 측은 이제까지의 무더기 해임을 백지화하고, 사원들은 제작을 정상화하라"라고 촉구했다. 하지만 사주 측은 뜻을 바꾸지 않았다.

해고된 기자들은 '양심선언'을 통해 자신들의 뜻을 거듭 천명했다. "권력에 동조해서 기자들의 무더기 해임을 감행하는 경영주에 대해 우리는 양심으로 항의했으나 각본에 따라 무더기 해임으로 대답되었다. (…) 이제 우리는 동아에서 양심의 시대가 가고 배반의 시대가 시작됐음을 선언한다."[7]

사주 측 폭력배 동원해 기자들 끌어내

3월 17일, 현대한국언론사史 최대 비극의 하나로 꼽히는 '동아사태'가 벌어졌다. 새벽 3시 15분경에 회사가 동원한 깡패 등 폭력배 200여 명이 산소용접기와 해머 등으로 2층 공무국의 철문을 부순 뒤 들어와 단식농성 중이던 기자 23명을 끌어냈다. 이어 새벽 4시 10분경에는 편집국에 난입하여 역시 농성 중이던 기자들을 폭력적으로 끌어냈다.

회사 밖으로 끌려 나온 기자들은 긴급총회를 열고 "자유언론 만세, 민주회복 만세, 동아일보 만세"를 제창한 뒤 회사 진입을 시도했으나 폭력배들의 방해로 들어갈 수 없었다.

이날 쫓겨난 기자 170여 명은 무더기로 해고되었다. 이후 다시는 《동아일보》 기자가 될 수 없었다. 쫓겨난 기자들은 이날 새벽 신문회관에서 '동아자유언론수호투쟁위원회'를 결성하고 권영자 기자를 위원장으로 뽑았다. 기자들은 이날 신새벽에 「폭력에 밀려 동아일보를 떠나며」라는 성명을 발표했다.

폭력에 밀려 동아일보를 떠나며

자유언론의 마지막 보루 '동아'를 지키기 위해 신명을 바쳐 온 우리는 17일 새벽 동아일보 사원이 아닌, 산소용접기와 각목을 휘두르는 폭도들에 끌려 밤거리에 내동이쳐졌다.

'10·24 자유언론실천선언' 이후 뜨거운 국민적 성원과 온 세계 양심의 격려에 힘입어 빈사의 상태에서 기적처럼 회생한 '동아'는 이제 권력의 강압과 경영주의 마비된 이성으로 끝내 추악한 모습을 드러내기에 이르렀다. 이 비극적 파국 앞에 우리는 국민적 열망을 배반한 괴로움에 비통해할 겨를마저 없다.

이제 '동아'는 어제의 '동아'가 아니다. 폭력을 서슴지 않는 언론이 어찌 민족의 소리를 대변할 것인가!

그러나 우리는 결코 절망하지 않는다. 몸은 비록 '동아'의 사옥을 떠나지만 '동아'의 정통성은 우리와 함께 있기 때문이다. '동아'의 정통성을 지닌 우리는 이 참담한 현실을 딛고 일어나 '동아'를 되찾아야 할 의무를 통감하고 있기 때문이다.

이 처절한 순간에 우리는 '10·24 선언' 그날의 감격을 새삼 되새긴다. 그날 온 국민 앞에 자유언론실천선언을 다짐했던 우리는 오늘 다시 한번 자유언론에 순殉할 것을 다짐한다. 동시에 온 국민과 세계 앞에 참담한 심정으로 다시 한번 더 우리에게 뜨거운 격려를 보내 줄 것을 호소하면서, 권력과 경영주가 역사와 국민의 심판을 두려워할 줄 아는 최후의 이성이 있다면 지금이라도 자유언론의 대도에 복귀할 것을 촉구해 마지 않는다.

인간의 영원한 기본권 자유언론은 산소용접기와 각목으로 말살될 수 없다. '동아'의 정통성은 폭도를 고용한 자들에게 있는 것이 아니라 자유언론을 사수하는 우리에게 있다.[8]

미련 없이 편집국장 사표 던져

송건호는 경영주가 자유언론실천선언에 참여한 기자들을 대거 해고하려는 참담한 상황을 눈앞에서 지켜보았다. 하루하루가 감당하기 어려운 고뇌의 나날이었다.

그러던 3월 15일에 송건호는 편집국장직을 내던졌다. "편집국장 차량 기사가 동아일보 편집국장 자리가 보통 자리인 줄 아느냐, 눈 딱 감고 계시면 아주 돈을 많이 버는 뎁니다"라고 충고해 주었다는 그 자리를 미련 없이 던지고 나왔다.

25년 가까이 다닌 언론인이라는 직업을 이런 식으로 내놓은 것이 한편 어쩐지 서글프게 느껴지기도 했으나 이미 회사에서는 다수의 기자들을 해임할 결심을 보여 더 이상 편집국에 머물러 있을 수가 없었다. 국장은 나를 포함해 3인이 있었으나 회사를 그만둘 눈치가 없어 하는 수 없이 나 혼자 사직하기로 마음먹은 것이다.

사장이나 주필하고는 가깝다면 매우 가까웠다. 그간 성심껏 일했고 사장이나 주필도 나를 각별히 생각하고 신임해 주었다. 개인적으로 이들에게 원한을 가질 아무런 이유도 더욱이 신문사를 그만둘 이유는 아무것도 없었다. 그러나 만약 회사에 그냥 남아 있다면 하나둘도 아니고 수십 명을 내 이름으로 해임해야 한다는 것을 생각하니 양심상 도저히 그 자리에 그 냥 눌러 있을 수가 없었다. 약 130명 중 거의 50여 명을 내 이 름으로 해임한다는 것은 죽으면 죽었지 할 수 없는 일이었다.

그들도 사랑하는 처자가 있고 설혹 방법상의 다소 이견이 있더라도 언론의 독립과 자유라는 어느 시대에 내놓아도 떳떳 한 명분을 가지고 투쟁하는 그들을 해임할 수는 없었다. 따지 고 보면 이번 파동도 나를 위해 생긴 일이 아니었던가.

1974년 10월 23일 수원 농대에 학생 데모가 있었다. 정보기 관원이 와서 그 기사를 내지 말라는 압력을 가했다. 나는 그의 압력을 거부하고 그 기사를 보도했다. 그리 크게 다룬 기사도 아니었다.

그러나 이것이 문제가 되어 나는 점심식사 후 기관에 연행 되었다. 이렇게 될 줄 알고 집으로 가서 셔츠를 두툼하게 입고 나왔다. 반드시 연행되어 갈 것이라는 각오를 하고 있었다. 하 오 3시쯤 낯선 3인의 기관원이 나를 차에 태우고 나갔다. 5·16 후 벌써 몇 번째의 연행인가. 돈복은 없으면서도 관제구설수 만은 그치지 않아 걸핏하면 연행되곤 했다. 언제 끌려가도 기 분 나쁜 그 '연행'을 또 당한 것이다. 한번 가면 일찍 돌아와야 15시간은 조사받는다.[10]

송건호는 언론인의 의무와 직분을 다하다가 이를 위해 권력과 경영진과 대결하고 위기에 놓인 기자들을 자기 손으로 자를 수 없어 스스로 '보통 자리가 아닌' 그 자리를 헌신짝 버리듯 내던지고 뛰쳐나왔다. 서울농대생들의 데모 시위를 1단짜리 기사로라도 살리기 위해 언제 끌려가도 기분 나쁜 그곳을 마다하지 않았던 것이 발단이라면 발단이었다.

서울농대생들은 축산과 4년 김상진 군이 유신 철폐를 주장하는 「양심선언」을 발표하고 할복자결하자 격렬한 교내시위를 벌였다. 모든 신문과 방송이 침묵할 때 그나마 송건호가 편집국장이어서 이 기사를 살리도록 한 것이다.

5·16 이후 언론은 제 기능을 하지 못했다. 내부에서는 오랫동안 저항의 물결이 요동쳤으나 그뿐이었다. 이런 언론계가 '1단짜리 기사 살리기'가 계기가 되어 활화산으로 탈바꿈했다. 그 후 송건호는 자신의 사명과 책임, 나아가 동료·후배 기자들의 해고를 막기 어렵게 되자 자신을 스스로 던졌다.

사직한 다음 날, 송건호는 신문사를 찾았다. 사장과 주필을 만나 20년 뒤에 후회할 일을 하지 말라며 기자들의 해고를 재고해 달라고 부탁했으나 답변을 듣지는 못했다.

나는 3월 16일 신문사를 찾아가 사장과 주필에게 마지막 인

송건호 평전

사를 나누었다. 한때는 그렇게 가깝고 정다웠던 그들이었지만 일단 입장이 달라지고 보니 그렇게 냉랭할 수가 없었다. 나는 사장실에서 사장과 주필에게 "이와 같은 방법으로 문제를 수습하면 먼 20년 후엔 반드시 후회하게 될 것입니다"라고 울면서 재고를 간청했으나 두 사람은 내 말에 아무런 대꾸도 하지 않고 다만 저녁이나 같이 하자고 했다. 그간 동고동락한 처지에 마지막 헤어지는 것이 피차 서글펐던 것이다.

그 길로 3층으로 올라왔다. 편집국과 공무국엔 상기된 기자들이 농성을 계속하고 있었다. 한때 내 사무실로 쓰고 있던 방에 그들의 몇몇을 모아 놓고 "내 능력으로는 어찌할 수가 없어 나는 신문사를 떠난다"고 하며 마지막 인사를 나누었다. 언론계 생활의 마지막이 될 작별임을 생각해서 눈물이 자꾸 흐르는 것을 막을 수가 없었다. 흐르는 눈물을 닦으며 말하는 내 이야기를 듣던 그들도 모두 함께 울었다.[11]

언론인 정연주전 KBS 사장는 《동아일보》 수습기자 시절에 당시 논설위원이었던 송건호의 강의를 들었다. 1970년 12월 어느 날이었다. 송건호는 기자가 갖춰야 할 조건과 역사를 보는 노력 등을 이야기했다. 정연주의 회고에는 언론계를 떠나는 정통 언론인의 모습이 잘 담겼다. 정연주의 회고를 들어 본다.

길을 가다가 사람들이 빙 둘러 있으면 거기 무슨 일이 벌어지고 있는지 확인하지 않고는 견딜 수 없는 호기심이 있어야 하며, 그게 기자라는 직업을 위한 첫 번째 요건이라는 것이었다. 그리고 심지어는 당시 거의 유일한 옐로 잡지였던 《아리랑》이나 《야담과 실화》도 때때로 읽어야 한다는 것이었다. 기자는 그런 잡지에서는 무슨 얘기들을 어떻게 다루는지 '궁금'해 해야 하며, 그래서 읽어 봐야 한다는 것이었다.

백번 맞는 말이었다. 호기심이 끊임없이 무엇인가를 추구하게 만들고, 부지런하게 만들기 때문이다. 기자가 당연히 갖춰야 할 첫 번째 조건이다. 그러고 나서 송건호 선생은 친일파들이 여전히 판을 치는 못난 역사, 이승만의 친미 냉전주의가 아닌 김구 선생의 민족주의 노선, 역사인식 문제, 지식인의 지조에 대해 얘기했다. 그러면서 기자는 역사를 바로 보는 노력을 끊임없이 해야 한다고 했다. 지금 생각해 보면, 그것은 바로 당신 자신의 이야기였다.[12]

'동아투위'의 처절한 자유언론 투쟁

왜 유독 《동아일보》에서 언론자유실천 투쟁이 거세게 전개되었을까? 송건호는 그 배경으로 언론노동조합의 결성을 들었다. 전국노조 동아일보 지부를 결성하면서 기자들이 힘을 모을 수 있게 되었기 때문이다.

《동아일보》 기자들이 권력 당국과 회사 경영진의 압력을 물리치고 단호한 자세로 자유언론을 위한 투쟁 태세를 갖출 수 있었던 것은 1974년 3월 7일 '전국노조 동아일보 지부'를 결성한 데서 비롯되었다. 언론노조가 결성된 주된 목적은 당시 상황에 비추어 동아일보 기업주에 대해서보다 박 정권의 언론탄압과 투쟁하는 데 필요한 조직을 갖자는 것이 동기였다.

33인이 발기한 언론노조가 단시일 안에 196명으로 늘어났다. 이는 기자들의 호응이 절대적이었다는 것을 말해 준다. 그러나 기자들의 노조 결성에 회사 경영진은 절대 반대의 입장을 고수했고, 박 정권도 언론계에 노조가 생길 경우 사태가 용이하지 않을 것이라는 판단 아래 이를 끝까지 방해했다.[13]

뒷날 송건호는 회사 측이 자유언론실천선언을 주도해 온 기자들의 해고 배경과 자신이 물러나게 된 '동아사태'의 과정을 다음과 같이 회고했다.

1975년도 2월 경영진은 주주총회를 열고 우유부단한 이사진을 총사퇴시키는 한편 기자들을 회사에서 전면 추방할 수 있는 전투적 이사진으로 새로 개편한 다음 경비 절감을 이유로 1975년 3월 8일 자유언론 투쟁을 주도적으로 이끌어 온 기자 등 18명을 일방적으로 해고했다. 이어서 해고된 동료 기자의 구명운동을 벌인 기자협회 지회장 장윤환·박지동 등을 다시 추가 해임했다. 기자들은 회사의 경영진의 도전적 인사 조처에 항의, 제작을 거부하고 농성에 들어갔다. 회사에서는 인사 조처임을 간파한 기자 23명이 13일 2층 공무국에서 단식농성을 하자 신문 제작은 사실상 불가능하게 되었다.

회사 측은 3월 17일 정체불명의 괴한 2백여 명을 동원하여 농성 중인 160여 명의 기자들을 폭력으로 축출함으로써 열화 같은 국민의 염원을 배신하고 언론자유운동을 압살하려는 박 정권과 보조를 같이했다.[14]

송건호는 1984년에 쓴 「한국 언론의 방향」이라는 글에서 한국 언론이 권력에 굴복하고 야합한 배경을 파헤쳤다. 대일굴욕 회담 뒤 일본 자본 등이 신문사에 들어오게 되고, 정부가 지불 보증을 하게 됨으로써 권력과 언론의 유착이 깊어졌고, 1970년대부터 한국에는 '권력 언론 복합체' 현상이 나타나게 되었다면서 다음과 같이 비판했다.

언론기업은 이때부터 독립성을 상실하고 기업주가 언론자유를 포기하고 권력과 일체가 되어 기자들의 언론 활동을 감시하기 시작했다. 1970년대부터는 기자들에 의한 언론자유운동이 정권에 대항하기 전에 기업주들과 싸우지 않으면 안 된다는 기막힌 현상이 생겨났다. (…)

70년대에 들어서면서 언론에 대한 국민의 불만은 날로 높아져 시위 과정에서 언론 규탄의 소리가 높아졌는가 하면 대학에서는 언론 화형식이 거행되기도 했다. 74년 10월 24일 기자들의 '자유언론실천운동'은 이와 같은 배경 속에서 나왔다.

기업주들은 권력 당국과 깊숙이 유착돼 언론 규탄의 소리가 아무리 높아도 이미 여론에 호응할 수가 없었다.

급기야는 동아일보의 광고 탄압으로까지 번져 기업주는 한편에서는 신문 논조가 두렵고 한편에선 권력의 탄압이 두려워 130여 명에 달하는 언론인을 대량 파면하는 한국언론사상 유례를 찾아볼 수 없는 폭거를 범했다.

언론자유를 주장하는 기자들을 언론기업주가 대량 해고한다는 이 전대미문의 사건이 일어난 후 한국 언론은 사실상 그 기능을 잃고 국민의 신임을 상실했으며 따라서 70년대 후반의 5년간에 걸친 한국 언론은 이미 그 정통성을 상실하게 되었다.[15]

동아일보사에서 자유언론실천에 앞장섰던 언론인 170여 명이 쫓겨날 때 조선일보사에서도 유사한 일이 발생하여 30여 명이 쫓겨났다.

동아일보사에서 쫓겨난 기자와 직원들은 '동아자유언론수호투쟁위원회'를 결성하고 긴 세월 동안 줄기차고 처절하게 싸웠다. 그리고 온갖 수난을 겪으면서 반독재 민주화에 기여했다. 이들의 투쟁은 쫓겨난 다음 날부터 시작됐다.

회사에서 쫓겨난 134명의 기자들은 갑자기 생계의 수단을 잃어 막막했으나 대신 전 세계의 성원으로 조금도 외롭지 않았다. 해직 기자들은 18일부터 아침 출근 시간에 동아일보사 앞에 도열하여 언론자유를 위한 투지를 조금도 굽히지 않았음을 시위했다. 이와 같은 시위는 그 후 6개월간 계속되었다.

해직 기자들은 닥쳐올 생활 위협과 함께 탄압이 시작되어 당국의 감시·연행으로 이중의 고난을 겪어야 했다. 김병익·서권석·박종만·김종철·고준환·김두식 기자 등이 연행 조사를 받았으며 이 중 이부영 기자는 징역 8년, 성유보 기자는 징역 4년을 선고받았다. 기자들은 회사에서 축출되자 18일 즉각 '동아자유언론투쟁위원회'를 결성하여 언론자유를 위해 계속 투쟁할 결의를 굳혔다.[16]

송건호 평전

'동아자유언론투쟁위원회동아투위'는 긴 세월 동안 그야말로 풍찬노숙하면서 자유언론과 명예회복을 위하여 독재권력 그리고 사주 측과 싸웠다. 그사이 여러 사람이 유명을 달리하는 아픔도 겪었다. 송건호는 이들의 정신적 지주가 되었다.

국민의 정부가 수립되고 '동아투위'는 언론재단의 지원으로 동아투위 26주년인 2001년 10월 24일에 『너마저 배신하면 이민갈 거야!』라는 자료집을 발간했다. '동아투위' 성유보 위원장의 발간사에서 언론자유를 추구하는 이들의 강인한 집념을 살필 수 있다.

때로는 일용직 노동자로, 때로는 때아니게 구멍가게 사장이 된 마누라의 남편으로, 때로는 출판 시장의 값싼 번역사로 나서면서도 우리가 각종 집회와 시위에 참여, 언론자유에 대한 끊임없는 외침을 외칠 수밖에 없었던 것은, 언론자유라는 것은 바로 우리들만의 것이 아니라 자유를 갈망하는 모든 국민들의 것이며, 비록 현장에서 쫓겨났지만 그것은 우리가 버릴 수 없는 우리의 책임임을 잘 알고 있었기 때문이다.[17]

9. 언론인에서 점차 언론학자로

실직 다음 날부터 도서관 찾아

　신문사에 사표를 제출한 다음 날 아침 상 앞에서 아내와 얼굴을 맞대고 앉은 것은 참으로 멋쩍은 일이었다. 밥을 먹기가 무섭게 대문을 열고 나가는 것이 사회생활을 시작한 지 20여 년간 습관처럼 되어 있는 생활이 하루아침에 중단되어 이제 갈 곳 없는 몸이 되고 보니 어쩐지 기분이 허전하고 마음이 안정되지 않았다. 모든 것을 툴툴 털고 직장을 떠난 지금 이제까지의 일이 모두 꿈만 같았다.[1]

　직장을 잃어 본 적이 없는 사람은 이런 기분을 이해하기 어려울 것이다. 더욱이 자기 과실이나 정년퇴임이 아니라 공적인 일을 하다가 또는 권력의 작용으로 직장을 빼앗기고 실직 상태를 당했다면 그 심경을 헤아리기가 쉽지 않을 것이다. 배우자는 물론 자식들을 대하기도 면구스러운 일이다.

송건호의 나이 50세, 아내와 딸린 자식이 줄줄이 6남매나 되었다. 장녀 희진熙珍부터 려금麗錦, 희정熙禎, 준용準容, 주연周妍, 제용齊容에 이르기까지 초등학생부터 대학생까지 모두 학생이었다.

1976년, 흑석동에서 11년 동안 살던 집을 팔고 부인이 알뜰하게 저축한 돈을 보태어 은평구 역촌동으로 이사했다. 대지 70평에 건평 40평짜리 단독주택이었다. 여덟 식구가 살기에는 부족하지 않았다. 문제는 먹고사는 것과 아이들의 학비였다. 송건호는 이 집에서 사망할 때까지 30여 년을 거주했다.

스물여덟 살에 첫 직장을 갖고 쉰 살에 실직자가 될 때까지 그래도 비교적 평탄한 삶이었다. 때가 되면 월급이 나왔고, 여기저기에 글을 쓰고 받는 원고료도 짭짤한 수입원이었다. 사교성도 없고 술과 담배를 하지 않아서 교통비와 책값 말고는 달리 돈을 쓸 일도 없었다. 그런 생활인이 실직자의 신세가 되었다.

실직 첫날 송건호는 버스로 고향 뒷산에 묻힌 아버지의 산소를 찾았다. 나이 50에 이르러 이제 다시 직장에 들어갈 기회가 있을 것 같지 않아 돌아가신 아버지에게 그간의 경위를 보고드리기 위해서였다.

실직 첫날 고향 뒷산에 있는 아버지 산소를 찾은 송건호.

이른 봄의 산 공기는 아직도 찼다. 인기척 하나 없는 산허리에 홀로 쓸쓸히 누워 계시는 아버지 산소 앞에 나는 무릎을 꿇었다.

"아버지, 제가 왔습니다. 건호가 왔습니다."

산소 앞 흙은 얼음처럼 찼고 겨우내 얼었던 땅이 이제 녹기 시작해서인지 맑은 날씨인데도 질펀했다. (…) '이제 고생문이 훤히 열려 앞날이 어떻게 될지 모르는 자식의 길을 인도해 주십시오' 하고 나는 빌 수밖에 없었다. 성묘를 끝내고 잔디 위에 앉아 사방을 훑어 보니 자주 찾아오는 곳은 아니면서도 고향은 역시 반갑고 늘 보는 산이며 개울이 그렇게 정다울 수가 없었다. 점심시간이 한참 지났는데도 시장하지가 않았다.[2]

며칠 뒤 신문사에서 퇴직금 120만 원을 보내왔다. 무슨 일을 새로 시작하기에는 부족한 금액이었다. 또 평생 글만 써 온 처지에서 달리 무엇을 하기에는 나이도 많고 엄두도 나지 않았다. 날마다 남산에 있는 국립도서관으로 '출근'했다.

송충이는 솔잎을 먹듯이 글쟁이는 글을 쓰는 재주밖에 달리 길이 없었다. 많은 '글감'이 떠오르고 그동안 미뤄 두었던 평론의 주제들도 적지 않았다. 글쟁이 송건호의 새로운 인생이 시작되었다.

다산 정약용이 강진 유배가 아니었다면 민족지성사에 샛별과 같은 각종 저술이 나오기 어려웠을 것이고, 추사 김정희에게 제주도의 위리안치가 없었다면 〈세한도〉 같은 걸작은 보기 어려웠을 터이다. '유배문학'의 아픔, 그러나 위대한 유산은 수없이 많다.

국내외 곳곳의 감옥에서도 인류문화사에 남는 명저와 명작이 숱하게 쏟아졌다. 또한 지식인의 강제 실직 상태에서도 이에 못지않은 각종 저술이 집필되었다. 송건호는 실직이라는 기회를 자료를 찾고 글을 쓰는 데 활용하기로 마음먹었다. 달리 해야 할 일도 없었고 가야 할 곳이 없기도 했다.

10여 일 매일같이 개근하면서 서너 편의 글을 썼다. 하나는 독립신문 창간 이래 문제된 사설을 정리하는 글이고, 하나는 80년간 우리 언론사에서 기사 쓰는 스타일을 연도별로 분리해 보는 일이었다. 정작 신문사에 근무할 때는 이런 조사 연구의 글을 쓸 기회가 없었다. 기회는 고사하고 이런 문제는 생각해 보지도 않았던 문제들이다. 기자 생활을 그만두고 오히려 신문에 대한 연구와 조사를 하게 되었고 따라서 이것저것 새로운 문제의식도 생겨나게 되었다.

한 가지 소개하고 싶은 것은 3·1 운동 후 창간된 몇몇 민간

신문 중 동아일보의 사회면을 분석하면서 3·1 운동 후의 사회사를 쓴 글이다. 한 180매쯤 되는 글이지만 퍽 재미있는 원고였다.[3]

송건호의 본격적인 각종 언론사론 집필과 현대사 연구는 이렇게 시작되었다. '동아사태'가 없었으면 그는 변함없이 신문을 제작하고 많은 시사 관련 글을 썼을 것이다. 그랬다면 자유로운 글쓰기는 불가능했을 것이다. 주제 설정이나 글의 수준, 글의 양 등은 '실업'이 가져다준 시간과 공간 덕분에 훨씬 효율적으로 발휘되었다.

신문 문체의 변천 과정 정리

송건호가 이 시기에 쓴 가운데 중 하나가 「3·1 운동 후의 민심사民心史—동아일보의 지면분석」이다. 이 글은 《창작과 비평》 1975년 여름호에 발표되었다. 역사학자들도 감당하기 어려운 주제였다.

송건호는 《동아일보》가 창간되는 과정에서 20대 신진기예들이 활약한 내용을 추적하면서, 유근柳瑾이 창간호에 쓴 「아보我報의 본분과 책임」을 소개한다. '아보'란 본지本紙와 같은 뜻으로, '동아일보'를 말한다. 45년 전 선배들의 글을 인용하면서 마음속으로 자신과 수많은 뛰어난 기자들이 밀려난 당시 《동아일보》의 사정과 대비했을지 모른다.

동아야! 동아야! 너는 민중의 마음을 일일이 알리고 보도하여 분발케 하고 그들을 압제로부터 벗어나게 하며 그의 고유한 자유를 누리게 하라.

동아, 너는 조선 민중의 권리보호자이며 그들의 기관수며 우편배달부며 전화 교환수며 대의사며 정치가며 법률가며 경제가며 노동주의자다. 무겁다, 너의 책임, 자유권 잃지 말고 만난을 물리치고 용왕직전勇往直前 거침없이 신지信地에 도달하여라. 아! 동아일보야.[4]

송건호는 또 창간호에 실린 월봉생月奉生의 〈아 동아일보야〉라는 시도 소개한다.

민중의 벗으로 동아시아에 / 반만년 찬란한 우리 역사와
삼천만 화려한 우리 강산을 / 위하고 위해서 네가 나왔지
죽은 것 살리고 언 것 노키려 / 잠복된 일절을 발흥케 하려
압착壓搾된 온것을 소생케 하려 / 장애와 시험을 괘념치 말고

너를 고대한지 이미 오래고 / 너에게 바람이 많고 컸도다

네 사명 중함은 누구나 알고 / 네 주의主義 바름은 누구나 안다[5]

「3·1 운동 후의 민심사」는 '저항의 언론과 민중, 창간에 대한 반응, 항일하는 민중, 활발한 청년·학생운동, 불타는 면학열, 일본인의 만행과 민원民怨, 새 세대의 남녀 윤리, 출판과 도서, 광고문화의 분석' 등으로 나누어 정리한다. 이 평론은 3·1 운동 이후의 《동아일보》의 지면을 샅샅이 분석한 최초의 시도였다.

송건호가 이 시기에 쓴 또 한 편의 수작은 「신문 문체의 변천사」라는 글이다. 이 평론은 한국의 계몽기부터 최근까지의 신문 문체의 변천 과정을 정리한다.

먼저, '신문 문장의 특징'에서는 신문 문장은 고교 졸업생이면 무슨 내용이든지 이해할 수 있는 글이어야 하고, 정확해야 하고, 템포가 빨라야 한다고 말한다. 자신의 오랜 언론인 경험에서 우러나온 의견이다.

'계몽기 문체의 특징'에서는 1896년에 창간된 우리나라 최초의 민간신문인 《독립신문》이 계몽적 성격이 강했던 것은 시대적으로 보아 당연한 일이었다고 보고, 《독립신문》의 계몽적 성격을 한글 전용에서 찾을 수 있다고 분석했다.

당시만 해도 한문 전용 시대로 한글은 '언문諺文'이라고 해서 아녀자나 배우는 천하고 속된 글이라는 관념이 지배적이었고 한문은 '진서眞書'라고 해서 남자들은 누구나 한문을 모르는 사람이 없었다. 한글보다 한문을 읽는 편이 오히려 더 편리하다는 것이 당시의 실정이었다.

한데도 《독립신문》은 한글 전용을 단행해서 무지한 상민 대중들에게까지 애독케 했다. 지금도 한글 전용이 맹렬한 반대에 봉착하고 있음을 볼 때 1896년 이조 말엽에 한글 전용을 단행했다는 것은 놀라운 영단이며 《독립신문》이 강한 계몽지적 성격을 여기서 발견할 수 있다.[6]

이 평론은 이어서 '망국 전후의 신문 문체', '수난기의 기사체', '신문 문체의 현대화 과정' 등을 정리한다. 신문 문체가 현대화되는 과정을 다음과 같이 설명한다.

8·15 해방과 더불어 한글은 완전히 우리글이 되었다. 그리고 해방은 언론에 두 가지 과제를 제기했다. 하나는 본래의 우리 말을 발굴 개척하는 문제, 다른 하나는 이 같은 우리 말과 글을 대중화하는 문제였다. 시대가 민주적 대중시대라는 점에서나, 라디오·영화·TV 등 신문과 경쟁적 입장에 있는 여러 미

디어의 눈부신 진출, 바꾸어 말하면 기업적인 면에서도 우리 글과 말의 대중화 문제가 절실했다.

이러한 상황에서 8·15 후 우리 국어는 서서히 순화되었으며, 53년 수복이 되고 이어 60년대에 민간방송과 TV가 등장하면서 신문 문체는 본격적으로 현대적 상황에 적응하는 방향으로 변하기 시작했다.[7]

송건호는 이 논설에서 시대마다 적절한 신문기사를 인용하면서 신문 문체의 변천사를 일별한다.

「신문논설사」 집필

《저널리즘》 1976년 봄호에 실린 「신문논설사」도 실직 초기의 작품이다. 앞의 두 논설과 함께 3부작이라 할 수 있다.

제목에서 알 수 있듯 신문의 논설사설을 분석하는 글이다. 서울에 6~7개의 일간 전국지가 있는데 신문이 하나같이 비슷비슷하고 특색이 없어져 독자들의 관심이 점점 떨어져 가고 있다고 진단하며, 신문 사설의 중요성을 제기한다.

신문이 비슷비슷하다고 말할 수 있는 가장 큰 이유로서는 사설을 들 수 있다. 기획물이나 보도기사는 객관을 위주로 하기 때문에 신문은 자기주장을 하는 사설 속에서 가장 뚜렷이 자신의 특색 또는 특징을 나타낼 수가 있다. 만약 사설에서 특색을 드러내지 못하면 신문의 특색은 없어지기 마련이고 독자의 관심이 점점 떨어져 가는 것도 막을 수가 없다. 사설이란 일반적으로 읽히지 않는 것으로 알려져 있다. 그러나 신문에서 간판 구실을 하는 것은 사설이며 때문에 비록 많이 읽히지는 않더라도 간판인 사설이 시시하면 신문 전체가 시시해지는 것이 언론의 현실이다.

그러므로 언론사에서 신문의 흥융과 쇠퇴는 물론 그 시대의 성격이 어떻다는 것을 깨닫게 하는 기준이 바로 사설이다. 이런 관점에서 지난 80년간의 사설사社說史를 되돌아보면 그것이 바로 한국의 역사가 되고 있다는 것을 또한 발견한다.[8]

'계몽기의 한글 사설'에서는《독립신문》의 사설을 분석한다. "1면 상단에 큼직하게 사설이 나와 있다. 지금의 사회기사는 잡보라고 해서 그다지 큰 비중을 차지하지 않고 있다.《독립신문》을 한 마디로 '사설신문'이라고 말할 수 있다."

《독립신문》의 창간사라 할 첫 사설을 인용하며 다음과 같이 평가한다.

(…) 우리가 이 신문을 출판하기는 취리하라는 게 아닌 고로 값을 헐하도록 했고 모도 언문으로 쓰기는 남녀상하 귀천이 모도 보게 함이고 또 구절을 띄어 쓰기는 알아보기 쉽도록 함이라 (…)

창간사에 나와 있는 이와 같은 천명은 처음부터 강한 계몽적 사명의식을 갖고 나왔다는 것을 알려 준다. 《독립신문》을 신문의 사시 그대로 누구에게도 편벽되지 않고 어느 나라에도 예속되지 않고 오직 나라를 위해서만 신문을 만들겠다고 아직 깨어나지 못한 민중에게 일상생활 문제부터 차근차근 깨우쳐 주었다.[9]

'망국과 저항시대의 논설'에서는 《황성신문》과 《대한매일신보》의 구국적 논설을 살피고, 《동아일보》와 《조선일보》의 창간 초기의 항일적 논설을 분석한다. 특히 《동아일보》와 《조선일보》 두 신문은 1929년 광주학생운동을 전혀 보도하지 못하면서 이 무렵부터 제 기능을 하지 못했다고 기술한다.

광주학생운동은 그 규모가 전국적인 대사건이었는데도 당시의 조선, 동아는 일제의 압력으로 거의 보도하지 못했고, 월여 후에 보도관제가 풀리기는 했으나 제대로 사설을 쓸 수 없었다. 학생사건에 관한 사설은 만신창이로 삭제되어 무슨 뜻인지 알 수가 없을 정도였다.

, 항일언론이라고 흔히 말하나 일제에 저항하는 언론은 창간 후 1, 2년, 다음 7, 8년은 저항의 지면이 상처투성이고 1930년 후로는 사실상 저항다운 저항을 못 했음이 지면에 나타나 있다.[10]

'수난시대의 논설'에서는 1930년 이후 일제의 간섭이 심해지면서 나타난 현상, 특히 1937년 중일전쟁 이후의 논설의 경향을 분석한다.

"전쟁이 터진 후 처음에는 '일본군'이라는 용어를 썼으나 8월 20일 동아는 처음으로 '황군'이라는 용어를 쓴 다음과 같은 사설을 쓸 수밖에 없었다"라고 전제한 뒤, "그러므로 우리의 긴장은 갱일층 내구성을 지보持保할 각오로서 당국의 지도에 협조하고 총후銃後 원조에 성의를 다하야 써 거국일치의 실적을 유루 없이 내지 않으면 아니 될 것이다"라고 인용했다.

송건호는 또 이 시기 사설의 제목을 찾아 흥미 있는 분석을 한다.

그 무렵의 사설 제목을 잠깐 훑어 보면 시국관계 사설을 제

하고는「추수기에 제하여」,「통계상으로 본 결혼과 이혼」,「금
강산의 승경보존」,「해동은행의 매도」,「조혼의 폐해」,「미술
의 진보와 발전」,「만주 이민문제」,「죽음기제의 의미」,「색의
色衣 착용문제」,「반상차별과 족칭 폐지」,「배금사상과 문화인
의 타락」,「유흥기분의 청소」,「경로와 미덕」 등이다.

한마디로 사설 테마가 시시하다. 사설이 이렇게 시시할 때
그것은 곧 신문이 시시하다는 것을 의미한다고 했다. 이 무렵
은 정기적으로 이른바 시국에 협조하는 사설이 나가고 있는데
아마 일제 당국으로부터 그러한 사설을 쓰라는 지시가 있었던
것 같다.

일제의 침략전쟁에 대해 침묵의 자유조차 없었다는 것을
알 수 있다. 이렇게 본의는 아니지만 민간지들은 이미 일제에
대한 협력이 불가피했다. 항일은 고사하고 방관 침묵의 자유
조차 없는 상황에서 신문을 한다는 것은 결과적으로 민족에
해독을 끼치는 것밖에 있을 수 없다.

'언론자유 구가기의 논설'에서 해방 이후의 신문을 다룬다.
"우리나라 언론 80년 사상 명실상부한 언론자유시대는 1945년
해방 때부터 약 5년간의 좌우대립시대가 아니었던가 한다. 이
때는 사상통제란 거의 없었고 우익이고 좌익이고 제각기 가진

바 주의·주장을 남김없이 발표했었다"[11]라며 '언론자유 구가 시기'의 상황을 설명한다.

송건호는 이 시기 언론의 두 가지 큰 과제로서 우리말 개발과 우리말 보급의 대중화를 들면서, 사설은 문맥이 안 통하는 말이나 일본식 표현이 많았고 철자법도 말이 아니었다고 지적했다. "그런데 의외의 사실은 당시의 신문이 사설을 별반 중요시하고 있지 않다는 점이다. 대체로 혼란기에는 사설의 비중이 커지는 법인데 이 무렵 사설을 읽고 한가하게 생각하고 있을 시간이 없었다고 생각한 때문이었는지도 모른다"[12]라고 분석했다.

이승만 정권기의 언론 상황을 분석한 대목도 눈길을 끈다.

자유당 정권은 여론활동에 별반 깊이 관여를 안 해 주어진 여건에서도 조금도 언론활동에 불편을 느끼지 않았다. 그러나 이 당시의 언론에도 두 가지의 타부가 있었다. 하나는 냉전이 절정에 달한 국제상황이었던 만큼 대외관계에 있어선 비판의 자유가 거의 없었다는 점이다. 국내 정치에 있어서는 상당한 자유가 있었는데도 대미관계는 거의 타부였고 논평의 대상조차 되지 않았다. 대일관계는 무조건 비난, 공격이 가능했을 뿐, 한일관계의 객관적 논평이란 허용되지 않았다. 대미관계와 대일관계가 다 같이 정상을 잃은 정반대의 입장에서 논평이 가능했을 뿐이었고, 한편 남북문제는 북진통일론 정도가 가능했을까 아예 논평 자체가 타부였다. 자유당 치하의 언론은 제한된 범위 안에서의 자유였으며 그 범위 안에서의 자유는 약간 과잉상태였지 않았나 하는 감을 준다.[13]

4·19 후의 언론의 행태에 관해서는 대단히 비판적으로 분석한다.

> 4·19 후의 언론자유가, 물론 당시의 자유도 한국의 국제적 입장에서 일부 제한이 불가피했다고는 하나, 주어진 자유의 향유가 아니라 거의 남용에 가까웠다고 보는 것이 옳을 것이다. 언론계 자체 안에서 '언론의 자유', '언론의 품위'가 강조되었던 것만으로도 짐작이 간다.
> 그러나 4·19 후의 언론자유의 혼란은 그 책임이 오히려 일부 언론기업에 있었다고 보는 것이 옳지 않을까. 언론인들의 상황을 전혀 생각지 않고 기자신분증을 남발하고 오히려 일선 취재기자들한테서 돈을 거두어들이는 일부 악덕 기업이 규탄되어야 마땅하다.[14]

'기업화 시대의 논설'에서는 5·16 후의 언론의 실상을 다룬다. 이 시기의 한국 언론은 신문사마다 시설투자를 서둘러 경영의 규모가 커지고, 사주들이 타 기업에 손을 댄다든지, 일반 기업인데 언론기업에 손을 대어 언론기업이 독립되지 않고 다른 여러 기업과 한 기업인의 산하에 깊은 관련을 맺게 된 상황을 설명한다.

신문기업이 이렇게 내부에서 독립성을 상실했다는 것은 큰 변화라고 하지 않을 수 없다. 이렇게 내적으로 독립성을 상실한 언론기업은 또한 자체의 방대한 시설투자 때문에 필요하게 된 불가피한 융자나 관련기업의 막대한 융자로 말미암아 직접 간접으로, 즉 이중으로 독립성을 상실하게 되었다.

언론의 소신에 따라 공정무사, 오로지 공익을 위해 활동하려면 먼저 기업의 독립성을 확립해야 한다는 것은 새삼스러운 설명이 필요 없다.

한데 언론이 이렇게 안으로 밖으로 독립성을 이중으로 상실하고 있다면 이러한 여건 속에서도 언론이 어느 정도의 자주성을 발휘할 수 있겠느냐는 것은 긴 설명이 필요 없을 줄 안다. 오늘의 한국 언론은 그 고민이 어떤 인간적 윤리적 차원에 있다기보다 먼저 구조적 병리이며 고민이라는 것을 깨달아야 한다.[15]

이 글에서 송건호는 언론인 출신으로서 누구보다 언론계의 내막을 들여다보고, 언론이 제 기능을 하지 못하게 된 원인을 분석한다. 그는 언론인 각자의 의식에도 문제가 있지만 구조적으로 권력과 사주에 예속된 체제에서 그 원인을 찾는다. 이런 과정을 거쳐 한국의 족벌신문은 더욱 권력과 유착하게 되고, 비대해지면서 권력 비판의 기능을 상실하고 더 나아가 권력 그 자체로 군림하기에 이르렀다.

불안정한 생활, 야박한 인심

송건호의 나날은 고통스러웠다. 먼저, 가족의 생계가 어려운 데다 주위의 인심마저 야박해 심신을 괴롭게 했다. 신문사를 떠난 뒤에는 갖가지 비난과 빗발치는 욕설 때문에 견디기 어려웠다.

신임하고 아끼던 후배 중에 무책임하게 신문사를 떠났다고 욕설을 퍼붓는 이들도 있었다. 그래도 자신이 택한 길을 후회하지 않았다.

내가 한 직장인이라는 점을 중시한다면 그들의 비난과 그 말이 모두 옳다. 그러나 언론인이라는 막중한 영향을 미치는 직책의 특수성에 비추어 볼 때 '직장에 충실할 것이냐?', '직업에 충실할 것이냐'를 택해야 한다면 나는 단연 직업에 충실하겠다고 대답할 수밖에 없었다. 이것은 나에게 주어진 숙명적인 비극일지 몰랐다. 그러나 나는 개인의 의리보다도 본분에 충실해야겠다는 결심이 강해 일부에서 퍼붓는 비난을 무릅쓰고 오늘과 같은 어려운 길을 택하게 되었다. 내가 스스로 택하고 원해서 걷는 길이기에 아무리 괴로워도 후회하고 싶은 생각은 없고 누구를 원망하고 싶은 생각도 없다. 각자가 옳다는 길을 가면 되는 것이다. 모두 자기 책임하에 말이다.[16]

자기가 걷는 길에 신념이 있었기에 마음에 흔들림은 없었다. 이와 달리 생활인으로서의 현실은 언제나 무거운 돌덩이처럼 의식과 육신을 짓눌렀다. 이런 와중에 시국은 점점 더 어려워져 갔다.

1975년 4월 8일, 박정희는 긴급조치 제7호를 선포하고 이틀 뒤 이른바 '인민혁명당' 관련 인사 여덟 명을 전격 처형했다. 4월 30일에 남베트남 민족해방전선이 사이공을 함락함으로써 '월남'이 패망하자, 이를 계기로 박정희 정권은 반공의 구실 아래 비판세력을 더욱 강력하게 통제했다.

5월 13일에는 긴급조치 제9호를 선포해 유신헌법에 대한 비방·반대·개정 주장 및 긴급조치 9호에 대한 비방을 금지하는 폭압조치를 감행했다.

박정희는 이에 그치지 않고 7월 16일에 '사회안전법'을 제정했다. 긴급조치 9호와 함께 제정되어 시행된 이 법은 정권에 의해 사상범 또는 공안사범으로 규정된 사람들을 형기를 마치고도 언제든지 재수감할 수 있는 악법 중의 악법이었다. 보안처분 대상자는 ① 형법상의 내란죄, ② 군형법상의 반란죄·이적죄, ③ 국가보안법상의 반국가단체구성죄, 목적수행죄, 자진지원·금품수수죄, 잠입·탈출죄, 찬양·고무죄, 회합·통신죄, 편의제공죄를 지어 금고 이상의 형을 받고 그 집행이 있는 자들로 규정했다.

8월 17일에는 송건호와도 친했던 전《사상계》대표 장준하가 등산 중 의문의 실족사를 당하는 사건이 벌어졌다. 그의 실족사에는 많은 의문이 따랐다. 사건의 배후에 권력기관이 있다는 설도 나돌았다. 독립운동가 출신으로《사상계》를 통해 반독재 언론투쟁을 해 온 대표적 재야 활동가의 죽음 앞에 송건호는 한없는 분노와 비애를 삼켰다.

생계가 절박한 송건호는 지인들을 찾아 취업을 부탁했다. 대부분 냉담하게 반응했다. 긴급조치 9호 체제에서 모두 살얼음판을 걷는 시국에, 권력에 '찍힌' 송건호를 받아 줄 의리 있고 용기 있는 사람을 찾기란 어려웠다.

어느 날 민간의 큰 교육단체 책임자가 'C 신문사'를 소개해 주겠다고 나섰다. 송건호는 이에 고민할 필요도 없이 거절했다. "영영 언론계하고는 인연을 끊고 방향전환을 해 보겠다는 나에게 다른 신문도 아닌 C 일보를 이야기해 준다는 말에 나는 말도 않고 그 자리를 물러나왔다."[17]

굶어 죽어도 구걸은 하지 않고 얼어 죽어도 곁불은 쬐지 않는다고 했다던 조선의 선비정신을 엿볼 수 있는 대목이다. 그는 언론인의 양식으로 'C 일보'에 가서는 도저히 글을 쓸 수는 없다고 판단했다.

그 무렵에 박정희가 송건호에게 사람을 보냈다. 청와대에 들어와 자기를 도와 달라는 대통령의 부탁을 전하러 온 밀사였다. 박정희는 송건호에게 청와대 홍보를 담당하는 부서의 고위직을 제시했다. 이미 유신 체제에 참여한 언론인이 많았고, 청와대 수석이나 비서관 중에는 언론계에서 이름을 날리던 지인도 적지 않았다.

송건호는 박정희의 제의를 단호하게 거부했다. 백이와 숙제가 될지언정 변절자가 될 수는 없다고 판단했다. 법이고 상식이고 팽개치면서 전재 권력을 휘두르는 독재자 밑에 들어가 자신이 지금까지 써 온 글과 신념을 하루아침에 부정하면서 부귀를 탐할 수는 없다고 생각했다. 박정희의 제안을 거부하자 취업은 더욱 어려워진 것은 물론이오, 정보기관의 감시까지 받는 처지가 되었다.

가끔 '동아투위'의 후배들과 만나 회포를 풀었다. 더러는 '직장 복귀'를 고민하며 송건호에게 어떻게 하면 좋을지 의견을 물었다. 젊은이들의 생활 실정을 잘 알기에, 그럴 때마다 그는 그들을 말릴 수도 없어서 신념대로 하라고 일러 주었다. 나중에 직장을 떠난 지 몇 개월 만에 몇몇이 회사로 돌아갔다는 소식을 들었다. 이들을 원망할 수도 없었고 나무랄 수도 없었다.

실직하고 집에 있을 때 누구보다 먼저 송건호를 불러 주고 위로해 준 이는 리영희 한양대학교 교수였다. 송건호와 차 한 잔 마시는 것도 겁을 내던 시절이었으나 리영희는 개의치 않았다. 역시 소신이 있는 지식인은 남달랐다.

리영희가 소개해 주어 한양대학교에서 시간강사로 강의를 맡았다. 열과 성을 다해 강의했다. 이 사실을 안 정부 당국이 학교에 압력을 가해 이 강의마저도 이듬해부터는 끊기고 말았다. '청와대 입성'을 거부한 대가치고는 너무 옹졸하고 치사한 처사였다.

송건호에게는 고난의 해였던 1975년 초에 『민족지성의 탐구』라는 평론집을 출간했다. 그동안 써 온 글 중 비중 있는 글

을 모아 엮은 첫 평론집이다. "이 땅에 과연 '민족지성'이라 일
컬을 인물이 몇이나 있는가"라는 물음에 답하면서, 주로 지식
인과 언론의 일반 문제에 관해 쓴 글 21편을 담았다.

송건호는 언론인이자 지식인으로서 이 분야와 관련하여 많
은 글을 썼다. 주로 언론인과 지식인의 사명과 책임, 그리고 이
들이 어떻게 살아야 하는지를 탐구하는 내용이었다.

10년 동안 지식인과 언론인의 정도에 관한 글을 써 온 평론
이 단행본으로 햇빛을 볼 즈음에 그는 언론계를 떠나 고독한
지식인으로 지내며 생활고에 시달려야 했다.

『민족지성의 탐구』에서 특히 눈길을 끄는 글은 「지식인의
주체적 자세」라는 글이다. 1970년에 출간된 『현대문명과 한
국』이라는 책에 실렸던 글이다. 한국의 지식인이 도시형 지식
인에서 계몽형 지식인으로, 다시 전공형 지식인으로 변화해 온
역사를 기술하면서, 지식인이 갖춰야 할 조건으로 지성의 민족
성·주체성·객관성·논리성·실현성·경험성 등을 제시한다.

그중 지식인의 민족성과 관련한 내용을 들어 본다.

우리는 한국 민족이며 일정한 역사적 현실 속에 살고 있
다. 따라서 우리의 지성은 불가피하게 우리 앞에 주어진 이러
한 현실의 제약을 받게 되며 지식인의 문제의식도 다른 나라

에 대해 특수성을 가지게 된다. 지식인의 주체성 또는 지성의 폭로성이라 할 수 있을 것이다. 결론을 말한다면, 한국 민족의 한 사람으로 항상 민족적 입장에서 외국 학설이나 또는 현실 분석에 있어서 주체성을 견지해야 한다는 것이다.[18]

송건호가 이 글에서 강조하고 싶었던 대목은 결론에 있었다. "역사의식이란 무엇이냐? 그것은 비판의식이며 문제를 해결하는 실천의식이다. 그것은 과거를 미래로 전환시키는 현재 의식이다. 따라서 역사적 지성이란 인간의 역사적 존재를 해명하며 그것의 반전과 변화와 또한 그 속에 포함된 법칙성 같은 것을 밝히는 지성이다. 역사적 지성은 당연히 주체적 지성으로 나타난다. 남의 나라의 지성, 방법론을 기계적으로 도입하는 것이 아니라, 주체적 입장에서 실천적 과제로서 비판적으로 성취하는 지성이다. 바꾸어 말하면, 한국 지식인은 '지금 이곳'의 역사적 특수성을 의식하는 속에서 세계의 지성을 보아야 한다. 이러한 주체적 자세에서만 세계적 시야에서 자신을 되돌아볼 수도 있을 것이다."[19]

일주일에 이틀씩 출강하고 4만 원씩 받아 살림에 보탰던 한양대학교 출강도 정부의 압력으로 중단되면서 최소한의 생존권마저 다시 위협받았다.

다행히 '동아사태'가 어느 정도 잊히면서 출판사에서 원고 청탁을 해 왔다. 지인의 소개로 일본인 야나기 무네요시柳宗悅의 『조선의 예술』의 번역도 맡았다. 이 책은 그해 3월 『한민족과 예술』탐구당이라는 이름으로 출간되었다.

그럼에도 원고료나 번역료는 10년 전이나 당시나 차이가 없어서 생계의 불안은 계속되었다.

내가 신문사를 그만둔 첫해는 매일같이 불안이 나를 쉴 새 없이 괴롭혔다. 갑자기 두려워지기도 했다. 아이들 여섯을 데리고 어떻게 사나? 내달은 어떻게 사나? 아니 내년엔 어떻게 될까? 온갖 잡념이 거의 24시간 쉴 새 없이 나를 괴롭혔다. 불안과 공포 속에 몰아넣었다. 그러나 76년이 되고 다시 77년이 되면서 처음 매일같이 집요하게 못살게 굴던 공포가 3·4일에 한 번씩 찾아오는 것이었다. 3·4일간은 전혀 아무것도 느끼지 못하고 별 탈 없이 있다가 어느 날 갑자기 불안 공포가 찾아왔다. 이럴 때는 거의 미칠 것 같았다. 이마에서 식은땀이 흘렀다. 내가 어쩌자고 이렇게 멍하니 있기만 하는가, 수입도 없고 하는 일도 없이 어떻게, 이런 일 저런 일을 생각하면 거의 미칠 것만 같았다.[20]

'신채호의 길'과 '최남선의 길'

처절한 고독과 생활고에 시달릴 때마다 송건호는 독립지사들을 생각했다. 이들은 일제강점기에 나라를 되찾고자 풍찬노숙을 마다하지 않았다. 매국매족의 대가로 호의호식하는 친일파들과 이들을 대비해 보기도 했다.

이런 고민에서 시작되어 쓴 글이 「신채호와 최남선」이다. 《뿌리깊은 나무》 1977년 9월호에 실린 이 글에서 그는 대표적 민족지성과 대표적 변절 지식인을 들려준다. 단재의 고절에서 자신을, 육당의 훼절에서 기회주의자들의 모습을 찾았던 것인지도 모른다.

> 단재 신채호와 육당 최남선은 일제의 식민통치 밑에서 불우한 젊은 날을 보낸 사학자였다. 그들은 다 같이 민족을 사랑하는 모습에서 역사학을 택했고 민족운동을 했으며 또 그 때문에 감옥에 가기도 했다. 그러나 두 사람이 걸어온 길은 매우 대조적이었다. 한 사람은 그의 삶의 후반기에 철저하게 권력을 증오한 나머지 무정부주의자가 되었고 또 한 사람은 친일파가 되고 말았다.[21]

해방된 조국에서 같은 언론인의 길을 걸어 온 동료들의 모습도 여러 가지였다. 자유언론을 위해 몸을 던지는 투사형이 있었고, 사주나 권력의 편에 깃들여 호의호식하는 부류가 있었다. 일제강점기 단재와 육당처럼 애족과 배족의 극단으로 나눌 수는 없을지 모르나, 정도와 사도邪道는 달랐다.

송건호가 신채호를 어떻게 생각하는지 그의 이야기를 들어보자.

신채호는 철저하게 사대주의를 배격했다. 조선의 사대주의자들은 중국을 섬겼으므로 중국에 반기를 들고 독립하여 자립하려는 자가 있으면 기피대상으로 삼았다. 그러므로 그때까지 남아 있는 옛 역사 자료를 통해서 우리가 배울 수 있는 것은 거의가 중국 민족에 대한 우리 민족의 노예적인 굴종과 중국 숭배 사상뿐이었다. 우리나라에는 고대에 이미 역사 자료들이 있었으나 이름만 알려져 있고 실제 기록이 남아 있지 않는 것이 많다.

신채호는 사대주의자들이 역사 사실을 왜곡하여 중국을 큰 나라로 받드는 사대주의를 선전하는 수단으로 만들었다고 비난하며 기자능과 기자묘를 본보기로 들었다. 그는 사대주의자들의 이런 역사 인식이 고조선이나 동부여와 북부여를 역사에서 지워 버리고 우리나라의 고대 국가는 큰 나라에 의해 세워지고 보호되었다는 민족허무주의를 부추겼다고 했다.

사대주의자들이 역사 사실을 날조한 보기는 국토를 고증하면 쉽게 찾을 수 있다고 했다. 고대 국가들의 땅이 압록강 이북에까지 걸쳐 있어서는 절대로 안 된다는 처지에서 압록강 이북에 있던 고대 국가의 땅의 이름을 전부 압록강 이남의 땅에 옮겼고 심지어는 압록강 이북에 건설된 조선의 고대국가 발해를 우리 역사에서 지워 버리기도 했다고 했다.[22]

최남선에 대한 송건호의 생각도 들어 보자.

그의 민족사관은 그 발상에서 역사학자 홍이섭도 지적했듯이 일제 식민사관의 테두리를 벗어나지 못했다. 1912년의 일본인 하야시의 『조선통사』는 그 후의 조선 역사 연구에 하나의 지침 구실을 했다. 『조선통사』는 종래의 한문투성이 서술이 아니라 새로운 서술 양식을 썼기 때문에 우리나라 역사학계에도 많은 영향을 미쳤던 것이다.

최남선이 1930년에 쓴 『조선역사』도 하야시의 『조선통사』의 테두리에서 벗어나지 못한 것이었다. 최남선의 역사학이 문헌 고증에 지나지 않았던 사이비 과학주의의 일본 역사학의 영향 아래에 있었던 것은 그의 연구 과정에도 나타나 있다. 그는 1921년 감옥에서 나온 뒤에 국사 연구에 몰두했는데 이 무렵의 가장 주목할 만한 그의 논문이 「불함문화론」과 「단군론」이었다. 「단군론」에서 그는 동방의 문화 발상지가 백두산이라고 주장하고 이 이론을 한층 더 깊게 했다. 또 전국의 명승고적을 두루 찾아보고 『심춘순례』, 『금강예찬』, 『백두산 관참기』, 『조선유람기』와 같은 책을 내놓았는데 동방문화의 발상지가 백두산이고 우리 국토가 남달리 아름답다고 하는 주장 자체는 좋은 일이었다. 그러나 유감스러운 것은 그의 단군신화가 일본의 이른바 천조대신의 신화를 닮았고 조선의 금수강산 예찬이 일본인들의 국토예찬과 매우 닮은 점이 많다는 것이다.

이와 같이 조선 역사를 연구한다면서 일본 역사의 테두리를 벗어나지 못한 것이 최남선의 한계이다. 그가 이 무렵에 호된 비난을 들으면서도 제국주의 일본의 조선 식민사관의 이데올로기 생산 기관인 조선사편수회의 위원이 된 것은 그가 본의 아닌 친일행위를 했다기보다 그의 역사학의 본질이 일본 역사학의 테두리 안에 있었기 때문이라고 보아야 할 것이다.[23]

사람은 위기나 고난이 닥쳤을 때 무엇을 생각하고 어떻게 처신하는지를 보면 그의 평상심平常心을 헤아릴 수 있다.

송건호는 1975년 8월에 《영대신문嶺大新聞》의 청탁을 받고 「지성과 지조」라는 글을 썼다. 청와대 고위직 제의를 거부했던 즈음이었다. 사상적 변절자는 타기唾棄, 즉 업신여기거나 아주 더럽게 생각하여 돌아보지 않고 버려야 한다고 말한다.

> 친일에서 만송족에서 다시 그 후의 정치 상황에 따라 그때 그때 궤변을 늘어놓은 것을 수없이 보았다. 이데올로기의 해바라기족들이라고 할 수 있을 것이다. 사상적인 변절자는 두 가지 점에서 타기해야 할 족속이다.
>
> 첫째, 가치관의 변절이란 곧 자기 자신에 대한 변절이요, 배신이라는 점에서 먼저 인격적으로 쓸모가 없고, 둘째 지식으로 현실에 영합한다는 것은 정치적·경제적·문화적 악을 합리화해 주는 기능을 가진다. 현실의 부조리를 비판하고 폭로하고 분석함으로써 시정의 방향으로 이끄는 것이 일반적 의미의 지식의 기능이라면 지식인의 변절은 그때그때의 주어진 상황을 언제나 합리화하는 구실을 한다.[24]

'만송족晩松族'이라는 낯선 말은, 이승만을 대신할 후계자인 이기붕'만송'은 이기붕의 호을 떠받들고 그를 부통령으로 만들기 위해 온갖 노력을 한 이들을 가리키는 말이다.

송건호는 그동안 지식인의 변절 행위를 매섭게 질타해 왔다. 그런 자신이, 4월 혁명의 산물로 들어선 합헌 정권을 타도하고, 그것도 모자라 헌법을 짓밟고 긴급조치를 남발하면서 영구집권의 광기에 젖은 독재자의 홍위병이 될 수는 없다고 생각했다. 송건호는 주린 배를 움켜쥐고 이 글을 썼다.

글의 마지막에서 지식인이 지조는 경제적 시련을 동반하기에 쉬운 일이 아니라고 말한다.

> 지금은 어떤가. 한때 신랄하게 현실을 비판하던 인사도 어쩌다 권력의 부름을 받기만 하면 어느새 180도 현실긍정론자가 되고 또 현실을 1백 퍼센트 긍정하던 인사도 어쩌다 권력에서 소외되면 어느새 격렬한 현실부정론자로 변하는 것을 본다. 이는 지식인으로서의 변절이라기보다 한 인간으로서 이미 용서할 수 없는 배신이다. 하지만 지식인의 지조는 세속의 영예로서보다 오히려 정치적 수난과 문화적 소외 그리고 때로 한 가족의 가혹한 경제적 시련을 의미하기도 한다는 점에서 지조를 지키는 일이 말처럼 그렇게 쉬운 일이 아니라는 것을 깨닫게 된다.[25]

언론인에서 점차 언론학자로

송건호는 한국 사회가 평탄한 시대였다면 유능한 언론인으로서 죽을 때까지 자신의 길을 걸었을 것이다. 그러나 이승만·박정희·전두환으로 이어지는 독재정권의 시대는 양심적 언론인들에게 시련의 시절이었다. 더러는 형장의 이슬로 사라지기도 했다. 정치권력의 폭압으로 중절中絶한 언론인도 수없이 많았다. 송건호도 그중 한 사람이었다. 이 길은 양심에 충실하기 위해 그가 스스로 택한 길이었다.

송건호는 차츰 언론인에서 언론학자로 변신해 갔다. 날이 갈수록 타락해 가는 언론인의 모습에서 언론 현장에서는 떠났지만 언론의 소중한 가치와 애정을 놓을 수는 없었다. 전문성도 버릴 수는 없었기에 언론과 관련한 글을 많이 쓰게 되고, 그럴수록 글의 내용도 깊이를 더해갔다.

1977년 8월호 《월간 대화》에 쓴 「신문과 유언流言」은 '언론학자'의 연구 논설로 손색이 없다. 《월간 대화》는 강원룡 목사가 발행한 잡지로, 1970년대 중반기 긴급조치의 폭압에도 굴하지 않고 정론지의 역할을 다했다. 정부의 광고 탄압과 판매 방해 등으로 오랫동안 표지 안쪽과 뒷면을 백지로 내보내는 등 어려움을 겪었다. 결국 버티지 못하고 문을 닫고 말았다.

'동아투위' 회원이자 언론계 후배인 정연주에 따르면 송건호는 잠시 《월간 대화》의 주필을 지냈다고 한다.[26] 이때 송건호는 잇단 긴급조치로 언론이 통제된 상태에서 나타난 유언비어에 대해 고찰하는 글을 썼다.

보도가 어느 때보다도 절실한 때일수록 권력은 더욱 보도 관제를 강화하려고 한다. 굶주림에 먹을 것을 절실히 구하고 있을 때 밥을 가진 사람이 오히려 밥을 주지 않으려는 것이나 다름없다. 그러면 이렇게 허기진 사람이 먹기 쉬운 음식보도은 무엇인가? 한마디로 그것은 사람의 입에서 비밀히 유포되는 유언비어라고 아니할 수 없다.

특정 사건에 대한 보도가 완전한 보도 구실을 하려면 누구나 납득할 수 있는 전체적 보도가 전해지지 않으면 안 된다. 만약 한 문제 또는 사건에 대한 보도가 전적으로 공개된다면 그 보도는 정상적인 보도요 유언은 마땅히 알려져야 할 이러한 보도가 통제로 말미암아 그 일부분밖에 알려지지 않을 때 이 알려지지 않은 부분에 대한 궁금증이 유언을 나돌게 한다. 그러나 주의할 점은 유언은 제멋대로 만들어지거나 유포되는 것이 아니라는 것이다. 유언은 무엇인가 일정한 사회층의 이해와 밀접히 얽혀 있다.[27]

송건호는 언론이 구실을 제대로 못 하면 그 틈을 유언이 메우게 된다면서 언론통제와 유언은 정비례한다고 보았다. 유언을 없애기 위해서는 권력의 힘으로 단속할 것이 아니라 신문언론이 국민의 신뢰를 받고 올바른 시각에서 진실을 보도해야 한다고 강조한다.

그럼, 권력과 언론의 관계는 어떠해야 할까? 송건호는 이 관계를 다음과 같이 조명한다.

언론자유가 허용된 사회에서는 권력은 항상 자기들의 잘못이나 결함을 지적당하기 때문에 불쾌하기는 하면서도 한편 자기반성과 개선과 시정을 기할 수 있다. 그러나 비판이 허용되지 않는 사회에서는 참된 여론은 모두 잠재하고 가식의 여론, 조작의 여론만이 세상을 지배하게 된다. 권력은 어디를 가나 열렬한 환영을 받고, 가는 곳마다 잘돼 갑니다라는 칭찬을 받게 되어 그는 점점 자만심이 생기게 되고, 간혹 잘못돼 간다는 비판을 하는 여론이나 언론인이 있으면 경원하거나 억압한다.[28]

10. 반독재 재야운동과 저술 활동

천관우 권유로 재야 활동 나서

송건호는 녹슬지 않는 치열한 의식으로 날마다 글을 쓰고 자료를 정리하면서 하루하루를 보냈다. 힘겨운 나날이었다. 평생이때처럼 자기 시간을 많이 활용하면서 글을 쓰고 준비한 것은 처음이었다. 언제부터인가 현기증과 구토증 때문에 수면제를 먹고서야 잠이 드는 날들도 많았지만, 다행히 건강은 차츰 회복되었다.

1976년 12월 8일, 어머니가 돌아가셨다. 86세의 고령이었다. "돌아가시는 순간까지 노모는 여섯 자녀를 거느리고도 돈 한 푼 못 버는 자식의 앞날을 걱정하며 눈을 감았다고 들었다."¹ 여기서 '들었다'라는 표현에서 임종을 못 했다는 것을 알 수 있다. 그 이유를 직접 들어 본다.

그날 나는 원고 집필에 바빠 운명하는 자리에 임종도 못 했다. 마지막 눈을 감는 순간 모든 자식들이 지켜보아야 도리인 줄 알면서도 조금만 더 쓰고 조금만 더 하다가 마침내 운명하셨다는 전화를 받고 급히 달려갔으나 그때는 이미 어머니는 싸늘하게 식은 시체로 변해 있었다. 지금도 그때 일을 생각하면 평생 잊혀지지 않는 불효에 가슴이 매어진다.[2]

아버지는 서울의 형님 댁에서 청력을 잃고 오래 고생하시다가 1970년 1월에 78세를 일기로 돌아가셨다. 신문사에 근무할 때라 나름대로 격식을 갖춰 장례를 치를 수 있었으나 어머니의 장례는 초라하기 그지없었다.

그해 3월 1일, 명동성당에서 3·1절 기념미사가 개최되었다. 윤보선, 김대중, 함석헌, 정일형, 문익환, 함세웅, 이문영 등 재야 지도급 인사들이 참석한 가운데 마지막 순서로 '3·1 민주구국선언문'을 발표했다. 이에 정부는 이들을 정부전복선동 혐의로 신속히 구속하고 18명을 기소했다. 3·1 민주구국선언 사건 또는 명동 사건으로 불리는 이 사건은 이후 거대한 반유신 저항운동의 물꼬를 트는 사건이 되었다. 서명자들은 대부분 구속기소되어 중형을 선고받았다.

이 사건을 계기로 재야와 정치인, 신교와 구교, 한국 교회와 세계 교회의 연대가 강화되었다. 박정희 정권은 이 선언문을 소지했다는 이유만으로 많은 재야인사와 학생을 구속할 만큼 과민하게 반응하면서 가혹하게 탄압했다.

3·1 민주구국선언 사건은 박정희의 긴급조치 통치체제에 강하게 주먹 한 방 날리는 민주세력의 일대 도전이었다. 구속자가족협의회'양심범가족협의회'로 개칭가 결성되어 구속된 이들의 석방을 요구하는 기도회가 열리고, 곳곳에서 3·1 민주구국선언을 지지하는 집회가 개최되었다.

광주의 한빛교회에서는 목사와 장로, 신도 등 200여 명이 지지 기도회를 열었다가 목회자들이 구속되는 등 수난을 겪었다. 강제 해직된 교수들의 해직교수협의회가 활동하고, 대학에서도 다시 각종 반정부 시위가 시작되었다. '동아투위'도 구속 인사 석방 등을 요구하며 시위를 벌였다.

무엇보다 기독교 신·구교가 하나가 되어 반유신 저항운동에 앞장서면서 국제적 관심을 불러오게 되고, 비중 있는 국제 기독교 단체들로부터 지원을 받게 되었다.

송건호는 특별히 재야 단체나 기독교 관련 단체에 소속되어 있지 않았다. 특정 종교를 신봉하지 않는 무신론자였기에 종교 단체들과 교류나 연계가 없었다. 그렇다고 해서 시대가 언제까지나 이 투철한 민주인사를 내버려 두지는 않았다.

송건호는 가끔 집에서 멀지 않은 곳에 사는 언론계의 선배 천관우를 찾아갔다. "직장을 그만둔 후 괴롭거나 외로울 때는 그의 집을 찾아가곤 했다. 나는 술 담배도 못 해 그의 집엘 가면 가족이 반가워해 주었다. 내가 술을 안 하는 사람이니 C 씨천관우—필자가 술을 덜 들 것이라고 기대하는 때문이었다."[3]

천관우는 우수한 언론인이자 역사학자로서 《동아일보》 주필로 재직 중에 이른바 '신동아 필화 사건'으로 신문사에서 추방되고, 이후 반독재 민주화운동에 적극 참여하고 있었다. 1971년 4월에 함석헌, 김재준, 이병린 등과 최초의 재야지식인 연합체인 민주수호국민협의회를 결성하는 데 주도적 역할을 했다.

77년 봄 아마 4월쯤 되었을까? 어느 날 날 보고 서명을 하라고 무슨 용지를 내놓았다. 나는 그때 비로소 재야와 재야의 민주화운동이라는 것에 접근하기 시작했다. 물론 나도 그 문서에 도장을 찍었다. 이것이 내가 '재야'라는 사람들과 접촉하기 시작한 처음일 것이다. 물론 C 씨의 권유로 도장을 찍고 이른바 재야의 민주화운동과 접촉하기 시작했지만 책임은 어디까지나 내게 있지 C 씨에게 책임이 있는 것은 아니었다. 내가 거절하면 그것으로 그칠 일이었다.

그러나 나는 홀연히 서명에 응했다. 나는 본래 정력이 없고 용기도 별로 없고 체력도 부족해 현실문제에 참여하는 것을 피하고 있었으므로 '민주수호국민협의회'에 관계하자는 제의도 사양 거절해 왔었다.[4]

송건호가 재야의 민주화운동에 첫발을 내디딘 서명 문건은 「민주구국헌장」인 듯하다. 윤보선과 천관우 등 재야인사 10명이 '3·1 구국선언 사건' 피의자들에 대한 대법원의 중형 선고에 항의하면서, 유신헌법 철폐와 고문·사찰·폭압·정보정치 종식 등을 요구하며 「민주구국헌장」을 발표했다.

서명자 10인이 자택에서 기관원의 내방을 받고 서명 경위에 대해 조사를 받았으며, 이 정도 선에서 사건을 일단락되는 듯했다. 하지만 그 후 「민주구국헌장」에 동조하고 서명하는 사람들의 수효가 점점 더 많아지고 동 헌장이 4월 11일 서울대 시위에서 배포되는 등 광범위하게 유포되어 갈 조짐을 보이자, 당국에서는 동 헌장에 대한 서명운동을 새로이 문제시하기 시작했다. 그리고 서명운동의 확산을 막기 위해 서명자들에 대한 전체적인 연행 수사를 펴고, 그중 일부는 구속했다.[5]

송건호는 이 일로 연행되거나 구속되지는 않았다. 수사 과정에서 주도자가 아니고 '단순 가담' 정도가 확인되었을 것이고 '초범'의 정상도 참작되었을지 모른다.

그러나 '재야'의 길은 험난했다. 송건호에게 박정희 말기에 시작한 재야의 길은 그야말로 가시밭길이었고, 전두환 정권기에는 '막다른 골목'이 되었다.

자기의 신조를 지키고자 할 때는 박해가 따르기 마련이다. 나도 권력층의 초청을 거부한 결과 올 데 갈 데 없어지고 이러한 막다른 골목에서 결국 나갈 길이 '재야'로 가는 길밖에 없었다. 나같이 몸도 약하고 용기도 없고 아무런 야심조차 없는 지극히 평범한 사람이 '재야'인 것처럼 된 것은 박 정권의 끝없는 박해가 빚은 결과였다.

C 씨는 술에 취하면 "나는 오래 살아야겠다"라고 말하곤 했다. 한 달에 두어 번씩 C 씨 집을 방문하는 것이 나에게는 더할 수 없는 위안이 되었다."[6]

그때 안타까운 일이 일어났다. 송건호를 재야로 이끈 C 씨는 뒷날 전두환 5공 정권의 '주변'민족통일중앙협의회 의장을 2년 지냈다에 참여했다가 민주진영과 학생들의 호된 질타를 받고 얼마 뒤 사망했다. 당사자인 천관우의 술회를 들어 본다.

나는 또 민족통일중앙협의회민통라는 사단법인 단체의 의장
으로 선임되었다. 통일문제에 관심을 많이 쏟아 온 민간인들
의 전국 조직인데, 초창기이었기 때문에 거의 격일 꼴로 나가
보아야 했다.

정부로부터 재정 일부를 지원받는 단체라 해서 그러했던지,
여기에 관계한 이후로 구설수가 잦은 것은 나도 짐작하고 있
다. 이에 대해서 할 말이 없는 것은 아니로되, 역사학도로서의
반생을 이야기하는 이 자리가 그런 사설을 늘어놓기에는 적당
치 않은 듯하다. 민통 의장은 2년 임기를 채우고 물러났다.[7]

사상사적으로 본 한국 언론

송건호가 민주화운동에 참여하기는 했지만 어디까지나 그
의 본령은 '언론'이었다. 사실 '재야'는 춥고 배고픈 곳이다. 야
당은 그나마 짜장면 한 그릇씩이라도 나눠 먹을 수 있지만 재
야는 글자 그대로 허허벌판이다. 참여자 대부분이 권력의 박해
받는 인물들이어서 경제적 여유가 없는 실정이라 자기 한 몸
추스르기도 어려운 처지였다. 박정희와 전두환 시대의 재야는

독립운동가의 신념과 다름없는 마음이 아니고는 버티기 어려운 상황이었다.

송건호는 재야운동에 참여하면서도 틈틈이 글을 썼다. 가족의 생계도 꾸리고, 자신의 정체성도 지키기 위해서였다. 그나마 여기저기서 원고청탁이 있었기 때문에 가능했다.

1976년에도 글을 적지 않게 썼다. 《저널리즘》 가을호에 집필한 「사상사적으로 본 한국 언론」은 언론인이 아닌 언론학자로서 '틀'이 잡히는 글이다. 이 말은 주석을 달았다는 뜻만이 아니다. 부제로 '한말 이후 일제 치하를 거쳐 오늘에 이르기까지 민족지로서의 공과'를 내걸었다. 《독립신문》부터 '민족지'를 표방해 온 《동아일보》와 《조선일보》의 행태를 추적했다. 송건호는 3·1 운동 뒤 참정권 문제를 들고나온 이른바 '민족지'의 사설에 대한 각계의 격렬한 비난을 소개하면서, 상하이에 임시정부가 수립되고 만주에서는 무장 항일전이 전개되는 상황, 그리고 신채호의 「조선혁명선언」을 아울러 소개했다.

송건호는 이 글에서 일제강점기 20년간의 민간지, 즉 《조선일보》와 《동아일보》의 성격을 3기로 구분하여 정리한다.

제1기는 20년의 창간부터 10년간 광주학생운동 때까지를 일단 민족지 단계라고 규정지을 수 있겠다. 물론 전기와 후기

사이에도 논조에 상당한 차이가 있으나 크게 보아 민족지 구실을 했다고 보아 과언은 아닐 줄 안다.

제2기는 30년부터 36년까지 약 7년간, 이 기간은 전과 같은 항일 논조는 이미 보이지 않으나, 일제에 아주 굴복은 하지 않았고 친일도 반일도 피하면서 주로 신문사 주최의 사업을 통해 민족의식이나 민족문화를 지키는 노력을 기울여 왔다는 점에서 굳이 이름 붙인다면 민간지 단계였다고 볼 수 있지 않을까 한다.

제3기는 30년 일장기 말소 사건 후 일제의 압력에 굴복, 본의는 아니나 친일 어용지로 전락한 단계이다. 물론 이 변질은 강요에 못 이긴 굴종이라 해야 하겠으나 원인이야 여하튼 지난날의 전통 있는 민족지가 사시와 전통에서 완전히 일탈하여 2천만 동포에게 친일을 권유 설득했다는 사실은 신문이 가지는 그 엄청난 영향력으로 보아 씻지 못한 오점을 조선 민중 앞에 남겼다고 보아도 과언이 아닐 것이다.

이런 점에서 1936~40년까지의 5년간은 민간신문으로서 기억하기조차 역겨운 수모와 자책과 암흑의 시대였다고 해야 할 것이다. 하지만 이 암흑기가 엄연히 하나의 역사적 사실이었다면 이 시대를 망각의 피안으로 덮어 둘 수만은 없는 일이다.[8]

송건호 평전

송건호의 이 논설은 역대 정권의 언론정책과 언론 수난의 역사도 체계적으로 정리하고 있다.

1952년 부산 정치파동을 치른 후 자유당 정권은 언론의 정부 비판을 억압할 생각으로 1953년 3월 이른바 '신문정기간행물법안'이라는 것을 국회에 제출했다가 부결됐고, '광무신문지법'이 폐지된 후 다시 '출판물법안'을 국회에 제출했으나 맹렬한 반대로 부결됐고, 54년 12월 소위 사사오입 개헌 파동 당시 '출판물단속법안'을 국무회의까지 통과시켰으나 맹렬한 반대로 봉쇄됐고, 56년 5월 선거 직후에는 '국정보호임시조치법안'이 자유당에 의해 성안되었다가 역시 맹렬한 반대로 철회되었고, 58년 8월 독소적인 언론조항을 집어넣은 '신국가보안법'을 야당·법조계·언론계의 맹렬한 반대를 무릅쓰고 국회에서 자유당만으로 통과시켰고, 59년 4월에는 《경향》을 폐간 조치했다. 그 후에도 자유언론을 봉쇄하려는 노력은 그친 바가 없다.

언론자유를 봉쇄하려는 권력의 집요한 기도는 비단 법제면에서뿐 아니라 직접 폭력을 동원, 언론인들을 구타하기도 하고 또 연행한 사례도 비일비재하다. 지난 30년간 언론인들이 당한 수난은 이루 헤아릴 수 없이 많다.

1965년 11월 10일 《기자협회보》가 창간된 이후 금년 2월까지 언론인들이 당한 수난 통계를 보면 9년 남짓한 사이에 총 186건에 달하고 있다. 연평균 20건, 월평균 1.7건에 달하고 있으며 언론기관을 포함, 220명에 달하고 있다.

수난 형태는 ① 구속 ② 연행_{소환 포함} ③ 폭행 ④ 폭언 또는 취재 방해 등으로 분류할 수 있으며 9년간 발생 건수는 구속이 35건, 연행이 25건, 폭행이 84건, 폭언 또는 취재 방해가 42건 등이다. 그러나 여러 가지 사정으로 기협보에 보도되지 않은 사건까지 합치면 실제 숫자는 이보다 훨씬 많다고 보아야 한다.[9]

송건호는 또한 한국 신문이 사상을 직접 생산하지는 않지만 사상 생산을 위해 필요한 토양을 닦는 구실을 한 것은 높이 평가한다고 했다. 그러나 신문이 기업화하고 상업화하면서 나타난 문제점, 즉 신문이 라디오와 텔레비전과 함께 무사상 시대로 이끌어 가는 데 한몫을 한다고 꼬집었다.

우리 민족이 나아갈 길은 무엇인가

송건호는 1977년 8월에 『한국 민족주의의 탐구』_{한길사}라는 책을 펴냈다. 그는 "민족주의에 대한 추상적 접근을 거듭 피하고 수난에 찬 민족의 역사적 과정을 더듬어 보면서 오늘날 우리 민족이 나갈 자세와 길이 무엇인가를 조명해" 보기 위해 이 책을 펴냈다.

이 책에 실린 글들은 대부분 1960년대 후반에서 1970년대 중반기까지 10여 년 동안에 걸쳐 집필한 민족문제 관련 평론이다. 다만 「한국 보수주의의 병리」는 4·19 혁명 당시인 30대 초반에 쓴 글이다.

이 책에는 시공을 넘어서 주목되는 논설이 몇 편 실려 있다. 「민주사회의 리더십」도 그중의 하나이다. 1977년에 쓴 이 글의 서두는 다음과 같이 시작한다. "지도자란 한 시대의 산물이라고 했다. 어떤 지도자가 요구되느냐의 문제는 시대가 어떤 상황 속에 놓여 있는가를 분석하지 않으면 안 된다. 세상에서는 지도자를 논할 때 그들의 특성을 중요시하며 혹은 결단 혹은 통찰력·책임감·조직력을 운위하는 사람도 많으나, 지도자는 그들이 가지는 퍼스낼리티보다 시대가 요구하는 것이므로 보다 더 상황의 산물이다. 따라서 지도자는 그의 지도를 받는 추종자 즉 일반 대중과의 '상관관계' 속에서 그 진가가 빛난다."[10]

지도자는 시대의 산물이고 상황의 산물이라는 진단 아래 신생국의 바람직한 지도자에 관해 차분하게 논술한다.

신생국의 지도자들이 민족대중의 이익을 충실히 반영하기란 생각하는 것처럼 쉽지가 않다. 왜냐하면 신생국은 당초 외국의 식민지였으므로 비록 정치적 독립은 했다 하더라도 경제적·군사적으로는 아직도 전 식민주의자들의 영향하에 있거나 그렇지 않으면 새로운 외국의 영향하에 있기 쉽기 때문이다. 때로는 정치조차도 독립이란 명목뿐 외국의 영향 아래 움직이는 경우가 없지 않다. 그러므로 지도자는 흔히 기로에 서게 된다. 즉 참된 자주독립을 절규하는 민족대중과 이것을 은근히 꺼리고 계속 자기들의 지배력을 유지하려는 외국 세력 간에 끼이게 된다. 이때 참된 지도자라면 민중과 더불어 분연 궐기하여 외세와 맞서 싸우는 용기와 애국심을 가진다.[11]

송건호의 '민중과 더불어 외세에 맞서 싸우는' 신생국 민주사회의 지도자론을 읽으면서, 이승만과 박정희에서 시작되어 오늘에 이르기까지 민중을 짓누르면서 외세에 영합하여 자신의 권력을 확대시킨 반민주적 리더십을 생각하게 된다.

송건호는 민주주의의 신봉자답게 이 논설의 결론으로 민중의 힘을 강조한다. 민중과 굳게 손잡고 함께 나가는 지도자의 리더십이 진정한 리더십이라고 주장한다.

참된 힘이 되는 것은 민중의 힘이다. 민중과 굳게 손을 잡고 있거나 그렇지 않더라도 외세 앞에 국가이익을 위해서 꿋꿋이 나아가면 반드시 민중의 뜨거운 지지를 받아 놀라운 힘이 솟아날 것이다. 오랫동안 억눌리고 굴욕 속에 살아온 민중들은 외세의 압력을 받으면서도 분연히 조국의 이익을 위해 분투하는 지도자가 있다면 국민은 눈물을 머금고 그들을 지지하고 나설 것이다. 이러한 지도자가 참된 신생국의 지도자임은 말할 것도 없다.

지금 세계에는 50개 이상의 신생국이 있다. 그리고 수많은 나라에서 어려운 역경 속에서도 미래의 밝은 희망을 가지고 조국 건설을 위하여 민중과 더불어 보조를 맞추어 힘차게 일하는 훌륭한 지도자들이 많다. 신생국은 이름 그대로 모든 것이 앞날에 있는 건설의 나라요 따라서 참된 지도자도 신생국에서 나타나는 것이다.[12]

송건호가 「민주사회의 리더십」과 한 묶음으로 쓴 글이 「신생국과 근대화」이다. 신생국가의 리더십을 논하면서 민중과 함께하는, 그리고 민족주체적 지도자론을 제시하고 신생국 근대화론과 연결한다.

당시는 박정희의 '조국 근대화'가 장기집권의 캐치프레이즈가 되던 때였다. 그러한 시점에서 나온 송건호의 근대화론이 무엇인지 궁금하다.

근대화 운동을 전개하는 데는 먼저 올바른 역사의식을 가져야 한다. 근대화라는 개념이 본래 역사의식에서 싹트는 것인 만큼 역사관의 확립 없이는 근대화의 방향을 제대로 설정하기가 어렵다. 근대화 개념에는 두 가지의 전제가 따른다. 하나는 역사에 대해서 인간의 주체성을 인정해야 한다는 점이다. 유럽에서도 고대는 물론 중세에 이르기까지 사람은 자기의 주체성을 인정하지 않았다. 신의 섭리에 의한 것이라든지 진리에 의해 역사가 움직이는 것이라고 믿었다. 그러나 사람이 될 수 있다는 것은 개인생활에서나 사회생활에서나 자기의 생활을 의식적으로 생산할 수 있고 창조할 수 있고 자유스런 주체적 존재라는 데 있다.

인간의 활동이 주체적이며 창조적이라는 의식은 인류생활에 비로소 역사의식을 싹트게 했다. 그러므로 역사는 인간의 창조적 소산이며 역사적 과정을 인간발전 과정이라 아니할 수 없다.[13]

근대화 운동을 전개하려거든 먼저 올바른 역사의식을 가져야 한다는 주장이다. 송건호는 역사의 진보를 믿는다. 그의 진보관을 들어 보자.

인류사가 진보적인 한 과정이라는 의식이 우리 한국 사람의 전통적인 역사 관념에서는 볼 수 없었다. 진보라는 개념은 많은 사학자들이 지적하듯 서양에서도 고대나 중세가 아니고 근대에 와서 처음으로 형성된 개념이다.

이러한 개념이 형성되고 그것이 세계적으로 통용케 되었다는 것은 실로 오늘이 세계사적 의미에서 근대화로 향하는 시대라는 것을 의미한다. 특히 아시아의 한 사회로서 한국에는 이제껏 역사에 진보라는, 바꾸어 말해서 근대화라는 관념이 싹트지 못했다. 아시아 사회를 여러 학자들이 '정체사회'라고 말하는 까닭도 여기에 있다. 한국 사회는 자고로 역사 존중의 전통정신이 강하다. 역사는 이 사회에선 일찍부터 존중되었다. 역사의 편수는 대부분 정부사업으로 취급되었다. 개인이나 사회나 국가가 모두 역사 속에서 행동의 이상형을 찾기 때문이다. 역사 편수의 주체가 국가였다는 것도 정치의 전형이나 준칙이 역사적 사업 속에 있다고 생각되기 때문이다. 즉 행동의 준칙이 역사상의 구체적 전형 속에 있으며 이상에 의해 구상된 일반법칙에 있다고 보지 않은 것이다.[14]

한국 보수주의의 병리 파헤치다

이 책에서 송건호가 가장 공들여 쓴 글은 「한국 보수주의의 병리」인 듯하다. 1977년의 시점에서 쓴 것이지만 반세기가 되는 오늘의 한국 보수세력의 문제점을 그대로 보여 주고 있다.

송건호는 서두에서 "서구의 보수당은 '근대적' 보수당이고 한국의 보수당은 전근대적 바꾸어 말하면 조선적 보수당이다. 서구 보수당과의 이질성, 한국 보수당의 본래부터의 반민주적 생리가 여기에 있다. 이 글은 왜 한국 보수주의의 생리가 봉건 왕조적이며 어떻게 민주주의를 망치게 되어 있는가를 분석해 보자는 데 목적이 있다"[15]라고 전제한다.

이 논설은 '영국 보수주의의 신축성', '미국 보수주의의 반공성', '프랑스 보수주의의 종교성', '일본 보수주의의 침략성'을 차례로 논술한 다음 '한국 보수주의의 형성', '정당사적으로 본 보수주의', '한국관료제의 성격', '한국 보수당의 정치적 배경', '보수당의 혁신문제─신보수주의'를 차례로 들려준다.

송건호는 한국 현대사에서 보수세력이 판치게 된 사적 배경으로, 주체적 해방이 못 되고 타력에 의해 이루어지면서 친일 세력이 정치의 주도권을 잡게 되면서 가능했다고 진단한다.

주체적 투쟁으로 이루지 못한 해방, 독립 기상에 불타는 혁명적 전통을 지닌 레지스탕스 단체가 없이 맞이한 해방은 처음부터 혼란할 수밖에 없었다. 무전통으로 맞이한 해방에 대두하는 것은 역시 30여 년간 몸에 밴 일제적인 것과 그 이전 이조적인 전통이 아닐 수 없다.

근대화가 채 싹이 트기도 전에 일제에 먹히고 만 한국은 일본의 근대화 자체가 기형적일 뿐 아니라, 그들의 식민지정책이 봉건적 이데올로기의 지주支柱가 되는, 지주를 보호하고 계획적인 우민정책을 써 오면서 서구 민주주의 정신 계몽조차 자기들에 대한 적성태도로 탄압의 손을 늦추지 않았기 때문에 극소수의 기독교와 부동 인텔리를 제외하고는 36년간 그냥 봉건적 이데올로기가 한국 사회에 뿌리 깊이 박히게 되지 않을 수 없었다.[16]

여기에 해방 뒤 남북에 분단정부가 세워지고, 공산세력과 대치하게 되면서 한국의 보수주의는 두꺼운 갑옷에 덮이게 되었다고 진단한다. "38선과 공산당의 위협이었다. 보수당의 보수당으로서의 의의와 가치는 같은 주권 밑에 그와 반대되는 진보당이 있어 상호 비판하는 과정 속에서 발전정화가 가능한 것인데 공산당은 국권 그 자체를 위협하고 나섰기 때문에 자유당─

이승만은 유엔과 미국의 두터운 원조와 보호 밑에 공산당과 싸우게 되었다."[17]

송건호는 이승만 12년간의 정치는 민주주의라는 이름 아래 조선왕조의 정치적 전통이 재생하는 하나의 복고현상을 가져왔다고 주장한다.

> 4월 혁명 전야의 자유당 정권이 극단적인 복고현상을 띠고 이 땅에 다시 한번 '대한제국大韓帝國'이 설 뻔한 것은 결코 우연이 아니었다.
> 혁명적 주체세력 없는 해방을 맞고 38선과 공산당의 위협 아래에서 이 나라의 보수주의는 자유당의 일당독재로 정말 가장 타기해야 할 더러운 성격—자칫 잘못하면 전통—이 12년 간에 형성되었던 것이다.

이와 같은 배경을 가진 한국 보수세력은 지주 친일파를 배경으로 하는 자유당과 한민당으로 집결되고, 이후 친일 군인 출신들이 주도한 5·16 쿠데타 세력이 긴 세월 동안 집권하면서 이들의 인적·물적 역량 축적으로 보수세력의 탄탄한 기반을 구축하기에 이르렀다.

송건호는 한국 보수세력의 기본성격을 다섯 가지로 분석한다. 요약하면 다음과 같다. 첫째, 강력한 퍼스낼리티를 중심으로 한 주종적 붕당 관계, 둘째, 특정한 퍼스낼리티에 대한 충성심과 과잉, 셋째, 정치를 이권운동과 같이 보는 풍습, 넷째, 주권자인 국민을 개돼지처럼 아는 정치, 다섯째, 상대 당과의 경쟁을 마치 불구대천의 원수처럼 알며 가능하면 공산당으로 몰아 없애려는 권모 사용[18] 등이다.

이와 함께 한국 보수세력의 또 다른 온상의 하나로 "서구적인 합리주의와 한국 고유의 '벼슬' 기질과 뒤범벅으로 된" 관료주의를 든다. "'빽'이 생기고 낙하산식 '특명'도 내리고 관료와 정치와의 결탁도 생기게 된다. '안 되는 일도 없고 되는 일도 없다'는 무슨 변증법의 명제 같은 풍자가 이 땅의 관료계에 들리는 까닭도 여기에 있다. 한 가지 중요한 점은 바로 이러한 관료계가 정계의 보수당과 밀접한 관계에 있어 왔다는 사실이다."[19]

송건호의 결론은 한 세대를 뛰어넘어 오늘날의 문제에도 와 맞닿는다.

보수주의적 전통을 찾을 수 없는 한국 보수당이 프랑스나 일본처럼 국수주의적 정강정책으로 국민을 기만하고 있는 까닭은 한국이 민주공화국이라는 점에만 있는 것이 아니고 전통이 없는 그들에게는 그렇게 할 수밖에 없기 때문이다.

한민당이 '노동자의 생활향상', '중소기업의 육성'을 참말처럼 정강정책에 내세우고 자유당이 '노동자·농민의 당'을 자처하고 민주당이 혁신정당과 별 차이 없는 정강정책을 내거는 까닭도 여기에 있다. 한국 보수당은 이와 같이 정강정책이 더욱 진보적·사회주의적 냄새를 풍기고 있으나 그 속에는 더욱 생리적으로 복고화의 길을 걸어갔다. 즉 사색당쟁적인 파벌심, 권모술수의 발달, 무능·독재·무법·존대 등 이조의 궁정정치의 성격을 띠어 왔고 국민과의 사이에는 엘리트 의식이 농후해서 점점 관민 간에 갭이 심해져 갔다.[20]

우리에게 미국이란 무엇인가?

송건호는 1977년에 「우리에게 미국이란 무엇인가」라는 책을 집필한다. 50여 년이 지난 글이지만 지금도 많은 것을 생각하게 한다. 해방 이후 30년간의 한미 관계를 분석하면서 "미국이 한국에서 가장 깊은 관심을 보이고 있는 점이 한반도가 갖고 있는 군사적 중요성"이라 전제하면서 "이러한 군사적 관심으로 말미암아 한국의 나머지 문제들도 일반적으로 군사적 입장에서 판단하고 유지해 왔다"[21]라고 지적한다.

이 글에서 강조하고자 했던 것은 결론 부분이다. 한국의 앞날에 안팎으로 어려운 문제들이 수없이 널려 있는데, 이를 해결할 수 있는 길은 민주주의 건설이라고 강조한다.

사회정의를 실현하고 국민적 일체감을 형성하고 저력 있는 민족주체성을 확립하며 국제적으로 폭넓은 유대관계를 유지하는 길이 민주주의 건설이라는 과제와 밀접한 관계가 있다는 것을 깨달아야 할 때가 온 것 같다.[22]

이 책에 실린 「한일관계의 전망」이라는 글은 송건호가 1965년 언론인들과 함께 일본의 국책연구회, 자유정치간담회, 외교지식보급회 등의 초청을 받고 일본을 방문하고 쓴 글이다. 도쿄에서 일제강점기 때 총독부 기관지 《경성일보》에서 사장과 주필을 지낸 두 노인을 만나는 등 1주일 동안 일본 사회를 둘러보고 많은 인사들과 만났다.

송건호는 "한일 친선을 들고 나선 일본인이 새로운 일본 세대가 아니고 일본의 구세대라는 사실은 어느 모로 보나 주목할 사실"이라며, "그러나 그들이 만약 뉘우침이 없는 채 한일 친선을 떠들게 될 때 그들은 과연 한국에서 무엇을 바라고 있을 것인가. 그것은 우선 경제적인 이득을 노리고 있을 것이다. 군사적 면에서도 정치적 면에서도 야망을 달성할 수 없다면 남은 것은 경제적으로 한국에서 다시 이득을 얻어 보자는 생각이 남아 있을 것"[23]이라고 일본과의 친선을 의구심을 갖고 바라본다.

송건호의 예견은 적중했다. 1965년 한일국교정상화 이후 일본은 과거를 반성하지 않았고, 경제적으로는 무역역조를 통해 엄청난 이득을 챙겼다.

11. 현대사 연구의 새 길을 열다

현대사의 의미, 한국의 실정

이탈리아의 역사철학자 크로체는 "모든 진정한 역사는 현재의 역사"라고 말했다. 스페인의 생철학자 오르테가도 "역사는 가장 엄밀한 의미에서 그리고 가장 현실적인 의미에서 현재에 관한 학문"이라고 주장했다.

20세기의 대표적인 역사철학자들이 이처럼 모든 역사의 출발 지점을 '현재'에 둔다. 이는 이들만의 주장이 아니다. 독일의 역사가 레싱은 1759년에 이미 현대사의 중요성을 평가했다. "나는 진정한 역사가의 이름이 오직 자기 시대와 자기 조국의 역사를 서술하는 사람에게만 부여되어야 한다고 믿는다. 왜냐하면 오직 그만이 스스로 증인으로 등장할 수 있고, 또 후세인들에 의해 바로 그런 사람으로 높이 평가받길 희망할 수 있기 때문이다."[1]

현대사의 의미는 '현대의 역사'를 뜻한다. 영어의 'contemporary'나 불어의 'histoire contemporaine'는 '동시대'라는 뜻의 라틴어 'contemporaneus'에서 유래했다. 이 말을 직역하면 '동시대사'라고 한다.

다소 길지만 현대사 연구의 의미를 정확하게 정리한 글을 소개한다.

현대사는 우선적으로 현재를 살아가는 모든 사람들이 해결해야 할 과제로서의 기본성격과 정체성을 갖고 있다. 그만큼 현대사는 역사적으로 조건 지워진 '현재'를 학문적으로 연구하고 과학적으로 탐구하는 역사학의 한 분과이기 때문이다. 그것을 정치사적으로나 외교사적으로 연구하든 또는 사회경제사적으로나 신문화사적으로 연구하든, 거시사적으로나 세계사적으로 연구하든 또는 미시사적으로나 민족사적으로 연구하든, 아니면 과거와의 연속성을 중시하면서 과거지향적으로 연구하든 또는 현대성과 미래에 대한 전망을 담아 내면서 미래지향적으로 연구하든, 중요한 점은 이 모든 현대사 연구가 당대의 현재의 모습과 그 문제점들을 '역사적인 관점'에서 그리고 '역사학적 방법'을 이용하여 밝혀내야 한다는 것이다. 또한 그럼으로써 현대사는 현재를 탐구하는 모든 인접 사회과학들로부터도 구별된다. 결국 '과제로서의 현대사'는 현대사의 정체성을 가장 잘 확인시켜 주는 개념이라고 할 수 있다.[2]

위의 글을 들려준 이유는 또 있다. 바로 송건호가 '전인미답前人未踏'의 현대사 연구에 들어서게 된 의미를 헤아리기 위해서이다.

해방 이후 이승만의 백색독재와 박정희의 군사독재를 겪으면서 한국의 역사학자나 정치학자들은 현대사 연구를 기피했다. 1970년대 중반까지는 그야말로 전인미답이었다. 이유는 간단하다. 독재정권의 행태를 사실대로 기록할 수도 없고, 그렇다고 왜곡하기도 어렵기 때문에 처음부터 피해 갔기 때문이다.

독일에서 나치가 집권하면서 현대사 연구가들이 하나같이 고대사나 중세사 연구로 전공을 바꾸었는데, 마치 이런 현상의 한국판을 보는 듯하다. 비이성적인 현재 권력을 비판하고 연구하기란 여간한 용기와 사명감이 없이는 쉽지 않는 작업이다. 왕조시대에도 절대군주를 비판하고 기록하는 사관과 언관이 없지 않았으나, 한국의 지식인들은 망국과 일제강점기를 거치면서 이런 전통이 단절되고 말았다.

해방된 국가에서도 여전히 친일 세력이 언론과 문학·예술·학계를 주름잡고 정치군인들이 집권한 '무인시대'에, 이들의 전력이나 그 선대들의 친일 반민족 행위를 까발리는 일은 쉽지 않았다.

현대사의 기점을 1919년 3·1 운동에서부터 잡는다면 독립운동과 친일매국노의 활동은 동전의 양면이다. 그런데도 역사학자들은 대부분 독립운동사에만 매달릴 뿐 친일파 문제는 애써 외면했다.

정치학자나 사회학자들도 5·16 쿠데타 주역들의 친일 행적에는 눈을 감았다. 언론인들도 대부분 마찬가지였다. 이런 흐름 속에서 현대사 연구는 기피되었으며, 그마저도 독립운동사나 경제건설에 국한해서 조명하다 보니 절름발이 연구에 그치고 말았다.

해방 30여 년 뒤에 나온 임종국의 『친일문학론』이 언론계나 학계에서 어떻게 폄훼되었는지, 해방 60여 년 뒤에 민족문제연구소가 중심이 되어 편찬한 『친일인명사전』을 두고 주류 신문과 보수 지식인들이 어떻게 폄훼했는지는 이미 잘 알려졌다. 사전 편찬자들을 '좌파'의 소산이라는 색깔론까지 동원되기도 한다. 이것이 바로 한국현대사의 '현실'이고 진행형이다.

현대사 연구는 그만큼 걸림돌이 많았고 역류가 심했으며, 자칫 그 사회에서 '왕따'당하기 십상이었다. 실제로 일제 식민사학 극복의 초석을 닦은 역사학자로 평가받은 김용섭 전 연세대 교수가 자신의 회고록에서 서울대 교수 시절 자신의 사관을 둘러싸고 동료 교수들과 갈등을 빚다가 서울대를 떠났다고 밝혀 화제가 되기도 했다.[3]

서울대 재직 시절에 김용섭 교수는 당시 이병도가 이끌던 주류 실증주의 역사학 등을 성찰·비판하는 학술운동을 활발히 펼치며 적극 발언에 나섰다. 그러다가 결국 그들 세력에 밀려 대학을 옮길 수밖에 없었다고 한다. 식민사학은 시간이 지나면서 청산되기는커녕 국립대학에서조차 이를 비판하는 교수가 물러나야 할 만큼 굳건하게 뿌리를 내렸다.

현대사 연구의 학문 외적 어려운 상황을 누구보다 잘 알던 송건호가 편집국장 사퇴 카드 못지않은 결단을 하고, 현대사 연구에 몰두하게 된 이유는 무엇일까?

먼저, 송건호는 자신이 처했던 상황과 현대사 연구를 시작하게 된 이유를 다음과 같이 설명한다.

평생을 바친 언론계를 떠나 감시 속에서 괴로운 생활을 하다 보니 인생을 이것저것 생각하게 되고 점차 현대사 연구에 몰두하기 시작했다. 나는 괴로운 나날을 보내면서 일제시대에 민족의 양심을 지키고 항일운동을 한 애국선열들이 어떤 생활과 괴로운 나날을 보내고 있었는가를 알고 싶었다. 이리하여 나는 점차 현대사 연구에 관심을 쏟기 시작했다. 나는 그 당시 많은 자녀를 데리고 학비를 마련해야 할 경제적 곤궁과 권력의 감시 속에서 괴로운 나날을 보냈다.[4]

이 무렵 송건호의 가정은 극도의 생활고에 시달렸다. 송건호 부인의 말에 따르면, 아이들은 짜장면 맛을 몰랐고, 목욕탕에 갈 돈이 없어서 연탄불에 물을 데워 차례로 목욕을 시켰다고 한다.

현대사 연구의 첫 열매 『한국현대사론』

화창한 봄이나 따뜻한 여름날의 꽃보다 무서리 내리는 가을의 꽃이 더 청초하다. 그렇듯이 배부른 작가나 학자의 기름진 작품보다 곤궁 속에서 쓴 피맺힌 작품이 더 빛나는 경우가 적지 않다.

송건호는 생계와 자식들의 학비 문제 그리고 정보기관의 살벌한 감시 속에서 굴곡진 현대사를 생각하게 되고, 험난한 상황에서도 생명을 걸고 독립운동을 한 지사들을 떠올리면서 현대사 연구에 각고의 노력을 다했다.

1970년대 말 당시의 학계는 현대사 연구를 거의 하지 않고 있었다. 현대사 연구를 꺼려하는 경향이 있다. 특히 이승만 박사의 정부수립이 단독정부일뿐 아니라 친일파들을 많이 포섭해 정부를 수립했던 관계로 현대사 연구가 적지 않이 거북했다. 정부의 요직에 있거나 학계에서 책임자로 있는 인사의 대부분이 일제 시대의 친일파 아니면 그 후손들이 많았다.[5]

친일파와 그 후손들이 정부와 언론계·학계의 요직에 똬리를 튼 현실에서 그들의 전비前非를 들추는 작업이 수월할 리 없었다. 그렇다고 하여 언제까지나 묻어 둘 수는 없는 일이었다. 그러기에는 그들이 남긴 민족사의 폐해가 너무 심했다.

현대사는 연구자료가 없어서 어렵기는 했지만 현대사 연구는 꼭 해야 할 학문적 과제였다. 첫째, 위에서도 말한 바와 같이 다른 나라와 달리 한국에서는 현대사 연구가 되어 있지 않아 연구 자료도 없고 공백기가 되어 있었다. 그러나 우리는 현대사를 통해서 민족이 어떻게 해서 망하고, 민족이 망한 사회에서는 어떤 탄압을 받고 어떻게 저항해야 하며, 어떤 생활을 해야 하는가를 알 필요가 있었다. 그래서 현대사는 꼭 해야만 하는 학문적 과제였다.[6]

송건호는 본격적으로 현대사 연구에 매달렸다. 때마침 1977
년에 한국신학연구소의 안병무 소장으로부터 학생운동사를
써 달라는 청탁을 받은 터였다.

이렇게 시작된 현대사 연구는 1년 뒤에 첫 열매를 맺는다. 그
결실은 『한국현대사론』한국신학연구소라는 책이었다. 독자들의 반
응도 꽤 좋았다.

> 써 가는 도중에 학생운동사가 아닌 현대 일반사가 되어 버
> 렸다. 『한국현대사론』이라는 이름으로 출판된 이 책은 당초
> 계획과는 달리 일제 말 주로 1930년대에서 45년 8·15까지의
> 현대사가 되었으나, 써 가는 중에 점점 생각이 달라져 절망적
> 인 일제 말의 암흑기에 우리 선인들이 그 어려운 상황 속에서
> 누가 어떻게 항일했으며 누가 어떻게 수절했으며 누가 왜 어
> 떻게 부역했는가가 몹시 궁금해 40년 전후의 암흑기를 집중
> 적으로 밝히려고 노력했다.
>
> 살아가는 것이 하도 힘들어 도대체 우리 선인들은 어려운
> 상황을 어떻게 극복하고 살아왔는가가 무엇보다 알고 싶었다.[7]

『한국현대사론』은 이런 궁금증을 해결하기 위해 쓴 책이다.
현대사에 관심을 두고 10년 정도 연구했으나, 그는 연구를 하

면 할수록 일제하의 민족사에 관한 연구가 거의 없다는 사실을 깨닫게 되었다. "물론 3·1 운동이니, 6·10 만세운동이니, 광주학생운동이니 해서 이야기식 역사가 없는 것은 아니나, 당시의 내가 바란 것은 그런 스토리식 역사가 아니라 어느 정도 체계를 갖춘 사회과학적 안목에서 쓴 역사 연구였다. 하지만 이러한 나의 요구를 충족시켜 줄 만한 연구는 전혀 나오지 않고 있었다."[8]

사가의 역할에는 역사를 기록하는 일뿐만 아니라 역사를 평가하는 일까지 포함된다. 기록은 아무나 할 수 있으나 평가는 아무나 할 수 없다. 송건호는 이 책으로 평가하는 연구자, 즉 진정한 사가가 되었다.

이 책은 개화기부터 망국 전후와 일제강점기, 8·15 전후의 시기까지를 다룬다. 그때까지 일제강점기를 통사로 묶은 400쪽이 넘는 단행본은 『한국현대사론』이 처음일 것이다.

송건호는 서문에서 "신생국 사학계는 역사 연구의 첫 과제가 자기 민족이 어찌하여 이웃 나라의 식민지로 전락됐으며, 식민지로서 그들로부터 어떠한 통치를 받아 왔으며, 자기 민족이 외세 통치에 어떤 저항을 했고, 한편 민족 속에서 누가 동족을 배반 식민종주국에 충성을 바쳤으며, 그들이 왜 민족으로서의 구실을 못 하고 외세에 영합하게 되었는가, 그리고 신생국으로서 낡은 식민주의 잔재를 청산하는 길은 무엇인가, 만약 식민주의 잔재가 오래도록 남아 있다면 그 이유는 무엇이며, 그 잔재와 싸우는 길은 무엇인가 등이 연구되지 않으면 안 된다. (…) 신생국으로서 진정 자주의식에 불타 있다면 그럴수록 근대 현대사 연구의 필요성을 더욱 느껴야 한다"[9]라고 한다.

친일파 득세한 해방 뒤 역사 조명

송건호는 그동안 우리나라의 현대사를 제대로 연구할 수 없었던 근본적인 이유를 다음과 같이 밝혔다.

첫째, 일반적으로 신생국의 근·현대사 연구는 외세에 대한 저항투쟁으로 시작된다. 식민지 시대의 민족광복 투쟁의 연구 속에서 새 국가이념을 찾고, 광복을 위해 투쟁한 자랑스러운 투사들을 국가의 이상적 영웅으로서 국민들에게 애국교육을 실시하는 것이 신생국 국사교육 정책의 이념이 되고 있다. 그런데 우리나라는 1948년 독립을 선포했을 때 당시의 집권층은 반만년 전의 '홍익인간' 정신 속에서 국가이념, 교육이념을 찾았다.

둘째, 신생국 근대사는 외세에 대한 저항을 중심으로 전개된다고 했다. 우리나라의 경우 학설이 일치해 있는 것은 아니나 3·1 운동이 근대사 혹은 현대사의 기점처럼 되고 있다. 따라서 독립운동의 인맥도 3·1 운동에서 기점을 찾으며, 이 맥락과 직접 관련이 없거나 입장을 달리한 새로운 계층이 역사에 등장하여 벌인 항일투쟁에 대해서는 정당한 평가를 하는 데 매우 인색하다. 30년대 이후의 항일운동에 대한 평가가 제대로 되지 않는 이유도 여기에 있는 것 같다.

셋째, 8·15를 어떻게 맞느냐 하는 문제와 관련이 있다. 8·15를 우리 민족이 일제 통치에서 일단 해방되었다는 점에서 의의가 있었으나, 40년대 전반기인 일제 치하 식민지 조선의 주역들이 후반기인 독립선포 후에도 여전히 주역으로서 새 나라 무대에서 주역이 됐다는 사실을 간과할 수 없다. 45년 전반기와 후반기 사이에 커다란 정치적·문화적·사회적 변화가 있었을 것 같으나 사실은 30년대 전반기에 일제에 영합한 자들이 미군정에도 참여하여 새 나라 건설에 한몫 끼어들게 되었다는 사실을 지적하지 않을 수 없다.

즉 정치적으로 굉장한 변화가 일어난 것 같으나 인적요소 면에서는 실질적인 변화를 볼 수 없고 그런 점에서 이 땅의 민족사는 40년대 전반기의 역사상에 그대로 새 나라를 건설했다고 말할 수밖에 없다.[10]

1940년대 전반기의 행적으로 규탄받아야 할 사람이나 그의 자녀들이 이렇듯 여전히 정치와 경제 분야에서 권세를 누리고 있으니 일제 말기의 역사를 마음껏 다루기가 어려웠다. 송건호는 심지어 "운이 나쁘면 어떤 변을 당할지도 모른다는 것이 오늘의 현실"이기에 "개인 안보를 염려하는 학계 일부 인사들은 30년대, 40년대의 일제하 민족사의 연구를 꺼려 하는 경향"이 있었다고 한다.

송건호는 험난한 여건에도 새 나라가 가장 올바른 진로를 찾기 위해서라도 현대사는 그 진실을 규명하고 연구되어야 한다고 말한다. 그가 『한국현대사론』을 쓰게 된 이유도 이 때문이었다. 그는 "이 저작은 3·1 운동 이후의 전통적 역사 인식에서 탈피해 부분이 아닌 전체 민족적 안목에서, 새로운 차원에서, 새 역사의 단계에서 민족사를 보려고 노력"했다고 밝혔다.[11]

'친일파 연구'에서 임종국과 쌍벽 이뤄

'친일파 연구' 하면 우리는 흔히 임종국을 떠올린다. 친일파 연구에 신명을 바친 그의 헌신은 아무리 상찬해도 부족하다. 친일 연구의 물꼬를 튼 그가 남긴 연구 업적은 이 분야의 고전이라 할 만큼 중요하다. 민족문제연구소 설립이나 『친일인명사전』의 발간 등은 임종국의 유지에 따라 이루어진 산물이다.

송건호도 언론계에 몸을 담고 있을 때나 재야에 있을 때나 친일파 관련한 글을 적지 않게 썼다. 현대사 연구의 큰 주제 중 하나도 친일파 문제였다. 1978년에 《기독교사상》에 「친일파와 반공」이라는 논설을 기고했는데, 친일파를 반공과 관련시킨 글은 쓰기 쉽지 않았던 시절이다.

그는 해방 뒤 친일파들이 어떻게 '반공'의 기치를 내걸고 미군정과 이승만 정권을 비롯하여 역대 보수정권에 기생하면서 한국 사회의 주류로 남게 되었는지를 추적한다. 그러면서 친일파들의 반공투쟁은 그저 자기들이 살길이 그 길밖에 없었기 때문에 한 것이라고 결론을 내린다.

친일 인사들이 한민당이나 이승만 박사 산하에 모여 철저한 반공투사가 된 것은 세상이 다 아는 바와 같다. 그러나 이들이 반공투쟁을 한 것을, 그들이 사상적으로 반공적이었기 때문에, 즉 그들이 투철한 민족주의자요, 투철한 자유민주주의자였기 때문에 반공투쟁을 한 것이라고 보기는 어렵다. 한 민족의 침략자요 적인 일본 군국주의에 협력한 인사들을 아무래도 민족주의자라고 볼 수는 없을 것이고, 같은 이유로 자유민주주의자라고 보기 어려울 것이다.

바꾸어 말하면 그들의 반공투쟁은 민족주의자로서 또는 민주주의자로서 이념적 대결에서 투쟁한 것이 아니고 다분히 자기들 일신의 살길이 그 길밖에 없었다고 보았기 때문이 아닐까 한다.

어떤 사람은 일제하에서 고등계나 군 특무대 같은 데서 반공한 것과 해방 후의 반공을 자랑스럽게 연결시키려는 인사가 있으나 일제의 군·경 기관에서 반공활동을 했다면 그것은 도대체 민족주의자로서 한 투쟁인가 자유민주주의자로서 투쟁한 것인가를 묻고 싶다.[12]

송건호는 친일파들의 속성을 "자신을 위해서 필요하다고 생각할 때는 적과 손을 잡을 수도 있고, 민족주의자로 가장할 수도 있고, 또는 자유민주주의 신봉자, 심지어 공산주의자로 자처할 수 있는 소질"[13]이라고 규정한다.

앞서 살펴본 것처럼, 이들에게 반공이란 자기의 투철한 신념이라기보다 자기들의 살길이 있는 피난처라면서 다음과 같은 사례를 든다.

그들이 이념적으로 순수한 민족주의자가 아니었다는 사실은 그들이 백범을 배격한 데서 찾아볼 수 있다. 이 박사가 냉

전이라는 국제 물결에 편승하고 이 냉전 사조를 국내에 적극
받아들인 인사라면 백범은 냉전을 거부하고 민족 문제를 어디
까지나 민족적 차원에서 해결하고자 했던 애국자였다.

백범은 어느 의미에서 보면 한민당이나 이승만 박사와는
차원을 달리하는 순수한 민족주의자였다. 그런데 친일 잔당들
은 이 박사를 절대 지지하고 백범이나 민세民世 같은 애국자를
경원하고 후에는 공산당과 다름없이 적대시하게 되었다. 백범
에게 온갖 모략을 한 것을 보면 그들의 판단기준, 투쟁기준이
민족주의에 있었던 것이 아니라 일신의 안전과 영화에 있었다
는 것을 알 수 있다.[14]

친일세력이 주도해 온 해방 후의 정치사에서는 독재, 부패
를 획책하고 반대세력을 탄압하기 위한 만병통치약이 반공이
고 빨갱이 몰이였다. 조봉암 같은 독립운동가 출신 야당 당수
를 빨갱이로 몰아 죽이고, 또 김대중 같은 대통령 후보를 용공
으로 몰아 사형을 선고했다.

이런 고약한 버릇은 해방 80년이 지난 오늘까지도 이어지고
있다. 심지어 일본 관동지역 대지진으로 손괴된 원자력 발전소
의 오염수를 바다에 버리는 것의 위험성을 지적해도 좌익세력
의 조직적인 음모라고 몰아치기에 이르렀다.

송건호가 이 글의 마지막에서 강조하며 경계했던 말이 해방 후 80년이 지나도 여전히 작동하고 있다니 한심하다.

> 용공의 누명이 정치투쟁 속에서 사용私用되어서는 안 되겠다. 이렇게 바람직하지 못한 '반공'의 사용은 이른바 매카시스트들의 일반적 행태인데 이것이 엉뚱하게도 해방 후의 친일파들의 연명책의 한 수단으로 이용되었다는 것은 개탄을 금할 수 없는 일이다.[15]

송건호는 이보다 앞서 《기독교사상》 1978년 1월호에 「한국 민중의 희망과 그 좌절의 역사」를 실었다. 역사의 주체를 민중으로 인식한 그로서는 1970년대 후반 박정희의 유신 폭정이 보여 주는 참사가 견디기 어려웠을 것이다. 그에게 '민중사'는 현대사 연구의 빠뜨릴 수 없는 주제이자 과제였기 때문이다.

이 글은 민중의 개념을 규정하면서 시작하는데, 1811년 홍경래의 난을 근대적 민중 등장의 계기라 본다. 비록 민란은 실패했으나 민중의 반봉건적 각성을 불러일으켰다는 점에서 역사상 특기할 만한 사건으로 규정한다.

이어서 19세기 중반 3정三政의 문란으로 토착 지주인 양반층과 지방 관리에게 이중으로 착취당한 농민들의 봉기, 19세기 후반의 동학농민전쟁, 1898년의 만민공동회와 민중대회, 조선 말기 의병투쟁과 3·1 혁명의 민중투쟁, 1920~30년대 노동자·농민·학생의 항일투쟁을 차례로 살펴본다. 이 논설은 다음과 같은 분석으로 글을 마무리한다.

민중의 희망은 정의와 자유를 실현하는 일이다. 일제하의 항일투쟁은 민족의 독립, 즉 자유를 쟁취하기 위한 운동이었고 사회정의, 즉 수탈과 착취를 반대하고 인간다운 대립을 받기 위한 투쟁이었다. 일제하에 민족해방을 위한 투쟁을 벌인 것은 바로 이 정의와 자유를 쟁취하기 위한 운동이었다. (…)

노동운동, 농민운동, 학생운동 할 것 없이 민중의 자유로운 생활이 이데올로기의 과잉 대립으로 정상적인 발전을 이룩하지 못했다. (…)

저임금에 의한 고도성장은 필연적으로 근로자들의 노사분쟁을 고조시키고, 외자 의존형 고도성장은 필연적으로 민족주의에 대한 위기의식과 각성을 불러일으켜 사회 계층 간의 갈등과 불안을 유발하고, 이러한 상황은 또 자유의 유보, 민주주의의 위축을 초래해 오늘의 민중운동에 있어 그 형태와 질은 지난날의 기나긴 투쟁 전통의 연장선상에 놓이게 하고 있다는 판단을 가져오게 했다.[16]

송건호를 대표하는 글 「해방의 민족사적 인식」

송건호의 본격적인 현대사 연구의 첫 성과는 「해방의 민족
사적 인식」이라고 할 수 있다. 200자 원고지 100여 매에 이르
는 이 글은 1979년 10월에 간행된 『해방전후사의 인식』 첫 자
리에 실렸다.

그 무렵 학계의 실정을 보면 송건호의 현대사 연구가 얼마나
용기 있는 일이었는지 알 수 있다. 심지어 현대사는 역사가 아
니라는 생각에서 벗어나지 못하는 실정이었다. 그의 이야기를
직접 들어 보자.

당시의 사학계는 해방 후의 역사는 역사가 아니라는 묘한
관념이 돌고 있었다. 그래서 사학과 출신 학생들도 졸업논문
이나 석사논문을 대개 고대사 아니면 중세사를 연구하는 것
을 관례로 삼고 있었다. 언젠가 내가 사학과 출신 학생들에게
왜 현대사를 쓰지 않느냐고 질문을 했더니 현대사는 역사가
아니라는 관례가 있어서 다루지 않고 또 사학의 지도교수들
이 현대사를 쓰면 학점을 주지 않기 때문에 쓰지 않는다고 대
답했다.

그 당시 각 대학의 사학과에는 아직도 일제시대의 친일파

교수들이 적지 않게 남아 있었고 또 그 제자들이 친일교수들의 영향하에 사학을 공부한 관계로 현대사는 역사가 아니라는 생각에서 벗어나지 못하고 있었다.[17]

이런 답답한 현실에도 송건호는 망설이지 않았다. 더 이상 미뤄 두거나 누군가에게 맡겨 둘 수 없었다. 10년 묵은 병에 7년 묵은 쑥이 특효라고 했는데, 쑥이 없다면 쑥 찾으러 다니느라 시간을 낭비할 것이 아니라 이제부터라도 쑥을 묵히는 일이 시급하다고 생각했을지 모른다.

송건호는 스스로 이 작업을 하기로 결심하고 펜을 들었다.

나는 『해방전후사의 인식』이라는 책에 쓴 나의 1백여 장 남짓한 짤막한 글 속에서 해방 후 역사를 민족 자주적인 입장에서 처음으로 비판해 보았다. 물론 자료도 귀하고 문제를 연구한 선인도 없어서 실증적으로 자세하게 쓰지는 못했지만 하여간 난 해방 후 역사를 처음으로 비판해 보았다.

그 이전에도 해방 후 역사에 대해서는 부분적으로나마 다소 언급한 적은 있지만 해방 후 역사를 전면적으로 쓰기는 이때가 처음이었다.

지금 읽어보면 논지가 뚜렷하지 않은 흠이 없지는 않지만

해방 후 역사를 비판적으로 논했단 점이 주목할 만했다.[18]

이 글은 '민중이 주체가 되는 역사, 광복과 국내의 준비 태세, 해외 지도자들의 정치 활동, 미군정이 남긴 것, 일제 잔재의 재등장, 이즘이냐 민족이냐' 등으로 주제를 나누어 송건호의 생각을 들려준다.

　　제국주의 일본의 식민통치에서 해방된 것은 틀림없었으나 해방의 날이라고 하는 바로 8월 15일을 계기로 국토가 분단되어 남에는 미군이, 북에는 소련군이 진주하여 국토와 민족의 분열이 시작되었고 이 분열로 말미암아 6·25라는 민족사상 일찍이 볼 수 없었던 동족상잔을 빚고 그 후 30년간 남북 간의 대립은 날로 심화되어 엄청난 파괴력을 가진 막강한 군사력이 상호 대립하여 언제 또 6·25보다 더 파괴적인 동족상잔이 빚어질지 모르는 불안하고 긴장된 상태가 지속되고 있다. 이 통에 민주주의는 시련을 겪고 민족의 에너지는 그 대부분이 동족상잔을 위한 새로운 군사력을 위해 소모되고 있는 가운데 지루하고 암담한 하루하루를 보내고 있는 것이 이른바 '해방된' 이 민족의 현실이다.

　　민족이 이토록 비극적인 절박한 상황에 빠져 있는데도 일

헌책방에서 책을 읽는 송건호.

찍이 이 땅의 학계에는 오늘의 분단상황을 민족사의 높은 차원에서 반성하여 민족의 살길이 무엇인가를 냉철하게 탐구하는 참된 의미의 민족적 고민의 흔적이 적고 고작 현실을 합리화하는, 정통성 논의 등이 지배적인 것을 볼 때, 민족이 자기 힘으로 쟁취한 해방이 아닌 주어진 해방일 때 그것이 얼마나 허망한 것인가를 새삼스럽게 느끼게 한다.[19]

이 책을 기획한 한길사 대표 김언호는 "1979년 7월 초순에 넘겨받은 선생의 이 글을 읽고 감동했다. 이런 수준과 내용의 글들이라면 책이 자신 있다고 생각했다. 나는 송건호 선생의 많은 논설·논문 가운데 「해방의 민족사적 인식」은 대표적인 글의 하나라고 평가하고 싶다"[20]라며 높이 평가했다.

김언호는 이어서 "그가 발표한 글 대부분이 민족의 '자주'와 '해방'을 주제로 삼고 있다. 해방전후사 그리고 해방이후사에 대한 논술에 그는 '민족주의 사관'을 철저하게 적용시키고 있다. 그의 역사논술은 따라서 '과학으로서의 역사'라기보다 '가치로서의 역사'라 할 수 있다"라면서 이 글의 내용 일부를 인용한다.

지난날이나 오늘날이나 자주적이 못 되는 민족은 반드시 사대주의자들의 득세를 가져와 민족윤리와 민족양심을 타락시키고, 민족내분을 격화시키고 빈부차를 확대시키며 부패와 독재를 자행하여 민중을 고난의 구렁텅이로 몰아넣게 된다. 민족의 참된 자주성은 광범한 민중이 주체로서 역사에 참여할 때만 실현되며, 바로 이러한 여건하에서만 민주주의는 꽃피는 것이다. 이런 관점에서 이미 30년이 지난 8·15의 재조명은 바로 오늘을 위한 연구라고 하지 않을 수 없다.[21]

한국의 보수세력, 특히 친일 인맥이 닿아 있는 언론이나 학계에서는 송건호의 논지와 같은 비판을 민족사의 부끄러운 대목만을 들추어 내는 '자학사관'이라고, 그런 이들을 좌파라고 매도하기 일쑤다. 자신들의 핏줄이나, 자신들이 관계하는 언론사나, 대학 설립자의 일제강점기의 부끄러운 행적을 감추기 위해서이다.

전후 일본에서 침략전쟁과 식민지 지배 등을 사죄하고 재군비를 막아야 한다는 양심세력의 주장을 '자학사관'으로 몰아붙인 일본 수구파의 용어와 논리를 한국의 보수세력이 그대로 빌려와서 쓰고 있다.

미군정 3년 신랄히 비판

『해방전후사의 인식』에는 송건호의 글을 포함하여 비중 있는 글들이 실렸다. 대표적인 글은 진덕규의 「미군정의 정치사적 인식」, 김학준의 「분단의 배경과 고정화 과정」, 오익환의 「반민특위의 활동과 와해」, 임종국의 「일제 말 친일파 군상의 실태」, 조동걸의 「8·15 직전의 독립운동과 그 시련」, 백기완의 「김구의 사상과 행동의 재조명」, 김도현의 「이승만 노선의 재평가」, 이동화의 「8·15를 전후한 여운형의 정치활동」, 유인호의 「해방 후 농지개혁의 전개과정과 성격」, 이종훈의 「미군정 경제의 역사적 성격」, 「염무웅의 소설을 통해 본 해방 직후의 사회상」 등이다. 이런 의미 있는 글들에 힘입어 살얼음판의 정국에서도 인문·사회과학 분야 책으로는 드물게 호평을 받으며 많은 부수가 팔렸다.

『해방전후사의 인식』은 이 책에 수록된 필자 중 일부를 포함하여 수많은 민주인사들에게 고통을 주고 국민에게 독재정치의 공포를 안겨 준 박정희가 부하 김재규에게 피살당하기 불과 10여 일 전에 간행되었다. 관의 눈치를 보는 박제된 연구가 아닌 사람들이 궁금해하는 다양한 이야기를 들려주었던 데다, 출간 시기까지 잘 들어맞은 덕분에 이 책은 오랫동안 독자들의 사랑을 받았다.

송건호의 「해방의 민족사적 인식」에는 미군정 3년에 대한 날카로운 분석도 담겨 있다.

미군정의 3년간의 결산은 인플레의 격화, 대중생활의 파탄, 부정·부패의 만연, 치안의 난맥뿐 아니라 정부재정의 막대한 적자, 사회불안은 손을 댈 수가 없을 정도였다. 군정 3년간의 인플레를 보면 통화발행고 지수가 1945년 8월을 100으로 할 때, 군정이 끝난 1948년 9월에는 500으로 5배가 팽창하고 물가지수는 같은 기간에 100에서 1,060으로 무려 10배 이상으로 치솟았다. 그리고 군정 3년간의 결과로서 정부부채가 262

억 2천4백만 원에 달했으며 이것은 당시의 화폐발행고가 300억 3천만 원이었음을 생각할 때 실로 엄청난 액수가 아닐 수 없다.

미군정 3년간 이 땅에 유행된 말이 '사바사바'니 '모리배' 또는 '귀속재산 불하' 같은 따위였는데, 이것은 미군정 3년간에 걸친 무원칙한 인사정책과 부정과 흑막에 싸인 귀속재산 불하 과정에서 비롯된 유행어였다. (…)

일제 잔재의 계승이라는 점에서 공물제의 강행 실시도 빼놓을 수 없다. 미군정은 46년 봄 추곡수매령을 공포, 전해의 추곡부터 공출을 실시했는데 46년 47년이 되면서 공출량은 늘어나고 수매가는 시장가의 5분의 1도 안 되는 헐값으로 강제로 거두어 갔다. 더욱이 미군정은 일제시대에도 없던 하곡수매까지 강행하여 전국 여러 곳에서 농민들과의 충돌이 벌어지고 농민들의 이러한 불만은 46년 10월 폭동의 한 원인이 되기도 했다. 게다가 미군정이 농지개혁을 한다고 했으나 실제로는 개혁이 지연되어 이런 기간 동안 지주들은 소작지를 비싼 값으로 소작인들에게 강매하는 경향이 생겨 그 틈에 돈이 없는 소작인들은 땅을 남의 손에 빼앗기는 예가 비일비재했다.[22]

전두환 군사정권이 지배하는 1980년대는 살얼음판 같은 시대였다. 이런 시기에도 송건호는 『한국현대사』 등을 저술하면서 꾸준히 연구를 이어갔다. 현대사 연구는 그의 여생의 화두가 되었고, 적잖은 업적도 남겼다. 유신 독재에 이어 5공 군사 독재로 이어지는 퇴영과 살육의 시대에 현대사 연구에 매달린 것은 '피맺힌' 현실 상황 때문이었을 것이다.

송건호도 다른 사람들처럼 박정희의 피살을 지켜보면서 '서울의 봄'을 기대했다. 그러다가 느닷없이 늑대를 피하려다가 호랑이를 만난 격으로 전두환 무리가 신군부 쿠데타를 일으키는 것을 무력하게 목격해야 했다. 송건호는 이런 어이없는 결과를 친일 청산 등 '역사 청산'을 제대로 하지 못한 현대사의 업보라고 생각했다.

랑케는 "가장 최근의 과거에 대해 학문적 관심을 쏟는 일은 모든 동시대인들에게는 현실적 욕구"라고 했고, 현대사 연구가 게르비누스는 자기가 사는 시대에 대한 연구와 서술에 대해 갖는 역사가들의 책무가 바로 "역사적 권능을 판가름할 수 있는 가장 확실한 시금석"[23]이라고 주장했다.

현대사 연구가인 송건호의 생각도 이들의 생각과 맞닿아 있었다.

12. 유신 말기 재야 활동과 비판적 글쓰기

인권운동협의회와 NCC 인권위원 참여

1978년 7월 6일, 통일주체국민회의는 체육관에서 박정희를 제9대 대통령으로 선출했다. '체육관 선거' 결과는 '99% 투표, 99% 지지'로, 국제사회의 조롱거리가 되었다. 이로써 박정희는 1961년에 5·16 쿠데타를 일으킨 뒤 17년 차 집권기에 접어들었다. 1972년 유신쿠데타로 시작된 7년 임기의 두 번째 '체육관 대통령'이 되었다. 그의 권력 욕망은 끝이 보이지 않았다. 긴급조치 체제도 날이 갈수록 강화되어 학생·노동자·종교인 등을 가리지 않고 정권을 비판하는 사람들을 더욱 옥죄고 탄압했다.

날이 갈수록 전국의 감옥에는 양심수들로 점점 가득 찼다. 국제사회에서 한국의 인권 문제는 단골 메뉴가 되었다. 탄압이 심할수록 민주세력의 저항도 거세게 나타났다.

참다못한 각계 민주인사들이 그해 1월 24일에 '한국인권운동협회'를 결성했다. 송건호도 여기에 참여했다. 한국인권운동협회는 유신 독재에 효과적으로 저항하기 위한 조직이었다. 송건호가 처음으로 직접 참여한 재야 단체였다.

한국인권운동협회는 창립하자마자 정부의 인권탄압을 비난하고 구속자 석방을 요구하는 성명을 발표하고 연좌농성을 벌였다. 그러자 경찰은 3월 16일에 이 단체의 회장이던 조남기 목사를 비롯해 총무인 안성열 기자, 서기인 김상근 목사와 이재정 신부 등 집행부 인사들을 구속했다. 송건호는 중앙위원이어서 구속을 면할 수 있었다.

얼마 뒤인 5월 12일에 민청학련 사건 관련 인사들이 '민주청년인권협의회'를 결성했다. 그렇게 되자 기독교인권위원회, 천주교인권위원회 등과 더불어 인권운동은 더욱 활발하게 진행되었다.

송건호는 한국기독교교회협의회 NCC 인권위원회의 위원으로도 참여했다. 이는 한국인권운동협회 참여의 연장선상이었다. 이로써 본격적으로 유신 체제하에서 탄압받는 국민의 인권 회복을 위해 일선에 나선 셈이었다.

그는 또 함석헌이 발행하는 《씨ㅇ의 소리》 편집위원으로도 참여했다. 앞에서 이 잡지가 창간될 때 1970년 4월 편집위원이라는 기록물을 제시한 바 있으나 송건호는 1978년에 처음으로 참여하게 되었다고 직접 말한 바 있다.

골프장 건설을 비판하다

《씨ᄋᆞᆯ의 소리》에 관계된 것은 내가 NCC와 관계를 갖게 된지 상당한 시일이 지난 후 목요기도회 때 A 교수의 권유를 받아서였다. 내가 함석헌 할아버지를 가까이 모시게 된 시초였다. 현직에 있을 때도 내 글이 가끔 《씨ᄋᆞᆯ의 소리》에 실리고 또 원고청탁을 받기도 했으나 직접 편집위원이 된 것은 이때부터의 일이다.

《씨ᄋᆞᆯ의 소리》 편집위원으로 Y 대학 K 교수, K 교수 등이 있었다. 그러나 나에게 가장 인상 깊은 경험은 함석헌 옹을 가까이 모신 일이 아니었던가 한다. 함 옹은 1일 1식 주의자였다.[1]

송건호의 회고처럼 그는 《씨ᄋᆞᆯ의 소리》 편집위원이 되기 전부터 이 잡지에 몇 차례 글을 쓴 적이 있다. 당시 이 잡지에 글을 쓴다는 것은 보통 용기가 아니면 어려운 일이었다. 이 잡지와 연관이 되면 '불온 인물'로 낙인찍혔기 때문이다. 잡지사는 경영이 어려워 필자들에게 원고료도 주지 못한 상태였다.

송건호는 《씨을의 소리》 1976년 4월호에 처음 글을 실었다. 제목은 「스포츠 심리」였다. 당시에는 대통령을 체육관에서 뽑을 만큼 박정희 정권은 국민의 눈을 정치 외곽으로 돌리기 위해 스포츠를 '장려'했다. 세간에서는 박정희의 '3S 정책', 즉 스포츠, 섹스, 스크린영화이라는 말이 나돌 정도였다.

정부는 많은 경작지를 파헤쳐 가면서 골프장을 만들었다. 송건호는 이런 현실을 비판했다. 그중 일부 내용을 소개한다.

비좁은 국토에서 산업화 정책의 강행으로 상대적으로 농토는 줄어들고만 있다. 해마다 수억 불의 생명처럼 귀한 외화를 들여 식량을 수입하고 있는 판에 광막한 가경지가 골프장으로 둔갑하는 면적이 더욱 늘어나고 있는 데는 놀라지 않을 수 없다.

골프장을 개설할 때마다 구실만은 저마다 그럴듯했다. 외국인을 불러들여 외화를 벌어들인다는 것이다. 그러나 도대체 몇 명의 외국인이 와서 골프를 즐기고 얼마의 외화를 떨어뜨리고 가는지 발표가 없다. 그보다도 외국인 아닌 내국인의 출입이 더 빈번하다는 소문이 사실이 아니기를 바랄 뿐이다.

골프가 좋은 스포츠라는 것을 모른다는 것이 아니다. 모르기는 고사하고 신선놀음 같은 그 즐거움이 한없이 부럽기만

하다. 그러나 신선놀음 같은 스포츠라는 그 점에 골프의 사회 심리적 문제가 있는 것이 아닐까.

가난한 사람들은 골프를 아마 원한의 눈초리로 쏘아볼는지 모른다. 저 넓고 넓은 땅에 곡식을 심으면 얼마나 좋을까. 많은 사람들이 가난에 신음하고 있는데 저 사람들은 어떻게 저토록 신선처럼 유유자적할 수 있을까. 한 주에 한 번씩 밀가루를 먹어야 하고 어린이들이 먹기 싫어도 보리밥 도시락을 싸 가는 것도 오로지 부족한 식량을 아끼기 위한 때문이 아닌가.[2]

「서재필」과 「독자로서 읽은 신문」

《씨ᄋᆞᆯ의 소리》 1976년 10월호에는 특집으로 명사들이 소개하는 '내가 존경하는 인물'이 실렸다. 여기에는 김성식경희대 교수의 「인물보다 그 업적을」, 함석헌의 「마하트마 간디」, 윤태림경남대 학장의 「윌리암 에레스트 학킹」, 전경연중앙신학대 교수의 「옷도 A 피퍼 선생」 등이 실렸다. 송건호의 「서재필」도 함께 실렸다.

송건호는 서재필을 무척 존경했다. 1970년 9월 태극출판사에서 기획한 '현대한국인물 전집' 제2권으로 『송재 서재필』을 집필한 적도 있었다. 《동아일보》 논설위원으로 일하던 시절이었다. 송건호는 이 책을 바탕으로 1979년에는 『서재필과 이승만』을 펴내기도 했다. 이 부분은 뒤에서 다시 다루기로 한다.

「서재필」에서 송건호는 서재필의 생애를 압축해서 들려준다. 특히 그가 미국으로 망명한 지 13년 만에 고국으로 돌아와 만든 우리나라 최초의 민간신문 《독립신문》과 관련해 "80년 전에 서재필이 말한 이 《독립신문》의 정신이 오늘의 신문에 비추어 보아도 조금의 뒤떨어짐이 없었다. 오히려 《독립신문》만도 못한 점이 많아 부끄러운 생각조차 든다"³라고 언급하며 현실을 꼬집었다.

서재필은 조국이 해방을 맞자 1947년 7월에 여든이 넘은 나이에 고국 땅을 밟았으나 '독선과 자만에 가득 찬' 이승만에게 단결을 호소하는 말을 남기고 1년여 만에 미국으로 돌아가야 했다. 결국 다시 고국으로 돌아오지 못한 채 한국전쟁이 한창이던 1951년 1월에 파란 많은 86세의 인생을 마쳤다. 송건호는 이런 서재필에게 "그가 이 땅의 개화와 자주 독립을 위해 남긴 빛나는 공적은 영원토록 찬란히 빛날 것"⁴이라며 찬사를 아끼지 않았다.

송건호는 《씨올의 소리》 1977년 3월호에 「독자로서 읽는 신문」이라는 글을 썼다. 언론인으로서 오래 일하다가 현직에서 물러난 이후 쓴 '신문론'이어서 관심을 끌었다. 왜 신문이 오래될수록 더 가치가 높아지는지 들려준다.

신문의 생명이란 참 묘하다. 하루도 못 가 사라져 가는 것처럼 보이면서도 시일이 지날수록 생명이 빛나는 것이 또한 신문이다. 짧은 것같이 보이면서도 시일이 지날수록 끈질기게 긴 것이 또한 신문이다. 오래된 신문일수록 값어치가 빛나는 것이 신문이다.

이유는 무엇일까. 신문은 역사의 기록자며 역사의 증언자이기 때문이다. 신문처럼 충실하게 그날그날을 기록하는 작업은 없다. 신문은 이래서 역사의 첫째가는 기본자료 구실을 한다.

신문은 한 시대의 얼굴이다. 지면을 통해 사람들은 그 시대, 그 사회의 표정을 읽을 수 있다. 만약 시간 여유가 있으면 묵은 날의 신문을 더듬어 보라고 권하고 싶다. 미처 관심도 없이 제작하고 지나쳐 버린 신문이 10년이 지난 오늘날 아니 30년이 넘은 오늘날 새로운 의미와 중요성을 가지고 독자들 앞에 나타날 것이다. 신문이란 참으로 묘하다고 아니 할 수 없다.[5]

송건호가 이 글에서 전하고자 한 메시지는 따로 있었다. 일제강점기에 이른바 '민족지'들이 보인 행태를 들려주면서 1970년대 후반 한국 언론인의 반성을 촉구하는 것이었다.

매일같이 '황군'의 승리가 대문짝같이 보도되고 '총후의 결의'가 어떻고 '반도인'의 올바른 시국 인식이 강조되고 있다. '일억 일심'—億—心이라는 구호가 눈에 띈다.

지면엔 '반도인'으로서의 생활만이 그려져 있고 '조선인'의 생활은 지면에 나타나 있지 않다. '조선인'의 생각 '조선인'의 괴로움이 지배적 현실이었다. '반도인'은 소수에 지나지 않았다. 물 위에 떠도는 고기마냥 많은 듯이 보여도 떠 있는 고기 그것이 전부였다. 절대다수인 '조선인'의 생활, 그들의 생각이 기록되어야 했다.

신문이 이미 증언자로서의 구실을 잃고 만 때문이다. 정간되었어도 무방할 신문이 몇 년간이나 계속되었다. 때문에 이 몇 년간의 신문은 지금의 시점에서 거의 아무런 자료의 가치가 없다. 현실을 보도하지 못한 신문은 기록자로서의 가치가 전혀 없기 때문이다.

신문이 역사의 증언자 구실을 못 하고 기록자 구실을 못 하는 것은 신문 구실을 못 한다는 뜻이다. 그것은 이미 신문이라고 말할 수조차 없다. 저널리즘의 저널은 일지日誌라는 뜻이다. 신문이 일지 구실을 못 한다면 어떻게 신문이라 할 수 있을까. 신문 구실을 못 한 일제하 낡은 지면을 넘기다 보면 이런 일 저런 일 만감이 교차한다.[6]

송건호는 이렇듯 여기저기 '불온'한 글을 쓰고, 독재정권이 가장 기피하는 인권운동협회와 NCC 인권위원회에 참여하고, 《씨ᄋᆞᆯ의 소리》 편집위원을 지내는 등 적극적으로 활동했다. 그러자 박정희 정권의 하수인들은 하루 24시간 감시와 미행을 계속하면서 압박했다.

78년은 한 해 동안 내내 감시와 미행을 당한 해였다. 이 해는 유신 독재가 점점 어려움에 빠져들어 간 해였다. 박 정권은 민주화를 외치는 사람들을 24시간 미행해서 아무 일도 못 하도록 감시하라고 지시한 것 같았다. 유신에 대한 저항세력은 이때만 해도 거의 기독교 세력에 국한되어 있었다. 당시의 상황 속에선 기독교나 가톨릭 아니면 거의 민주화운동이 불가능했다.

기독교가 아니었다면 무엇인가 구실을 붙여 즉각 구속할 수도 있겠으나, 구체적으로 사상이 보장된 기독교이기에 아무리 인권과 민주화를 외치며 반정부 운동을 해도 그들을 용공 혐의로 구속하는 것은 길게 보아 정부에 이로울 것이 없었다. 그래서 생각해 낸 것이 24시간 미행 감시하는 방법이 아니었던가 한다. 그런데 이 미행 감시의 대상에 내가 포함되어 있다는 것은 납득할 수 없는 일이었다.[7]

정보기관의 끈질긴 미행

이 무렵 송건호의 대정부 비판 활동은 그렇게 적극적이지 않았다. 기독교의 울타리가 아니면 구속되기 일쑤였기에 비기독교인인 그가 시위나 농성에 합류하기란 쉽지 않았다. 그런데도 정부의 24시간 미행을 당하게 되었다. 그 이유는 무엇일까?

무엇보다 먼저, 그가 언론인으로서 뛰어난 '역량'이 있었기 때문이다. 제도언론이 제구실하지 못한 유신 말기의 언론계에서 그의 존재는 비록 언론계를 떠났으나, 정도를 걷는 언론인과 민주 언론인이라는 위상을 갖고 있었다.

여기에 또 '다른 이유'가 하나 더 있었다. "유신 당국이 수차에 걸쳐 협조를 요청하고 어떤 때는 사령장까지 써 가지고 와서 취업을 강요했으나 그러한 요구나 회유에는 일절 응하지 않"[8]으면서 정권의 심기를 건드린 것이다. 박정희 정권이 회유하거나 최소한 그럴듯한 자리에 취업을 알선해도 송건호는 듣지 않았다.

그가 직접 밝히기를, "박정희와는 개인적으로 친했다. 친일파이지만 미국에 대해서는 분명 반감을 갖고 있었다. 동아일보를 그만두고 들어앉아 있을 때 청와대 공보비서 자리를 맡으라는 제의가 들어왔다. 그 자리에서 거절"[9]했다고 한다.

박정희 정권은 결국 감시와 미행을 통해 그의 활동을 원천적으로 봉쇄하는 방법을 택한다.

그렇지 않아도 생계 수단이 막힌 상태에서 정권의 감시가 심해질수록 생활은 더 어려워졌다. 가족의 끼니를 걱정해야 하는 날도 많아졌다. 그런데 이런 날이 길어질수록 송건호의 생계에 대한 불안은 오히려 점점 엷어져 갔다. 3년간의 세월이 만들어 준 면역성 때문이었다.

78년이 점점 지나면서 그토록 나를 괴롭혔던 경제생활에 대한 불안이 점점 사라져 가는 것 같았다. 이것은 생활형편이 나아진 때문이라기보다 인간에게 감춰진 탁월한 적응능력의 소산이었다. 매일같이 불안, 초조하던 것이 2, 3일에 한 번씩 1주일에 한 번씩 그리고 한두 달에 한 번씩 주기적으로 찾아오다가 78년경부터는 거의 나타나지 않게 되었다. 78년 후에도 어쩌다 갑자기 불안을 느낄 때가 있긴 했으나 그것은 몇 달에 한 번씩 잊어버린 듯하다 생기는 심리현상이었으며 80년대 들어와서는 거의 없어지고 말았다.[10]

당시 '괴씸죄'에 걸린 송건호는 취직하려면 청와대의 허락을 받아야 했다. 송건호는 신문사를 떠난 뒤 한양대에서 어렵사리

시간강사 자리를 구한 적이 있었다. 이에 정부의 손길이 곧바로 학교에 미쳤다. 학교 측은 송건호에게 다음 학기부터 강의할 수 없다는 통보를 보냈다. 정보부에서 송 아무개는 쓰지 말라고 해서 쓸 수 없다고 했다.

각종 매체에서 오던 원고청탁도 몇 달 동안은 뚝 끊어졌다. 역시 정보부에서 압력이 들어갔기 때문이다. 암울한 시기에 겪은 궁핍은 이루 다 표현하기 어려울 정도였다.

조선 초기 세조의 포악무도한 권력정치를 비판하면서 자유분방하게 시를 짓고 살아온 김시습의 호는 청한淸閑이다. '맑고 빈한한 선비'라는 뜻이다. 우리가 아는 '매월당梅月堂'은 뒷날 금오산에 칩거할 때 사용하던 당호이다. 송건호의 '청암'과 김시습의 '청한'은 닮은꼴이다.

1978년은 송건호 개인에게 불행한 일이 겹쳐 일어난 해였다. 그는 수십 년 동안 고서점과 헌책방을 돌아다니며 책을 사서 모았다. 이 책들을 그는 특히 아꼈는데, 이를 보관하던 지하실이 하필 홍수에 침수하는 바람에 책들이 망가지고 말았다.

그러던 차에 부인이 당뇨 판정을 받았다. 망가진 장서야 어찌할 수 없다 치더라도 부인의 병환은 하루빨리 치료하지 않으면 안 되었다. 그는 속상하고 미안한 마음을 글에 담았다.

처가 당뇨병 같은 것에 걸린 것은 물론 나 때문이라는 것을 나는 안다. 생각하면 나 같은 사람에게 시집와 고생만 하는 것이 속으로 미안하기 그지없다. 때로 부부싸움을 하다가도 이런 생각을 하고는 내가 양보할 때가 많다. 만약 왜 취직 않고 가족들 고생시키느냐고 바가지라도 긁는 아내였다면 아마 우리의 부부생활은 계속되지 못했을 것이다. 그러나 처는 온갖 고생을 하면서도 나를 원망하는 일이 없어 나는 날 아내에게 미안하게 생각한다.[11]

드골 평전을 쓰다

송건호는 언론사에 몸담고 있을 때인 1965년에 『드골: 프랑스의 영광』탐구당을 문고판으로 출간했다. 1978년에는 이 책을 보완해 『드골 평전』태양사으로 다시 펴냈다.

수많은 인물 중에서 그는 왜 하필 드골을 골라 평전을 집필했을까? 아마도 이승만과 박정희 등 한국 정치 지도자들의 추악한 권력욕과 드골의 권력에 대한 무욕이 대비되었기 때문인 듯하다.

이 책은 송건호가 쓴 첫 인물 평전이다. 드골이 1951년 선거에서 패배하고 은퇴했다가 1959년 제5공화국 대통령에 당선되고, 1965년에 재선되고, 1969년 국민투표에서 패하여 대통령직을 사임한 뒤 칩거하면서 자서전을 집필하다가 1970년 별세하기까지의 생애를 담았다.

그럼, 송건호가 보기에 드골에게서 돋보이는 점은 과연 무엇이었을까? 그는 이를 다음과 같이 정리했다.

드골의 가장 큰 매력은 권력에 연연하지 않는 점이었다. 그는 민중이 자기를 원하지 않는다고 믿자마자 지체 없이 권좌에서 물러나기를 서슴지 않았다. 거만하고 초연한 듯하면서도 드골의 위대한 점이 바로 여기에 있었다. 레지스탕스의 영웅으로 추앙받던 1946년 그는 수상의 자리를 미련 없이 내놓았고, 1969년 국민투표에서 패했을 때도 지체 없이 대통령 자리를 내놓았다. 온갖 비난이 가해지고 있는 속에서 드골의 권력에 대한 이 담담한 태도는 칭송을 받기에 족한 정치적 위대성이었다.

드골이 파쇼 분자, 재벌의 앞잡이 등 그가 민주적 지도자가 못 된다는 점에서 온갖 욕설과 비난을 받기는 했으나, 그가 아프리카 식민지에 독립의 기회를 준 것은 놀라운 용단이었다. 그중에서도 알제리 하면 프랑스의 한 부분으로 생각할 정도로 프랑스로서는 내놓을 수 없는 식민지였고, 프랑스 공산당조차도 알제리 해방에 대해서는 때로 애매한 태도를 취하고 있던 판이라 드골의 식견은 실로 경탄할 만했다.[12]

송건호는 드골의 사심 없는 야망과, 권력욕에 집착하지 않는 진퇴, 그리고 황금덩어리와 같은 식민지 알제리를 거침없이 해방시키는 국제주의, 평화사상에 매료되어 있었다.

송건호는 단순히 한 사람의 삶을 그린 것이 아니라 "그의 평전을 쓰면서 10년간의 국내 정치의 혼란과 25년간의 국제 냉전 구조를 타파하고 시대에서 소외된 조국 프랑스를 다시 세계의 본무대에 올려놓으려고 몸부림친 한 사나이의 눈물겨운 분투를 발견하고 분단 속에 아직도 온갖 수난과 수모를 면치 못하고 있는 우리 민족의 험난한 앞날을 생각"[13]했다.

송건호는 『드골 평전』에서 이 거인의 생애와 함께 여러 가지 비화를 소개했다. 1944년 8월, 자유프랑스군을 지휘하고 파리를 해방시켜서 시민들의 열광적인 환영을 받은 다음 날을 그린 대목을 보자.

다음 26일 드골은 개선문 아래의 무명전사의 묘에 꽃다발을 증정하고 열광하는 파리 시민들의 앞을 휘하 장군들과 대행진을 하고 노트르담 사원의 감사 미사에 참석했다. 그가 서쪽 문으로부터 사원으로 들어가기 전에 두 사람의 처녀로부터 3색의 꽃다발을 받으려고 하는 순간 어디선가 총성이 일어나고 군중 속에서 사상자가 났으나 드골은 조금도 당황하지 않았다.

그의 침착한 태도는 시민에게 절대적인 인상을 주었다. 성당 안에서는 환성을 울리는 것을 금하는 규칙이 있는데도 드골 만세를 부르는 소리가 일제히 터져 나왔다. 4년간에 걸쳐 프랑스 해방을 염원하고 위기의 순간에서 조국을 구원하는 것을 자기의 천명으로 생각하고 있던 그에게는 이날이야말로 그의 생애에서 가장 영광스러운 날이었을 것이다.[14]

송건호는 드골의 인간성에 대해서도 세심하게 관찰해서 들려준다.

드골은 표면상 냉정한 사람처럼 보이나 다정다감한 사람이다. 런던에서 방송으로 대선배 페탱의 과실을 공격하고 있을 때 그것은 그의 애국심에서 나온 것이며 인간 페탱에 대해서는 결코 욕하지 않았다. 독일이 패주한 후 페탱이 사형선고를 받았을 때 사형을 종신유형으로 감형한 것은 드골이었으며 1950년 페탱의 석방을 주장한 일부 정치가에 동조한 것도 드

골이었다. 그는 '흥망성쇠는 재천'이라는 진리를 모르는 사나이는 아니었다.[15]

송건호는 드골을 다음과 같이 평가하며 평전을 마무리한다.

드골은 끈기 있는 독서가였다. 그의 애독서는 비단 고전에만 국한된 것이 아니었다. 그는 자기에게 보내온 수많은 저작들을 일일이 훑어보았으며 그의 독특한 필체로 한 사람 한 사람에게 답장을 써 보냈다. 그는 수많은 책을 읽었다.

드골은 음악을 대단히 좋아했다. 음악에 조예가 깊지는 않았으나 근엄한 것 같으면서도 정서가 풍부했다.

드골은 실로 그의 평생을 시류에 저항해서 살아온 인물이었다. 1940년 패망 당시 프랑스인의 거의 90%가 대독 협력이 불가피하다고 절망적인 생각을 하고 있을 때 그는 국외로 망명하여 대독 저항 투쟁을 시작했으며 프랑스인의 4분의 3이 아직도 알제리를 '프랑스의 알제리'라고 믿고 있을 때 대담무쌍하게도 알제리를 비식민지화하기 위한 결단을 보였고, 프랑스인이 대서양조약의 그늘 속에서 낮잠을 자고 있을 때 미국의 영도권에 반기를 들고 저항할 것을 호소한 사람이다.[16]

필리프 라트의 『드골 평전』2002을 우리말로 옮긴 윤미연은 「옮긴이의 말」에서 다음과 같이 썼다. 송건호가 드골의 평전을 집필했을 때도 이와 비슷한 생각을 하지 않았을까 싶다.

프랑스로 들어가려면 샤를 드골 공항을 통과해야 하듯, 프랑스를 이해하려면 샤를 드골을 알아야 한다. 그런데 드골을 이해하는 순간 우리는 우리 자신과 만나게 되며, 세계와 조우하게 된다. 아! 샤를 드골은 세계의 관문이었다.[17]

20여 년간 쓴 칼럼 모음집 간행

송건호가 견디기 어려운 궁핍한 생활과 24시간 미행이라는 불안한 생활을 꿋꿋이 견뎌 낼 수 있었던 동력은 어디에서 나왔을까? 송건호는 한 언론인과 한 인터뷰에서 다음과 같이 말했다.

청암은 현실 정치에 대한 관심은 대단했지만 정치판에 뛰어드는 것은 한 번도 생각해 보지 않았다고 한다. 특별한 정치 지향성보다는 크게 민족과 민주와 통일의 길에 어긋나지 않게 올곧게 살고자 한 것이 그에게 그토록 꺾이지 않는 신념의 길을 걷게 한 동력이었다.

"자기주장을 내세울 수 있는 분위기만 되면 나는 굳이 민주인사가 될 필요는 없다고 본다. 신문사에서 내쫓고 직장을 구하려고 해도 방해를 하기 때문에 나도 모르게 '민주인사'가 된 것이지 민주인사가 되고 싶어서 된 것은 아니다. 정상적인 직장을 가지려 해도 자꾸 방해를 하고 그쪽으로 가게끔 몰아붙였기 때문에 하다 보니 그런 자리에 놓인 것이다."[18]

송건호는 재야에서 일을 하면서도 틈틈이 글을 썼다. 밥벌이의 수단이기도 했지만, 그는 천생이 글쟁이였다. 인물연구소의 임중빈 대표가 신문사 다닐 때 썼던 칼럼을 꼼꼼히 모아 와서 책을 내자고 졸랐다. 송건호는 마음이 여려서 누가 원고를 써 달라고 하면 써 주고 책을 출판하겠다고 하면 허락했다. 제자와 후배들의 주례를 3백여 차례나 선 것도 거절하지 못하는 성품 때문이었다.

칼럼집 『새 역사의 모색』인물연구소은 그렇게 해서 1978년 3월에 출간되었다. 언론계 선배인 천관우가 짧은 추천사를 써 주었다.

저자는 우리나라의 대표적 언론인의 한 분이요, 또 왕성한 비판정신을 여전히 간직하고 있는 근래에 매우 드물어진 '평론가다운 평론가'의 한 분이기도 하다. 참된 언론인·평론가로서 그동안 20여 년간 현실을 직시하여 쓴 문제의 칼럼들을 정선한 이 책『새 역사의 모색』에서 독자는 절실하게 찾아볼 수 있으리라 믿는다.[19]

이 책에 실린 칼럼의 주제와 내용을 보면 지식의 깊이가 얼마나 깊고 관심 분야가 얼마나 넓은지 금방 알 수 있다. 흔히 언론인은 넓게 많이 알지만 깊이가 없고, 교수와 학자는 깊이 알지만 폭이 좁다는 말이 있다.

송건호는 이 같은 일반적인 생각을 뛰어넘는다. 그는 어떤 주제라도 소화할 수 있을 만큼 지적 수준이 높고, 아무리 짧은 시간에 쓰는 5~6매짜리 칼럼이라도 결코 허투루 쓰는 법이 없었다.

송건호는 칼럼집을 내면서 다음과 같이 자신의 '칼럼론'을 밝혔다.

나는 기자 생활을 할 때 가급 칼럼을 안 쓰기로 했었다. 기자치고는 다소 학구적이기를 지향한 나는 칼럼 같은 것을 쓰면 문장을 쓰는 데 나쁜 버릇 같은 것이 생길 것 같아 될 수 있는 한 피하기에 힘썼었다.

사실 한두 해 칼럼을 계속 쓰다 보면 어느새 사고부터 단편식 칼럼식이 되고, 논리적 문장이 써지지 않는다. 그래서 갑자기 사설을 쓰려다 영 글이 안 돼 애먹은 때가 있다.

그러나 칼럼은 사설과는 달리 필자의 생각을 다소 자유롭게 표현할 수 있는 이점이 있다. 때론 가슴에 품은 울분을 이른바 메타포어 법法 같은 것으로 발산할 수 있어 좋다. 사설은 정공법을 쓰지만, 칼럼은 아주 자유자재다.[20]

송건호의 글은 언론인 출신답게 건조한 편이다. 그 대신 투명하다. 시비가 분명하다. 미사여구나 수사를 찾기 어렵다. 과장법도 쓰지 않는다. 진보 성향의 언론학자의 필력과 현장감 있는 기자의 촉각으로 글을 쓴다. 그러다 보니 퍽 논리적이다. 예리한 비수는 아니면서 공정하고 객관적이어서 공감과 설득력을 불러일으키는 문장이다. 그렇다고 서정성이 전혀 없는 것은 아니다.

1970년대 초에 쓴 「고향의 모습」이라는 글의 서두 부분을 읽어 보자.

눈이 안 내리는 겨울은 황량하다. 열차로 지방에 내려가 보

아도 산마다 발가벗은 나무들만 앙상하다. 강물조차 겨울바람
에 제법 파도를 치고 있다. 얼마 전까지 붐비던 한강 얼음판의
아이들도 제각기 집으로 들어가 볼 수가 없다. 철교 및 나룻배
의 강태공들만이 한가로이 잉어낚시에 여념이 없다.

이번에는 논리적인 칼럼의 한 대목을 살펴보자. 1972년 7월
18일에 쓴 「지성의 생명」이라는 글의 한 부분이다.

지식인이 지성을 상실하는 '함정'은 현실에 편승하는 경우
에 생기기 쉽다. 현실을 비판하는 것이 지성의 생명이라고 볼
때 현실에 편승하는 것은 이미 지식인의 자격을 포기한 거나
다름이 없다. 지성의 사회적 참여란 지식인의 관료화를 의미
하지 않는다. 지성은 본래 비관료적이라고 말할 수 있다. 전통
과 형식이 관료화의 본질이라고 하면 지성의 생명은 창조와
비판 속에 살아 있다.

지성은 진리 앞에 성실해야 하며, 현실 앞에 속임수가 있어
선 안 된다. 한 마디 '말', 한 마디 '글'인들 지성을 떠나 발표할
수 없다.

송건호는 관심 분야가 참으로 다양했다. 언론인이라는 직업

때문에 사회 여러 분야에 관심이 많다고 하더라도 그의 관심 분야는 문·사·철·시·서·화는 물론이고 음악·스포츠·국제문제 등 매우 폭넓었다. 관심을 보이지 않는 분야가 없을 정도이다.

언론계 초임 시절인 1954년에《현대現代》라는 잡지에 「노래는 살아 있다: 대중가요와 시대감정」이라는 글을 썼다. 대중가요의 사적 발달과정과 사회에 미치는 영향, 그리고 한국 대중가요의 발생 기원 등에 관해 고찰하는 글이다. 그는 대중가요가 어떻게 정치에 이용되는지, 나치 독일과 일제 식민지 시대를 고찰하고, 해방 뒤 유행가의 문제점을 분석한다. 그의 관심은 단순히 호기심 수준이 아니었다.

종교계와 접촉,《기독교사상》에 기고

송건호는 종교가 없다. 물론 이런저런 인연으로 YMCA에 나가 기독교와 사회문제 등을 주제로 토론에 나서는 등 종교계와 관계가 전혀 없지는 않았다. 그러던 그가 기독교인들과 본격적으로 접촉하게 되는 계기가 마련되는데, 1975년《동아일보》광고 파동이 한창이던 때이다.

기독교계와 직접 관계도 없는 문제에 기독교인들이 제일 적극적으로 다가온 것이 크게 인상적이었고, 이후 기독교에 호감을 갖게 되었다고 한다. 그가 기독교계와 맺게 된 인연을 직접 들어 보자.

75년 봄의 일이다. 내가 일하는 신문사에 광고 파동이 일어났고 많은 기자들이 해고되고 농성을 하고 한때 사내가 정신을 차릴 수 없을 정도로 어지러운 때가 있었다. 물론 신문사의 광고 파동은 우선은 기자들의 문제이며 외부 사람, 더욱이 기독교인들과 직접 관계 있는 문제는 아니었다. 기독교인이 전혀 걱정해 주지 않는다고 해서 그들에게 서운히 생각할 이유도 없었다. 그런데 이때 나는 놀라운 경험을 했다. 자기들하고는 상관이 없는 일인데도 제일 적극적으로 찾아와 기도하고 위로하고 격려하고 또 밤이면 노래—찬송가였던 듯하다—를 불러 농성하는 기자들을 위로해 주는 것이었다. 농성하는 기자들을 위해 마실 것을 가져오고 돈을 가져오고! 나는 놀라지 않을 수 없었다.

기독교가 이런 것인가, 내가 아는 기독교는 분명 이런 것이 아니었는데! 하고 나는 한편 놀라고 한편으로는 고마워했다. 기독교에게 점점 호감을 갖기 시작했다. 78년 봄 내게 NCC 인권위원회 회원이 되어 달라고 할 때 나로서는 이 부탁을 사양할 이유가 없었다.[21]

송건호는 자연스럽게 기독교인들이 중심이 되는 민주화운동에 참여하게 되었다. 물론 기독교계뿐만 아니라 광고 파동 당시 격려해 준 가톨릭 신부들과도 인연을 맺으면서 뒷날 명동성당에서 언론과 관련해 여러 차례 강연하기도 했다.

송건호가 기독교계에서 내는 《기독교사상》에 기고하기 시작한 것도 이 무렵부터이다. 이 잡지 1976년 9월호 통권 제219호에 처음으로 글을 썼는데, 「오늘의 양심이 돼라」라는 글이다.

《기독교사상》은 당시 '한국 기독교인에게 바란다'라는 특집을 꾸몄다. 이 특집에는 이기영의 「고언과 충언」, 김몽은의 「형제 된 개신교도들의 자만심」, 남재희의 「현실개혁에 적극 참여를」, 강신옥의 「스스로 행동하는 교회로」, 김용성의 「십자가를 바로 지려면」, 홍순호의 「한국기독교 지식인들에게」 등이 송건호의 글과 함께 실렸다.

글은 누가, 어느 때, 왜, 어느 매체에 썼는지가 중요하다. 송건호가 「오늘의 양심이 돼라」라는 글을 쓸 때는 긴급조치 9호가 선포되고, 장준하가 의문사를 당하고, 3·1 민주구국선언이 선포되어 신·구교 종교계의 지도급 인사들과 각계 인사들이 구속되는 등 유신의 광기가 절정에 이르던 시기였다. 이 글의 일부를 소개한다.

'진실'을 위해 산다는 것은 양심을 위해 산다는 것과 통한다. 진실과 양심을 위해 산다는 것은 따라서 결코 단지 정신세계의 문제에 그치지 않고 오히려 행동에 속한 문제가 아닌가 한다. 단지 기도만 하는 것으로, 또는 하나님과 자기와의 어떤 신앙관계가 기독교 신자로서의 생활의 전부라고는 보기 어렵지 않은가 한다.

하나님에 대한 '기도'는 자기의 신앙을 더욱 두텁게 하는 행위라고 보아야 하지 않을까. 영화 장면 같은 곳에서 신자가 어떤 심한 고뇌에 빠져 동요하게 되었을 때 그가 신 앞에 수없이 기도를 드리며 동요하는 신앙심을 더욱 굳게 다짐하는 것을 본다.

지난 100년간 이 나라의 기독교는 민족을 위해 그때마다 시대적 사명 같은 것을 위해 몸과 마음을 바치는 일이 많았다. 그러나 그것은 단순한 기도가 아니라 사회에 대한 참여행위였다. 예수 그리스도가 십자가에 못 박힌 것은 '기도'를 한 때문이 아니라 인간사회를 구제하기 위한 행동이 빚은 수난이었다. 예나 지금이나 참된 기독정신은 따라서 단순한 '기도'에 그치지 않고 십자가가 상징하는 행동 속에 있는 것이 아닌가 생각된다.[22]

친일파 문제와 이승만

송건호가 《기독교사상》에 두 번째로 기고한 글은 앞에서 소개한 바 있는 「한국 민중의 희망과 좌절의 역사」 1978년 1월호 이고, 세 번째 글은 「친일파와 반공」 1978년 11월호 이다.

1978년 8월호에는 장을병, 한완상과 함께한 정담 「우리는 과연 해방되었는가?」가 실렸다. 이 정담은 해방 30주년 기념 특집으로 마련되었다. 송건호는 이 자리에서 부일 협력자들의 처신을 준엄하게 따졌다.

해방 전에 부일 협력을 했던 소위 지도층들이 해방을 맞았을 때는 적어도 세 가지 점에서 반성을 해야 옳았습니다. 첫째는 일반 무명의 시민이라면 몰라도 적어도 지도자라면 자기 민족의 양심을 팔고 적에게 협력했다고 하는 것은 지도자로서는 탈락입니다. 그러니까 8·15 해방 후에 민중을 지도하겠다는 생각을 버리고 스스로 근신했어야 합니다.

둘째로 만약에 지도자로서 활동하고 싶으면 자기청산을 했어야 합니다. 8·15 해방 후 가령 나는 혹은 우리는 본의 아니게 친일을 했다, 이것은 변명의 여지 없는 잘못이다, 그러니 이 잘못을 우리는 행동으로 청산한다. 그리고 나서 새로운 해방된 민족을 위해서 목숨을 바치겠다는 자기반성, 자기참회가 있었어야 합니다.

8·15 해방 이후에 친일한 수많은 사람들이 전혀 자기반성의 시간 없이 그대로 참여했습니다. 그런 풍토, 그런 처세를 그냥 둔 것이 결정적인 잘못입니다. 8·15 해방 후의 친일파 등용에 대해서 일부 학계에서는 또는 일부의 사람들은 이렇게 보고 있습니다. 그 당시 친일파를 등용하지 않으면 좌익 등쌀에 배길 수가 없었다. 그러니 친일파 등용이 좋은 일은 아니지만 역시 좌익과 싸우기 위해서는 불가피했다고 말하는 사람이 많습니다. 그것은 구차한 변명밖에 되지 않습니다.[23]

송건호는 친일파 문제와 함께 이승만 전 대통령에 대해 관심이 많았다. 이날의 정담에서도 다음과 같이 언급했다. "이승만 박사를 제일가는 반일가라고 보는 견해가 일반적인데, 한편으로는 제일가는 친일파라고 보아야 할 것 같습니다. 이 박사가 평화선을 설정하고, 한일국교 정상화의 협상과정에서 아주 강경자세를 취한 것은 사실이죠. 그렇지만 그것은 2차 대전 후의 신생국 일본에 대해서는 강경하면서, 정말 배척하여야 할 제국주의 시대의 일본의 잔재는 적극적으로 보호했단 말입니다. 그러니깐 형식적으로는 반일 투쟁가같이 되어 있지만 실제로는 최고의 친일파라는 역설이 나옵니다."[24]

1970년대 후반은 유신 체제의 긴급조치 광풍이 극악하게 휘몰아치던 때다. 송건호가 원고를 쓸 수 있는 잡지는 《뿌리 깊은 나무》, 《씨올의 소리》, 《기독교사상》 정도에 불과했다.

《기독교사상》은 기독교라는 방파제가 있어서 박정희 정권의 광풍에도 그럭저럭 버텨 냈다. 3·1 운동 60주년을 맞아 송건호는 《기독교사상》 1979년 3월호에 「3·1 운동과 기독교」라는 글을 썼다.

이 글은 '3·1 운동 60주년과 한국 교회'라는 특집의 하나였다. 역사학자가 아니지만 3·1 운동에 대해서는 남달리 관심이 많았고, 한국기독교와 교회 문제에도 관심이 많았다.

그는 서두에 "이번 3·1절은 이 운동이 발발한 지 꼭 60주년이 되는 뜻깊은 해로 오늘 기독교가 민족문제, 민주생활에 전에 없이 중요한 구실을 하고 있는 상황에서 3·1 운동을 되돌아보는 것은 뜻깊은 일"[25]이라며 글을 시작한다.

그런 뒤에 3·1 운동 당시 한국 기독교계가 일제로부터 당한 피해를 상세히 설명하면서, 가장 용감히 일제와 싸우고 또 가장 잔혹하게 학살을 당한 평남 강서교회 사건 등을 소개한다. 또한 3·1 운동에 결정적인 촉진제 역할을 한 도쿄 유학생들의 2·8 선언과, 기독교 지도자들과 천도교, 불교 지도자들의 3·1

운동 준비 과정, 3월 1일 민족대표들이 탑골공원으로 나오지 못하고 태화관에서 독립선포식을 하게 된 내용 등을 들려준다.

다음과 같이 말하며 글을 마무리한다. "한 가지 부연할 일은 우리나라 항일민족운동에 대한 백인 선교사들의 태도였다. 개인적으로는 스코필드 박사, 매큔 박사, 마펫 박사, 존 토마스 등 민족운동에 협조적 인사도 있었으나, 선교사들이 3·1 운동에 직접적인 관여는 거의 하지 않았으며, 정치적 중립을 표방하고 권위에의 복종을 설교하던 그들에게서 항일민족운동에 어떤 참여를 기대하는 것은 무리였는지도 모른다. 하여간 3·1 운동에 기독교가 주도적 활동을 했고 그로 인해 누구보다도 더 가혹하고 잔인한 탄압을 받아 3·1 운동 이후에는 항일투쟁보다도 계몽활동에 주력하게 된 것은 이 나라 기독교 사상 하나의 전환을 의미하는 것이었다."[26]

13. 지식인 선언을 주도하다

갑자기 사라진 감시와 미행

　1979년은 한국 현대사에서 특별히 역사의 한 페이지에 굵게 기록될 충격적인 사건과 사태들이 연이어 터졌다. 그중 가장 대표적인 사건은 역시 '10·26 사태'이다. 18년간 절대권력을 누리던 박정희가 청와대 근처 안가에서 충직한 부하였던 김재규 중앙정보부장이 쏜 총에 맞고 사망한 사건이다.

　그해 3월 1일에 송건호와 조남기, 문동환 등 재야인사 수십 명이 강제로 가택연금을 당하는 일이 벌어졌다. 박정희 정권에서는 그 이전에도 3·1절이면 민주·통일운동 인사들이 가택연금이나 외곽으로 격리당하는 일이 잦았기에 놀라운 일은 아니었다. 아무리 그래도 일본군 출신 통치권자가 하필 3·1절만 되면 민족운동가들을 탄압하는 행태에 재야인사들은 분통을 터뜨렸다.

이처럼 3·1절만 되면 박정희 정권이 재야인사들을 가택연금하고 감시와 통제를 강화하는 것은 그 이유가 있었다. 일제의 압제에 저항한 기념비적인 날에 독재정권을 비판하고 정권에 항거하는 행사가 특히 대대적으로 열렸기 때문이다.

1976년에 3·1 민주구국선언 사건을 시작으로 1977년 3월 1일에는 3·1 민주구국선언사건 가족대책협의회가 모든 양심수 석방을 요구하며 '3·1 양심수 석방' 성명을 발표하고, 그해 3월 22일에는 재야 민주인사들이 '민주구국헌장'을 발표했다. 1978년 3월 1일에는 서울 구치소에 갇힌 양심수들이 '옥중 자유·민주·정의·진리 선언'을 발표했다.

정보기관은 1979년 3·1절에도 모종의 시국 성명이 준비되고 있다는 것을 감지했다. 송건호 등 주요 재야인사들을 자택에 연금시킨 것도 이 때문이었다. 그렇다고 재야 민주인사들의 반독재 투쟁이 멈출 리 없었다. 이에 따라 독재 권력의 탄압도 더욱 거칠어졌다.

3월 9일에는 크리스천 아카데미 사건으로 한명숙, 이우재, 김세균, 신인령 등이 구속되고, 7월 17일에는 천주교정의구현전국사제단이 안동농민회 사건오원춘 사건을 세상에 폭로했다. 8월 11일에는 YH무역의 여성 노동자들이 농성을 벌이던 신민당사에 경찰이 난입하여 여성 노동자 172명을 강제로 해산하

고 진압하는 과정에서 여성 노동자 김경숙이 사망하는 사건이
벌어졌다.

8월 14일, 송건호도 참여한 한국기독교교회협의회NCC 인권
위원회가 내외신 기자회견을 갖고 YH 사건에 대한 성명을 발
표했다. 이들은 박정희 정권을 '역사에 없던 폭력정권'으로 규
정하고, '노동자 생존권을 위한 근본대책 수립, 폭력 경찰의 최
고 책임자 의법 처단, 김경숙 사인 규명, YH 사건 관계 구속자
석방, 기업풍토 근본적 쇄신' 등을 요구했다.

YH 사건은 박정희 정권의 폭력성을 국내외에 과시한 시한
폭탄 같은 역할을 했다. 각계 민주세력은 정권의 폭력적인 행
태를 비판하며 거세게 저항했다.

10월 4일에는 이런 저항의 불길에 기름을 붓는 일이 벌어졌
다. 공화당과 유정회 소속 의원들이 김영삼 신민당 총재가 《뉴
욕 타임스》와 한 기자회견의 내용을 문제 삼아 국회에서 변칙
적으로 제명하는 사건, 일명 '김영삼 총재 의원직 제명 파동'이
었다.

김영삼 총재의 의원직 제명안이 통과되자 부산과 마산 등지
에서는 학생과 시민들의 민심이 들끓었다. 결국 10월 16일부터
부마민중항쟁부산·마산 반독재 저항운동이 전개되었고, 박정희 정권은
무력으로 이 항쟁을 진압했다.

그렇게 정권이 시국을 수습했다고 착각하던 무렵인 10월 26일에 누구도 생각지 못했던 대통령 암살이라는 초유의 사태가 벌어졌다.

> 10월 27일 새벽 난데없이 전화가 걸려 왔다. 친구로부터의 전화였다. 방송을 들어 보았느냐는 것이다. 박 대통령이 아무래도 사망한 것 같다는 것이었다. 26일 그러니까 한 방의 총성과 함께 그렇게도 산천초목조차 떨게 하던 유신 대통령이 사망했다. 바로 이 시간에 나는 찾아온 R과 저녁을 먹고 있었다. 그렇게 엄청난 사건이 있으리라고는 상상도 못 하고 있었다.
> 오랫동안 유신 철권통치에 자유를 갈구하던 민중에게 봄이 찾아온 것이었다.[1]

그야말로 '상상도 못 하던' 일이 현실에서 일어났다. 역사에서는 가끔 이 같은 일이 빚어진다. 종종 예상을 뛰어넘기도 하고, 예측과 전혀 다르게 빗나가기도 한다. 비상식이 불러오는 업보이자, 순리와 법리를 무시한 데 대한 필연이다.

송건호와 동아투위 동지들은 해마다 10월 24일이면 '10·24 기념행사'를 열었다. 정세를 분석하고, 정부의 언론탄압과 인권탄압을 비판했다. 1979년에도 10·24 기념행사가 열렸는데,

공교롭게도 그날의 토론 주제는 '포스트 박정희'였다. 박정희가 여전히 건재하고 당장 붕괴할 어떤 조짐도 없던 때였다.

해마다 10월만 되면 10·24 기념행사가 있다. 이 해도 10·24 기념행사를 가졌는데, 지금 생각해도 납득이 안 가는 것은 '박 정권 이후의 시대'에 대한 정세평가를 한 점이다. 물론 그때 박 정권은 엄존해 있었고 민주화운동에 대해서도 전에 비해 더욱 '단호하게' 힘으로 탄압하고 있었다.

민중의 힘으로 박 정권을 쓰러뜨릴 것 같지는 않았다. 공화당 사람들은 자신만만하기만 했다. 그런데 참 이상한 일이었다. 이때 해직기자들은 거의 이구동성으로 박 정권 후의 일을 생각하고 있었으니 말이다. 박 정권은 머지않아 쓰러질 것으로 보았다. 물론 뚜렷한 증거가 있는 것은 아니었다.

공화당은 자신만만하고 자기들이 망하리라고는 상상조차 않고 있었다. 그런데 10·26이 오고 박은 죽고 공화당 정권은 쓰러지고 말았다. 사람에게는 육감이라는 것이 있다. 기자들의 육감은 더욱 날카롭다. 현직에 있지는 않았으나 오랫동안 기자생활 속에서 단련된 그들의 육감은 보통 사람보다 몇 곱절 민감한 것이었다.[2]

1945년 8·15가 조선 민중에게는 꿈 같은 해방의 날이었듯, 1979년 10·26은 반독재 민주화운동을 전개해 온 이들에게는 해방이고 축복이었다. 송건호에게도 이날은 해방의 날이었다.

가장 먼저, 24시간 미행하던 정보요원이 사라졌다. 여기저기서 강연 요청도 쇄도했다. 한동안 연락이 없었던 지인들에게서도 안부를 묻는 전화가 걸려 왔다. 그동안 끊어졌던 대학의 강연 요청도 뒤따랐다. 세상이 바뀌고 있다는 사실이 피부로 느껴졌다.

내가 대학에 가서 강연을 하기 시작한 것은 아마 64년 전후부터로 학교에서 심심찮게 강연 요청이 왔다. 강연 스타일은 사람마다 다른데 나는 어느 쪽인가 하면 강의조 강연이었다. 강연을 하기 전에 꼭 메모를 해서 강의하는 것처럼 충실하게 했다. 하여간 수시로 대학에 가서 강연을 했다. 그러나 77년 C 대학에서 강연을 마지막으로 나의 강연은 금지되었다. C 대학에서도 못하게 금지당했으나 학생들의 투쟁으로 강연을 할 수 있었다고 들었다. 그 후 대학에서의 강연은 거의 3년간 못 하다가 10·26 후 전국에서 강연 의뢰가 많아졌다. 전국을 누비다시피 많은 강연을 하고 다녔다. 10·26 후엔 원고를 쓸 기회가 없었다.[3]

"고 안종필 위원장을 추모함"

1980년 2월, 안종필 동아투위 위원장이 사망했다. 송건호는 그의 부고 소식을 듣고 슬픔을 가누지 못했다.

안종필은 1975년 《동아일보》에서 해직된 동료로서 동아투위를 이끈 인물이다. 1978년 10월 24일 '10·24 자유언론수호선언' 4주년을 맞아 동아투위는 당시의 제도언론에서 보도하지 못했던 민주화운동의 여러 사건을 정리한 『민권운동 일지』를 발행했다. 이 때문에 안종필은 동아투위의 장윤환, 성유보, 김종철, 정연주 등과 함께 구속된다.

그는 2년 징역형을 선고받고 복역하다가 10·26 사태로 석방된다. 그러나 안타깝게도 이미 옥중에서 치료할 수 없는 병을 얻은 뒤였다. 그렇게 석방된 지 얼마 뒤인 1980년 2월 29일, 안종필은 생을 마감했다.

송건호는 안종필 위원장을 추모하는 글을 《동아투위 소식》 지에 실었다. 이 글을 나중에 책에 다시 싣고, 그의 자유언론 투쟁을 높이 평가했다.

추모사 「죽음 속에서 생을 찾고 영광을 얻었습니다」의 주요 내용만 들어 본다.

안安 형! 이게 꿈이 아닙니까. 형이 세상을 떠나다니 믿어지지가 않는군요. 언제나 미소 지으며 말하던 형의 얼굴, 지금이라도 '안 형' 하고 부르면 웃으며 돌아볼 것 같은 형의 얼굴을 이제 영영 대할 길 없게 됐으니 아무래도 꿈만 같습니다. 왜 형만 먼저 떠나갔습니까. 5년간 같이 고생한 숱한 동료들을 남겨두고 왜 형만 혼자 떠나갔습니까.

남들은 복직이다, 복학이다, 복권이다 해서 이제 모두 정상으로 돌아간다고 희망에들 차 있는데 이 모든 것을 버리고 왜 형만 혼자 떠났습니까. 형이나 우리 다 같이 하루도 잊지 못한 신문사 생활을 눈앞에 두고 형만 혼자 떠나다니, 아아! 하늘도 무심합니다.

그렇게도 건강하던 형이 뼈만 남은, 가슴이 아파 차마 정시正視할 수 없을 쇠약한 몸으로 병상에서 신음하던 형을 보며 나는 수없이 속으로 물어보았습니다. 그렇게도 씩씩하던 형이 왜 이렇게 처참한 꼴이 돼서 고통을 겪어야 합니까. 만약 형이 들어갈 아무런 이유 없는 그 옥고를 치르지 않았더라면 오늘의 형이 이렇게 비참해질 이유가 있겠습니까. 그러나 나는 또 속으로 물어보았습니다. 만약 형이 신문사에서 억울하게 쫓겨나지만 않았더라면 옥고를 치를 이유가 있었겠습니까.

결국 형이, 아니 수많은 자유언론의 전사들이 언론자유를 주장한 죄로 직장에서 쫓겨나지만 않았더라면 5년간의 그 지루하고 암담한 수난은 없었을 것 아닙니까.

안 형! 그러나 형은 결국 옳았습니다. 형이 승리했습니다. 형이 목숨을 바쳐 지키려 한 그 자유언론을, 이제는 형을 직장에서 내쫓던 사람들까지도, 형에게 수없이 박해를 가하던 사람들까지도 그것이 옳다는 것을 시인하게 되었으니까요.

안 형! 형은 자유언론을 주장하는 것이 누구를 반대하거나 적대시하자는 것이 아니라고 했습니다. 자유언론이란 자기 직업에 충실하자는 것이요 신문기자의 본령을 지킨다는 것은 그것이 곧 사회의 질서를 존중하는 것이 아닙니까. 그런데 이러한 형이 직장에서 쫓겨나야 하고 옥고를 치러야 하고 10·26 사태 후 4개월이 넘었는데도 끝내 직장으로 돌아가지 못하고 한을 품은 채 저세상으로 떠나가게 되었으니, 아아, 형이여 정말 억울하고 원통합니다. (…)

형이여, 한을 풀으십시오. 형은 승리하셨습니다. 형이 옳았다는 것을 온 세상이 시인하게 되었습니다. 형은 죽음死 속에서 생生을 찾고 영광을 얻었습니다. 그러나 오늘 형의 영전에 모여 선 동아투위 동료들은 소리 없이 울고 있습니다. 생전, 형이 그렇게도 사랑하고 또 서로 의지해 싸우던 형의 동지들이 울고 있습니다. 5년이라는 암담한 수난 속에서 일찍 조만

기 형을 잃고 이의직 형을 보내더니 오늘 또다시 안 위원장을 보내게 되어 그들은 울고 있습니다.

형이시여, 이미 하늘에 계신 안형의 영혼이시여, 이 무능하고 죄 많은 송건호를 용서해 주십시오. 그리고 형의 동지들에게 다시 직장에 돌아가 언론의 정도를 걷고 이 민족의 희망찬 앞날에 민주주의와 조국통일의 믿음직스럽고 자랑스러운 역군이 되도록 그 앞길을 인도해 주옵소서.

안 형의 영전에 눈물로써 삼가 명복을 빌고 기원하는 바입니다.[4]

바쁜 와중에도 『서재필과 이승만』을 펴내다

송건호는 10·26 사태 뒤 아주 오랜만에 바쁜 날들을 보냈다. 강연하느라 정신없던 와중에도 그동안 썼던 원고나 여러 잡지에 발표했던 글들을 모아 1980년 4월에 책을 펴냈다. 『서재필과 이승만』정우사이란 책이었다.

앞에서도 소개했던 것처럼 송건호는 독립운동가 중에서도 서재필에게 특별히 관심이 많았다. 이미 글도 몇 편 쓰기도 했다. 그럼에도 그가 이 책을 쓰게 된 배경은 무엇일까? 송건호는 그 이유와 책의 내용을 다음과 같이 간략히 소개한다.

이 글은 본래 서재필의 입장에서 해방사를 보려 한 점에 특징이 있다. 그는 47년 귀국 당시 이미 82세의 고령이었고 또 정치적 야심이 전혀 없었으므로 현실정치에 직접 개입은 하지 않았으나, 만약 서재필이 어떠한 야심을 가진 인사였다면 혹 한국 운명에 큰 변화가 생겼을지도 모른다.

하여간 서재필이 정치 야심이 없었으므로 이승만이 미군정 하에서, 후에는 그들의 지원과 보호를 받아 가면서 단독정부 노선으로 치달았기 때문에 한반도의 운명은 오늘의 현실에까지 이르렀다.

이 글이 필자 자신 지극히 미흡한 줄은 아나 원체 8·15 후의 현대사 연구가 부족하므로 50년 만에 조국에 돌아온 82세의 서재필을 중심으로 이승만·김구·김규식 등을 등장시키면서 48년 8월 15일 정부수립까지의 3년간의 정치사를 더듬어 본 것이다.[5]

송건호는 평생을 조국의 근대화와 독립을 위해 바친 서재필이 해방 뒤 귀국했다가 이승만의 냉대를 받고 다시 미국으로 돌아가게 된 내막을 상세히 기록한다. 조국을 떠나기 직전 이승만과 마지막으로 만나 대화를 나누던 이야기도 들려준다.

서재필은 떠날 준비가 어느 정도 끝나자 마지막으로 경무대를 방문했다. 대통령인 이승만에게 작별 인사를 하기 위해서였다.

서재필은 이승만을 만나 "이제 다시 조국을 떠나면서 이 나라 대통령에게 하직 인사를 하기 위해 찾아왔소이다" 하고 말문을 열었다. 이승만은 "아니 서 박사님, 이제 겨우 독립국가를 세우고 다난한 일이 산적한 때에 함께 도와주셔야 할 텐데 미국으로 가시겠다니 섭섭한 마음 금할 수 없습니다"라고 말했다. 이승만은 섭섭하다고만 말할 뿐 미국으로 가지 말고 조국에 계셔 달라고 만류하지는 않았다.

"어디 있으나 항상 조국을 생각하고 닥터 리李의 건투를 진심으로 빌겠소이다. 아무쪼록 조국의 앞날을 위해 노력해 주기 바라오."[6]

송건호는 이승만이 만류했으면 서재필은 미국으로 건너가지 않고 여생을 조국에서 보냈을 것이라고 아쉬워한다. 이즈음한 신문에서 기자가 미국으로 돌아가는 것을 만류하면 중지할의사가 있느냐는 질문에 서재필이 답한 내용을 소개했다.

서재필은 이러한 기자의 질문을 받고 괴로운 심정을 억누르는 듯 대답했다. "나를 낳고 내가 가장 사랑하는 조국과 민족을 내 어찌 떠나고 싶겠소. 그러나 나는 군정 특별의정관으로서 나의 직책이 끝났으니 미국으로 돌아가는 것이오. 그러나 국민이 나의 귀미歸美 중지를 원한다면 나는 국민의 의사를 배반하는 것을 원치 않소이다."

기자에 대한 이 답변은 서재필이 결코 미국에 가고 싶어 가는 것이 아니라는 것을 말해 주는 것이다. 자기가 한국에 머물러 있으면 이승만이 싫어할 것이고 또 자기를 따르는 새로운 정파가 생기면 그만큼 정치가 어려워지고 독립에 장애가 된다고 본 때문이었다. 그러나 이승만이 이미 대통령이 된 이 땅에서 서재필의 출국을 막을 국민운동을 벌일 수는 없는 일이었다.[7]

이승만으로서는 자연스럽게 자신의 최대 정적을 제거할 수 있는 기회를 걷어찰 이유가 없었다.

민주화의 '지식인 시국선언' 주도

박정희가 암살되고, 최규하 과도정부에서 긴급조치 9호가 해제되는 등 겉으로는 공포의 시대가 막을 내리는 듯했다. 언론에서는 '프라하의 봄'에 빗대어 한겨울인데도 '서울의 봄'이라는 표현이 나돌았다.

송건호도 자유의 몸이 되면서 강연 요청이 빗발쳤다. 전국 각지를 누비며 이를 다 소화하느라 목소리가 쉬어 말도 제대로 못 할 정도였다.

정치적 야심이 없었던 그이기에 강연 주제는 주로 민주주의, 언론자유, 민족통일 문제 등이었다. 그의 강연을 열심히 듣는 사람들 중에는 특히 청년과 학생들이 많았다.

10·26 사태 직후인 1979년 11월 13일에 해직교수협의회, 자유실천문인협의회, 민주청년협의회, 동아투위, 조선투위 등 5개 단체가 윤보선 전 대통령 집에서 모임을 열고 「나라와 민주화를 위하여」라는 제목의 성명서를 발표했다.

이 성명서에서는 긴급조치 9호와 계엄령 해제, 언론자유와 민주주의 구현을 위한 의사 표시의 자유 보장, 투옥된 모든 양심수 즉시 석방과 복권, 교직자와 언론인, 학생, 근로자의 권익 원상복구 등을 촉구했다. 송건호도 이날 모임에 초청을 받았으나 예약된 지방 강연 때문에 참석하지 못하고 동아투위 후배들에게 모든 것을 위임했다.

이 성명으로 동아투위 소속 이부영과 서남동·김병걸·이우정·김찬국 등 해직 교수들이 연행되는 수난을 겪었다. 재야 민주인사들은 '10·26 공간'에서 재기를 노리는 유신 잔당을 청산하기 위해 노력했다. 여전히 계엄령 상태이고, 언론에 검열이 이루어지고 있어 이런 활동이 제대로 보도되지 못하는 것이 안타까웠다.

유신독재가 막을 내리던 해에 송건호는 『소크라테스의 행복: 송건호 칼럼』동광출판사과 『무지개라도 있어야 하는 세상: 송건호 칼럼』전망사 등 수상록을 잇달아 펴냈다. 지난날 언론사에서 일할 때 썼던 칼럼과 수상, 그리고 최근에 쓴 글들을 모은 책이다.

표제가 된 「무지개라도 있어야 하는 세상」이라는 짧은 칼럼은 대통령 긴급조치가 발령되고, 민주인사들이 사형·무기 등의 극형과 중형을 선고받고 학생들이 퇴학 처분을 받고 있을 때 '무지개'와 같은 희망이라도 주기 위해 쓴 글이다.

나폴레옹 소년이 무지개를 좇아갔다는 이야기는 인생의 한 단편을 시사하고 있는 성싶다. 저쪽 산에 5색이 영롱한 무지개가 자기에게 손짓을 하고 있는 것 같아 소년은 달음박질로 그곳에 달려갔다. 그러나 무지개는 어느새 또 저쪽 산에서 손짓을 하고 있는 것이 아닌가. 소년은 또 달려갔다. 무지개는 어느덧 또 저쪽 산으로 사라지고 없었다.

새해에는 무엇인가 기다리고 있을 것만 같은 그 희망도 나폴레옹 소년의 한낱 무지개인지도 모른다. 그러나 무지개나마 없으면 사막 같은 이 세상을 무슨 재미로 사나도 싶다. 무지개가 바다 저쪽으로 아주 사라지는 한이 있어도 무지개는 인생에 없어서는 안 될 것 같다.[8]

충격적인 1979년이 지나고 1980년 새해가 밝았다. 전년도 말에 박정희가 키운 전두환 중심의 정치군인 일부가 정승화 계엄사령관을 체포하는, 이른바 12·12 사태로 군권을 장악하는 등 군부에 심각한 권력투쟁이 벌어지고 있었다. 이와 달리 일반 사람들에게는 여전히 '서울의 봄'이라는 착시현상이 계속되고 있었다.

송건호는 각계의 초청을 받아 민주화와 평화적인 민족통일 문제를 주제로 활발히 강연했다. 다시 정치활동을 시작한 김대중 측에서 참여해 달라는 제의를 해 왔으나, 그는 순수 재야에서 활동하겠다는 신념을 굽히지 않았다.

4월 8일, 한국기자협회는 신문의 날 기념행사로 '헌법 개정과 언론자유'라는 주제로 강연회를 개최했다. 이날 송건호도 리영희 한양대 교수, 김철수 서울대 교수와 함께 강연회에 참석했다. 그는 새 헌법에는 반드시 언론사의 편집권 독립을 보

장해야 한다고 역설하고, 이를 반대하는 언론사주들도 강하게
비판했다.

언론의 자유와 책임이라는 구호는 잘못된 표현이며 다른
표어로 선정한다면 오히려 언론의 독립을 내세워야 옳을 것이
다. 신문 기업주들은 기자들이 편집권 독립을 주장하면 '나는
바지저고리냐'는 식으로 발끈하는데 이것은 당치도 않은 말이
다. 언론이나 교육 사업은 그 자체가 막중한 공공성을 갖고 있
기 때문에 이를 기업시, 사물시해서는 안 된다.'

4월 27일에는 NCC 인권위원회가 '고난받는 형제를 위한 기
도회'를 열었다. 종로 5가 기독교회관에서 열린 이 기도회에
송건호도 위원의 자격으로 참석했다. 이 기도회에서는 정부에
'구속된 학생과 민주인사들의 석방'을 촉구했다.

이렇게 강연과 시국선언 참여 등으로 바빴으나 글쓰기는 멈
추지 않았다. 《뿌리 깊은 나무》1980년 2월호에 최홍규 경기대 교
수가 집필한 『단재 신채호』의 서평을 썼다. 계속되는 강연회
등으로 연필을 놓고 있었지만, 평소 단재를 존경해 왔기 때문
에 이 원고는 거절할 수 없었다. 그의 '존경의 염'을 담은 서두
부분의 일부를 소개한다.

제국주의 일본의 침략 아래 있던 사십 년 동안 생명을 걸고 침략자와 투쟁한 항일 애국지사의 수는 헤아릴 수 없이 많다. 그런데 찬연히 빛나는 애국지사 중에서도 언론인으로서, 역사학자로서, 혁명투사로서 글과 사상과 몸으로 평생을 두고 철두철미하게 타협 없는 투쟁을 펼치다가 만주 여순감옥에서 장렬한 최후를 마친 단재 신채호 선생이 첫째가는 인물이 아닌가 한다. 나는 부끄럽게도 뒤늦게서야 선생에 관심을 갖고 그의 생애와 투쟁 이력과 글을 읽고 감격에 넘쳐 자신도 모르게 눈시울을 적셨던 일이 있다.

세상에는 항일 애국지사도 많지만, 엄격히 그 생애를 추적해 보면 이곳저곳에 흠이 없지 않은데 그런 중에서도 신채호 선생만은 온몸에 오직 항일의 불덩이로서 흠을 찾기 어려우니 그의 생애를 더듬어 볼수록 감동과 감격에 머리가 숙여진다.[10]

송건호는 10·26 이후의 사태 진행을 예의주시했다. 외신을 통해 알려진 12·12 사태로 전두환 그룹이 군권을 장악하고, 중앙정보부장서리을 겸임하는 등 권력이 한 사람에게 집중되는 현상을 보고 크게 우려했다. 가까운 지식인들과 이를 논의하는 과정에서 신군부를 비롯해 유신세력이 권력을 장악하지 못하도록 막아야 한다는 데 뜻을 모았다.

이것이 지식인 시국선언으로 이어지고, 5·17 사태 뒤 혹독한 고통을 겪게 되는 빌미가 되었다.

「지식인 134인 시국선언문」을 기초하다

전두환 일당이 꾸민 5·17 신군부 쿠데타의 광풍은 송건호를 비껴가지 않았다. 일제는 대한제국을 병탄하면서 맨 먼저 투철한 민족주의자 수백 명을 검거하고, 이 가운데 105인을 구속 기소했다. 신군부도 먼저 자신들이 권력을 장악하고 유지하는 데 방해가 될 만한 인사들부터 찍어냈다.

특히 신군부는 김대중을 제거하기 위해 '김대중 일당 내란음모 사건'을 조작했는데, 송건호도 이에 연루되어 체포되었다. 정치권과는 거리를 두었고, 심지어 그쪽의 참여 제의도 받아들이지 않아서 정보기관도 이 같은 사정을 모를 리 없었다. 그런데도 송건호를 체포한 건 향후 통치 과정에서 국민의 존경을 받는 인물들을 제거하려는 책략 때문이었다.

송건호가 신군부 세력에 빌미를 제공한 사건이 없지는 않았다. '지식인 134인 시국선언'이 대표적이다. 송건호는 장을병 성균관대 교수, 서남동 연세대 교수, 유인호 중앙대 교수, 백낙청 서울대 교수 등과 함께 '지식인들의 모임'을 가졌다.

이 모임은 지식인들이 "나라가 어떤 방향으로 나아가야 하는지에 대한 방향 제시"를 하기 위한 모임이었다. 모임이 거듭되면서 준비위원은 19명으로 늘어났다. 최종 서명한 사람은 모두 134명이었다. 학계, 법조계, 문인계, 언론계 등 각 분야의 양심적 지식인들이었다. 시국선언문 기초위원으로 서남동, 유인호, 이호철, 장을병, 송건호 등이 선정되었다.

기초위원들은 송건호가 초안한 선언문을 토대로 몇 차례 논의를 거듭하여 「지식인 134인 시국선언」을 마련했다. 시국선언문은 중론에 의해 송건호가 쓰게 되었다. "신문에서 사설을 많이 써 보았기 때문에 필자로서 적임자라는 것"이 이유였다.[11] 이들은 5·17 쿠데타 이틀 전인 15일 오전 9시 법원 기자실에서 시국선언문을 발표하기로 했다.

1980년 5월 15일의 「지식인 134인 시국선언문」은 범지식인들의 명의로 발표된 처음이자 마지막 선언문이 아니었던가 생각된다. 여기서 '처음'이라고 규정한 것은 최초의 범지식인 선언문이었으니 그렇다손 치더라도 '마지막 선언문'일 것이라고 단정하고 있는 것은 지난날 군사독재와 같은 혼탁하고 순리를 어기는 현상일랑 다시는 되풀이되지 않으리라는 확신과 희망이 깃들어 있기 때문이다.[12]

송건호 평전

지식인 시국선언을 준비하는 과정에서 있었던 '비화'가 하나 있다. 예전부터 절친했던 작가 이호철과 함께 지식인선언 작업 준비를 하고 있을 때였다. 두 사람은 집이 비슷한 방향이어서 귀갓길에 홍제동의 어느 다방에 단둘이 마주 앉았다. 이호철은 이때 송건호와 다음과 같은 이야기를 나누었다고 한다.

"설령 무슨 일이 일어나더라도 송 선생은 괜찮을 겁니다. 절대로 못 잡아넣어요. 이 말은 절대로 믿으십시오. 그 점은 제가 백 퍼센트 장담하겠습니다" 하고, 그 근거로 나는 다음과 같은 몇 가지를 들었다.

첫째, 송 선생은 추호나마 정치에 야심이 없고 개인적인 출세욕 같은 것이 없다는 건 그들이 더 잘 안다. 둘째, 언론계 중진으로서의 송 선생의 인품과 행적은 순수한 지식인의 그것이다. 그것을 문제 삼을 땐 문제 삼는 측의 도덕성이 근본적으로 드러난다. 셋째, 실은 송 선생은 그들로서도 '별 볼 일 없는' 사람이다. 언론계 중진이라는 명성에 비해 송 선생을 직접 상대해 보면 집어넣을 정도의 '별 볼 일 있는 사람'이 아님을 뒤늦게 깨닫게 될 것이다. 이 말은 송 선생이 진짜로 '별 볼 일 없는' 사람이라는 뜻은 아니니 잘 새겨듣기 바란다 등등.

청암도 머리를 끄덕이며 나의 이 말을 전폭적으로 부정하지는 않았다. 단지 비시시 웃으면서 한마디 했다.

"그러면 이 선생은 별 볼 일이 있어서 잡혀 들어가겠구먼."

"아니지요. 저도 별 볼 일 없기는 매한가지지만 전 그래도 74년의 전과라는 게 있지 않습니까. 그런 경우 전과가 있고 없고 하는 건 선별 기준으로 크다고 들었지요. 그때 전과라는 것도 사실은 별 볼 일 없는 내용이긴 했지만요."

"글쎄 어떨까. 두고 봅시다."

"제가 거듭 장담하지요. 송 선생은 못 잡아넣어요. 절대로."[13]

시국선언문은 예정대로 15일 오전 8시 40분 법원 기자실에서 발표되었다. 송건호를 비롯하여 서남동, 유인호, 이효재, 김병걸, 홍성우, 이돈명, 임재경, 장을병 등 9명이 참석했다. 유인호 교수가 대표로 기자들 앞에서 선언문을 낭독했다. 이렇게 마음의 준비까지 하고 선언문을 발표했으나 계엄의 언론통제로 언론에 전혀 보도되지 않았다.

준비위원회는 다음 모임을 5월 22일에 갖기로 했다. 그러나 신군부의 5·17 쿠데타로 이 모임은 무산되고 말았다. 이 모임을 주도하거나 선언문에 서명한 사람 중에는 조작된 김대중 내란음모 사건 등 시국사건에 연루되어 혹독한 고통을 겪은 이들도 있었다.

5·17 사태 이후 신군부 세력에 의해 구속된 인사들은 선언문 중 마지막 항목 때문에 집중적인 조사와 고문을 당했다. 신군부 핵심인 전두환을 겨냥한 조항이었기 때문이다. 마지막 항목은 "국토방위의 신성한 임무를 수행하고 있는 우리 국군은 정치적으로 엄정중립을 지켜야 한다. 그런데 한 사람이 국군보안사령관직과 중앙정보부장직을 겸직하고 있다는 사실은 명백한 불법이므로 마땅히 시정되어야 한다"였다.

「지식인 134인 시국선언문」의 내용과 여기에 서명한 사람들은 다음과 같다.

지식인 134인 시국선언문

우리 뜻을 같이하는 134명 일동은 민주발전에 대한 과도정부의 모호한 태도, 더욱 심화되어 가는 경제위기, 그리고 민주화와 생존의 권리를 외치며 전국적으로 격화되고 있는 학생과 근로자들의 항의 시위에 다만 강압적으로 맞서고 있는 당국의 무능무책을 더 이상 좌시할 수 없다.

오늘의 난국은 기본적으로 지난 19년간 독재정권의 반민중적인 경제시책과 강권정치의 소산이다. 이는 민주발전을 저해하는 비상계엄령의 장기화로 빚어진 필연적인 사태 악화이다. 만약 국민이 납득할 만한 발전적 조치를 과정_{과도정부} 당국이 하루빨리 취하지 않는다면 정국불안에 경제적 위기까지 점차 회복할 수 없는 파국이 초래되지 않을까 염려된다. 이에 우리는 오늘의 시국을 근본적으로 타개할 몇 가지 당면책을 제시코자 한다.

1. 비상계엄령은 즉각 해제되어야 한다. 비상계엄령 10·26, 12·12 사태 등 전적으로 집권층의 내부 사정에서 선포된 것으로서 이는 분명히 위법일 뿐 아니라 정치발전을 저해하는 가장 큰 요인이다.

1. 최규하 과도정권은 평화적 정권이양의 시기를 금년 안으로 단축시켜야 하며, 그 일정을 구체적으로 밝혀야 한다. 현 과정은 의당 폐기될 유신헌법의 절차에 의한 시한적 정권으로서, 명분 면에서 보나 체질 면에서 보나 허약하여 난국의 극복을 기대할 수 없다. 우리는 현 과정이 개헌에 관여하는 것을 명분 없는 개입으로 이를 반대한다. 국회의 개헌 심의는 정권야욕에 사로잡힌 작태를 청산하고 민중의 의사를 올바로 반영하여야 한다.

1. 학원은 병영적 성격을 일제 청산하고 학문의 연구와 발표의 자유는 보장되어야 하며, 이 같은 자유를 위한 대학

송건호 평전

인들의 자율적 민주화운동은 존중되어야 한다. 사학에 뿌리박은 족벌재단, 교수 재임용제 등 학원의 민주화 발전을 가로막는 모든 독소적 운영 방식과 제도는 폐기되어야 한다.

1. 언론의 독립과 자유는 민주발전에 가장 불가결한 요소로서 절대 보장되어야 한다. 언론인들은 그간의 잘못을 반성하고 특히 동아·조선 등 신문사는 부당하게 해직시킨 자유언론 기자들을 전원 지체 없이 복직시켜야 한다. 그들의 복직 없는 자유언론 표방은 국민에 대한 기만이다. 우리는 필요한 경우 성토, 집필 거부, 불매운동 등 가능한 모든 방법을 써서 그들의 원상회복을 위한 운동을 벌일 것이다.

1. 일터를 잃고 거리에서 방황하거나 기아 임금으로 신음하는 수많은 근로자들을 위한 시급한 생활대책을 강구하여야 하며 근로자들의 양보할 수 없는 권리, 단체행동권을 포함한 노동기본권은 보장되어야 한다. 대기업 편중의 지원 정책으로 희생을 강요당하고 있는 중소기업은 시급히 구제·육성되어야 한다. 저곡가정책으로 영농 의욕을 잃은 농민들에 대한 정책적 전환이 있어야 한다.

1. 일인독재의 영구화로 억울하게 희생당하고 있는 많은 민

주인사에 대한 석방·복권·복직 조치는 지체 없이 이루어
져야 한다.

1. 국토방위의 신성한 임무를 수행하고 있는 우리 국군은
   정치적으로 엄정중립을 지켜야 한다. 그런데 한 사람이
   국군보안사령관직과 중앙정보부장직을 겸직하고 있다는
   사실은 명백한 불법이므로 마땅히 시정되어야 한다.

오늘의 난국은 국민의 자발적 합의와 민주적 절차에 의해
서만 극복될 것이라고 확신한다. 우리의 이 정당한 요구가 외
면되고 강권정치가 계속 자행된다면 과도정권은 국가를 파국
으로 몰아넣는 역사적 책임을 면치 못할 것이다.

1980. 5. 15

서명자 명단

강만길 강문규 강신옥 고   은 구중서 길현모 김준보 김철수
김용준 김관석 김승훈 김윤환 김성훈 김병태 김정위 김우창
김치수 김병걸 김규동 김국태 김상근 김용복 김태홍 김명걸
김기태 김옥곤 김용섭 김찬국 김숙희 김진균 김제형 남정현
남천우 노명식 문익환 모혜창 박두진 박   홍 박현채 박태순

박완서 박연희 박순경 박종만 변형윤 백기범 백낙청 백재봉
서남동 서정미 서광선 서인석 서재숙 성유보 소흥열 손보기
송건호 송상용 송원희 송정석 신일철 신경림 신홍범 신상웅
심윤종 안병무 안병직 안성열 양승규 유종호 유인호 유재방
유재천 윤호미 윤석범 윤흥길 이상일 이영호 이우성 이선영
이문원 이문영 이종범 이상희 이호철 이시영 이문구 이영희
이남덕 이효재 이병주 이종욱 이경일 이재정 이해동 이우정
이돈명 이돈희 이세중 임철규 임종률 임재경 장을병 장윤환
장희익 장명수 정태기 정자환 정창열 정희성 정윤형 정석해
정춘용 조남기 조   향 조태일 조요한 조기준 조준희 진덕규
차하순 차기벽 천관우 최명관 최동식 최민지 한승원 한남철
한완상 함세웅 현영학 홍성우 황인철 문동환[14]

14. 투옥과 혹독한 고문

5·17 신군부의 희생양

군인들이 권력의 단맛을 알게 되면 전방보다 후방에 관심을 쏟게 된다. 박정희는 말년에 자신에게 충성하는 정치군인들을 양성한 뒤 보안사와 수경사 등 요직에 배치해서 '정권 안보'의 축으로 삼았다. 이 정치군인들은 군부 인사는 물론 각종 정보와 이권에 개입하는 등 권력의 단맛을 알게 되고, 단맛에 빠져 헤어 나오지 못했다.

독재자가 한순간의 비명에 사라지면서 이들은 한때 당황해했다. 기득권을 놓칠까 불안해했다. 그러나 이미 권력의 술수를 익혀 왔고, 각종 정보도 쥐고 있고, 자금의 맥도 누구보다 잘 알았다. 그들은 전방의 전투부대를 더 이상 이끌 수 없을 만큼 뱃속에는 기름기로 꽉 차 있었다.

독재자의 홍위병으로 권력을 즐기던 육군참모총장에서 계

엄사령관이 된 정승화는 제 나름의 최고 권력자가 되는 꿈을 그리다가 부하들의 반란으로 체포되었다.

전두환이 중심이 된 신군부는 12·12 항명을 일으켜 계엄사령관을 체포했다. 이를 시작으로 1980년 5월 17일에 쿠데타를 일으켜 마침내 전권을 장악하는 데 성공했다.

속임수의 제전祭典일수록 제물祭物이 거창하기 마련이다. 전두환 일당은 김대중을 정치적 희생양으로 삼기로 했다. 이에 따라 김대중의 측근과 재야 및 학생운동 핵심 인사들을 김대중과 엮어서 민주화운동 진영 전체를 와해하려는 계획을 세웠다. '각본'으로 말하면 나무랄 데 없는 '각본'이었다.

언론은 이미 'K-공작'들을 통해 관리해 온 터이기에 걱정할 것이 없었다. 민심도 '국가안보'를 내세우고 '제물'들을 좌경용공으로 색칠하여 매도하면, 신문·방송을 통해 얼마든지 장악할 수 있다고 믿었다. 그동안 충성을 다해 모셔 온 '선배'가 하던 대로 하면 되는 일이었다. 신군부는 이러한 것들을 믿고 일을 저질렀다.

5월 16일은 '선배'의 생일날이라 제외하고, 18일은 국회가 열리는 날이라 피했다. 그렇게 신중하게 고른 날이 17일이다. 5·16 쿠데타가 벌어진 지 19년하고도 하루가 지난 날이었다.

전두환 일당은 5월 17일 저녁 10시를 기해 비상계엄을 전국으로 확대하면서 사실상 신군부 쿠데타를 일으켰다. 미리 선정된 '제물'들을 속속 잡아들였다. 그중에 송건호도 끼어 있었다. 그날 밤의 긴박했던 상황을 직접 들어 보자.

밤 열 시쯤 되었을까, 대문을 요란히 두드리는 소리가 들렸다. 나는 직감적으로 나를 연행하러 온 기관원임을 알아차리고 집을 빠져나왔다. 그러나 내가 무엇 때문에 수사관의 추적을 받아야 하는지 알지 못했다. 나는 민주주의와 민족주의를 위한 강연을 하고 그에 관한 글을 쓴 일밖에 없었다.

우리나라 국시가 민주주의이므로 그 민주주의를 지키자고 주장했고, 참된 민족자주와 민족의 긍지를 위해 좀 더 주체적이 되자고 주장한 말밖에 없었다.

이 땅에서 생을 받고 이 땅에서 죽어갈 내가 이 민족을 사랑하는 것은 당연하다. 내가 무엇 때문에 추적을 당해야 하는가를 어두운 발길을 걸으며 생각하니 이 나라의 현실이 기막히고 마음은 한없이 무겁고 답답했다.[1]

송건호는 계엄이 확대된 당일에는 수사관들에게 붙잡히지 않았다.

그날 저녁 6시경 가족과 함께 텔레비전을 보는데 갑자기 긴급 뉴스가 흘러나왔다. 내용은 충격적이었다. 그날 밤부터 비상계엄을 전국으로 확대 시행하고, 김대중 등 주요 인사들과 학생들을 체포했다는 내용이었다. 뉴스가 채 끝나기도 전에 송건호에게도 독재정권의 마수가 뻗쳤다.

긴급뉴스가 끝나기도 전에 송건호에게 도피를 권하는 한 통의 전화가 걸려 왔다. 하지만 그가 집을 나서려고 옷을 갈아입기도 전에 누군가 대문을 요란하게 두드렸다. 그가 급히 옆집 담장 밑으로 숨었다. 내의 바람이었다. 밤사이 담장 밑에 숨어 있던 그는 아내가 몰래 던져 준 옷을 입고 친구인 양호민의 집으로 몸을 피했다. 계속 친구 신세를 질 수도 없는 노릇이라 하룻밤만 묵고 막내 여동생의 집으로 갔다.[2]

수사관 5~6명은 송건호의 집을 샅샅이 뒤졌다. "수사관들이 송건호를 잡기 위해 들이닥쳤던 17일 밤, 장녀 희진과 차녀 려금은 살기 어린 그들의 눈을 아직 잊지 못하고 있다. 다 큰 처녀들이 자고 있는 방을 구둣발로 차고 이불을 젖히고 농문을 마구 뒤지는 통에 '이게 무슨 짓이냐'고 소리를 질렀을 때, 죽일 듯이 노려보는 그들의 눈이 무서워서 온몸에 소름이 돋았다고 한다."[3]

송건호를 검거하는 데 실패하고, 이들은 가족들을 일주일 가까이 집 밖으로 나가지 못하도록 감시했다.

그사이 송건호가 먼 곳으로 피신한 줄 알고 시골의 친척, 사돈의 팔촌까지 뒤지며 송건호가 빨갱이라고 친척들을 들볶았다. 송건호가 피신하는 동안 그의 가족과 친척들이 때아닌 곤욕을 치러야 했다.

피신은 오래가지 못했다. 3일 만에 추적하는 기관원에 잡히고 말았다. 그는 곧바로 '지식인 선언' 주동자 20여 명과 함께 광화문 정보기관의 지하실로 끌려갔다. 이어 악명높은 남영동 치안본부 대공분실로 옮겨졌다. 이 과정에서 그는 참기 힘든 모진 고문을 연이어 당했다.

이때 겪은 참상을 송건호는 서중석과 한 대담에서 다음과 같이 밝혔다.

> 나를 언론계 괴수로 본 겁니다. 5·17 쿠데타 얼마 전에 '143인 지식인 시국선언'을 발표했는데, 그 일 때문에 주동자 20명이 광화문 지하실에 잡혀갔어요. 허가 없이 정치집회를 했다는 이유였어요. 그런데 갑자기 김대중 씨한테 돈 받아서 한 것이 아니냐며 고문을 해 대는 거예요. 버티고 버티다가 결국 더 이상 버티다간 죽겠구나 싶어 허위자백을 했어요. 그때 맞은

데가 새카맣게 멍이 들었는데도 그때는 아픈 줄을 몰랐어요.

조작하기 위해서는 마구 때리지요. 막 두들기다가 자기네들도 걱정되는지 "벗어" 하는데 팬츠까지 까 내리더라고요. 보니까 새까맣게 멍이 들었어요. 내가 그걸 보고 그냥 기절을 했지요. 그런데도 맞을 때는 아픈지도 몰랐어요. 불에 데면 화끈하잖아요? 그것처럼 화끈화끈하지 통 아프지는 않았어요. 공포에 떨고 독이 오르니까 도대체가 아픈 줄도 몰랐던 게지요. 서대문형무소에 있을 때는 도저히 아파서 못 견디겠어서 의사한테 얘기했더니 진통제를 주더군요.[4]

김대중 내란음모 사건으로 혹독한 고문을 당하다

언론인 정연주도 5·17 사태 때 구속되었던 사람 중 한 명이다. 그는 석방된 뒤 송건호를 만나 당시 상황을 듣고 한 기고문에서 다음과 같이 정리했다.

나는 많은 동지들과 친구들의 도움으로 1년 가까이 도망 다닐 수 있었다. 그러나 송건호 선생은 바로 잡혀 모진 고문을 당했다. 이른바 김대중 내란음모 사건에 김대중 씨와 동아투위를 연결하는 고리로 송 선생을 엮었으며, 그 연결고리를 하면서 김대중 씨로부터 돈을 받아 동아투위에 전달한 것으로 '만들어' 놓았던 것이다.

도무지 거짓말이라고는 할 줄 모르는 순진한 송 선생이 받지도 않은 돈을 받았다고 할 리가 없었다. 그 때문에 그는 호되게 고문을 당했다. 81년 봄, 전두환 씨가 대통령이 되고 계엄이 해제된 뒤 나는 귀가했고, 바로 잡혀갔다. 그리고 한 달 동안 조사를 받고, 풀려났다. 그 얼마 뒤 송 선생을 만났다.

"저도 김대중 내란음모에 엮어 놓았습디다. 경상북도 대학생 선동책임자처럼 만들어 놓았고, 김대중 씨로부터 돈을 받아서 학생들에게 선동자금으로 전달했다고 만들어 놓았습디다. 생전 나를 본 적도 없는 대학생 세 명은 죽도록 두들겨 맞은 뒤 나한테 돈을 받았다고 '자백'했다고 하더군요." 그러자 송 선생은 이렇게 말했다.

"정 형, 정말 잘 도망 다녔소. 잡혀서 당하니까 사람이 사람이 아닙디다. 나도 매에 못 이겨 김대중 씨로부터 돈을 받았다고 자백했지요. 그런데 안 받은 돈을 도대체 얼마를 받았다고 해야 하는지 알 수가 있어야지……."

그래서 송 선생은 수사관에게 얼마를 받았다고 해야 되느냐고 물었다. 그랬더니 그 수사관은 욕을 하면서, 돈 받은 놈이 알지 우리가 어떻게 알아 라며 고함을 질렀다는 것이다.[5]

송건호는 남영동 대공분실 지하실에서 5월 20일부터 6월 7일까지 20여 일 동안 갇혀 있었다. 그사이에 그는 인간으로서는 감내하기 어려운 모진 고문을 당했다.

처음에는 극심한 고문에도 끄떡없이 버텼다. 날이 지나면서 사람도 바뀌고 고문의 수법도 달라졌다. 그래도 버텼다. 곧 남영동에서 '악질'로 소문이 났다.

재미있는 얘기 하나 할게요. 내가 남산 지하실에 끌려갔을 때 송 아무개가 어떻게 생긴 놈이기에 그렇게 악명이 높으냐고 해서 일부러 찾아와서 보는 사람이 있었어요. "야, 나는 악질이라고 해서 굉장히 험악하게 생긴 줄 알았더니 선비 같고 호인으로 생겼다"고 말합디다. 나를 볼 것 같으면 누구든지 호인으로 생겼다고 하지 악질로는 보지 않아요. 그런데 독한 놈, 악질이라고 소문이 났으니…….[6]

고문 기술자들의 고문을 참고 버티는 데도 한계가 있었다. 그대로 가다가는 영영 불구가 되거나 살아서는 못 나갈 것 같았다. 잠시 굴복할 수밖에 없었다. 그들이 요구하는 자술서를 써 주었다.

나는 그때의 체험을 고백한다. 인간이란 고통을 참는 데는 한계가 있다는 것을. 만약 노련한 수사관이 연행해 온 피의자한테서 모종의 자술을 받고자 한다면 100% 가능하다는 것을 체험했다.

수사관은 내가 전혀 알지도 못하고 하지도 않은 일을 시인하라고 강요했다. 물론 나는 완강히 거부했다. 그러나 그 거부는 오래가지 못했다. 4일 만인가 나는 그들이 요구하는 대로 모든 것을 허위로 자백했다. 허위로라도 자백 안 하면 나는 그곳에서 맞아 죽거나 평생 불구자가 될 것 같았다.

나는 그들이 자백을 강요하는 그러한 행동을 하라고 해도 못 할 그러한 위인이다. 나는 "이것은 거짓이다. 그러나 당신들이 필요하니 자술하겠다"고 하며 그들이 원하는 대로 자술서 아닌 자술서를 썼다.[7]

그들이 송건호에게 요구하는 내용은 이미 정해져 있었다. '지식인 시국선언' 서명자들이 김대중에게서 자금을 받아 동아투위에 전달했고, 이어 학생들을 선동하고 대중을 규합한 뒤 민중 봉기를 일으켜 정부를 전복하고, 마침내 민중정부 수립을 기도했다는 시나리오였다.

고문 못 이겨 허위로 진술하다

언론인 박근애는 송건호와 생전에 여러 차례 인터뷰를 했다. 그러면서 자연스레 송건호에 대해 잘 알게 되었다. 그는 1980 년 5월 당시 송건호가 남영동 대공분실에 끌려가서 어떠한 일을 겪었는지, 그리고 당시 당한 고문의 후유증은 어떠했는지 등을 다음과 같이 말했다.

신군부가 득세한 80년 5월 남영동 대공분실로 끌려가자마자 그는 영문도 모르고 흠씬 두들겨 맞아야 했다. "이 새끼! 너 여기 왜 들어왔어?" 한 명씩 쏙쏙 들어와 한마디씩 내뱉는 말이었다. 모르겠다고 하자, 이런 새끼는 맞아야 한다며 한바탕 고문을 가하는 일이 되풀이되었다. 사흘 만에 도저히 견딜 수가 없어 시키는 대로 했다. 이른바 김대중 내란음모 사건과 연루시킨 것이다.

사실 그 전에 김대중 씨로부터 도와 달라는 제의를 받았지만 현실 정치에 뜻이 없어 거절했다고 한다. 그들은 청암에게 김대중에게서 얼마를 받았느냐고 옥박질렀고 청암은 아무렇게나 50만 원이라고 했다. 너무 적은 액수라며 50만 원이 70만 원으로 다시 80만 원으로 올라가더니 결국 1백20만 원 선에서 낙찰을 봤다. 각본이 잘 맞지 않았는지 결국 6개월의 구금생활 끝에 무혐의로 풀려났지만 그 후유증은 지금도 계속되고 있다.

이때 왼쪽 허벅지께를 집중적으로 맞았는데, 나중에는 때리는 사람도 너무 심하다 싶었는지 속옷을 벗기고 상처를 들여다보기도 했다고 한다. 그는 이때 극도의 긴장 탓인지 아픈 줄도 모르고 맞다가 함께 보니 살이 완전히 시커멓게 되어 있어 그만 기절해 버렸다고 한다.

5·16 군사쿠데타 이후 계속된 연행과 고문이 권투선수 무하마드 알리처럼 많이 맞은 사람이 걸리기 쉬운 파킨스씨병과 함께 다리의 신경통을 청암에게 남겨 주었다.[8]

신군부 수사관들의 가혹한 고문으로 받아낸 허위 자술서는 김대중을 사형으로 몰아가는 기소장에 나열되었다. 송건호뿐만 아니라 그때 함께 구속됐던 민주인사와 학생 지도자 대부분이 비슷한 과정을 거쳐 날조된 진술을 할 수밖에 없었다. 이 때문에 김대중은 결국 군사재판에서 사형이 구형되고 대법원에서 사형이 선고되었다.

이러한 일을 두고 송건호는 두고두고 가슴 아파했다.

5월 17일에 끌려갔던 사람들 대부분이 고문에 못 이겨 허위자백을 했다. 이 허위자백을 근거로 김대중은 7월 31일 내란음모, 국가보안법, 반공법 위반 혐의로 계엄군법회의 검찰부에 기소된 뒤, 9월 17일 '김대중 내란음모 사건'을 주동한 혐의로 사형선고를 받고, 이듬해 1월 대법원에서 사형이 확정되었다. 송건호는 이 때문에 평생 김대중에게 죄책감을 갖고 살았다. 70년대 중반, 고문 후유증으로 병을 앓아 의식이 온전치 못한 상태에서도 그는 최민희가 문병을 올 때마다 "내 인생에 가장 큰 잘못을 했다. 한 사람을 죽음으로 몰고 갈 만한 일을 했다"며 괴로워했다. 최민희는 허위자백에 대한 괴로움을 수십 번 이상 들었다. 정신이 없는 상태에서도 송건호는 말할 수 있을 때까지 그 괴로움을 털어놓았다. 그의 탓이라고 할 수 없는 이 불행한 죄책감은 훗날 그의 말년을 고독하게 만드는 데 일조한다.[9]

이를 어찌 송건호의 탓이라고만 할 수 있을까. 당시 의롭게 살고자 했던 지식인들이 당했던 시대의 업보였다. 불의의 편에 서거나 시대의 역행을 방관했다면 얼마든지 피할 수 있었던, 오로지 시대의 고난에 참여하고 함께한 이들만이 겪는 아픔이었다.

뒷날 송건호는 같은 실수를 두 번 다시 되풀이하지 않을 것이라 다짐한다. "나는 이 자리를 빌려 이른바 양심선언이라는 것을 하고 싶다. 앞으로 내가 만약 수사기관에 연행되어 평소의 내 주장과 다른 주장이나 행위를 했다고 진술해도 그것은 내 본심에서 나온 것이 아니며 필시 육체적 고통에 못 견뎌 허위 진술한 것이라고 말이다."[10]

이후 한국 사회에는 '양심선언'이 봇물 터지듯 끊이지 않았다. 반독재 민주화운동을 하는 사람들이나 학생과 노동자들이 억압이나 강요, 고문에 의해 허위로 진술했다는 내용이 많았다. 심지어 체포되기 전, 또는 수배 과정에서 '양심선언'을 공개한 사람도 있었다.

서대문형무소에 수감되다

수사기관원들에게 잡혀갈 때 송건호의 두 눈은 검은 보자기로 가려졌다. 송건호는 잡혀간 곳이 어디였는지는 알 수 없었다. 분명치 않았으나 남산 중앙정보부 지하실로 추정되는 곳이었다.

여느 때처럼 초주검이 되도록 혹독한 고문을 받은 어느 날이었다. 그곳에서 우연히 작가 이호철을 만났다. 만났다는 표현은 어울리지 않을 것 같지만. "송 선생은 절대로 못 잡아갈 것"이라고 '장담'했던 그 이호철이었다.

이호철은 당시 1초 남짓 눈길을 주고받았는데, 송건호의 표정이 너무 천진난만해 보였다고 한다.

1980년 5월 25일 밤 열 시쯤의 청암의 모습을 나는 평생 잊을 수가 없을 것이다. 그때 나는 모 기관 지하실에서 1주일쯤 지난 뒤였다. 17일 자정에 연행되어 와서 대강 초동수사를 마친 뒤 그날도 맨 시멘트 바닥에 군청색 매트리스를 깔고 냄새나는 군용 담요를 덮은 채 막 잠자리를 잡은 참이었는데, 마침 삐끔 열려 있는 문밖 복도로 청암이 지나가질 않는가.

나도 소스라치게 놀랐지만, 일순 청암도 나를 알아보곤 여간 놀라지 않았다. 그러나 원체 처지가 처지인지라 청암이나 나나 대놓고 알은 체도 못 했는데, 그때의 청암의 표정은 지금 되떠올려도 포복절도할 그것이었다.

우리는 1초 정도 눈길을 마주칠 수가 있었는데 나는 자리 위에 창 쪽으로 머리를 두고 엎드려 있다가 화다닥 놀라며 반쯤 머리를 들었을 뿐이고, 청암은 그 작은 체구가 더욱 초췌해서 두 눈에 한껏 힘주어 내 쪽으로 눈알만을 돌려 말끄러미 쳐다보며 지나쳐 가는 것이었다. 물론 청암의 뒤에는 담당 수사관이 바싹 따르고 있었고 내 옆에도 담당 수사관 두엇이 지키고 있었다. (…)

환갑 가까운 나이임에도 그 이상 천진난만해 보일 수가 없어, 나는 한참이나 혼자서 비죽비죽 웃었지만 웃다가 보니 스스로도 새삼 어이가 없고 한심했다. 도대체 이게 이렇게 웃을 일인가 말이다.[11]

송건호는 체포되어 호된 고문을 받고 나서 얼마 뒤 이감되었다. 아무리 뒤져 봐도 혐의를 입증할 만한 것이 없었다. 또 애초에 김대중을 잡기 위한 목적으로 구속했기에, 이 목적이 달성된 이상 '조연'들을 언제까지고 특수기관의 지하실에 감금해 둘 이유가 없었다.

국제 인권단체를 비롯하여 해외의 비판적인 여론도 전두환 정권에는 큰 부담이 되었다.

1980년 6월 7일 담당 수사관이 선생님은 이제 댁으로 돌아가십니다, 선생님 같은 저명인사는 운운하며 나를 위로했다. 수사관에게는 하나의 특징이 있다. 이 새끼, 개새끼 하다가도 금방 '선생님' '선생님' 한다. 보통 사람이 모방할 수 없는 변화라고 할까.

송건호 평전

그러나 한두 시간 후 갑자기 태도가 바뀌며 나가라고 했다. 얼굴을 수건으로 가리고 차를 태우고는 어디론지 달렸다. 잘은 모르나 올라가는 것 같았다. 이윽고 꽝 하는 철문 소리와 함께 컴컴한 모처로 끌려가 그곳에서 수건을 풀었다. 그곳 기관원에게 인계하고는 20일 가까이 낯익은 담당 수사관은 사라지고 남산 지하 2층으로 끌려가 어느 캄캄한 방에 수감되었다. 이곳에 수감되어 있으면 낮도 밤도 모르고 비가 오는지 해가 떴는지도 모르는 캄캄한 지하 감방이다.[12]

담당 수사관이 "이제 댁으로 돌아간다"라고 한 것은 가족이 있는 집으로 간다는 이야기가 아니었다. 그들이 말하는 '댁'은 큰집, 즉 서대문형무소였다. 송건호는 지하 감방에서 수사를 마치고 체포된 지 두 달 만인 7월 14일 서대문형무소로 이감되었다.

서대문형무소는 대한제국 말기인 1908년에 만들어졌다. 일제 통감부가 전국에서 일어난 의병들을 수감하기 위해 급조했던 곳이었다.

이후 이곳에는 이인영, 송학선, 채기중, 김동삼, 강우규 같은 애국지사들이 갇혀 지냈다. 해방 뒤에는 평화통일운동을 하던 조봉암이 이곳에서 형장의 이슬로 사라졌다. 군사독재 치하에서도 수많은 학생과 노동자, 민주인사들이 붙잡혀 와 고된 수형생활을 했던 곳이다.

압수당했던 보따리를 도로 물려받고 밖으로 나오라고 해서 실로 오랜만에 지상으로 나왔다. 지프차에 실렸다.

헌병은 내가 이제까지 수감된 장소를 볼 수 없게 눈을 가린 채 차를 태우더니 거의 차 바닥까지 머리를 짓눌렀다. 얼굴이 눌려 어디가 어딘지 분간할 수 없다가 머리를 들어도 좋다기에 머리를 들어 창밖을 내다보았다. 40여 일 만에 처음 대하는 지상의 천지는 눈이 부셔 거의 볼 수 없었다. 그곳은 서울역이었다.

늘 왔다 갔다 하던 영천 거리, 그러나 지금은 같은 길을 가기는 하되 집 쪽이 아니라 서대문구치소였다. 수없이 왔다 갔다 하면서도 나하고 저곳하고는 아무런 관계도 없는 곳이라고 보았고 그래서 거의 관심조차 두지 않던 곳이 바로 내가 수감될 곳이 되었다.[13]

송건호는 자신과 아무런 관계도 없을 것 같았던 서대문형무소 9사 북방 하층 33호실에 수감되었다. 9사는 일제강점기에는 독립운동가들이 수감되었던 곳이었다.

여름철이라 변기에는 구더기가 들끓었다. 수감되던 날 교도관이 무심코 내뱉었다. "책만 자주 들어오더니 아예 저자까지 들어오는구먼요." 송건호는 이 말이 두고두고 가슴에 맺혔다.

9사 감방에 유인호, 서남동, 이호철, 한승헌, 김녹영, 김상현, 김윤식, 박성철, 김종완, 김홍일, 김대현, 오대영, 한화갑, 김옥두, 인명진, 권혁충 등도 자신과 함께 수감되었다는 사실을 나중에 알았다. 김대중, 문익환, 예춘호, 이해찬, 조성우 등은 남한산성 육군교도소에 따로 수감된 채 재판을 받았다.

서대문형무소에 갇힌 지 2주일이 지나서야 가족의 면회가 허용되었다. 송건호는 남편의 생사조차 몰라 애간장을 태웠던 부인을 몇 달 만에 만났다. 그제야 악몽 같았던 날들을 돌이켜 보았다. 그나마 옆에 동료 수감자들이 있어서 그렇게 외롭지는 않았다. 다만 고문 후유증이 심하여 몸을 가누기가 어려웠다.

서대문구치소에 수감된 후 처음 연행되어 수사당할 때 고문당한 허리에 통증이 생겨 점점 고통스러웠다. 구치소 안에도 의무실이 있긴 했다. 나도 그곳에서 약을 얻어 먹었다. 불면증은 가셨으나 소화불량 증세는 여전했다. 그래서 식후에는 열심히 뛰고 단전호흡을 하고 실내에서 가능한 모든 운동을 다 했다.[14]

징역 2년을 선고받다

송건호는 서대문형무소에 수감된 뒤 재판을 받았다. 검찰이 기소한 죄는 '내란죄'였다. 수사기관이 불법으로 체포하긴 했어도 형식적으로나마 재판 절차를 밟아야 했다. 아무리 날조한 사건이라지만 국민과 국제사회의 시선을 의식하지 않을 수 없었기 때문이다.

군사법정이 만들어지고, '민간인'들이 줄줄이 '군사법정'에 섰다. 검찰관과 재판장도 모두 군인들이었다. 송건호는 3년 6개월 형을 구형받고 충격에 휩싸였다.

80년 8월 14일부터 공판이 시작되었다. 여러 번 출정을 해 재판을 받고 마지막으로 나는 3년 반 형을 구형받았다. 어처구니가 없었다. 내가 무엇을 했다고 3년 반이나 구형을 하는가. 그러나 정치인 K 씨는 사형이 구형되었다. 그의 마지막 진술은 거의 백 분 정도 계속되었다. 나는 그의 마지막 진술을 들으며 울었다. 3년 반을 구형받고 나도 충격이 이렇게 큰데 사형을 구형받은 K 씨의 심정은 어떨까. 인간은 누구나 죽는 것을 싫어한다. 사형을 구형받은 K 씨의 심정을 생각하니 한 인간으로서 동정이 없을 수 없다. 선고도 구형과 거의 같았다.

모든 재판이 척척 진행되어 갔다. 가끔 재판부에 쪽지가 내려
오기도 한다.[15]

송건호가 말한 정치인 K 씨는 물론 김대중이었다. 5공 신군
부 세력은 처음부터 김대중을 제거하려고 '내란음모'의 각본을
쓴 뒤, 애꿎은 민주인사들을 '조연'으로 만들어 허위 진술을 받
아내 사건을 조작했다.

가을로 접어들며 날씨가 추워졌다. 송건호는 교도관들을 상
대로 '옥중투쟁'을 벌여 9사 남쪽에 있는 감방으로 옮겼다. 그
나마 햇볕이 들어와 겨울을 지내기에는 조금이라도 나은 방이
었다.

그 방은 일제강점기에 도산 안창호 선생이 수감 생활을 했던
방이었다. 당시에는 박정희를 암살한 김재규의 부하였던 박선
호 대령이 사형이 집행될 때까지 수감되었던 방이기도 했다.

8월 14일, 재판정에서 광주민주화운동에 관해 처음으로 들
었다. 송건호는 이 일의 주동자로 몰려 내란죄로 기소된 피고
인이었다. 그런 사람이 자기가 주도했다는 '내란'이 벌어진 사
실을 3개월 뒤에야 알다니, 한바탕 소극笑劇이 아닐 수 없었다.
공판은 한여름을 지나 가을까지 속전속결로 진행되었다.

날이 점점 서늘해지고 재판도 진행되어 갔다. 9월이 가고 10월이 지나고 11월 4일엔가 2심 선고가 있었다. 징역 2년이 선고되었다. 무엇 때문에 2년간의 징역살이를 해야 하는지 나 자신도 납득이 되지 않았다.

재판을 끝내고 뒤를 돌아보니 가족들의 아우성 소리가 들렸다. K 씨에 대해 2심에서도 역시 사형선고를 내린 데 대한 항의였다. 퇴장당하면서도 그들의 항의 소리는 길게 길게 메아리쳤다. 나의 2년이란 사형선고에 비하면 아무것도 아니다. 거론의 대상조차 안 된다. 그러나 선고가 있은 뒤 가족석을 돌아보니 아내의 표정이 몹시도 우울해 보인다.

계엄보통군법회의 검찰부 검찰관 중령 정기용은 1980년 9월 11일 '피고인 송건호'에 대한 논고에서 다음과 같이 '죄상'을 밝혔다.

피고인은 오랫동안 언론계에 몸담아 왔으며, 10·26 사태 이후의 정치, 경제, 사회의 혼란으로 초래된 국가적 위기에 대하여 그 어느 누구보다 잘 알고 있었음에도 불구하고, 수차례에 걸쳐 불법집회를 가지고 학생들이 가두로 뛰쳐나와 혼란이 초래되었음에도 학생들의 주장에 동조하는 내용의 지식인 1백 34인 시국선언문을 작성 발표하는 등 무책임한 행동을 했으니 시류에 편승하여 기회주의적인 무책임한 언동을 일삼는 자가 없도록 피고인을 이에 상응한 형벌로 다스려야 하리라고 생각합니다.[16]

검찰 측의 논고에 고재혁 변호사는 다음과 같이 변론했다.

지식인 선언문을 기획한 동기는 계엄해제 후 학원의 혼란과 시국의 불안을 예방하기 위한 것이었습니다. 언론인 출신이어서 선언문을 기초했는데 선동적인 표현을 일체 삼갔던 것입니다. 피고인은 남북적십자회담 자문위원으로 참여했고 언론창달에 크게 공헌한 바 있으므로 허물을 탓하기보다는 이같은 정상을 참작해서 국가와 민족을 위해 봉사할 수 있는 기회를 주시기 바랍니다.[17]

감옥에서 지낸 추석 차례

교도소에 수감된 사람들은 부모님의 제삿날과 명절이 돌아오면 어느 때보다 감정적 고통을 크게 받는다. 송건호는 수감되고 얼마 뒤 서대문형무소에서 추석을 맞았다. 최소한의 예를 갖춰 차례를 지내며, 한없이 눈물을 쏟아 냈다.

9월의 어느 날 추석을 맞게 됐다. 사과·배를 사서 남쪽을 향해 제물을 차려 놓고 돌아가신 아버지, 어머니를 위해 제사를 지냈다. 예전 같으면 고향으로 성묘를 가는 날이다.

수사관한테 조사받을 때 망부의 이름을 대라고 할 때처럼 가슴이 아플 때가 없었다. 만약 아버지·어머니가 살아 계셔 내가 수사기관에서 이렇게 조사받고 있다는 것을 아신다면 얼마나 걱정하실까 싶어 가슴이 메는 듯 아팠다. 오늘 추석을 맞으니 의례 지내야 할 다례며 성묘 생각이 나서 견딜 수 없었다. 간소하나마 제물을 차려 놓고 무릎을 꿇고 절을 하니 하염없이 눈물이 흘러 주체할 수가 없었다. 무릎을 꿇은 채 한참 동안 눈물을 흘리고 나니 마음이 다소 가벼워지고 마음도 다소 가라앉았다.[18]

징역 2년을 선고받은 송건호는 서대문형무소를 떠나 남한산성의 육군형무소로 옮겨졌다.

서대문형무소가 근현대 민족사의 아픔이 잠재된 곳이라면 남한산성은 인조가 청나라 일개 장수에게 무릎을 꿇은 민족사의 비극을 간직한 곳이다.

전국의 수많은 감옥을 두고 하필이면 서대문형무소에 이어 남한산성 육군형무소에 수감된 운명을 헤아리기 어려웠다. 앞서 말한 대로 이곳에는 김대중과 문익환 등 거물들이 이미 수감되어 있어서 마음 한편으로 위안이 되었다.

일부는 집행유예로 석방됐고 우리들만 육군형무소로 가게 된 데서 받은 충격이었는지도 모른다. 형무소는 서대문구치소와는 딴판이었다. 외부 세상과 완전히 차단되어 숨이 막힐 정도로 답답했다. 가족들은 이 먼 곳까지 매일같이 또 면회를 왔다.

면회실이 따로 있고 한 방에서 만날 수 있는 것이 서대문보다 좀 좋았다고 할까. 그러나 이곳은 가족면회소에 몇 사람의 군인 직원들이 감시하고 있었다.[19]

11월 6일, 송건호는 갑자기 형집행정지 처분으로 석방되었다. 구속당할 때 그 이유를 몰랐듯이 석방될 때도 왜 석방되는지 이유를 몰랐다. 구속된 지 6개월여 만이었다. 이미 만신창이가 된 지친 몸을 이끌고 이번에는 진짜로 가족이 있는 집으로 돌아왔다.

송건호가 중앙정보부 지하실에서 혹독한 고문을 당하고 있을 때, 광주에서는 민주항쟁이 일어났다. 광주 시민들은 학살자로 변한 계엄군에 맞서 무장투쟁을 벌였다. 무장한 계엄군의 무차별 발포와 무력 진압으로 사망자와 부상자가 속출했다. 유럽의 어느 외신은 광주학살 사태를 '20세기의 마지막 비극'이라고 논평했다.

내란을 주동했다는 혐의로 수사를 받던 '김대중 내란음모 사건'의 피의자들은 막상 자기들이 '주동'했다던 광주의 '내란' 사실을 까맣게 몰랐다. 송건호도 마찬가지였다. 재판을 받다가 광주항쟁이 벌어졌다는 소식을 들은 정도였다. 갑자기 붙들려갔다가 6개월 만에 자유의 몸이 되어 집으로 돌아와서야 광주의 비극을 알게 되었다.

국가보위비상대책위원회국보위가 구성되고, 전두환이 체육관에서 제11대 대통령으로 선출되었고, 국민투표에서 91.6%의 지지로 5공 헌법이 제정되었다는 사실도 뒤늦게 알았다. 국가보위입법회의가 발족되어 정치활동규제법을 비롯해 언론기본법, 노동법 등 각종 악법을 제정한 사실도 알았다.

수감된 6개월 동안 한국 사회에는 천지개벽 같은 일들이 벌어지고 있었다. 무엇보다 광주의 비극과 아무리 폭압구조에서 치러진 국민투표라지만 개헌 지지율이 91.6%라는 것은 눈과 귀를 의심하게 하는 충격적인 사건들이었다. 국민이 기대했던 '서울의 봄'은 온데간데없이 사라지고 어느새 '겨울공화국'이 되어 있었다.

《동아일보》에서 퇴직하던 당시 송건호는 키 168센티미터에 몸무게가 57킬로그램이었는데 그사이 몸무게가 10킬로그램 넘게 줄어들었다. 그야말로 뼈만 남았다고 해도 될 만큼 심각한 상태였다. 건강을 추스르고 안정을 취하는 일이 무엇보다 시급했다. 바깥에서는 여전히 살인마들이 총칼을 들고 광란의 춤을 추고 있었다.

15. 망가진 육신 붙들고 활동 재개

'보도지침', 신군부의 노골적인 언론통제

남한산성 육군형무소에서 풀려난 송건호는 지칠 대로 지쳐 있었다. 피폐해진 몸과 마음을 치료하는 일이 무엇보다 시급했다. 그가 온갖 고초를 겪으며 수감되어 있던 6개월 동안 한국 사회는 마치 1940년대 독일 나치 시대를 방불케 할 만큼 잔혹한 일들이 벌어졌다.

송건호가 오랫동안 몸담았고 늘 관심이 많았던 언론계에서 저항과 변질, 고통과 어용이 극심하게 교차하던 때도 이때였다. 10·26 사태 이후 언론계는 다시 한번 자율을 선언하면서 모처럼 활기를 되찾은 듯 보였다. 비록 계엄령 체제였지만 학생과 노동자, 재야인사들의 활동도 어느 정도 보도하기 시작했다. 그러다가 1980년 5월 초부터 상황이 다시 달라졌다.

신군부는 이른바 '보도지침'을 통해 언론의 보도를 통제하고 노골적으로 간섭했다. 5월 16일에 언론사마다 전달된 '검열지침'의 내용은 다음과 같았다.

– 학생들의 행위를 정당화하거나 지지하는 식의 기사는 모두 불가원칙.

– 성균관대·국민대 시위 중 구속자 가족 3명 선두행진 불가.

– 학생 구호 중 '부정축재 환수하라', '김일성은 오판 말라,' '반공정신 이상 없다' 등은 불가.

– 시위 현장에 나왔던 일부 학생들은 교통정리까지 했다 등은 불가.

– 동료가 부상하자 경찰도 흥분·학생들과 육탄전에 가까운 근접 전투 벌였다 등은 불가.

– 학생시위 기사 중 군인 코멘트 불가.

– 서강대생 8백여 명 마포경찰서 마당에서 연좌시위, 연행 학생 2명 석방요구 불가.

– 박 신민당 대변인의 신 총리 담화 논평 중 "그러나 오늘 사태의 악화에 대한 책임은 총리가 보다 진지하고 성실한 자세를 보이지 않는 것이 유감," "과도정부가 좀 더 일찍 신민당 주장에 귀를 기울였다면 오늘과 같은 악화는 초래하지 않았을 것" 등은 불가.[1]

신군부의 노골적인 언론간섭에 한국기자협회는 5월 16일에 검열거부 성명을 발표했다. 이 성명은 지면에 보도되지 못했다. 그래도 이 성명으로 당시 언론의 실상이 여실히 드러났다. 이 때문에 5·17 쿠데타 이후 기자협회 관련자들은 혹독한 탄압을 받아야 했다.

80년 검열 거부 선언문

최근 학생을 비롯한 사회 각계각층에서 일고 있는 민주화운동의 확산에도 불구하고 언론은 민중으로부터 질타당하고 불신당하는 오욕의 역사 속에서 아직껏 깨어나지 못하고 있다.

민주화를 갈망하는 민중적 요구에 반하여 10·26 이후 6개월이 넘도록 장기간에 걸쳐 명분 잃은 비상계엄령을 펴고 보도검열 등 반민주 획책을 일삼는 집권자에 대해 학생들은 유신잔재 청산, 계엄철폐, 자유언론, 노동3권 등을 요구했다.

우리는 이러한 학생 시위운동이 새시대를 향한 순수한 애국애족의 충정의 발로임을 확인한다. 그러나 언론은 사실보도는커녕 사태를 편향보도함으로써 진실을 왜곡시키고 있다. 장기화된 비상계엄 체제 아래 변질되고 있는 민주화 작업을 촉진하기 위한 대학생의 '시위운동'을 계엄당국은 질서 있고 타당성 있는 측면은 봉쇄하고 파괴적이고 부정적인 면만 보도되도록 강제하여 학생과 언론, 학생과 국민, 국민과 언론을 이간시키는 작태를 감행하고 있다.

사회정의보다는 안정이라는 기득권의 유신논리에 안주해 왔던 우리는 민주새벽이 밝아 옴에도 울지 못하는 벙어리 닭이 된 채, 거리에 쏟아진 무수한 플래카드 속에서 민중의 적으로서 매도되는 현실에 참담한 심정을 금할 수 없다.

우리는 권력자가 제시한 매일매일의 검열 지침 속에 안주한 채 권력자의 홍보실 역할을 포기하려는 최소한의 노력마저 지금껏 게을리해 왔음을 솔직히 시인하고, 이제부터라도 구각을 깨뜨리는 진통을 겪어야 한다.

우리는 민중의 편에 선 자유언론의 구현은 스스로 뼈를 깎는 노력이 없이는 이루어질 수 없으며, 유신언론의 질곡으로부터 민중을 해방시키지 않는 한 우리 사회의 민주화는 불가능하다는 결론을 얻었다.

이에 따라 우리는 현재 언론을 속박하고 있는 계엄당국의 보도검열의 즉각 철폐를 요구하며 언론계 내부에 아직껏 온존하고 있는 유신잔재 및 그 세력을 일소하기 위해 끝까지 투쟁할 것을 다짐한다.

〈우리의 결의〉

우리는 비상계엄의 이름으로 설치된 검열제도가 검열당국에 의해 여론을 조작, 왜곡하는 장치로 오용되고 있음을 국민 앞에 고발한다.

一. 우리는 검열제도가 더 이상 합법적 장치일 수 없음을 선언하며 이를 거부한다.

一. 언론계 내부의 유신잔재를 추방한다.

一. 우리는 작금의 상황이 진실되고 정확하게 국민에게 전달됨으로써만 타개될 수 있다고 확신하며 이를 위해 어떠한 간섭에도 맞서 투쟁한다.

〈행동 지침〉

一. 모든 기자들은 검열철폐를 위해 극한 투쟁을 불사한다.

一. 검열 지침을 무시한다.[2]

언론 학살·변질에 통탄

기자협회의 검열거부 선언은 시기적으로 너무 늦은 감이 없지 않았다. 게다가 유신 체제에 협력하면서 많은 이득을 누렸던 '유신 언론인'이 참여하지 않아, 바로 코앞까지 밀어닥친

5·17의 광풍을 막는 데에는 힘을 발휘하기 어려웠다.

5·17 이후 검열거부 선언을 주도한 언론인과 기자협회 간부들은 혹독한 고문을 당하고 언론계에서 추방되었다. 그 대신 이를 방관하거나 협력했던 언론사인는 5공의 그늘에서 거대한 족벌신문사로 발돋움했다.

독재자세력들이 권력을 장악하게 되면 가장 먼저 손보는 곳이 언론이다. 여론을 형성하고 주도하기 때문이다. 박정희는 재빨리 서울중앙방송국을 장악했었다. 전두환도 'K-공작'을 통해 언론을 장악하고, 5·17 이후에는 언론계를 쑥대밭으로 만들었다. 그들의 혈통적·이념적 후계자들 역시 방송을 장악한 데 이어, 족벌신문과 유착했다.

신군부 세력은 언론인 933명을 강제로 해직한 것도 모자라, '사회불안 조성', '계급의식 조장', '음란 저속' 등의 이유를 내세워 《뿌리깊은 나무》, 《씨올의 소리》, 《민주전선》, 《창작과 비평》 등 비판적 정기간행물 172종을 폐간시켰다. 가히 언론 대학살이었다. 《기자협회보》도 이때 폐간되었다.

이때 기회주의 사이비 언론들은 5·18 민주항쟁을 '광주폭동'이라 보도하며 온갖 낯 뜨거운 미사여구를 갖다 붙여 전두환을 칭송했다. 그야말로 곡필배曲筆輩들의 전성시대였다. 희대의 각종 대국민 '언론사기극'이 공공연하게 자행되었다.

전두환 살육 정권과 5공 어용 국회에 참여한 언론인들도 적지 않았다. 권부에 들어가 언론통제와 장악에 앞장선 대표적인 언론인은 허문도, 이진희, 이원홍 등이다. 이들은 언론기본법 제정과 언론통폐합 등 '언론 죽이기'의 대표 주자가 되었다.

언론인 출신으로 정당정치에 참여한 이들도 많았다. 집권 민정당 창당준비위원총 15명으로 최영철, 박권흠, 송지영, 박경석이, 야당인 민한당 발기인총 17명으로 신상우, 김원기, 손세일이, 제2야당인 국민당 발기준비위원총 17명에 이만섭, 김종하 등이 참여했다.

임방현, 정남, 최영철, 남재희, 김정남, 남재두, 봉두완, 심명보, 염길정, 김용태, 이자헌, 유경현, 박권흠이상 민정당, 김원기, 신상우, 김문원, 김진배, 서청원, 손세일, 임재정, 허경구, 홍사덕이상 민한당, 고정훈, 임덕규이상 군소정당 등이 5공 지역구 국회의원이 되어 제11대 국회에 입성했다.

전국구 의원에는 송지영, 박경석, 이건호, 신상초, 김윤환, 박현태, 고귀남, 지갑종, 이만섭, 이영희, 조남조, 하순봉 등이 각각 여야 정당 추천으로 국회에 들어갔다.[3]

신문협회·방송협회·통신협회는 7월 9일과 31일 두 차례에 걸쳐 이른바 '자율정화'를 결의했다. 언론계가 언론자유를 선언한 지 얼마 지나지 않은 시점이었다. 아무리 신군부의 강요가 있었다고 하더라도 양식 있는 언론인들이라면 차마 할 수 없는 짓이었다. 수많은 양식 있는 언론인과 민주인사와 학생들이 체포되어 혹독한 고문을 당하고, 광주에서는 계엄군의 총탄으로 수백 명의 사망자와 수천 명의 부상자가 발생하던 때가 아닌가.

이들이 결의한 '자율정화' 결의문의 내용은 다음과 같다.

언론 자율정화 및 언론인 자질향상에 관한 결의문

새로운 시대에 언론이 사회의 공기로서 보도와 논평의 기능을 더욱 떳떳이 수행하여 나가기 위해 오늘 우리 언론이 안고 있는 취약점과 부조리의 요인은 언론 스스로에 의하여 과감케 보강, 정리되어야 한다고 확신한다.

1. 우리는 국가의 보위와 사회의 안녕질서 확립이 국가적 급선무임을 인식하고 언론은 언제나 국익을 우선하는 입장을 견지하여 국민의 복리증진을 위하여 적극적인 역할과 사명을 다한다.

2. 정의와 도의가 지배하는 새로운 사회건설과 국민화합을 위하여 사회정화는 범국민적 차원에서 추진되어야 하며 언론도 이에 최선의 노력을 경주한다.

3. 국가보위, 사회정화의 역사적 과업을 수행함에 있어 언론계 자체가 안고 있는 저해요인을 과감히 자율적으로 척결하여 언론의 이름으로 자행되는 일체의 부조리와 비위를 근절하여 새로운 언론풍토를 조성한다.

4. 언론의 재교육을 제도화하여 언론인의 자질을 향상하는 데 부단한 노력을 기울인다.[4]

한국 언론계의 대표기구인 신문협회, 방송협회, 통신협회의 '자율정화 선언'은 민주화 희생자들의 시쳇더미 위에서, 양심적 언론인들을 학살하기 위한 도구로 작용했다. 이 선언을 주도한 자들은 5공의 살인마들을 미화하고 민주세력을 핍박하면서 권력에 기생하며 온갖 호사를 누렸다.

'5공 잔학사'는 이들 타락한 언론인과의 야합 속에서 가능했다. 권언유착, 권언야합의 사생아들이 그로부터 40여 년이 지난 오늘에 이르기까지 한국 언론계의 주류가 되어 여론을 오도하고 사회정의를 짓밟고 있다.

관제 용어 '정의'의 타락상에 분노

자유의 몸이 된 송건호에게 들려오는 소식들은 충격적이었다. 전두환 일당의 잔혹한 학살극과 언론탄압, 그리고 신문협회와 방송협회, 통신협회의 반시대적인 행태를 듣고 송건호는 가슴이 무너지는 듯했다. 우리 국민이 유신 체제의 폭압을 견디며 기나긴 터널을 겨우 지나왔는데, 터널 끝에 기다리는 건 끝이 보이지 않는 낭떠러지였다.

지식인으로서 이렇게 고통받는 현실이 안타까웠다. 자신을 포함하여 지식인들이 할 일을 다하지 못하여 군인들이 나서고 사이비 지식인들이 활개 치는 데 대해 자괴감이 들었다.

무언가를 하고 싶었으나 몸이 따라주지 않았다. 출감한 뒤에도 건강 상태가 여전히 좋지 않았다. 지금은 고인이 된 이장규 박사가 건강진단을 했으나 별 이상은 없었다. 골병의 일종인데, 이런 병이 엑스레이에 찍힐 리가 없었다. 이장규 박사는 《동아일보》 해직기자들의 건강을 각별히 살펴 주었다.

그 뒤에 송건호와 부인은 후배들의 배려로 태어나 처음으로 종합검사를 받을 수 있었다.

이 박사는 기자들이 동아일보에서 폭력으로 축출당한 후에 한 사람씩 전원의 건강진단을 해 주신 일이 있고, 79년에 옥고를 치른 동아투위 10명에 대해서도 출옥 후 전원 건강진단을 해 주었다. 그러나 84년인가 이 박사는 불행하게도 폐암으로 돌아갔다. 그때 미아리까지 조화를 들고 문상을 간 일이 있었지만 그분의 은혜를 잊을 수가 없다.

출옥 후 제일 신경을 쓴 것이 건강관리였다. 무슨 모임이 있을 때 나는 늘 졸았다. '가족'들은 나를 '고사리'라고 별명을 붙여 웃어 대기까지 했다. 이런 소문이 알려진 때문인지 해직된 언론계 후배들의 특별배려로 처와 나는 입원을 하고 종합진찰을 받았다. 동아투위 후배들이 자주 와서 보살펴 주었다. 처와 나는 난생처음으로 종합진찰이라는 것을 받았다. 입원하고 있는 내내 후배들에게 미안한 마음 금할 수 없었다.

여러 가지 진찰을 해도 큰 탈이 없다는 말을 들었으나 무슨 까닭인지 지금도 허리와 팔이 아파 세수하는 데 불편을 느낀다. 아마 의학으로는 치료되지 않는 병이라는 것인지도 모르겠다.[5]

5공 초기 '국사범'으로 낙인찍힌 송건호는 출감되고서도 달리 할 일이 없었다. 사방은 거대한 철옹성이었고, 살얼음판이었다. 엑스레이에도 드러나지 않는 골병은 육신을 제대로 가누기 어렵게 했다.

어둠의 장막이 채 걷히지 않았는데 사방에서 '정의'라는 용어가 유난히 나부꼈다. 그중 압권은 신군부의 주체와 유신 잔당 그리고 변절한 야권 인사, 기회주의적 지식인과 언론인들이 참여한 집권당의 이름이었다. 그 이름이 하필 '민주정의당'이었다. '정의사회 구현'이라는 구호가 정직한 사람들을 어지럽게 만들었다. 중국에서 '태평천국'의 구호 아래 자행된 변란이 혼란의 극치였듯이, '정의'의 기치 아래 자행된 5공 체제는 반정의의 극치를 보여 주었다. '정의justice'라는 인류 보편적 올바름의 가치가 관제용어로 변용될 때 그 의미가 얼마나 타락하는지 잘 보여 주었다.

권력자들은 가끔 국민에게 빛조차 없는 어두운 밤하늘을 쳐다보게 만든다. 히틀러는 유대인을 학살하면서, 버락 오바마는 빈 라덴을 처형하면서 '정의'를 앞세웠다. 고대 그리스의 시인 헤시오도스는 "정의는 처녀와 같아서 능욕을 당하면 제우스에게 달려간다"라고 했다.

이 무렵 송건호에게 위안을 준 것은 산책이었다. 새벽마다 집에서 가까운 산에 올랐다. 산은 언제 가도 묵묵히 반겨 주고, 그 침묵으로 대화할 수도 있었다. 루소의 '고독한 산책자의 꿈' 같은, 그런 산책이고 산행이었다. 루소의 꿈은 타인과의 절대적 분리감에서 출발했듯이 송건호의 처지도 이와 비슷했을 것 같다.

그때야 나는 내가 이 세상에서 완전히 혼자라는 사실을 보기 시작했고, 지금 사람들은 나와의 관계에서 기계적인 존재에 지나지 않으며, 그들은 단지 충동만으로 행동하고 그 행동은 운동의 법칙으로밖에 측정할 수 없다는 것을 알았다. 그들의 영혼 속에 있는 어떤 의도나 정념을 가정할 수 있었다 하더라도, 그 영혼들은 나에 대한 그들의 태도를 내가 이해할 수 있도록 설명할 수는 결코 없었을 것이다. 이렇게 해서 그들의 내적 의향은 나에게 하등의 의미도 없는 것이 되어 버렸다. 나는 이제 그들을 나에 대해 어떤 도덕성도 갖지 못한, 나와는 다른 법칙으로 움직이는 물질로만 보았다루소,『몽상』, O.C.I, 1078쪽.

날마다 걸으면서 건강을 어느 정도 회복한 1982년 봄에는 작가 이호철의 소개로 '거시기산악회'에 들어갔다.

송건호는 신문사에 근무할 때도 쉬는 날이면 산을 올랐기 때문에 산행에는 어느 정도 자신이 있었다. 등산을 주제로 칼럼을 몇 편 쓰기도 했다.

1973년 6월 10일 자 칼럼의 일부를 들어보자. "세상에 가장 만족스럽고 즐겁고 보람을 느끼는 생활이 무엇인고 묻는다면 나는 서슴지 않고 등산이라고 대답하고 싶다," "내가 등산을 즐기는 것은 무슨 특별한 이유가 있어서는 아니며, 또 꼭 공리적

송건호 평전

인 타산에서만 산에 오르는 것도 아니다. 그저 무조건 만족스럽고 보람을 느끼게 되기 때문이다."[6]

"서울시민은 행복하다"고 외국인들이 입을 모아 말한다. 서울처럼 가까운 교외에 풍치 좋은 명산을 갖고 있는 수도가 드물기 때문이란다. 아닌 게 아니라 수도 서울 주변에는 명산이 많다. 북한산·도봉산·수락산·관악산, 좀 더 교외로 나가면 이 밖에도 얼마든지 명산이 있다. 해마다 40만 인구가 늘고 있다는 수도에 살면서도 자연에 굶주림을 느끼지 않는 사람들의 행복은 이런 명산 덕분이 아닐까.[7]

송건호는 고서점을 찾아 돌아다니고 책을 수집하고 등산하는 것 말고도 흘러간 옛 노래를 즐겨 듣는 취미도 있었다. 젊은 시절에는 사진 찍는 것을 좋아해 카메라를 여러 대 사기도 했다. 이 사진기, 직접 찍은 사진과 필름 등은 지금도 유족이 보관하고 있다.

음식은 가리지 않고 아무 음식이나 잘 먹었다. 그중에서도 특히 회를 좋아했다. 재미있는 건 그가 왜 회를 좋아하게 되었는지 그 자신도 모른다는 사실이다.

살생이라면 파리 한 마리도 못 죽이는 심약한 터에 어떻게 생선회를 그토록 좋아하게 되었는지 나 자신도 알지 못한다. 부산을 좋아하게 된 이유도 따지고 보면 이 생선회 때문이 아닌가 싶어 혼자 웃을 때가 있다. (…)

생선회라야 어쩌다 외식집 식탁 위에서 구경한 것이 고작이던 내가 펄펄 뛰던 광어를 잡아 올려 도마 위에 올려놓고 순식간에 살을 발라 한 접시 수북이 초고추장과 차려 오는 것을 대했을 때 나는 경이 같은 것을 느낀다. 바다가 없는 충북 출신인 나는 바다하고는 인연이 적었다. (…) 늦게 배운 무슨 짓 새벽 되는 줄 모른다는 격으로 뒤늦게 안 생선회 맛을 못 잊어, 외식할 땐 으레 회를 주문하는 것이 버릇처럼 되었다.[8]

이런 호사는 언론사에 근무할 때나 누렸다. 언론사를 그만두고 생계조차 버거운 상황과 감시 속에서는 생선회는커녕 마른 북어 한 마리 구경하기 어려웠다.

취미 중에서도 그가 가장 열심히 한 것은 등산이었다. 1982년에는 당대의 저항지식인들로 구성된 '거시기산악회'의 회원으로서 일요일마다 빠지지 않고 산에 올랐다. 이 이야기는 뒤에서 다시 소개한다.

김창숙의 삶, 송건호의 삶

송건호는 1982년부터 다시 펜을 들었다. 본업인 글쓰기를 다시 시작한 셈이었다.

먼저, 《마당》이라는 잡지에 '근대 인물 평전'을 연재했다. 이 잡지는 5공의 광풍으로 진보적 잡지가 된서리를 맞고 폐간된 뒤 1981년 9월에 창간되었다.

송건호는 1981년 9월호에 인물 평전 서설 격인 「민족해방·민중·지도노선」을 시작으로 '김구, 여운형, 김창숙, 안재홍, 이동녕, 안창호, 이승만, 김교신, 한용운, 신채호, 함석헌, 이광수, 최남선, 이용구' 등을 연재했다. 연재물은 1984년에 『한국현대인물사론』이라는 제목의 책으로 출간되어 5공과 6공의 군사독재 광풍에도 꾸준히 독자들의 인기를 끌었다.

《마당》 1982년 12월호에는 「난세를 유교적 대의로 산 김창숙」이 실렸다. 관계 기관에서는 이 글을 문제 삼으려 했다.

도봉산에 올랐다. 하산하는 등산객이라면 한 오솔길을 내려오다 왼쪽 구석진 곳에 그리 크지 않은 아담한 산소 하나를 발견할 것이다. 아마 많은 젊은이들은 관심 없이 이 산소를 지나쳐 버릴 것이다. 좀 조심성 있는 사람이라면 그것이 한때

귀 익은 듯한 분의 산소 같구나 하는 정도로 생각이 미치는지 모른다.

그만큼 김창숙 선생은 일반에 그리 널리 알려져 있지 않다. 이 땅에서 명사라고 하면 으레 높은 벼슬을 하거나 큰 기업인이거나 해야 하며 돈도 없고 벼슬도 한 일이 없다면 아무리 그가 훌륭한 분이라 해도 이 사회에서는 낯선 사람이며 화제에 오르거나 관심의 대상이 되지 않는다.

아마 오늘 우리 사회에서 김창숙 선생처럼 세상의 화제에도 오르지 않고 관심의 대상도 되지 않는 분은 없을 것이다.

일제하 성년이 되면서 항일운동을 시작한 그는 적 앞에 추호도 타협하지 않고 그래서 모진 고문 끝에 다리 병신이 되어 평생토록 앉은뱅이로 인생을 보낸 사람이 바로 김창숙 옹이었다.

민족을 위해 항일로 평생을 바친 그는 일제의 통치 그 자체를 인정하지 않았으므로 일본 법 같은 것을 인정할 리 없고 일본 법률을 배워 그 법 위에서 무죄, 유죄 여부를 변호사도 받아들이지 않았으며 따라서 항소도 하지 않았다. 싸우다 적에게 포로가 된 이상 적의 손에 의해 죽을 수밖에 없다는 것이 김창숙 옹의 주장이었다.

하늘을 우러러 한 점 부끄러움 없는 철두철미한 항일 투사라면 우리는 으레 단재 신채호, 백범 김구, 그리고 심산 김창 숙부터 손꼽을 수 있을 것이다.

그래서 오늘날 단재는 학계에서 그의 진가가 올바르게 평 가받기 시작했고, 백범은 이 나라의 가장 위대한 민족주의 지 도자로 추앙을 받게 된 지 오래다.

그런데 심산 김창숙 옹은 8·15를 지나 50년대를 거쳐 60년 대까지 장수했건만 일찍이 그는 벼슬을 한 일이 없고 재산을 모은 일이 없으며 말년에는 집도 없이 여관이나 친지의 집을 전전하다 태연히 생을 마치신 분이다. 그가 벼슬을 하고자 했 거나 돈을 모으려고 했다면 족히 그렇게 할 수 있는 능력이 있 었다. 그러나 본래부터 욕심이 없는 그는 8·15 후에도 독재를 반대하고 통일운동을 벌였다. 이승만의 미움을 샀고 그래서 변함 없는 형극의 길을 걸었다.

필자는 『심산유고心山遺稿』를 읽으며 때로 머리를 수그려 감 격하기도 하고 때로 눈물에 가려 책을 읽어 가지 못한 일이 한 두 번이 아니다.[9]

심산 김창숙은 흔히 '조선의 마지막 선비'로 불릴 만큼 강직 한 성품과 꿋꿋한 지조를 유지하며 고난의 생애를 살았다. 송 건호가 그 시대에 살았다면 김창숙의 삶을 살았을지 모른다.

김창숙의 생애에서 송건호의 모습을 보는 것은 필자만의 생각
이 아니다.

　　1905년 일본은 러시아와 전쟁을 하고 승전이 확실해지자
소위 을사조약을 체결했다. 이때 이 매국조약을 찬성한 이완
용·이지용·박제순·이근택·권중현 등을 세상에서는 을사오적
이라고 욕했다. 김창숙은 서울에 올라와서 5적의 목을 베어야
한다는 상소를 올렸으나 아무런 반응도 없이 묵살되자 동지인
이대계는 비분강개한 나머지 해외로 망명의 길을 떠났고 그는
연로한 어머니가 계셔서 같이 떠나지 못했지만 그때 김창숙은
이미 자기 목숨을 나라를 위해 바칠 각오를 굳혔다. 그리고 김
가진이 중심이 된 '대한협회'에 가입하여 지부를 사실상 움직
이는 총무직을 떠맡았다.

　　그가 유생이면서도 시대의 변천에 따라 앞서가는 진보적
인물이었다는 것은 이 지회에서 행한 그의 연설에서 뚜렷이
나타나 있다. 대신 완고한 보수적 유생들의 공격의 대상이 되
었다. 그는 이 연설에서 "우리가 대한협회 지부를 결성한 것
은 나라를 구하자는 데 있다. 그러기 위해서는 구습을 혁신해
야 하며 구습을 혁신하려면 먼저 계급을 타파하지 않으면 안
된다"고 주장했다. 그가 여기서 말하는 계급이란 양반·상민의

신분 차별을 두고 한 말이다. 이런 연설로 해서 김창숙이 이미 유교의 완미성에서 벗어나 있다는 것을 알 수 있다.[10]

김창숙은 해방 후 단독정부 수립을 반대하는 인사들과 뜻을 같이했다. 김구, 김규식, 홍명희, 조소앙, 조성환, 조완구 등과 함께 7거두 성명을 발표하는 등 통일정부를 수립하기 위해 노력했다.

역사는 흘러 결국 한반도는 이승만이 공작한 대로 38선 이남에 단독정부단정를 세우기 위한 선거가 실시될 위기에 놓였다. 김창숙은 일단 단정이 들어서면 국토는 영원히 분열되고 동족상잔이 불가피하게 되리라고 우려했다. 이 때문에 비록 공산주의자라 해도 동족끼리 마주 앉아 통일을 의논해 보자는 생각을 갖게 되었다.

심산은 1948년 2월 5일 다음과 같은 성명을 발표했다.

1. 유엔 한국위원단이 한국에 지고 있는 사명은 내정간섭이 아니라 남북통일 총선거로 통일정부 수립에 관하여 외세에 부당한 간섭을 거절함에 있다고 믿는다.

2. 단선 단정은 국토 분단과 민족분열을 조장함에 불과하니 북한 지역을 소련에 허여하려는 것이다.

3. 외국군의 주둔 밑에 자유로운 선거가 있을 수 없고 이어서 생기는 정부는 괴뢰 정부일 뿐이다.

4. 남북 정치요인 회담으로 통일정부를 수립하여야 할 것이다.[11]

송건호는 김창숙의 장렬한 생애를 훑으면서 그와 이승만의 관계를 상세히 정리하고 분석했다. 일제강점기에 이승만의 위임통치론을 반대한 일에서부터 해방 뒤 미군정의 민주의원에서 이승만을 질타한 일, 단독정부 수립 이후 이승만의 독재에 70대 노구를 이끌고 반대 투쟁을 한 과정 등을 모두 들려준다.

이승만 통치 시대 심산의 굴함 없는 반독재 투쟁은 드디어 이승만의 미움을 사 깡패들이 동원되어 불법수단으로 심산을 유도회, 성균관에서 밀어내는 분규가 일어나기까지 했으나 자유당 치하에서는 법정 투쟁으로 1심, 2심에서 모두 승소하고 4·19 후 대법원의 마지막 판결에서 승소했다.

이로 미루어 보더라도 이승만이 심산을 얼마나 눈엣가시처럼 미워했는가를 알 수 있을 것이다.

심산의 일생은 투쟁의 연속이었다. 철들면서 일제의 침략과 싸워 70 평생을 보냈고, 8·15 후에도 통일을 위해 헌신하고, 여생은 이승만의 독재 반대, 국민의 주권과 민주화를 위해 바쳤다.

그는 유림 출신이고 유림의 이념과 윤리에 투철했지만 유생들의 꿈인 벼슬을 평생토록 탐낸 일이 없고 따라서 그는 정당인이 돼 본 일이 없다.

민족을 위해 평생을 바쳤으나 그는 민족에게 특별히 보답을 요구하지 않았다. 이 점 민족을 위해 기여한 것보다도 몇 곱절이나 부귀영화를 누렸고 또 그것을 당연한 권리처럼 생각한 이승만과는 너무도 대조적이었다.[12]

등산과 글쓰기로 치유

송건호는 '거시기산악회'의 일원이 되고부터 일요일이면 빠지지 않고 산에 올랐다.

거시기산악회의 회원은 박정희와 전두환 군사정권에서 투옥되었다가 석방되거나 직장에서 쫓겨나 할 일이 없는 '낭인'들이었다. 하나같이 시대의 양심을 대표하는 사람들이었다. 이돈명 변호사, 리영희 교수, 백낙청 교수, 이호철 작가, 박현채 경제학자, 유인호 교수, 변형윤 교수, 김상현정치인, 임헌영 문학평론가, 박석무다산연구가, 윤형두출판인, 정기용 건축가 등이었다.

82년부터는 일요일 등산을 하기로 하고 문인 L 씨의 주선으로 '거시기산악회'에 참가했다. 여름에는 아침 7시 겨울에는 9시 이렇게 일요일마다 10여 명이 등산을 했다. 회원은 가지각색이었다. 교수·화가·변호사, 언론인·세무사. 그러나 이날 하루는 즐거운 날이다. 등산이란 건강에도 좋을 뿐 아니라 심리적 발산처로서도 다시없이 좋았다. 일주일 내내 집안에 박혀 있으면 답답증도 생기고 마음이 우울해지기도 하나, 이날 하루 동안 웃고 떠들고 허튼소리를 하고 나면 답답했던 가슴속이 한결 후련해진다. 일요일 등산은 몸의 건강 이상으로 심리생활의 활력소 구실을 한다.

일요일 등산은 다른 모든 것을 희생시키는 일이 있더라도 반드시 참가하고 있다. 취미 치고는 가장 좋은 방법의 하나가 아닌가 한다. 레크레이션으로는 바둑·장기·낚시·골프·음주 등 여러 방법이 있으나 역시 이 중에서도 등산보다 더 좋은 방법은 없는 것 같다. 산에 오르면 의외로 사람을 자주 만난다. 시내에서는 좀처럼 만날 기회가 없다가도 산에 오르면 의외로 반가운 사람을 만날 기회가 생긴다.[13]

시대와 불화한 일군의 지식인들에게 등산이란 산행 이상의 의미가 있었다. 동병상련의 처지가 비슷했고, 안으로만 삭일

대외 활동에 제약을 받을 때 이돈명, 리영희, 이호철 등 거시기산악회 회원들과 산에 오른 송건호(흰 모자 쓴 사람).

수 없는 분노를 터놓고 담론할 수 있어서 좋았다.

송건호는 파킨슨병의 징후가 나타나기 시작한 1990년까지 일요 등산을 거의 빼먹지 않았다. 산행 때면 어김없이 배낭에 요구르트 10여 개를 넣고 가서 일행과 나눠 마셨다.

산에 오르면서 더러 청암은 여간 수다스럽지 않다. 한 소리 또 하고 또 하고, 웃고 또 웃고, 조금 실없고 싱거운 사람일 정도로 자꾸 웃고, 괜스레 사람을 집적거리고, 지분거리고 하며 전혀 거리낄 것 없이 마음을 터놓았을 적의 청암은 재기발랄한 유머만을 보탠다면 청암은 사실 재기발랄한 사람은 못 된다 이상재나 황희 정승의 어떤 면과 닮아 있다.

그러나 그렇게 마음 터놓고 거리낌이 없다가도 산에서 내려오는 길목의 심산 김창숙 묘지에 표표히 혼자 걸어 들어가 배낭을 벗어 놓고 공손하게 참배를 하는 모습에선, 뜻이 깊고 규모 있는 이조 선비의 품격이 감돈다.[14]

송건호는 지인들과 산행으로만 다 하기 어려운, 울연한 심금을 글쓰기로 달랬다. 강연이나 원고 청탁도 거의 없었고, 글을 써도 실어 줄 매체도 없었다. 그래도 5공의 야만과 언론의 탈선을 지켜보면서 글을 쓰지 않을 수 없었다.

1985년에 펴낸 『살아가며 고생하며』라는 수상집은 대부분 1980년도 이때의 암흑기에 쓴 글들이었다. 그중 「어려운 세상살이」라는 수상은 그즈음 송건호의 심경이 잘 담겨 있다.

거대 담론을 논술하는 평론이나 칼럼보다 일상사를 다루는 수필이나 수상에서 송건호의 '인간의 면모'가 오히려 더 잘 드러난다. 1980년에서 1982년 사이에 쓴 글인 것 같다.

이제 50대 후반에서 60을 바라보는 나이가 되었으니 평생을 통해서 볼 때 미래를 위해 사는 인생이 아니라 '여생'을 사는 인생이라는 것을 깨닫게 된다. 물론 아직 해야 할 일이 있고 하고 싶은 일이 있으니 미래가 전혀 없는 것은 아니다. 그것은 어디까지나 이미 뿌린 씨의 결실을 위한 미래이지 앞으로 씨를 뿌리고 결실을 바라는 그러한 창조적 미래는 아닌 것 같다.

남은 것은 이제 여생을 어떻게 하면 대과 없이 살 수 있나 하는 것이 나의 소원이다. 사람에 따라서는 50이 넘고 60이 되고서도 노욕이라고 할까, 더욱 세속적인 욕심에 사람들을 괴롭히는 사람도 있지만, 돈도 못 벌고 이른바 출세도 못 한 50의 인생이지만 그런 지나간 50여 년을 후회하는 마음은 없고, 만약 다시 이 세상에 태어나더라도 같은 길을 걷겠다는 생각이고 후회 없는 인생이라는 신념에는 변함이 없다.[15]

송건호는 그만한 능력과 학벌을 가지고 생각을 바꾸기만 하면 얼마든지 세속적인 출세를 할 수 있었다. 그런데도 '역사의 길'을 택하다 보니 온갖 고초를 겪고, 처자식을 고생시켰다. 그랬으면서도 그는 만약 다시 태어나도 같은 길을 걷겠다고 다짐한다. 어지간히 옹골찬 신념을 가진 사람이 아니고는 하기 어려운 생각이다.

「역사란 무엇인가」라는 글도 이 시기의 작품이다. E. H. 카의 책 제목으로 보통명사처럼 되어 버린 이 주제는, 송건호가 80년대 초 권력광신자가 된 정치군인들과, 이들과 유착하면서 어용곡필을 논하는 지식인과 언론인들의 행태를 보고 쓴 수상이다.

우리는 역사를 연구함으로써 지금의 사회가 좋은 사회인가 나쁜 사회인가 발전성을 가진 사회인가, 아니면 막히고 정체되어 개혁을 필요로 하는 사회인가를 알 수 있게 된다.

바꾸어 말하면 역사는 사회를 보는 눈을 길러 주는 학문이다. 사회를 옳게 보고 사회에 옳게 대처해 살아야 한다는 것은 사회생활을 하는 우리 누구에게나 필요한 말이다. 정치인·상인·농민·전기기술자·토목수·과학자 할 것 없이 사회생활을 하는 사람이면 누구나 사회에 옳게 적응해야 하며 옳게 적응하기 위해서는 옳게 볼 줄 알아야 한다.

사회를 옳게 보는 데 있어 첫째 중요한 방법은 사물을 역사적 입장에서 보아야 한다는 것이다. 역사적으로 본다는 것은 문제를 지금의 시점에서만 보지 않고 지난날, 과거에서부터 오늘에 이르는 과정을 통해서 본다는 뜻이다.[16]

5·17의 광기를 언론인과 지식인들이 '역사적 입장'에서 대처

했다면 그토록 낯 뜨거운 곡필을 쓰지는 않았을 테고, 동료들을 직장에서 쫓아내는 데 협력하지도 않았을 것이다.

역사를 제대로 공부한 사람, 즉 올바른 역사의식을 가진 사람이면 한 시대를 지배하는 어떠한 가치나 사상도 그것의 절대성을 믿지 않을 것이다. 그 가치나 사상이 지배적 진리로서 평가받는 이유가 무엇인가를 그 시대의 정치적 경제적 여건과 관련지어 정확히 평가, 판단할 것이다. 투철한 역사의식을 가진 사람이면 하나의 이데올로기에 불과한 시대적 가치나 사상을 결코 맹신하거나 추종하는 일은 없을 것이다.[17]

E. H. 카는 말했다. 역사란 기록이 아닌 해석이라고. 송건호는 말했다. 한 시대를 지배하는 가치나 사상도 그것의 절대성을 믿거나 추종하지 말라고.

김구의 '민족주의'와 이승만의 '국민주의'

송건호는 1982년 늦은 가을 오랜만에 대학신문에서 원고 청탁을 받았다. 시사 문제가 아닌 「한국 민족주의의 이해」라는 제목이었다. 반가웠다. 비록 시론은 아니지만 늘 관심사였던 민족주의 문제를 대학생들에게 들려줄 수 있는 좋은 기회였기 때문이다.

송건호는 살얼음판 같은 시기에 쓴 이 글에서 민족주의를 3단계로 구분한다. 민족주의와 관련한 그의 많은 논설 중에서 이 글은 고난의 시기에 쓴 탓인지 그 의미가 특히 남다르다.

제1단계는 19세기 이전에 주로 서구에서 근대국가가 형성되고 발전할 당시 이데올로기로서 성립되어, 서민층이 담당세력이 되어 나라의 통일·독립·발전을 추진하는 이데올로기가 되었다고 분석한다.

제2단계는 자본주의 발전의 불균형에서 생긴 서구 국가 간의 갈등이 빚은 '군사' 민족주의로서, 일반적으로 부르는 파시즘 운동이다. 2차 세계대전이 벌어지기 전 독일·이탈리아·일본에서 발생한 이데올로기인데, 그들보다 앞선 자본주의 국가들과 식민지 쟁탈전에서 뒤지자 그것이 불만으로 변해 '군사형' 민족주의 운동으로 나타나게 되었다.

제3단계는 2차 세계대전 뒤 식민지에서 해방된 신생 국가의 민족주의인 '제3세계형'으로서 '민중형'으로 규정한다. 이 경우 안으로는 새로운 힘과 낡은 세력 간의 대립이 만들어지고, 밖으로는 자주독립하려는 힘과 사대주의 세력 간의 대립이 만들어진다고 설명한다.

이 같은 전제를 바탕으로 한국 민족주의의 과제를 제시한다.

한국의 민족주의를 논의하는 데 있어 먼저 생각해 보아야 할 점은 민족주의의 역사적 담당세력이 누구인가, 그들은 어떻게 형성되었는가라는 점이고 둘째는 우리 민족주의의 당면과제는 무엇인가라는 점이다.

우리의 민족사상 근대적 민족주의의 분수령은 3·1 운동이라고 볼 수 있을 것이다. 구한말의 동학농민전쟁이나 독립협회 운동이나 애국계몽운동이 근대사에서 중요한 비중을 차지하는 민중운동임에는 틀림없으나 엄격히 말해 이들은 전근대에서 근대로 전환하는 일종의 과도적 의미를 지닌 운동이었다.

이념 면에서 민족주의와 자유와 평화와 국제적 사조를 뚜렷이 인식하고 표방한 민족운동은 3·1 운동에서 비로소 시작되었다. 그리고 그 이전의 다른 모든 운동과는 달리 3·1 운동은 그것이 어느 한두 계층에 의해 벌어진 운동이 아니고 전 민족이 총궐기한 항일운동이었다는 점에서 3·1 운동이 우리 민족의 근대 민족운동사상의 하나의 시발점이 되었다고 말할 수 있는 것이다.[18]

학계에서는 일반적으로 근대의 기점을 3·1 운동으로 삼는다. 송건호도 3·1 운동을 우리 근대 민족주의 운동의 시발점으로 인식한다. 송건호는 해방 뒤 민족주의 운동의 담당 세력이 미국에 의해 무시되어 왔다고 주장한다. "우리 민족사상 최초라 할 수 있는 근대적 민족주의 지도세력은 국내외를 막론하고 미국 정부에 의해 무시되어 8·15 후의 한국 민족주의는 자주적 세력이 아니라 한때 일제에 친밀한 타협세력, 다분히 사대사상을 갖고 있는 사이비 민족주의 세력에 의해 민족주의가 담당되어 왔다."[19]

송건호는 민족주의를 올바로 이해하기 위해서는 국민주의와 구분해야 한다고 말한다. "민족주의에 있어서는 민족 문제는 한반도 전체를 통해서 보는 입장이고, 국민주의에 있어서는 분단 상황 속에 파묻혀 민족을 생각한다는 점이 다르다."[20] 그가 민족주의를 이해하는 탁월한 관점이 돋보이는 말이다.

지금까지 우리는 민족 문제를 국민주의적 입장에서 고찰하는 버릇을 가지고 민족주의적 입장에서 민족을 생각한다는 경향이 적었다. 최근 이러한 타성에 대한 반성이 일부에서 일고 있는 것은 하여간 다행한 일이다.

민족 문제를 생각하는 데 있어 먼저 알고 있어야 할 점은 통일이 안 된 민족은 즉 분단 상황의 민족은 아직 민족주의가 실현되지 않고 있는 민족이라는 사실이다. 따라서 한국 민족주의를 말할 때 통일 문제를 제외하고는 논의 그 자체가 의미를 가지지 않는다.

바꾸어 말해 우리는 한국 민족주의를 분단이 아닌 통일을 내용으로 하는 민족적 과제로서 파악해야 한다는 것이다. 이 승만적 민족주의가 아니라 김구적 민족주의로서 파악해야 한다는 것이다.

한국 사람으로서 민족을 생각하지 않는 사람은 아마 없을 것이고 민족을 생각할 때 통일을 생각하지 않는 사람 또한 없을 것이나 광복 38년이 지난 오늘날까지도 통일이 안 됐다면 그 이유는 민족을 생각함에 앞서 국민을 생각한 때문이 아닌지 모르겠다. 민족에 앞서 국민을 생각한다는 것은 통일을 냉전주의적 사고로 생각한다는 것이고, 통일 속에서보다 분단 상황 속에서 자신의 이익이 있다고 생각하는 사고와 상통하는 것이다. 이론적으로 볼 때 통일 속에서보다 분단 속에서 이익이 있다고 생각하게 되면 민족보다 국민을 강조하게 되고 통일보다 분단에 미련을 갖게 될 것이다.[21]

송건호의 혜안을 통해, 친일 세력을 구심으로 하는 한국의 수구보수 세력이 왜 그토록 김구의 민족주의보다 이승만의 국민주의를 선호하는지 그 역사적 배경을 이해할 수 있다. 그들은 분단 상황 속에 자신들의 이익이 있다고 믿고, 통일된 정의로운 사회에서는 친일·독재·부패로 얻은 기득권이 침해될지 모른다고 우려하기 때문이다.

송건호는 이 글에서도 제3세계형 민족주의를 발전시키는 데는 먼저 학문의 자유와 언론의 독립이 있어야 한다고 역설한다. 학문의 자유와 언론의 독립은 송건호가 내세우는 모든 가치의 전제조건이었다.

제3세계형 민족주의를 건설하는 데는 따라서 먼저 학문의 자유가 존중되어야 한다. 학문과 문화도 그 자체가 자유로울 때만 발전한다. 특히 사회과학의 자유가 존중되어야 하겠다. 사회과학적 분석과 연구를 기피하는 사회는 자체 안에 바로 문제가 있는 사회임을 말해 주는 것이다.

학문의 자유 못지않게 요구되는 것은 언론의 독립이다. 언론은 일상적 신문 제작에서 자기 책임하에 취재되고 보도되고 논평될 수 있는 자유가 있어야 한다. 언론에 자유가 주어지면 방종에 흐를 염려가 있다고 하나 역사는 언론의 방종보다 권력의 방종이 더욱 무서운 해악을 끼쳐 왔다는 사실을 수없이 보여 주었다.

우리는 오늘의 현실을 낙관할 것도 없고 비관할 것도 없다. 우리에게 필요한 것은 민족적 현실을 정확하게 의식하는 일이다.[22]

한국 기독교의 친일 행적 질타

송건호는 1980년대에 아직 성치 않은 몸으로 양심적 기독교인들과 협력하여 여러 가지 활동을 전개했다. 1983년에는 미국 YMCA 초청으로 미국과 서독, 유럽 등지를 방문하기도 했다.

1981년 9월에 한국기독교 사회문제연구원은 《역사와 기독교》라는 무크지를 발행했다. 5공 정권은 비판적 잡지를 강제로 대거 폐간시키고 새로 허가를 내주지 않았다. 이에 따른 대안으로 등장한 것이 무크지였다. 기독교계의 무크지 《역사와 기독교》 제1집은 '민족주의와 기독교'라는 특집으로 간행되었다.

송건호도 여기에 주요 필진으로 참여했는데, 그가 맡은 주제는 「일제하 민족과 기독교」였다. 그 밖에도 강만길의 「한국 현대 민족주의의 전개과정」, 진덕규의 「제3세계와 민족주의」, 이만열의 「한말 개신교인의 민족의식 동태화 과정」, 김경재의 「분단시대 기독교와 민족운동」, 고재식의 「남미의 기독교와 민족주의」, 게터 레위의 「현대 아프리카의 종교적 반란」, 존

F. 호우즈의 「일본의 기독교 수용과정」, 필리시아노 V. 카리뇨의 「필리핀의 민족주의와 기독교」, 권말 정담으로 함석헌·김성식·박형규의 「민족주의 재평가」 등이 실렸다.

1984년은 한국 기독교 선교 100주년이었다. 이를 앞두고 쓴 이 글에서 지난 1세기 동안 한국 기독교는 세계 기독교 역사상 보기 드문 큰 발전을 이뤄 신도 1천만 명을 향해 발전을 거듭하고 있다고 전제한 뒤에 기복起伏과 영욕榮辱이 거듭된 파란의 역사를 해부한다.

송건호의 이 글은 편집진의 기획 방침에 따라 일제강점기 중에서도 1920년대부터 해방 때까지 25년간을 주로 다루었다. 그는 이 시기를 '계몽과 수모'의 시대로서 한국 기독교의 침체기라고 정의한다.

1920년대라는 시대는 한국 기독교에 있어 하나의 전환기였다. 그것은 3·1 운동에서 기독교는 독립이라는 목적을 달성하지 못하고 타격만 치명적으로 받았으므로 3·1 운동 당시의 지도적 인사들이 일반적으로 위축, 좌절감에 빠졌듯이 기독교인들 역시 좌절감에 빠져 항일투쟁의 현장에서 후퇴했기 때문이다.

그러나 20년대는 민중운동이 상당히 활발하게 전개된 시대였다. 이 시기에 있어서 민중운동의 특징은 종전과 같이 "대한 독립 만세"를 외치며 국권을 요구한 막연한 감을 주는 운동이 아니고 제국주의 일본의 식민통치하에 있는 조선의 현실을 사회과학적으로 분석 인식한 바탕 위에서 저마다의 해방을 위한 구체적 투쟁을 벌이기 시작했다는 데에 특징이 있다.

3·1 운동 때 교회가 선두에 나서 항일투쟁을 벌였으므로 사람들은 그러한 교회에 친밀감을 느끼고 일시 교회로 몰렸으나 얼마 안 가서 교회를 등지고 떠나는 사태가 생겼다. 교회가 미국을 업고 독립운동을 편 것은 아니었지만, 교회 뒤에 미국이 있고 미국이 한국 독립을 지원할 것이라고 기대하고 모였던 사람들은 그러한 생각이 잘못이라는 것을 깨닫고, 그런 식의 독립운동으로서는 독립을 되찾을 수 없다는 생각에서 다른 방향에서 투쟁의 길을 찾았다.[23]

'다른 방향'이란 곧 노동운동, 농민운동, 청년학생운동 등 민중 위주의 투쟁이었다. 이같이 민중의 투쟁 방향의 전환으로 교회는 큰 타격을 입고 기독교는 심각한 위기에 봉착하게 되었다. 게다가 교회는 청년, 노동자, 농민들의 민중투쟁을 불온시하면서 배척하기까지 했다. 시대의 흐름을 헤아리지 못한 탓이다. 전국 각지에서 노동쟁의와 소작쟁의가 일어나고, 청년과

학생들은 각종 이념서클을 조직하여 지하 활동에 들어갔다.

조선 기독교는 이와 같은 위기를 극복하기 위해 1919년 9월을 기해 대대적인 부흥운동을 벌여 퇴조해 가는 교세를 만회해 보려고 했다. 그러나 기독교는 3·1 운동을 계기로 이미 지난날과는 달리 현실의 개혁을 의욕하는 지식인 청년들의 마음을 사로잡을 수가 없었다. 청년들의 기대에서 벗어난 기독교는 사실 어느 면에서 3·1 운동 전과는 많은 점에서 변질되고 있었다.

3·1운동 후의 기독교가 이미 그 이전의 기독교와는 다른 성격을 보이고 있었던 것은 특히 민족과의 관계에 대해서였다.[24]

송건호는 '기독교계'에 상당히 깊이 관여하고 있으면서도 현대사 연구의 대가답게 3·1 운동 이후 조선 기독교의 타락과 탈선 이유를 거침없이 파헤쳤다. 예리한 분석이고 비판이다.

기독교 지도층이 3·1 운동 후의 기독교가 맞이한 이와 같은 위기의 소재가 어디에 있는가를 제대로 이해하지 못하고 또 이해하려고도 하지 않았다. 기독교는 이미 민중적 불행의 십자가를 지겠다는 각오를 하지 않았기 때문이다. 기독교는 이

제 민족의 광복을 위해 '투쟁의 현장'에서 십자가를 메는 종교가 아니라 '현장'에 참여하는 것을 기피하는 종교였으며 새로운 상황을 이해할 만한 의식화도 되어 있지 않았다.

이러한 뜻에서 1920년대 이후의 기독교는 민족의 역사 무대에서 탈락하기 시작한 종교가 되었다.[25]

기독교 신사참배는 종교·민족 배반 행위

송건호는 그사이에도 기독교가 내부에서 각종 부흥운동을 벌이면서 꾸준히 교세확장 운동에 나선 과정을 자료를 통해 제시한다. 다른 한편, 시대적 사명을 상실한 기독교가 민중들로부터 배척당하는 실상을 고발한다.

일제의 수탈과 탄압 속에 신음하는 민중은 최후의 수단으로 일제에 항쟁—이것이 농민운동·노동자운동으로 나타나고 있었다—을 벌이고 있든가 만주나 일본으로 유랑의 길을 떠나고 있었다. 그래서 청년층은 신앙 속에서가 아니라 사회과학적인 사상 속에서 민족의 살길을 찾아 헤매고 있었던 것이다. 이렇게 절박한 민중의 생활과 청년층의 울분 속에 기독교 부흥사들 말이 귀에 들어갈 까닭이 없었다.[26]

1930년대에도 조선의 노동자와 농민들은 일제의 가혹한 탄압 아래 노동쟁의와 소작쟁의 등을 통해 식민통치에 저항했다. 송건호가 이 글에서 제시한 자료에 따르면, 노동쟁의는 1930년부터 1938년까지 9년 동안 818건, 참가 인원은 9만여 명에 이르렀다. 같은 기간 소작쟁의는 3천여 건에 이르고 참가 인원은 6만여 명에 달했다. 이 같은 수치는 조선총독부의 자료에 따른 것이라서 실제로는 훨씬 더 많았을 것으로 추정된다.

1934년은 한국 기독교 선교 50주년이 되는 해였다. 당시 조선 기독교계는 교회가 3,949개이고 신도는 307,403명이라며 그동안 발전한 모습을 대대적으로 선전했다. 송건호는 이를 다음과 같이 꼬집는다. "신자 구성에 있어서 여신도가 결정적으로 많고 교회주의 신학, 정통 신학을 바탕으로 복음의 순수성을 지키며 교회를 오로지 신앙과 전도만을 간판으로 내걸고 민족해방에 대해서는 방관자적 중립적 태도를 취해 왔다는 성격에서 크게 벗어나지 못했다."[27]

한국 기독교가 보수의 울타리 안에 깊은 잠이 깨어나지 않고 있을 때 일제는 '신사참배'를 강요하고 나왔다. 종교가 민중의 뜻을 저버리고 '시대정신'을 상실할 때면 반드시 사탄이 나타난다.

이때 모든 종교인들이 단호한 태도를 보였다면 일제의 강요가 그렇게 고답적이지는 못했을 것이다. 그러나 천주교·감리교는 처음부터 순순히 신사참배에 굴복해 이에 자신을 얻은 일제는 마지막으로 장로회에 대해 신사참배를 강요하기에 이르렀다. 이리하여 장로회도 1938년 9월의 총회에서 마침내 일제에 굴복하고 말았다.

당시 일부에서는 신사참배를 별로 중요시하지 않고 신사에 가서 머리 한 번쯤 숙여 주는 것이 무엇이 그리 대단하냐는 해석을 하기도 했었다. 그러나 신사참배는 그렇게 단순한 문제가 아니었다.

첫째는 신앙의 양심의 문제이고, 둘째는 신사참배 그 자체에 문제가 있다기보다 신사참배라는 행위가 곧 일제에 대한 투쟁, 친일을 약속하는 상징적 행위라는 점에 문제가 있었다. 신사참배를 계기로 그 후 일제에 대한 친일 협조가 계속되었다는 사실을 간과할 수 없다.

그러므로 기독교인으로서 신사참배에 응한다는 것은 종교인으로서 하느님께 배반하는 행위요, 둘째는 조선 민족으로서 일제에 협조를 약속함으로써 민족적 배반을 의미하는 것이었다. 일제는 신사참배가 국민의례이며 종교가 아니라고 강변했으나 신도神道가 일제식 종교라는 것은 긴 설명이 필요 없다.[28]

송건호는 일제강점기에 한국 기독교가 나약했던 모습을 조명하고, 해방 뒤에 기독교 역사상 유례를 찾아볼 수 없는 만큼 성장한 과정과 그 과정에서 불거진 문제점에도 비판을 가한다.

표면적으로는 이렇게 눈부신 성장과 약진을 거듭하고 있는 듯이 보였으나 50년대의 기독교는 독재와 부패에 물든 이승만 정권을 그토록 지지, 권력의 시녀 노릇을 했고, 각 종파가 우후죽순처럼 솟아나 기독교가 혼미를 거듭한 것은, 교계 안에서 일제하 신앙의 배반, 민족의 배반 행위가 정당히 심판받지 못했고, 따라서 일신의 안락과 영달을 위해서는 기독교를 배신하고 민족을 배반해도 심판받지 않는다는 풍조가 생기게 된 때문이었다.[29]

16. 5공 격동기의 활동과 저술

무크지《역사와 기독교》편집위원으로 활동

절대권력은 끝내 부패하고 타락하게 마련이다. 전두환 정권도 예외가 아니었다. 독재자의 친인척인 장영자·이철희 부부의 사기 사건을 비롯하여 명성그룹 사건 등 곳곳에서 부정과 비리가 터져 나왔다.

그런가 하면 1982년 3월 18일 부산 미문화원 방화 사건을 필두로 학생과 재야인사들의 반미·반체제 운동이 거세게 전개되었다. 1983년 9월 30일에 민주화운동청년연합민청련이 결성되고, 1984년 5월 18일에는 김대중·김영삼계의 야당 인사들이 민주화추진협의회민추협를 결성하여 야당의 구심체가 되었다.

1984년 6월 29일에 민중민주운동연합민민연이 결성되고, 10월 7일에는 민주화추진위원회민추위, 일명 깃발그룹가 결성되어 군부세력의 재집권 저지와 민중생존권 쟁취 등을 내걸고 반정부투쟁을 벌였다. 전국의 주요 대학에서는 반독재·학원 자율을 요구하는 시위가 거세게 전개되었다. 신군부의 쿠데타 이후 억눌렸던 민주세력은 다시 전열을 정비하며 항쟁에 나섰다.

송건호는 미국과 서독의 YMCA 초청으로 1983년 7월 중순부터 9월 말까지 두 나라를 둘러볼 수 있었다. 1968년에 서베를린 신문연구소에서 연수하기 위해 서독을 방문한 적이 있었으나 미국은 처음이었다. 두 달여 해외여행을 마치고 돌아온 뒤에 송건호는 다시 글 쓰는 일에 매달렸다.

기독교 사회문제연구원은 그동안 무크지 《역사와 기독교》를 계속 간행해 왔다. 제1집 민족주의와 기독교, 제2집 문화와 통치, 제3집 민중과 경제, 제4집 국가권력과 기독교, 제5집 노동자 운동과 산업민주주의, 제6집 교육과 사회에 이어 제7집으로 언론과 사회를 준비했다. 송건호는 이때부터 《역사와 기독교》 편집위원으로 참여했다. 편집위원은 그를 비롯해 변형윤, 서광석, 조승혁 등 7명이었다.

송건호는 《역사와 기독교》의 청탁을 받고 200자 원고지 900여 매에 이르는 대작을 집필했다. 「한국현대 언론사론」이라는 글이다. 당시 이 무크지에는 추광영의 「언론의 독점화 경향과 사회적 책임」, 신홍범의 「제3세계 언론의 종속성과 신국제 정보화 질서」, 최민지의 「한말-일제하 민족과 언론」, 이부영의 「70년대 한국사회와 언론」, 김원식의 「언론의 발전과 기독교의 역할」 등이 함께 실렸다.

필진의 대표자 격으로 쓴 「권두언」에서 송건호는 "민주주의의 척도는 언론자유의 정도에 달려 있다. 제아무리 민주주의와 사회정의를 주장한다고 하더라도 그것이 언론자유를 수반하지 않는다면 한낱 속임수에 불과하거나 전혀 의미가 없는 것"[1]이라며 언론자유의 가치를 거듭 강조했다.

언론의 자유는 정치의 건전성과 정비례한다. 정치가 건전하게 잘되고 있을 때는 언론이 상대적으로 자유롭다. 그런데 정치가 부패하고 사회에 불평불만이 고조되어 불안해지게 되면 집권자들은 으레 정권에 위기의식을 느끼고 안보를 강조하게 된다. 안보가 위태로우니 언론은 사회의 안녕과 질서 즉 치안 유지를 위해 협조를 아끼지 말아야 한다고 강조하는 것이다. 이들에게는 일상적인 신문 제작이나 언론 활동이 자기들의 이해와 상충하지 않고 자기들의 뜻대로 되도록, 더불어 신문기자들의 자유의사를 통제함으로써 신문 제작을 자기들 마음대로 할 수 있도록 하는 것이 가장 바람직스러울 것이다.

이러한 생각이 언론자유의 생명을 말살하는 아주 무서운 생각이라는 것은 말할 것도 없다. 이러한 사고 속에 바로 나라를 망치고 사회생활을 어지럽게 하는 독소가 내재되어 있기 때문에 우리는 모두 이를 배격하여야 할 것이다. 그러므로 민주주의를 위한 투쟁은 바로 언론의 자유를 위한 투쟁이 된다.[2]

「한국현대 언론사론」은 한국 근현대 언론사를 정리하는 일종의 비판적 통사이다. 그동안 언론학자들이 '한국 언론사'를 더러 집필한 적은 있었다. 이와 달리 직업 언론인 출신이 해방 후 언론사를 체계적으로 집필한 글은 이 논문이 처음이었다.

이 논문은 송건호가 쓴 글 중 필생의 역작 중 하나로 꼽힌다. 미국과 독일을 둘러보고 돌아온 뒤 한 달여 만에 이 글을 완성했다. 미군정부터 이승만 정권과 박정희 정권을 지나면서 벌어졌던 언론의 모습을 시대순으로 정리했다. 송건호는 논문을 다음과 같이 마무리한다.

10·26 이후 한 때 세상이 변한 듯이 보였다. 학원에서 해직된 교수들이 다시 복직되고 제명된 학생들이 다시 복교했다. 유신의 수난자·피해자들이 대체로 원상 회복되어 사회는 점차 정상을 되찾는 듯이 보였다. 그러나 '서울의 봄'이 왔다고 각계가 새로운 활기를 되찾았는데도 해직 언론인들의 복직은 캄캄했다.

민주주의를 부르짖던 정치인들은 민주언론을 부르짖고 나

송건호 평전

선 지난날의 유신언론에 대해 전비前非의 추궁은 고사하고 영합·아첨하기에 급급했다. 그들은 묵과할 수 없는 유신의 죄과를 추궁하기는커녕 하룻밤 사이에 민주언론으로 변신한 구언론의 힘을 빌리려고 빈번한 접촉을 가졌다. '서울의 봄'과는 상관없이 자유언론 기자들의 수난은 변함없이 계속되었다. 그리고 80년 5·17 사태를 맞이하여 사태는 다시 역전, 이들에게는 또다시 기약할 수 없는 고뇌의 길이 시작되었다.[3]

1984년 봄에 창간된 계간 《오늘의 책》한길사에는 송건호 연구의 첫 성과물이라 할 수 있는 글이 실렸다. 김언호한길사 대표가 '저자 연구 송건호'라는 타이틀을 걸고 쓴 「오늘 이 땅의 역사를 기록하는 통일지향의 언론」이다.

이 글은 송건호의 출생부터 당시까지의 생애를 들려준다. '언론인 송건호'에서 '현대사 연구가'로 바뀌는 과정과 이야기도 자세하게 기록했다.

우리나라 대표적 현대 인물들을 평하다

송건호는 1982년부터 월간 《마당》에 연재했던 글을 보완하여 1984년 3월에 『한국현대인물사론』한길사을 출간했다. 부제는 '민족운동의 사상과 지도노선'이었다.

김구, 여운형, 김창숙, 안재홍, 이동녕, 안창호, 이승만, 김교신, 한용운, 신채호, 함석헌, 이광수, 최남선, 이용구 등 14명을 다루었다. 민족주의 독립운동 지도자들과 친일 매국노를 함께 소개했다. 서문에 이 책을 쓰게 된 배경을 소개했는데 그의 '역사관'이 잘 드러난다.

이 책에서 필자는 14명의 인물을 중심으로 필자 나름대로 평을 해 보았다. 그 평가의 기준을 필자는 민족의 역사적 상황과 관련시켜 잡았다. 역사의 길을 간 인물과 현실의 길을 걸어간 인물로 대별시킨 것이다. 물론 역사의 길과 현실의 길을 왔다 갔다 한 경우도 다루어 보았다.

역사의 길이란 무엇인가? 역사란 본래 발전의 개념이다. 역사의 길이란 인간 및 사회의 발전에 무엇인가 기여하는 삶을 걷는 것을 의미한다.

후진국에서 진정한 의미의 발전은 '민족'에 의해 비로소 근거가 잡힌다. 한민족이 평화와 번영과 정의를 누리려면 민주주의를 확립해야 하고 자유를 위해 싸울 줄 아는 용기와 양심을 가지고 있어야 한다. 우리의 경우, 한 인물에 대한 평가의 기준 내지 근거로 '민주주의'뿐 아니라 '민족'이 되어야 한다.

송건호 평전

이 민족의 통일, 이 사회의 민주주의, 그리고 민족의 자주와 자유를 기준으로 문제 삼지 않으면 안 될 것이다.

　이것이 바로 역사의 길이다. 역사의 길은 형극의 길이자 수난의 길이다.

　사회의 온갖 세속적 가치로부터 소외되는 길이다. 그리하여 사람들은 역사의 길을 택하지 않고—그것이 옳다는 것을 알면서도—현실의 길을 걷는다. 현실의 길은 안락의 길이자 세속적 영화의 길이다. 그러기에 수난의 일제 식민통치하에서 얼마나 많은 유위한 인재들이 역사의 길을 버리고 현실의 길을 택했던가.[4]

　송건호의 역사관은 김구가 말한 "현실적이냐 비현실적이냐가 문제가 아니라 그것이 정도냐 사도냐가 문제다"라는 사관과 일치한다. 비록 비현실적이라도 그것이 정도正道라면 고난의 길을 마다하지 않고 '역사의 삶'을 살아온 인물들을 평가했다. 이와 달리 '현실적인 길'을 택한 반역자들도 세 명을 분석하여 대비시켰다.

　독립운동을 하다가 8·15 후 현실론자가 된 인물들도 다루었다. '현실론자들'을 쓰게 된 이유도 들어 보자.

조국과 민족을 배반한 이용구·이광수·최남선, 이 세 인물도 아울러 다루었다. 이들 세 사람도 물론 한결같이 역사의 길을 걸었다고 강변했다. 꼭 조국과 민족을 배반하는 변절은 아니라고도 할 수 있으나 8·15 후 현실의 길을 택한 사람도 다루었다. 이승만이 이 경우에 속하고 안재홍이 어느 일면 현실의 길을 택했다고 하겠다. 이승만이 걸은 현실의 길이 국제적 단위 속에서 자기 생존의 길을 찾자는 것이었다면, 안재홍의 길은 국제적 질서에 의해 조성된 상황을 현실로 받아들이고 그 현실을 타개하자는 '명분'에서 현실의 길을 택한 것 같다. 그러나 백범처럼 역사의 길과 현실의 길 사이에서 타협하지 않고 철저하게 역사의 길을 걷다가 역사 속에 생명을 바친 경우도 있었다. 이승만의 길, 안재홍의 길, 김구의 길 등 제각기 다른 세 가지의 길은 두고두고 역사에 의해 평가될 것이다.[5]

통일로 가는 길이란

1985년 2월에 실시된 제12대 총선에서 신생 야당 신한민주당신민당이 돌풍을 일으키면서 정국은 태풍권으로 진입했다. 김대중과 김영삼이 지도하는 신민당은 5·17 사태 이후 납작 엎드려야 했는데, 모처럼 기지개를 켜게 되었다.

5월 23~26일에 학생들의 미문화원 점거농성 사건이 일어났다. 그러자 정부는 학생운동을 더 가혹하게 탄압하고자 8월 7일에 이른바 학원안정법 시안을 공개했다. 학생과 야당과 재야는 더 거세게 반발했고, 정부는 이 법을 입법 보류했다.

8월 17일에는 '민중교육지 사건'이 일어났다. 초·중·고교 교사 15명이 잡지 《민중교육》에 글을 실은 세 명을 국가보안법 위반 혐의로 구속하고, 글을 쓴 교사들을 '권고사직'시킨 사건이다.

11월 18일에는 서울의 14개 대학생 185명이 민정당 중앙당 정치연수원을 점거하고 농성을 시작했다. 12월 12일에는 민주화운동 관련 구속자 및 양심수 가족들이 만든 민주화실천가족운동협의회민가협가 결성되어 대정부 투쟁을 벌였다.

사회가 급박하게 돌아가면서 송건호도 부쩍 바빠졌다. 동아투위의 후배 언론인들과 자주 만나 정부의 폭압을 규탄하는 성명을 내거나 시위에 참여했다. 원고 청탁도 잦아 틈나는 대로 원고를 썼다.

《기독교사상》은 1985년 8월호 특집으로 '8·15 해방 40년'을 기획하고, 송건호에게 「한반도 분단의 민족사적 의미」를 청탁했다. 송건호는 NCC 인권위원으로서 이 논문을 썼다. 분단 문제를 '민족사적' 의미로 해석하는 비중 있는 글이다. 송건호는

"분단이 아닌 진정 민족통일을 원한다면" 새로운 '두 가지 시 각'이 필요하다고 강조한다.

첫째, 통일은 이데올로기적 차원이 아닌 민족적 차원에서 보고 접근해야 한다. 지금까지 남북통일을 거론할 때는 북의 공산체제와 남의 자본주의 체제의 상이한 두 개 체제의 통일 문제로 접근했었다. 통일문제가 곧 안보문제가 될 수밖에 없 는 이유가 여기에 있었다.

그리고 지금까지 통일문제에 일보의 전진도 못 한 이유도 여기에 있었다. 통일문제에 안보문제가 전혀 뒤따르지 않는다 고는 할 수 없으나 접근의 시각에 따라서는 지금과는 다른 각 도에서 접근이 가능하다는 점도 간과해서는 안 될 것이다.

둘째, 통일문제에 접근하는 데 있어서 개인의 이익을 우선 하는 것이냐 민족의 이익을 우선할 것이냐의 입장의 반성이 중요하다.

왜 이러한 문제 제기가 필요하냐 하면 분단도 이제 40년 세 월이 흘러 그간 남북한에는 정치·경제적으로 분단을 전제로 한 무엇인가의 기득권을 누리는 층이 형성되어 있고, 이러한 계층에게 통일이란 지금 누리고 있는 그 기득권에 상당한 희 생을 요구하고 있기 때문이다.[6]

민족주의자 송건호의 통일에 대한 시각이 명료하게 드러난다. 통일 문제와 안보 문제의 다른 접근, 그리고 개인의 이익과 민족의 이익 중에서 어떤 것을 우선순위에 둘 것인지에 대한 시각은 예리하다.

송건호는 통일을 안 하고도 잘 살지 않느냐는 '반통일' 세력과 통일에 소극적인 사람들에게 왜 통일이 필요한지, 통일의 당위성 다섯 가지를 들어 설명한다.

첫째, 6·25 동란에 그토록 많은 희생자가 생겼으면서도 승리도 패배도 없이 끝나고 그로부터 30여 년이 흐른 오늘날 남북의 군사력은 6·25 당시에 비해 10배에 가깝고 게다가 1958년 1월 미국 정부가 공식 발표한 대로 한반도에 핵무기가 도입되어 그 후 한국에 배치한 미국의 핵무기는 주로 일본 방위를 위한 대소전략의 핵기지로 변해 만약 미·소 핵공방전의 표적이 되어 남북 6천만 민족의 생존 그 자체가 중대한 위협을 받게 되었다.

둘째, 민족과 국토가 분단되는 바람에 남북대치가 격화되고 반공에 이용가치가 있는 친일파들이 득세하고 무엇이 옳고 나쁜가를 따질 수 있는 풍토가 파괴되어 모든 것이 민족 위주가 아니라 반공 위주로 흘러 8·15 후 이 땅에는 민족양심이 마비되었다. 친일 역적도 반공만 내세우면 '건국 공로자'가 되고 아무리 항일투사도 이승만이 원하는 방식으로 반공을 안 하면 역적으로 몰려 죽음의 운명을 면치 못하게 되었다. 김구의 살해와 같은 사건이 그 좋은 예일 것이다.

셋째, 남북분단 상황 속에서 공산주의와 대치하다 보니 학문생활에서 진리를 추구할 정신이 마비되었다. 학문은 그 자체가 자유이기를 바란다. 학문 연구에 자유를 누리지 못하면 학문 발달을 기대할 수 없고 학문의 발달 없이 도대체 발전이란 것을 기대할 수 없다.

넷째, 동족이 분단 대치하고 있으면 경제·군사적으로 이웃 큰 나라에 기대케 되고 문화 면에서는 큰 나라를 우러러보며 정신적으로 큰 나라에 의존하여 동족인 상대방의 위협으로부터 보호를 받으려고 한다. 동족은 불신 적대시하고 외세에 의존하려는 망국 풍조는 오로지 분단상황이 빚은 비극이라 아니할 수 없다.

다섯째, 군사적 대치상태가 지속되어 있는 상황 속에서 민주주의 신장을 바랄 수 없다. 친일파의 특징은 일신의 영화를 위해 강한 자에 무조건 굴종 아부하고 민족이나 국가 이익이나 사회정의를 가릴 것 없이 약자에 무자비하고 강자에 비굴한 것이 특징이다. 우리나라 30년간의 정치사도 이런 자들이

언제나 권력의 중심에 붙어 있어 나라 질서를 문란시키고 독
재를 조장시키는 데 문제가 있다.[7]

송건호는 통일을 원치 않는 극우세력이 민족 이익보다 자기
이익에 매몰되어 있다고 강조하고, "통일로 가는 길이란 바로
이 땅에 사회정의를 실현하고 사회의 민주화를 이룩하는 일이
라는 것을 깨닫게 된다"[8]라고 마무리한다.

후배들과《민중과 자유언론》펴내

송건호는 1985년 11월에 수상집 『살아가며 고생하며』시인사
를 출간했다. 그동안 여기저기에 발표했던 수상·수필을 모아
펴낸 책이다. '수상집'이라고 이름을 붙였지만 수록한 글 중에
는 무게 있는 평론도 적지 않았다.

책의 곳곳에서 논객 언론인, 현대사 연구가의 면모가 여실하
게 묻어난다. 대부분 1980년대 초기에 쓴 글들이어서 현장감도
살아 있다. 애틋한 부정을 담아 딸에게 보내는 편지 등 모두 70
편이 실려 있다.

이 무렵 송건호는 매우 바빴다. NCC 활동을 비롯하여 재야
의 각종 모임에 빠지지 않고 초청을 받아 참석했다. 강연을 요

청하는 단체들도 있었다. 무엇보다 원고 청탁이 많아졌다.

5공 시대의 독재가 불러온 '긍정적'인 측면이 하나 있다면 각계의 유능한 인재들이 출판계로 몰려 출판업이 성황을 이루었다는 것이다. 언론사나 대학 또는 노동운동에서 쫓겨나 직장을 잃은 엘리트 청년그룹이 출판사를 설립하여 국내외의 각종 책을 펴냈다. 대부분 경제적으로 영세한 이들은 1인 출판사나 동지 몇 사람씩 어울려 영세한 출판사를 차렸다.

이들이 출간한 많은 서적이 이른바 이념 서적이어서 정부의 탄압이 모질게 가해졌다. 그래도 이들은 이에 굴하지 않고 각종 양서를 속속 간행했다. 이를 그냥 두고 볼 수 없었던 독재정권은 수많은 책을 금서禁書로 지정하고 저자들을 구속했다. '현대판 분서갱유'나 다름없었다.

동아투위와 조선투위 출신 중에도 출판사를 시작한 사람들이 있었다. 동아투위의 정동익도 1984년 가을에 아침출판사를 차렸다. 그해가 저물 무렵에는 『민중과 자유언론』을 간행했다.

1975년과 1980년에 해직된 언론인들이 필자로 참여했다. 송건호 「한국언론의 방향」를 비롯해 이태호 「제도언론과 민중언론」, 김종철 「민중적 진실의 묵살과 왜곡」, 김학천 「한국 방송의 어제와 오늘」, 고승우 「한국형 황색 저널리즘」, 강대인 「제3세계 언론현황과 종속성」, 정대수 「이승만과 박정희의 언론통제술」, 임채정 「80년대의 언론정책과 그 비판」, 정연주 「언론계 선배·동료들에게」, 김태홍「80년 전후의 자유언론운동」 등 쟁쟁한 인물들의 글이 실렸다.

하나같이 자유언론 운동에 앞장선 '투사'들이라 글이 매섭고 논리적이며 비판적이었다. 5공 시대에 이런 글이 출판되었다는 사실은 곧 단단해 보이던 전두환 독재체제가 서서히 허물어져 간다는 것을 반증하는 증거이기도 했다.

이 책은 "언론의 생명인 사실과 진실을 보도하려 했다는 이유로, 언론인으로서 양심을 지킬 수밖에 없었다는 이유로 언론 현장으로부터 축출"된 이들이 "한국 언론의 현 단계를 진단하고 나아갈 방향을 제시"해 주기 위해 세상에 나온 책이다.'

송건호는「한국언론의 방향」에서 유신 체제에서도 볼 수 없었던 새로운 언론체제, 즉 '동참체제'라는 언론사상 유례를 찾을 수 없는 기형구조를 비판한다. 그는 '동참언론'보다 '독립 자유언론'이어야 한다고 주장하면서 현직 언론인 후배들에게 변하지 않는 올곧은 기자정신을 가져야 한다고 당부한다.

이미 언론계를 떠난 지 10년이 되는 필자는 오늘 현장에서 뛰는 기자들의 어려움을 동정한다. 그러나 그러면서도 언론이 한 시대에 미치는 영향이 얼마나 막강한가를 반성하라고 말하고 싶다.

일신의 안락을 위해 어제는 이런 말을 오늘은 이런 말을 해도 좋단 말인가. 신문이 국민에 미치는 영향을 생각하면 소름이 끼칠 일이 아닌가.

신문기자는 기능직에 만족할 수는 없다. 신문기자는 누구에게 예속되어서는 안 될 것이다. 아무리 봉급을 받고 일을 할망정 오늘은 이런 말을 하고 내일은 저런 말을 하는 기자가 되어서는 안 된다.

한때 언론은 독립적이어야 한다고 말하던 신문인들이 한때는 유신에 적응하고 또 지금은 새 시대에 적응하는 처신은 곤란하다는 것을 반성해야 한다.[10]

이런 당부에 이어 한국의 언론이 언제까지나 권력과 '동참체제'라는 동굴 안에 갇혀 있어서는 안 되며 국제화 시대에 맞게 개방되어야 한다고 강조한다.

우리나라는 앞으로 각종 국제 행사가 해마다 꼬리를 이어 치러지고, 남북관계를 포함 일본, 중국 등 체제와 이데올로기를 달리하는 나라들과의 교류가 더욱 잦아져 '새시대 새질서'를 상징하는 정치체제는 폐쇄 아닌 더욱 개방체제로 나가지 않을 수 없는 것이 내린 전망이다. 이런 상황 속에서 가장 강한 체제는 민주주의 체제가 아닐 수 없다. 강권정치는 세찬 국제 바람에 유지하기가 날로 어려워 갈 것이다. 이것은 피할 수 없는 앞으로의 추세다.[11]

『해방 40년의 재인식』에 필자로 참여

그동안 송건호는 해방 정국과 분단 과정을 연구하면서 괄목할 만한 업적들을 많이 내놨다. 이와 관련한 논설만 해도 여러 편이다. 1세대 현대사 연구자답게 꼼꼼한 자료와 사료를 바탕으로, 자신의 사관에 따른 해석을 덧붙인 그의 글은 책이든 잡지든 신문이든 상관없이 활자가 되어 나올 때마다 높은 평가를 받고 독자들에게도 인기가 좋았다. 당연히 출판인들은 그를 필자로 모시기 위해 노력했다.

송건호는 1985년 8월에 경제평론가 박현채 등과 함께 『해방 40년의 재인식 1』을 펴냈다. 출판사 소개에 따르면, 이 책은 '해방 40년, 분단 40년'의 역사를 통사적으로 최초 정리한 한국 현대사 연구서로, 연구자 10명이 자신의 기존 연구를 토대로 새롭게 집필한 책이다.

이 책에서 송건호는 「통일국가 수립의 실패와 분단시대의 개막」이란 글을 썼다. 민족통일국가 수립을 향한 각 정치세력의 합작 노력의 실패라는 관점에서 당시의 정치과정을 심도 있게 다룬다.

"8·15를 우리는 흔히 해방이라고 하지만, 일제의 식민통치가 끝났다는 사실은 있으나 민족의 해방이라고 말하기는 좀 어려울 것 같다"라고 전제하고 다음과 같이 묻는다. "백범 김구는 일제 통치 때에도 무시하다가 이른바 '해방'되었다는 조국 땅에 돌아와 친일파들의 미움을 사 살해되었으니, 이런 것을 어떻게 해방이라고 말할 수 있을까?"[12]

이 글에 송건호는 이승만이 해방 공간에서 보인 행적을 들려주는데, 이는 사회에 큰 충격을 주었다. 국민은 대체로 이승만을 철두철미한 반공주의자로 인식한다. 공산주의자라면 하늘을 함께 이지 못할 적으로 여긴다고 알고 있다. 송건호가 밝힌 자료에 따르면 이승만의 해방 초기의 인식은 이런 일반적인 상식과 크게 다르다. 그 내용을 들어 보자.

이승만은 귀국 후 수차에 걸쳐 그의 공산당관觀을 밝혔다. 처음에는 10월 21일 하오 7시 20분 서울 중앙방송을 통해, 두 번째는 11월 21일에, 세 번째는 12월 17일에 각각 중앙방송을 통해 공산당관을 밝혔는데, 처음 그도 "악독한 왜적의 압박하에서 지하공작으로 백절불굴하고 배일 항전한" 투사임을 높이 평가한다고《서울신문》, 11. 23 했으나 점차 공산당을 비난하는 톤이 높아져 갔다. "이 극렬분자들의 목적은 우리 독립국을 없이해서 남의 노예로 만들고 저의 사욕을 채우려는 자들"이라고 격렬히 비난했다《서울신문》, 12. 21.

이승만의 대공관對共觀이 이처럼 점점 부정적으로 되어 간 것은 그가 우선 자기의 지시 아래 하나로 뭉치자고 제창한 데 대해, 공산당이 친일파는 제거해야 한다고 반대한 것이 직접적인 원인이었다.[13]

해방 공간에서 이승만의 아집과 독선으로 좌우합작의 기회를 여러 차례 놓쳤다. 그는 환국 직후부터 친일부호들의 막대한 정치헌금과 친일경찰 출신들로부터 각종 정보를 얻으면서 친일세력을 가까이 두고 그들을 두둔했다.

공산당은 10월 30일1945년─필자 박헌영의 입을 빌어 민족통일전선에 대한 공산당의 견해라는 것을 발표하여 "민족통일을 반대할 사람은 하나도 없으나 다만 통일을 하려면 우선 민족적인 자기반성이 있어야 하며 먼저 자기 비판할 사람은 친일파이다"『자유신문』, 1945. 10. 31. 라고 친일파의 숙청을 모든 문제의 전제조건으로 내세웠다.

31일에는 이승만과 박헌영이 직접 만나 '통일전선'의 결성 문제에 대해 협의를 했는데, 박은 "통일을 하자면 덮어놓고 할 수 없다. 적어도 민족반역자, 친일파들이 제외되어야 한다"고 주장했다《매일신문》, 1945. 11. 2. 자.

이에 대해 이승만은 "지금은 바쁜 때이니 그들을 처단할 수는 없지 않느냐"라고 응수했다. 이렇게 되자 이승만과 한민당은 친일파를 감싸고 돈다는 비난이 점점 높아져 가 공산당은 11월 2일 성명을 발표하고 '독촉'에 대한 당의 입장을 밝히고, 공산당이 내놓은 첫째 불만은 '독촉'이 친일파·민족반역자의 숙청은 조선 민족 전체의 요망이며 명령인데도 이 문제를 묵살 불응하고 있다는 점 등 몇 가지 문제를 들어 비난했다《매일신보》, 1945. 11. 4. 자.[14]

송건호는 하지 중장과 한반도 문제 전문가 브루스 커밍스의 자료를 인용하여 이승만과 친일세력의 관계를 기술한다.

브루스 커밍스는 하지 중장의 말을 인용, 이승만이 다음과 같이 친일파를 옹호하게 된 이유를 밝혔다고 기록했다.

이승만은 한국에 돌아온 후 얼마 안 되어 일부 재산 많은 사람들의 영향을 받는 몸이 되었다. 그들 중 상당 부분은 일제하에서 많은 돈을 벌었기 때문에 친일파라는 비난을 받을 만한 인물이었다.

여기에서 하지가 말하는 일부 돈 많은 사람이면서 일제 때 친일파라는 말을 들을 만한 사람들이란 대체로 한민당의 영향 하에 있는 사람들이라고 보아야 하겠다.

이승만이 귀국했을 때 그의 생활비를 부담한 것도 물론 한민당이었다. 사정이 이러고 보니 이승만이 친일파라 비난받는 이들을 처단하라고 말할 까닭이 없었다. 커밍스는 이와 관련해 또 다음과 같이 말하고 있다.

이승만은 그들의 기부금을 받는 대가로 장차 민족주의 정권이나 공산정권이 들어설 경우 일제에 협력했다는 죄로 재산을 몰수당할지도 모를 그런 계층의 사람들을 보호해 주지 않을 수 없었다. 이승만은 그 후 얼마 지나지 않아 부유한 계층의 집단인 한민당과 그들의 산하에 있던 경찰까지도 자기 수중에 두게 되었다.[15]

이 글을 읽으면 해방 공간에서 정치세력이 무슨 문제를 두고 어떻게 행동했고, 어떻게 민족 분단으로 이어졌는지 등을 이해할 수 있다. 이런 사실에 근거하면 해방 후 민족 분단의 비극이 벌어진 데 대한 이승만의 책임이 크다고 지적한다.

송건호는 또 당시 《조선일보》가 사설에서 이승만의 단독정부방안을 신랄하게 비판한 사설을 인용했다. 이 신문이 최근보여 주는 행태와 비교하면 경기를 일으킬 만한 내용이다.

남조선 단독정부 수립설이 와전으로 전해졌을 때 물의가분분하더니 이번에는 지방순회 중인 이 박사가 남조선 정부설을 강연했다 하여 파문이 컸다. (…) 세계 정부설까지 제창되는 금일 손바닥만 한 조선을 양분하여 제각기 단독정부를 수립할 도리가 있겠는가. 남조선 단독정부를 수립하는 것이 조선의 영구 불행인 것쯤은 아동 주졸走卒도 다 아는 일이거든 이것을 가지고 떠든다는 것은 조선의 수치요 독립을 지연시키는 것 외에 아무것도 아닐 것이다 《조선일보》, 1946. 6. 14.[16]

이승만의 냉전형 사대주의와 김구의 민족자주정신 분석

송건호는 백범 김구를 무척 존경하고 좋아했다. 그의 혁명가적 생애와 항일투쟁, 통일정부 수립론, 문화주의 등 실천 철학과 사상을 좋아했다. 백범의 사심 없는 민족주의와, 비록 현실적이더라도 그 길이 정도가 아닌 사도邪道라면 택하지 않는 철학자 같은 혁명가적 정신을 좋아했다.

1984년 말에 '백범 김구선생 기념사업협회'는 송건호에게 원고를 청탁했다. 협회에서 《백범 연구》라는 무크지를 만들려고 하는데, 여기에 글을 써 달라는 것이었다. 그동안 송건호는 여러 매체에 백범 김구에 관한 단편적인 글을 썼다. 그러던 차에 이런 부탁을 받았으니 이번 기회에 본격적인 연구를 해 보고 싶어서 흔쾌히 수락했다.

제목은 「인간 백범론」이었다. 여기에 '내가 아는 백범'이라는 부제를 달았다. 100매가 훨씬 넘은 연구 논문이었다. 협회는 송건호의 글을 비롯하여 유영준의 「백범 민족주의에 관한 소고」, 이현희의 「백범의 독립운동과 임정의 정통성」, 조일문의 「김구의 독립사상 개관」, 홍순옥의 「김구 선생의 정치노선」을 묶어 1985년 2월에 《백범 연구》교문사 제1집을 발간했다.

이는 학문적으로 백범을 연구한 첫 시도였다. 《백범 연구》는 이후 제4집까지 간행되었다.

송건호는 『백범일지』를 중심으로 그의 생애와 사상을 평이한 어조로 '백범론'을 기술한다. 먼저, 여기저기 백범에 관련한 글을 쓴 것을 두고 주위에서 백범과 무슨 연고가 있느냐는 질문에 대답하는 형식으로 시작한다.

백범 김구 선생에 관한 글을 남들보다 자주 쓰다 보니 어떤 사람들은 내가 백범의 생전에 특별한 무슨 연고 관계라도 있었지 않았느냐고 묻는 사람이 있어 고소苦笑를 금치 못할 때가 있다. 나는 백범 선생과는 아무런 인연도 안면도 없고 그분이 살아 계실 무렵에는 아직 철부지인 학생에 지나지 않았다. 내가 백범을 봬온 것은 먼발치에서 딱 두 번 정도였다.[17]

송건호는 대학생 시절에 딱 두 번, 그것도 먼발치에서 봤다. 이는 그의 백범론이나 백범관이 그만큼 객관적이라는 사실을 반증해 준다. 송건호가 백범 '할아버지'를 직접 처음 본 때는 그가 스무 살 무렵이었다.

한번은 1946년 4월쯤 되었을까. 화창한 어느 일요일 날, 나는 친구와 둘이서 창경원에 꽃구경을 간 일이 있었다. 한 군데를 갔더니 가설무대에서 이름 있는 배우들이 만담·재담으로 구경꾼들을 웃기고 있었고, 또 탭 댄서가 나와 기막히게 발춤을 추며 사람들을 웃기고 있었다.

그때 내 나이 겨우 20세 정도였으니까 나는 친구와 함께 가설무대 앞에서 같이 웃으며 박수를 치고 즐거워하고 있었다. 바로 그때였다. 한 사나이가 급히 달려오더니 우리가 앉아 있는 옆 잔디 위에 의자와 걸상을 갖다 놓더니 과자 접시와 사이다 병을 가져왔다. 나는 이내 어느 귀한 분이 오시는구나 싶어 그쪽으로 주의를 기울이고 있으니 이윽고 어느 젊잖은 두루마기 할아버지가 오더니 조용히 그 의자에 앉았다.

나는 그 두루마기 할아버지가 바로 김구 선생이라는 것을 알았다. 그리고는 "아아! 이분이 바로 중국 대륙에서 30년간 조국 독립을 위해 일제와 싸우신 분이구나!" 싶어 무대 위의 탭 댄서보다 바로 내 옆에 말없이 가설무대를 구경하고 계신 두루마기 할아버지를 열심히 보았다.

위대한 분이 내 옆에 앉아 계시거니 생각하니 갑자기 영광스럽다는 생각이 들었다. 내 눈은 할아버지의 아래위를 열심히 더듬었다.

두루마기와 모자가 모두 수수했고 거리에서 흔히 볼 수 있는 할아버지처럼 그대로였다. 한 10분 정도 앉아 계셨을까. 그런데 할아버지는 테이블 위에 놓아둔 과자나 사이다에 전혀 손을 대지 않고 단장을 짚고 처음 앉은 그대로의 자세로 꼼짝 않고 많은 사람들이 무대 위의 재담·만담에 박수를 치며 깔깔 웃고 있었는데도 할아버지는 아무런 표정도 짓지 않고 조용히 앉아 있다가 일어나 어디론가 걸어가셨다. 그 몸가짐의 무거움은 태산과 같았다.[18]

송건호는 그로부터 2년여가 지나서 백범을 다시 보게 된다. 1948년 봄, 백범이 남북협상을 위해 평양을 방문하고 돌아온 뒤에 열린 '평양방문 보고 강연회'에서였다. 송건호가 먼발치에서 강연을 듣다가 중간에 나왔기에 두 번째 인연도 특별한 '추억' 없이 짧게 끝났다. 송건호와 백범의 '연연'은 이게 전부였다.

「인간 백범론」에서 송건호는 김구와 이승만이 모두 '강한 정신력'을 가졌던 인물들이라고 평가한다. 다만, 그들의 강한 정신력이 무엇을 따르냐에 따라 '신념'과 '독선'이라는 극명한 '차이'를 보이게 된다며 예리하게 분석한다.

가혹한 일제의 탄압 밑에서도 끝내 굴복하지 않고 사랑하는 부모 형제, 정든 고향 땅을 버리고 민족의 광복을 찾아 망명 생활을 한 사람이라면 보통 정신력 아니고서는 견뎌 내기 어려운 일이다. 그런 점에서 망명 항일투사는 어떻게 보면 보통 신념과 고집이 아니었을 것이라는 생각이 든다. 백범이나 우남이 강한 정신력을 가진 분이라는 것은 충분히 이해할 수 있다. 다만 그 정신력이 성실성과 겸허한 민족적 양심이 따를 때는 신념이 되고, 고집과 완고성이 우세할 때는 독선이 되기 쉽다. 백범과 우남의 차이는 이런 점에 있었지 않나 싶다.[19]

김구는 이봉창과 윤봉길 두 청년의 신념을 믿고 거사를 맡겼다. 김구는 "의심하는 사람이면 쓰지를 말고, 쓰는 사람이면 의심을 말라"라는 말을 생활신조로 삼았다. 송건호는 김구의 이런 신념을 높이 평가한다.

송건호는 김구의 '최고 유일의 가치'는 민족에 있다고 단언한다. 이런 김구의 민족자주정신과 이승만의 냉전형 사대주의의 차이를 다음과 같이 분석한다.

> 백범의 최고 유일의 가치는 민족에 있었다. 이데올로기도 제도도 이념도 모두 민족을 위한 것이며 민족에 이로울 때에 한해서만 가치가 있었다. 모든 것에 앞서 민족이 우위에 있었다. 백범이 모스크바 삼상회의 결정을 반대한 것은 이것이 민족의 자주성을 침해한 것이기 때문에, 백범에게 있어서는 반탁은 곧 민족자주를 위한 투쟁이었다. 일반적으로도 이승만이 민족주의자로서 반탁을 한 것처럼 알려졌으나 그의 저의는 집권에 있었으며 당시의 상황으로서도 그의 집권 달성이 분단에 있다고 본 때문에 분단의 길을 택한 것이다. 이와 같은 이승만의 노선은 철저한 냉전형 사대주의였고 백범의 민족자주정신 즉 냉전 편승 거부와는 사실상 공산당이나 다름없이 탄압을 받았다.[20]

눈시울 적시며 쓴『의열단』

박이부정博而不精이라는 말이 있다. '널리 알지만 정밀하지는 못함'이라는 말로, 이는 곧 다작과 박람강기博覽强記, 여러 가지의 책을 널리 많이 읽고 기억을 잘함가 꼭 정확한 것을 담지는 않는다는 뜻이다. 흔히 다산 정약용을 비판할 때 자주 쓰이는 말이다. 지식인 일각에서 송건호를 비판할 때도 이 말이 자주 쓰였다. 다작했다는 이유에서였다.

송건호는 1980년대 중반부터 마치 거대한 활화산처럼 글을 쏟아 냈다. 다산이 쓴 저술은 500여 개에 이르지만 버릴 작품이 하나도 없다. 송건호의 적지 않은 책과 글도 모두 하나하나가 노작勞作이다. 오히려 빛이 사라진 어둠의 시대에 다른 지식인이나 언론인이 다루기 어려웠던 주제를 취급했기에 더 의미가 있고 가치가 높다. 그의 다작을 평가할 수는 있을지언정 깎아내릴 수 없는 이유이다.

특히 1985년 12월에 출간된『의열단』창작과비평사은 그 내용도 의미가 있지만 펴낸 시기도 남달랐다. 그 당시는 대학생들이 미문화원과 집권당 당사를 점거하는 등 반제·반독재 투쟁을 격렬하게 전개하고, 학생과 노동자들이 분신이나 투신 등으로 민주·민족 제단에 온몸을 던질 때였다.

송건호 평전

송건호는『의열단』을 쓰게 된 이유와 집필 당시의 감정을 다음과 같이 밝혔다.

> 필자는 의열단 투쟁이야말로 만주·중국 또는 멀리 미주나 국내에서 투쟁한 수많은 항일투쟁 속에서도 가장 위대하고 또 가장 감동적인 투쟁이었다는 것을 발견했다.
>
> 우리들은 윤봉길 의사나 이봉창 의사의 의거를 잘 알고 있고 또 세상에서도 이 두 분에 관해선 널리 알려져 있다. 그러나 의열단에서는 수많은 윤 의사와 수많은 이 의사를 발견할 수 있다. 아니 윤 의사나 이 의사도 의열단 의사들의 뒤를 따랐다는 것을 발견한다. 의열단 의사들 중에는 이들 못지않게 통쾌한 투쟁을 한 의사들이 적지 않다.
>
> 필자는 글을 써 가는 도중에 감동한 나머지 여러 번 눈시울이 뜨거워졌음을 솔직히 고백한다. 의열단처럼 일제 치하에 위대한 애국투쟁을 한 단체가 오늘날 왜 이렇게도 무관심과 냉대를 받고 있는가?[21]

송건호가 이 책을 쓸 때까지만 해도 김원봉이나 의열단이라는 이름은 '금기어'에 가까웠다. 김원봉이 1948년에 김구와 김규식 등과 남북협상을 하러 북에 갔다가 그대로 북에 남고, 이후 북한에서 조국평화통일위원회 위원장을 지내고 한국전쟁 때도 김일성 정권을 도왔다는 등의 이유 때문이었다.

이런 상황에서 김원봉에 관해 연구한 글이나 자료집이 나올 리 만무했다. 송건호는 이 책을 집필하면서 그 한계를 뼈저리게 느꼈다. 서문에서 다음과 같이 고백한다. "이 책은 8·15 직후 나온 『약산과 의열단』이라는 책과 『의열단 부장 이종암전』 두 권을 주로 해 필자 나름대로 정리한 것이며 특별히 새로 연구한 것이 없음을 부끄럽게 생각한다."

송건호는 김원봉이 이승만과 여운형 등이 주장한 외교독립론을 거부하면서 의열투쟁에 나선 정당성을 다음과 같이 기술했다. 송건호의 생각도 이와 다르지 않았던 것 같다.

각국의 대표들과 만나서 피압박 민족의 설움을 호소하고 여러 나라의 동정을 얻어 국토의 주권을 되찾자는 운동이었다. 그러나 김약산은 나라를 독립하는 데 있어서 외교운동을 위주로 하는 것이 결코 바람직한 방법이 아니라고 생각했다.

나라가 흥하고 망하는 일 또는 민족이 살고 죽는 중대한 문제를 외국인들에게 호소하여 오직 그들의 동정을 얻음으로써 목적을 달성해 보자는 것은 결코 될 일도 아니고 해서도 안 될 일이었다. 더구나 그래서 파리회의에 모여드는 각국 대표들이란 모두가 자본주의와 제국주의 국가를 대표해서 온 사람들이었다. 그들은 전쟁에서 이긴 전승국으로서의 권위와 교만을 가지고 회의에 참석하여 배상금을 결정하고 영토를 나누어 가지자는 것이 목적이었다.

일본이 혹 전쟁에 진 나라라면 몰라도 일본은 당당한 연합국의 한 나라로서 승전국이 아닌가. 그러니 무엇 때문에 연합국이 저희들의 우방인 일본과 원수를 지어 가면서까지 약소민족을 위해서 싸워 줄 것인가. 그것은 도저히 있을 수도 없고 기대할 수도 없는 일이었다.[22]

송건호는 김원봉의 생각이 옳았다고 생각했다. 당시 외교를 통한 독립론이 명분상으로는 그럴듯하게 보일지 몰라도 국제 권력정치의 현실에서는 전혀 실현성이 없는 탁상공론일 뿐이었기 때문이다.

송건호는 김원봉과 의열단 단원들의 혁혁한 투쟁 과정은 물론 해방 뒤 환국한 김원봉이 친일·분단 세력에게 어떤 뼈아픈 수모를 당했는지 들려준다.

중국에서의 혁혁한 항일투쟁 경력에 빛나는 김약산을 포섭하고자 이승만은 윤치영을 시켜 수차 접촉을 시도했으나 일제

시대의 항일노선에 전혀 달랐던 김약산으로서 이승만의 포섭 공작에 응할 수 없었다. 그러자 이승만은 김약산을 미워하게 되고, 어느 날 그는 집에서 일제시대의 악질 경찰 간부 노덕술에 의해 잡혀 수갑을 차이고 수도청으로 끌려가게 되었다. 약산은 그때 화장실에 있었는데 일을 다 끝마치지도 못한 채 친일 역적 노덕술에게 수갑을 채여 애국광복단원에 살해된 장모의 아들인 장택상 앞으로 끌려간 것이다.

그곳에서 약산은 수일간 온갖 수모를 당한 후 석방되었다. 평생을 민족광복을 위해 투쟁한 김약산을 심판할 자 누구인가. 그것은 일본 제국주의자밖엔 없었다. 그런데 약산은 해방되었다는 조국에 돌아와 지난날의 친일 역적의 수갑을 차는 신세가 된 것이다.[23]

남북 지도자들의 협상이 결렬되자 그대로 북쪽에 남기로 한데는, 그로서는 도저히 받아들일 수 없는 이런 현실이 반영된 것은 아닐까. 친일파가 광복 후에도 여전히 거리를 활보하고, 심지어 그들이 평생을 조국의 광복을 위해 싸운 독립운동가들에게 수갑을 채우는, 피가 거꾸로 솟는 현실 말이다.

17. 언론이 죽은 시대, 새로운 언론이 태동하다

언론투쟁의 선봉에 선 '언협' 의장으로 추대

송건호는 역사의 격동기를 살아가면서 많은 글을 쓰고 시대의 아픔을 고뇌했다. 그는 결코 시대의 사조를 앞서서 이끌어 간 사상가는 아니었다. 그래도 박정희와 전두환이 주체를 바꾸어 가면서 비극적 역사를 되풀이할 때 방관하지 않고 누구보다 통렬하게 시사적인 글을 썼다. 현대사를 연구하고 그 결과도 공유하며 오도된 역사의 물길을 바로잡는 역할도 했다.

1985년은 '10·24 자유언론실천선언' 10주년이 되는 기념비적인 해였다. 그해 12월 19일에는 조선투위와 동아투위 등 해직 기자들이 주축이 되어 언론의 민주화를 주장하는 시민단체가 결성된다. '민주언론운동협의회'지금의 '민주언론시민연합'의 전신이다. 이후 민주언론운동협의회언협는 5공화국에서 반전두환 언론투쟁의 선봉에 서게 된다.

이날 창립총회는 사복 경찰들이 포위한 가운데 장충동 베네딕트 수녀원에서 개최되었다. 해직 기자를 포함해 1천여 명이 참석한 총회에서 언협의 초대 의장으로 송건호를 추대했다. 언협 의장을 지내며 송건호는 그의 생애에 다시 한번 큰 획을 긋게 된다.

언협은 이어 공동대표에 김인한, 최장학, 김태홍, 김승균을, 실행위원에 윤활식, 신홍범, 이부영, 성한표, 노향기, 박우정, 이호웅, 김도연을, 감사에 이경일, 나병식을, 사무국장에 성유보를 선출하며 강력한 진용을 갖추었다. 이와 함께 규약에 "민주언론과 민족언론을 구현하는 데 기여함"을 명시하며 단체의 목적을 명확하게 제시했다. 「창립선언문」의 주요 내용은 다음과 같다.

우리는 오늘 언론을 박탈당한 캄캄한 암흑시대를 살고 있다. 말할 권리, 알 권리, 알릴 권리가 인간의 천부적인 기본권리임에도 불구하고 권력에 침묵을 강요당한 언론부재시대를 살고 있다. 말하고 알고자 하는 인간의 요구가 있는 곳에 자유로운 표현의 자유와 권리가 보장되어야 함에도 불구하고 이 땅의 민중은 오늘 그 같은 기본적 권리를 원천적으로 박탈당하고 있으며, 뿐만 아니라 오히려 그 표현수단이어야 할 기존

민주언론운동협의회 창립총회 단체 기념사진(앞줄 가운데가 송건호).

언론기관으로부터 거꾸로 지배당하고 박해당하는 일찍이 경험하지 못했던 언론 소외를 겪고 있다.

오늘의 언론현실은 민중의 표현수단이 소수의 반민중적인 언론기관에 의해 독점되어 있는 데서, 그리고 그 언론이 지배체제에 편입되어 권력의 소리와 의지만을 일방적으로 강요하는 지배도구로 전락한 데서 단적으로 대변되고 있다. 오늘의 언론은 사실보도라는 언론의 기본적 책무를 표기한 것은 말할 것도 없고 진실의 왜곡조차 서슴치 않음으로써 사회 전체의 인식능력과 이성을 마비시켜 이 사회와 민족의 운명이 어디로 가고 있는지조차 알 수 없는 무지와 환상의 세계를 조성해 놓고 있다.

오늘의 언론은 언론을 말살하고 있는 권력에 의해 일체의 저항을 포기한 채, 오히려 권력과 야합하여 민중을 박해하면서 어느 때보다 더 태평성대를 누리고 있다. 우리는 언론기관의 존폐 여부가 정부의 자의적 판단과 권한에 의해 결정될 수 있도록 규정한 공공연한 언론탄압 장치인 언론기본법을 폐지해야 한다고 오늘의 언론이 주장한 바를 들어본 적이 없으며 '보도지침'이라는 이름으로 자행되고 있는 문화공보부 홍보조정실의 언론조작을 거부하고 있다는 소식을 들어본 적이 없다.

외부 권력의 언론탄압으로부터 언론을 수호해야 할 일차적 책임이 언론을 직접 제작하고 있는 언론기관과 언론 당사자에게 부과되는 것은 당연한 일이다. 그러나 우리는 1975년과 1980년 죽어가는 언론을 되살리고자 민주언론을 외치며 싸우던 언론인들을 언론기관 스스로가 수백 명씩이나 언론현장에서 추방한, 언론에 의한 언론의 부정이라는 자기부정의 극치를 경험했었다. 이 같은 언론의 자기부정이 가져온 것이 오늘의 제도언론이다.

우리는 오늘의 언론의 죽음 속에서 새로운 민주·민족언론이 탄생되고 있음을 보고 있다. 표현수단을 빼앗긴 민중으로부터 자기의 삶을 스스로 표현하려는 민중언론이 태동되고 있는 것이 그것이다. 오늘의 거짓된 지배문화를 거부하고 진정한 민족·민중문화를 건설하려는 새로운 문화운동과 더불어 민중언론은 도처에서 광범위하게 확산되고 있다. 일찍이 우리가 가져보지 못했던 참다운 민주·민족언론을 창조하고자 한다. 그것은 더 말할 것도 없이 제도언론을 부정·극복하는 것일 뿐만 아니라 우리의 민중적 민족적 요구에 굳건히 선 새로운 언론의 창조를 뜻한다.

오늘의 제도언론이 우리의 민주화를 가로막고 있는 가장 큰 장애의 하나라면 새로운 언론이 이 같은 반민주적 거짓 언론의 극복 없이 실현될 수 없다는 것은 분명하며, 그렇기 때문에 제도언론의 정체를 바로 보고 이를 타파 극복하는 일은 민주주의를 열망하는 모든 사람들의 중요한 의무이다. 제도언론 속에서 오늘의 범죄적 언론에 양심의 고통을 느끼는 사람들 역시 이 운동의 대열에 참가시키려고 노력할 것이다.[1]

송건호는 의장 선출과 관련해서 '가장 연장자'여서 자신이 의장이 되었다고 말했다. 이는 그의 겸손에서 비롯된 말이다. 그는 이미 1970년대와 1980년대 자유언론 투쟁 과정에서 재야 언론계의 상징적 인물이 되어 있었기 때문이다. 해직 기자들의 존경을 한 몸에 받으면서 올곧게 살아왔기에 '언협'의 대표가 될 자격이 충분했다.

언협 의장은 그저 상징적인 자리가 아니었다. 새로운 고난의 길이자 가시밭길이었다. 전두환과 노태우 군사독재정권에서 '언협'은 처절하게 자유언론 투쟁을 전개했다. 이 때문에 송건호와 간부들에게 연행, 수배, 투옥은 일상과도 같은 일이 되었다. 사무실은 압수수색을 받기 일쑤였다.

송건호에게는 '의장'이라는 호칭이 자연스레 따라붙었다. '의장'은 물론 언협 의장을 뜻했다. 그때부터 '송 의장'은 1980년대 중반 이후 군사정권의 언론 탄압과 이에 영합하는 제도언론의 반언론적 패악과 싸우는 언협의 선봉장이 되었다.

박정희가 쿠데타를 일으켜 입법·사법·행정 3권을 장악하면서 만든 자리가 국가재건최고회의 의장이었다. 시간이 흘러 쿠데타의 원조元祖는 사라졌으나 그 아류亞流가 더 흉폭하게 언론을 탄압하고, 제도언론은 이에 빌붙어 맞장구를 쳤다. 이에 양심적인 언론인들이 민주언론운동협의회를 만들어 송건호를 '의장'에 추대했다. 후배들 중에는 가끔 송 의장을 헌정사상 두 번째로 센강한 '의장'이라고 놀려 대기도 했다.

'송 의장'은 '박 의장'과 달리 언협을 민주적으로 이끌었다. 이에 힘입어 언협은 1980년대 저항언론의 상징인 월간《말》을 창간하고, 훗날 한국 진보언론의 대명사가 된《한겨레신문》창간의 모태 역할을 맡게 된다.

저항언론의 상징이 된 '월간 《말》'

언협은 반독재, 반제도 언론의 정론 매체로서 잡지를 창간하기 위해 서둘렀다. 처음부터 월간지 등록은 기대조차 하지 않았다. 5공 독재정권이 해직 언론인들이 중심이 되어 발행하는 '정권 비판적인' 잡지를 허가해 줄 리 없었기 때문이다.

궁리 끝에 생각해 낸 것이 무크지였다. 무크지는 허가받지 않고 등록만 하면 발행이 가능했다. 언협은 발족한 지 5개월 뒤인 1985년 5월에 《말》 창간호를 발행했다. 《말》은 송건호를 발행인으로 성유보를 편집인으로 등록하고, 도서출판 공동체에서 발행을 맡았다. 사무실은 마포구 공덕동에 두었다.

창간호는 90쪽에 불과했으나 해직 언론인 1,000여 명이 참여한 언협의 기관지였다. 송건호라는 이름을 발행인으로 달고 나온 최초의 언론매체이기도 했다. 이전까지 그는 기자, 논설위원, 편집국장 등 '고용'된 언론인이었으나 그때부터는 '발행인'이었다.

창간호는 송건호의 창간사 「진정한 말의 회복을 위하여」를 비롯해 사설 격인 제언으로 「새로운 언론기관의 창설을 제안한다」, 김정환의 축시 「바로 지금, 이곳에서」, 초점 「미문화원 농성이 의미하는 것」에 이어 정치·경제·노동·농민·주민·대담·

환경·여성·문화·교육·출판·언론·칼럼 등 사회 전 분야를 다루는 글들이 실렸다. 기사와 논설은 필자를 보호하기 위해 모두 무기명으로 처리했다.

「새로운 언론기관의 창설을 제안한다」라는 제언에서 "새로운 언론기관은 기존 언론기관이 개인 또는 소수의 언론기업들에 의해 독점적으로 소유되고 있는 것과는 달리 참다운 민주언론을 갈망하는 모든 민중들이 출자하여 스스로의 힘으로 자신의 표현기관을 창설하는, 그리하여 민중이 공동으로 소유하고 움직이는 그런 민중의 표현기관이 될 것이다"[2]라고 밝히며, 국민주주의 새 언론기관의 창설을 예고했다.

김정환 시인은 축시에서 다음과 같이 절규했다. 축시의 후반부를 감상해 보자.

가야한다 우리들 두 귀에 죽창과 여린 팔다리뿐이더라도
가야한다 우리들 두 눈에 찢기고 찢긴 망막의 피눈물뿐이
더라도
쓰러져 시야가 갈수록 흐려지는 피투성이 희망뿐이더라도
가야한다 우리들의 눈은 다시 태양이 되고 싶다 우리들의
귀는 다시 수풀이 되고 싶다 우리들의 입은 다시 벼이삭
벌판이

되고 싶다 가야한다 우리는 허리 다친 반병신이 아니라

온전한 인간이므로 바로 지금, 이곳에서
바로 지금, 이곳에서

가야한다 《말》이여 민주언론이여 우리들의 성한 온몸이여[3]

역량 있는 기자들의 집단이라서 기사와 논평의 초점은 명확하고 비판은 예리했다. 초점 「미문화원 농성이 의미하는 것—광주의 비극은 누구의 책임인가」는 광주학살 책임자를 거론하는 최초의 기사가 되고, 글라이스틴 전 주한미국 대사의 광주학살 책임 회피 발언에 관해 반론 「미국은 광주문제에 책임 없다?」를 통해 신랄하게 책임 문제를 제기했다.

송건호는 《말》의 사명과 시대정신을 밝히는 내용의 장중한 창간사를 썼다. 그의 많은 글 가운데 손꼽히는 작품이다. 그 전문을 들어 본다.

진정한 말의 회복을 위하여

오늘 우리는 이 시대 참다운 언론운동을 향한 디딤돌로서

《말》을 내놓는다.

'말다운 말의 회복'. 진실을 알고자 하는 다수의 민중들에게 이 명제는 절실한 염원이다. 오늘의 우리 말은 우리 말 본래의 건강성을 오염시키는 무리들에 의하여 있어야 할 자리를 올바로 찾지 못한 채 심각히 표류하고 있다. 거짓과 허위, 유언비어가 마치 이 시대를 대변하는 언어인 양 또 하나의 폭력으로 군림하고 있음은 우리가 처해 있는 숨길 수 없는 현실이다.

이런 맥락에서 갖가지 제약 속에서 어렵게 출범한 《말》은 우리 앞에 놓여 있는 거대한 암초와의 싸움을 마다하지 않을 것이다.

《말》은 그 자체 자유롭고 독립적이기를 바란다. 《말》은 어느 누구의 사사로운 소유물이 아니며 오직 민족과 국가의, 역사적 발전적 시각을 대변하는 문자 그대로의 공공기관이 될 것이다.

어떤 사람들은 오늘의 언론이 어려운 여건 속에서도 상당히 제구실을 한다고 평가한다. 이런 평가는 언론계의 내막을 모르는 순진한, 그리고 크게 잘못된 언론관이다. 오늘의 언론기관은 이미 지난날과는 달리 권력과 이권을 주고받는 깊은 유착관계에 있다. 따라서 기업주들은 과거처럼 좋은 신문을 만들어 국민으로부터 신뢰도 받고 기업적으로도 발전하겠다는 생각보다는 신문을 방패로 이것저것 특혜를 얻고자 신문을 권력안보의 봉사수단으로 바치는 철저한 반언론적 반사회적 기관으로 타락되어 있다.

오늘의 언론이 다소 제구실을 하는 듯이 보이는 까닭은 지난 12·12 선거 결과에 당황한 권력당국이 여론을 일시적으로 호도하고자 언론통제의 폭을 약간 누그러뜨린 지극히 전술적인 후퇴의 소산이며 사태가 바뀌어지면 하룻밤 사이에 선거 전 상태로 언제든지 바뀌어질 수 있는 일시적 현상이다.

언론자유란 언론인의 저항과 투쟁으로 쟁취하는 것이며 권력당국의 배려에서 해결될 수는 없다. 제도의 틀 속에서 유유낙낙하는 현역 언론인의 일시적이고 형식적인 노력의 결과가 아님을 깨달아야 한다.

언론기업은 독립되어 있어야 한다. 오늘 한국에서와 같이 언론기업이 타 기업과 그리고 권력과 구조적으로 유착·종속되어 있다면 언론은 공정성을 잃고 권력에 아부를 일삼게 되며 정치적 상황이 바뀔 때마다 언론은 이제까지 봉사한 권력에 매질을 가하지만 새 권력에 굴종 아부한다. 일정한 원칙이 없이 그때그때 권력의 대세에 영합하는 데 급급하다면 이러한 언론은 혼란을 조장하는 지극히 위험한 반사회적 악영향을 미친다는 것을 깨달아야 한다.

우리는 참된 민주언론을 구조적으로 지향하는 시점에서 제도언론은 적어도 다음과 같은 몇 가지 점을 시정하여야 할 것이라고 생각한다.

첫째, 언론기관은 타 기업과의 경영적 유대를 끊고 기업 면에서 완전 독립적이어야 한다.

둘째, 권력당국은 언론활동을 억압·규제하기 위해 지난날 '국보위'에서 일방적으로 제정한 '언론기본법'을 전면 폐기하여야 한다.

셋째, 신문제작은 신문인에게 일임하며 당국은 법질서 안에서 제작되는 신문에 대해 일절 관여하지 말고, 기관원의 신문사 출입도 중지되어야 한다.

넷째, 권력당국은 언론을 천직으로 섬기는 신문인들을 존중해야 하며 무질서하게 기자들을 권력진영에 기용 언론계 질서를 어지럽히는 일을 삼가야 한다.

새로운 언론의 진정한 모습을 창출하기 위한 모임인 '민주언론운동협의회'는 여러 가지 어려움을 무릅쓰고 오늘 보는 바와 같은 소책자 《말》을 내놓았다. 안팎의 제약으로 소책자 《말》의 보급은 크게 제약될 수밖에 없을 것이다.

그러나 우리는 언론이 제구실을 못 하고 있는 오늘의 상황 속에서 참된 언론이란 어떤 것이며 어떤 것이 되어야 하는가를 보여 주겠다는 의욕을 갖고 이 책자를 제작했다.

한국 언론도 어언 90년의 기나긴 역사를 갖고 있으며 이 90년 역사 속에서 한국 언론은 민족과 민주를 위해 고난의 전통을 계승하고 있다. 우리 언협이 발간하는 《말》은 바로 90년 전통을 이어받은 주역임을 자부한다.

우리는 앞으로 사회 각 분야에 진실보도를 위해 발전하는 역사의 시작에서 현지를 답사, 구체적이며 생생한 보도에 힘쓸 것이다.

국민 대중을 위한 참된 진실보도란 구체적으로 어떤 것인가를 독자 여러분은 제도언론의 보도와 비교하면서 읽을 수 있을 것이다. 민중을 위한 진실보도, 사회정의를 위한 진실보도를 위해 우리는 줄기찬 노력을 계속할 것이다. 전 세계의 독자 여러분의 전폭적인 성원을 기대하면서 우선 창간의 인사를 드리고자 한다.[4]

'보도지침'을 폭로하다

창간사에서 송건호는 당시 제도언론의 문제점, 언협과 《말》이 극복해야 할 과제와 새 시대 재야 민중언론의 당위 등을 제시한다. 이 글에서 당시 송건호 언론관도 일부 확인할 수 있다.

송건호가 《말》지를 발행할 때 어려움은 한두 개가 아니었다. 이와 관련해 언론계 후배는 당시 송건호의 처지를 다음과 같이 기록했다.

84년 해직기자들이 주축이 돼 결성한 민주언론운동협의회 의장으로서 이 협의회의 기관지인 월간 《말》지를 발행할 때도 청암은 외로웠다. 해직기자들은 많았지만 "이렇게 어려울 때는 차라리 언론활동을 잠시 중단하는 것이 낫다"는 의견을 지닌 사람이 적지 않았기 때문이다. 권력에 굴하지도 타협하지도 않고 양심을 지키고 사는 내로라하는 해직 언론인이 적지 않았으나 이들의 대부분도 그저 한 개인으로서의 양심을 지켜갔을 뿐이지 드러내놓고 권력에 맞서는 이른바 '언론운동'을 벌여 나간 사람은 그렇게 많지 않았던 것이다.

어떤 상황에서도 언론활동은 중단해선 안 된다는 특유의 소신으로 《말》지 발행을 가능하게 한 버팀목 구실을 한 것이 이때다. 유신을 세습한 전두환 정권하에서 재야 언론활동은 엄청난 각오와 용기가 없으면 엄두를 내기 어려웠다. 80년대는 어느 시대에서도 그렇듯 가장 움직임이 활발했던 대학생들도 교내 시위에서, '학우여!'의 '학' 자만 외치다 연행되곤 했던 때였다. '아' 하는 소리를 내기 어려운 때이니 무슨 언론활동

이 온전할 수 있었을까.[5]

송건호의 예상대로《말》의 진로는 순탄하지 않았다. 수난을 각오하지 않은 바는 아니었지만, 정부의 행위는 야비하고 폭력적이었다. 창간호가 나온 뒤 인쇄인과 편집인이 연행되어 구류처분을 받았다. 그뿐만 아니라《말》을 발행한 회원 출판사 대표도 연행되어 구류처분을 받았다.

무엇 때문에 연행이고 구류처분인지 알 수가 없다. 문제가 있어 연행된 것이라기보다 연행의 이유를 찾기 위해 저들은 뒤늦게 이것저것 기사 내용을 검토하는 것 같다는 것이다. 죄가 있어 추궁하는 것이라기보다 추궁하기 위해 죄를 찾는 것 같다는 말이다. 어느 쪽인지 물론 알 수가 없다.

정말이지 말다운 말 좀 하자는《말》이 왜 이토록 수난일까.[6]

전두환 정권의 모진 탄압으로 수난을 겪으면서도《말》은 발행을 멈추지 않았다. 8월 15일에 제2호, 10월 15일에 제3호, 12월 20일에 제4호, 1986년 3월 25일에 제5호, 5월 20일에 제6호가 차례로 발행되었다. 그런 뒤에 다음 호는 9월 6일에야 발행되었다.

정부의 '보도지침'을 폭로한 《말》 특집호.

이때 발행된 《말》은 제7호가 아니라 '특집호'였다. 표지에는 '권력과 언론의 음모—권력이 언론에 보내는 비밀통신문'이라는 제목이 제호 옆에 큼지막하게 인쇄되어 있었다. 그리고 이 제목 위에는 '보도지침'이라는 말이 진하게 박혀 있었다.

제목처럼 특집호는 정부의 '보도지침'을 대대적으로 폭로했다. 시사잡지가 주제 하나로 전면 특집호를 낸 것은, 1964년에 박정희 정권의 한일굴욕회담을 비판하는 긴급증간호를 낸 《사상계》 이후 20여 년 만에 처음 있는 일이었다.

'보도지침'이란 문화공보부 홍보정책실이 매일 각 신문사에 은밀하게 시달하는 보도통제의 가이드 라인이다. 정부는 이 보도지침 속에서 어떤 기사에 대해 '가可', '불가不可', '절대일체 불가'라는 전단적 지시용어들을 사용하면서 사건이나 상황·사태의 보도 여부는 물론, 보도 방향과 보도의 내용 및 형식까지 구체적으로 결정하고 문서로 전달했다.

신문들은 정부의 보도지침을 충실히 이행했다. 기사를 빼라면 빼고, 줄이라면 줄이고, 민주세력의 활동은 함구하고, 독재세력의 활동은 키워 주면서 독재권력에 기생했다.

《말》이 폭로한 것은 1985년 10월 19일부터 1986년 8월 8일까지 약 10개월분의 보도지침 내용이다. 「권력과 언론의 '여론 조작' 합주곡」이라는 권두 보도에서 《말》은 "한마디로 뚝 잘라 말한다면 언론은 이제 정치권력으로부터 일방적인 핍박을 받는 쪽이 아니라 현 정권과 손을 잡고 '홍보' 임무를 떠맡음으로써 억압적 통치기능의 일부로 편입되었다. 그리고 지금 이 순간에도 보도지침은 계속 시달되고 그 내용은 지면에 충실하게 반영되며 그 연결 속에서 온갖 은폐와 왜곡은 춤을 춘다"라고 비판했다.

정부는 무엇보다 철저하게 숨기고 싶었던 '보도지침'이 세상에 폭로되자 크게 당황하면서 즉각 탄압에 나섰다. 12월 5일에 언협 김태홍 사무국장과 신홍범 실행위원을 보도지침 폭로 기사와 관련하여 남영동 대공분실로 연행했다. 12월 15일에는 이 보도지침을 천주교정의구현전국사제단에 제공한 혐의로《한국일보》김주언 기자를 구속했다.《한국일보》에 내려온 보도지침을 김주언 기자가 모아서 천주교정의구현전국사제단을 통해 폭로했고, 모든 언론이 모르쇠로 일관하던 때《말》이 전면 보도해서 알려졌기 때문이다.

송건호와 언협 회원들은 마포 사무실에서 날마다 농성하며 정부의 언론탄압을 중지하고 연행 간부들을 석방하라고 촉구했다.

정부의 탄압은 여기서 그치지 않았다. 송건호는《말》이 발행되고 몇 차례나 연행되었고, 편집인 등 간부들도 걸핏하면 체포되어 구류를 살았다.

2호가 나온 때에는 발행인인 나도 서울시경 정보과에 연행되어 마포서에서 2일간 철야조사를 받고 나왔다. 그러나 편집인들은 7일간의 구류를 살고 나왔다. 성유보·신홍범·최장학·김태홍 등이 두 번 혹은 한 번씩 구류를 살았다. 문공부는 불법이라 해서 그때마다 구류를 살게 하고 있지만, 연행 회원들은 우리야말로 참된 언론인으로서 십자가를 멘다는 자부심을 갖고 있었다.[8]

갈수록 더해지는 '언협' 탄압

정부는 날이 갈수록 언협을 더 야만적으로 탄압했다. 경찰은 1986년 12월 10일부터 15일까지 5일 동안 김태홍 사무국장, 신홍범 실행위원, 김주언 《한국일보》 기자를 차례로 구속하고, 기관지 《말》의 편집진을 전국에 수배했다.

언협도 정부의 탄압에 반기를 들었다. 12월 24일 《말 소식》이라는 뉴스레터를 발행하여 「언론 조작 및 탄압은 민주주의를 말살하려는 음모이다」라며 정부의 처사를 규탄했다.

현 정권은 언협의 《말》 특집호가 보도지침을 게재하자 자신들의 불법 행동을 반성하고 시정하기는커녕 적반하장격으로 언협의 간부를 구속까지 했다. 경찰이 법원에 신청한 구속영장에는 언협 간부들이 국가보안법의 국가기밀누설죄와 국가모독죄를 범한 혐의가 있다고 했으나 무엇이 국가기밀이며 무엇이 국가모독이란 말인가? 민주국가의 기본권을 유린하는 보도지침을 작성하고 시달한 사람들이야말로 법치국가의 체면을 손상했다는 점에서 법의 준엄한 심판을 받아야 할 줄 안다.

언협은 언론의 자유와 나라의 민주화를 위하여 유신 치하에서 부당하게 신문·방송에서 해직된 언론인, 그리고 1980년 봄 현 정권 출범 시에 강제로 퇴사당한 언론인들이 주축이 되어 1984년 12월에 창설한 기구로서 지난 2년간 혼신의 힘을 다하여 싸워 왔다. 언협은 기관지 《말》을 통하여 제도언론이 보도지침의 위협 때문에 보도하지 못했거나 왜곡하여 보도한 사실을 사실 그대로, 올바르게 보도·해설·논평했다. 지난 2년 간 《말》이 발간될 때마다 언협의 간부들은 도합 10여 차례에 걸쳐 연행, 구류 처분되었으며 언협의 사무실은 수색되고 도청되었다.[9]

《말 소식》은 같은 해 12월 31일에 제2호를 발행했다. "언론의 자유 없는 민주주의는 있을 수 없다"라는 타이틀 아래 언론탄압과 보도지침에 관한 특별기자회견을 실었다. 이 기사는 "12월 29일 민주화추진협의회 공동의장 김대중·김영삼 씨, 천주교 정의구현전국사제단 의장인 김승훈 신부, 전국구속학생 학부모회 회장인 민기란 씨, 민주언론운동협의회 의장 송건호 씨 등 5개 재야단체 대표가 참석, 언론탄압 및 보도지침에 관한 내외 기자회견을 갖고 민주언론의 쟁취를 위하여 끝까지 공동 투쟁을 전개할 것"이라고 보도했다.

이어 "송건호 언협 의장은 언론에 관한 문제는 구속된 세 사람만의 문제가 아니라 민주주의를 원하는 전 국민의 문제라고 말하고 기자들은 단순히 기사를 쓰는 데 만족하지 말고 지면 반영 여부에도 관심을 기울여야 할 것이라고 당부했다"[10]라고 전했다.

《말 소식》제2호는 언협의 탄압상도 다음과 같이 정리해 공개했다.

△ 1985년 7월 2일 성유보 사무국장 연행되어 10일 구류.

△ 7월 6일 공동체 출판사 김도연 대표 《말》발간 관계로 3일 구류.

△ 8월 16일 《말》2호 관계로 김도연 공동체 대표 연행.

△ 10월 11일 송건호 의장 마포경찰서에 연행.

△ 10월 16일 신홍범 실행위원 7일 구류.

△ 10월 21일 성유보 사무국장 《말》3호, 「문화탄압백서」를 이유로 7일 구류.

△ 1986년 1월 20일, 《말》4호 편집인 최장학 대표 5일 구류.

△ 4월 24일 김태홍 사무국장 《말》5호와 관련하여 10일 구류.

△ 5월 27일 『죽음을 넘어 시대의 어둠을 넘어』와 《말》6호와 관련되어 김태홍 사무국장, 배시명 간사, 최민희 간사, 김철민 간사 연행.

△ 5월 30일 김태홍 사무국장 5일 구류.

△ 8월 20일 김태홍 사무국장 《말》 7호 관계로 7일 구류.[11]

언협의 사무국장, 실행위원, 간사 등 관계자들은 물론 《말》지를 발행하는 출판사의 대표도 탄압에서 예외가 아니었다. 언협과 《말》은 민주언론 부재 시대에 재야언론의 구심체 역할을 했다. 5공 폭압정권, 제도언론과도 치열하게 싸웠다. 그 과정에서 송건호 의장을 비롯하여 관계자들은 구속·연행·구류라는 시련을 겪었다.

송건호는 후배들의 중심에 서서 정권말기적 폭력을 휘두르는 5공 정권에 맞서 싸웠다. 몸을 사리지 않았다. 이때가 송건호는 가장 적극적으로 가두에서 싸우며 '행동하는 지식인'의 모습을 보인 때였을 것이다.

고난만 있었던 것은 아니다. 심산 김창숙을 기리는 심산사상연구회가 1986년에 '심산상'을 제정하고 제1회 수상자를 선정했는데, 수상자는 송건호였다. 심산을 각별히 존경하고 그에 관해 몇 편의 글을 쓰기도 했기에 더없이 반가운 소식이었다. 신문사를 떠난 이래 생활고와 언협 의장 활동으로 고통을 겪던 그에게 '심산상'은 새로운 의욕과 용기도 불어넣어 주었다.

1986년 환갑 맞으며 반독재 투쟁

1986년은 전두환 5공 체제가 국민적 저항을 받으면서 점차 위기에 몰리게 되는 시점이다.

2월 12일에 신민당과 민추협은 대통령직선제 개헌 1,000만 인 서명운동을 시작하고, 4월 28일에는 서울대생 김세진이 분신자살하여 학생운동은 물론 우리 사회에 큰 충격을 안겨 주었다. 5월 3일에는 재야와 운동권 학생 5,000여 명이 전두환 정권의 폭압과 이민우가 이끄는 신민당 지도노선을 비판하며 개헌서명을 위한 신민당 인천·경기집회에서 격렬한 시위를 벌였다. 이른바 '5·3 인천사태'다.

7월 2일에는 부천서 성고문 사건이 폭로되면서 전두환 정권의 도덕성이 바닥을 드러내고 국민의 분노를 샀다.

9월 20일부터 10월 5일까지 서울 아시안게임이 개최되었다. 아시안게임은 전두환 정권이 업적용으로 유치했지만, 민주 세력은 이것을 민주항쟁의 기회로 삼았다. 10월 28일에 전국 26개 대학생 2,000여 명이 건국대에서 파쇼 타도를 외치며 4일간 철야농성을 벌였는데, 이들 중 1,295명이 구속되는 사건이 벌어졌다. 정부 수립 이래 최고 기록을 세울 만큼 구속자는 넘쳐 났다.

정국은 한 치 앞을 예측하기 어려운 극한 상황이 전개되었다. 전두환이 이런 상황을 빌미로 계엄을 선포하고 친위쿠데타를 일으킬 것이라는 우려까지 나돌았다.

한국의 정세가 이렇게 긴박할 때, 미국의《뉴스위크》는 다음과 같이 분석하여 관심을 끌었다.

　　지난 한 달 사이 서울대생 3명이 분신자살했다. 이 끔찍한 사건들은 오늘날 한국이 처한 고통스러운 현실을 단적으로 보여 줬다. 10년간의 고도성장 이후 고조되는 정치발전 열망으로 한국 사회가 크게 흔들린다. 급진적 학생들은 대폭적인 개혁을 요구하고 군부는 반대파들의 강력한 탄압을 주장한다. 그 중간에 있는 중산층은 수 세기에 걸친 권위주의적 전통을 타파하고 38년간 한국 역사를 좌우해 온 반란과 탄압의 악순환을 없애려 한다. 그 저변에는 정치권력을 나눠 가져도 좋을 만큼 한국이 부유해졌다는 믿음이 있다.

　　전두환 대통령은 1980년 임기가 만료되면 물러나겠다고 약속하여 처음으로 평화적 정권이양을 이루고 싶어 한다. 하지만 근본적이고 신속한 개혁을 요구하는 국민의 목소리가 갈수록 커진다. 야당의 대통령 직접선거 요구가 이제 급진적인 학생들 때문에 거리로 번져 갔다. 한국은 갈림길에 섰다. 걷잡을 수 없는 폭력과 유혈 탄압으로 빠져들까, 아니면 또 다른 기적을 낳을까, 한국의 미래는 향후 몇 년이 좌우한다.[12]

실로 암울한 시대, 허위의식으로 가득 찬 지식인과 언론인이 판치는 사회였다. 그래도 송건호는 미래에 대한 희망을 포기하지 않고 오로지 역사의 변증법적 발전을 믿으면서, 진정한 민주화와 통일을 꿈꾸는 행동하는 지식인으로서 언협을 이끌었다. 5공 정권의 가공할 폭력 앞에서도 체념하거나 회피하지 않고, 패배주의에 젖어 흔들리는 사람들에게 역사의 진보를 가르치면서 당당하게 불의에 맞서게 힘을 주었다.

그러는 사이에 어느덧 그는 환갑을 맞았다. 이를 기념해 지인들이 『청암 송건호선생 화갑기념문집』두레을 펴냈다. 환갑에도 그의 정신은 여전히 맑고 강건했다. 그해에 출간된 그의 책은 5종이나 되었다. 『분단과 민족』, 『민족통일을 위하여』, 『민중과 민족』, 『한국현대사』 등인데, 놀라운 정력이고 왕성한 필력이었다.

물론 그해에 모두 쓴 글은 아니었다. 그동안 틈틈이 집필하거나 여기저기에 기고했던 글들을 분야별로 모아 엮은 책들이었다. 다만 『한국현대사』는 이 책을 위해 모두 새로 쓴 글이었다.

『분단과 민족』지식산업사에는 '민족운동사의 시각으로 본 분단 사회'라는 부제가 붙어 있다. 송건호는 이 책을 쓴 이유를 '머리말'에서 다음과 같이 밝힌다.

최근 일부에서는 8·15 후의 현대사가 너무 부정적으로만 다루어져 있으므로 40년사를 재조명해야 한다면서 현대사에 대한 세미나까지 마련한 일이 있었다. 정치가 역사에 대한 관심을 보이는 것은 환영할 일이나 한국의 현대사를 올바르게 이해하기 위한 관심이라기보다 현대사를 이른바 '바로잡기' 위한 관심이라면 매우 위험한 사고라고 하지 않을 수 없다. 역사의 연구나 인식은 민간의 순수한 시찰자의 자유로운 연구에 의해 이루어져야 하며 정치권력이 자기 '합리화'를 위한 목적의식적 의도에서 좌우될 학문이 아니다.[13]

이 글을 쓰던 때에도 5공 정권은 물론 어용 언론인·지식인들이 8·15 후의 현대사가 너무 부정적으로 기술된다면서 재조명해야 한다고 떠들었다. 그로부터 40여 년이 지난 지금도 보수 언론과 어용 지식인들의 역사왜곡 시도는 여전히 계속되고 있다. 송건호의 주장을 더 들어 보자.

역사는 일반적으로 인류 또는 민족의 정의로운 발전의 시각에서 보아야 한다. 일방적인 부정은 물론 역사를 한낱 자기 '합리화'를 위한 수단으로 착각해서도 안 된다.

그러나 막연히 '부정'이다 '긍정이다' 하는 것도 종잡을 수 없는 이론이다. 부정이나 긍정이나 역사를 보는 데는 일정한 시각이 있다. 이 시각이 바꾸어 말하면 사관이라고도 할 수 있는 것이다.[14]

송건호는 이승만, 박정희, 전두환으로 이어지는 백색독재와 군사독재, 다시 이 때문에 발생하는 민주주의의 좌초, 언론의 타락, 민중의 고통은 모두 분단의 비극에서 비롯되었다고 인식한다. 그렇기에 통절한 아픔을 억제하면서 분단 문제를 집요하게 파고들었고, 분단의 부산물이 많을수록 통일에 대한 열망도 그만큼 강해졌다.

「통일의 길은 열리는가」에서는 한반도에서 단순히 긴장이 완화하는 것에 그치지 말고 통일이 되어야 하는 이유 두 가지를 제시한다.

하나는 한반도의 체제를 달리하는 두 개의 세력이 존재하는 한 단순한 긴장 완화란 존재하기 어렵다는 점이다. 서로 경쟁하고 적대하기 때문이다. 독일의 경우는 동서독의 긴장 완화 또는 평화공존이 불가능한 것이 아니지만 한반도의 경우는 이것이 불가능할 것이라는 점이 다르다. (…) 이보다 더욱 중요한 이유는 한반도에 있어서는 국내 정치에 있어 성공을 거두지 못하고 정치·경제의 불안이 가시지 않고 있다. 이것은 한반도에 전쟁을 유발할 수 있는 가장 위험한 요인이 되고 있다. 한반도의 경우는 주변 열강보다도 오히려 국내 사정이 전쟁을 유발할 수 있는 위험성을 보다 짙게 품고 있다.[15]

예리한 분석이다. 한반도의 경우 주변 열강보다 국내 사정이 전쟁을 유발할 위험성은, 송건호가 이 글을 쓴 지 40여 년이 지난 지금도 여전하다.

이와 함께 송건호가 해방 40주년을 맞아 쓴 이 책의 「머리말」에서 제기했던 다음과 같은 세 가지 질문도 여전히 유효하다. "8·15 후 오늘까지 일제 잔재의 청산은 어떻게 되었는가? 광복 후 민족의 자주적 통일국가는 형성되었는가 어떤가? 이 땅에 자유로운 민주주의 사회가 실현되었는가 어떤가?"[16]

현대사 연구의 결정판 『한국현대사』

1986년 11월 30일, 송건호가 그동안 심혈을 기울여 쓴 『한국

현대사』두레가 출간되었다. 540여 쪽에 이른 방대한 연구서이다. 현대사 연구에 매달려 연구한 지 10여 년 만에 마침내 한국 근현대사를 개괄하는 통사를 세상에 내놓았다.

개화기와 동학농민운동에서부터 해방 뒤 찬탁·반탁운동까지를 다루었는데, 이 분야의 전문서로는 최초의 성과물이다. 사학자가 아닌 언론인 출신이 이런 대업을 일구었다는 데 더 큰 반향을 불러일으켰다. 이 책이 출간된 뒤에 역사학자 강만길 등이 『한국근대사』와 『한국현대사』를 펴내 대중의 인기를 끌었는데, 이들의 길잡이 역할을 한 책이 송건호의 『한국현대사』라 할 수 있다.

송건호는 이 책을 쓰게 된 동기를 "올바른 역사교육은 신생국 국민에게 있어 나라를 발전시키는 국민적 에너지의 원동력 구실을 한다"[17]라면서 다음과 같이 덧붙였다. "여러 가지 장애에도 불구하고 현대사는 그 진실이 규명, 연구되어야 할 것이다. 이것은 새 나라가 장차 올바른 진로를 찾기 위해서도 필요한 연구라고 믿기 때문이었다. 이 저작은 3·1운동 이후의 전통적 역사 인식에서 탈피해 부분이 아닌 전체 민족적 안목에서, 새로운 차원에서, 새 역사적 단계에서 민족사를 보려고 노력했다."[18]

각 장에 적게는 3개에서 많게는 13개까지 소주제를 달아 한국 근현대 100년사를 샅샅이 훑었다. 아무나 손대기 힘든 근현대사 연구의 노작이다.

특히 당시까지 일반적으로 알던 사건과 사태에 대해 그 통념을 뒤집은 경우도 적지 않았다. 이는 "종래의 정설과는 다른 눈으로 그때그때의 문제를 보려고"[19] 이는 한 저자의 노력으로 빚어진 결과였다. 그 대표적인 내용을 짧게 소개한다.

일인 학자들의 조선사 연구는 그 대부분이 조선 민족의 열등성·후진성—이른바 정체성—을 입증하는 일에 집중하고 조선 민족의 신화나 전설을 왜곡하고, '일선동근론日鮮同根論', '조선은 고대로부터 일본의 지배를 받았다', 진구우 고오고오神功皇后의 신라정벌, '임나일본부任那日本府에 의한 조선지배론' 등에 의한 일제의 조선 지배를 합리화시키기 위해 급급했다.

또 조선은 한사군을 비롯해 중국의 속국, 식민지였으며 이른바 '사대지례事大之禮'로서 조공을 계속하고 독립국이었던 때가 없었다고 하고 문화·사상 면에서도 독자성이 없고 모두 중국의 모방이었다고 했다. 이러한 이론을 토대로 조선사의 발전에 독자적, 합법칙적 주체성을 부정하고 언제나 주변 특히 중국에 좌우당해 온 역사였다는 이른바 타율사관他律史觀을 내세웠다. 이것은 후에 조선사를 만주 세력의 파급 속에 해소하여 대륙사의 일부라고 하는 이른바 '만선사滿鮮史'라는 개념을 만들어 냈다.

그리고 조선인의 성격은 부화뇌동을 좋아하고, 당쟁이 편안한 날이 없었으며, 독립심과 애국심이 부족하고 따라서 조선인은 일본의 지배하에 있는 것이 행복할 수 있다는 억지 논리를 폈다. 오늘날의 우리 사학계는 해방 30년이 넘는데도 아직껏 식민지 사관에서 못 벗어나고 있다.[20]

송건호는 "해방 30년이 넘는데도" 식민사관을 벗어나지 못했다고 개탄했다. 그런데 해방 80년이 지나도 여전히 '식민지 근대화론'을 들먹이는 현실을 본다면 송건호의 심사는 어떠할까? 참 통탄할 일이다.

송건호는 일제강점기 조선 민중의 줄기찬 항일투쟁을 소개하고, 당시 기준으로 이전 100년의 격동기에 여과 없이 보여준 지도층·지식인들의 사대주의와 비굴함을 지적하며 민중의 끈끈한 조국애와 줄기찬 저항정신을 높이 평가한다.

지인들이 펴낸 '화갑기념문집'

송건호는 일제의 민족말살 시기에 태어나 평생을 언론계와 재야에서만 활동했다. 그동안 그의 뇌리에서 한순간도 떠나지 않은 열쇳말은 '민족'이었다. 그렇다고 한순간도 국수적인 민족주의자가 되거나 정치 목적의 이데올로그 역할을 한 적이 없었다. 민족·민주 문제에 천착해 온 지도 어느새 40년, 그사이 그도 회갑의 나이가 되었다.

1986년 가을, 지인들은 『청암송건호선생 화갑기념문집』을 만들기로 하고 편집위원으로 리영희, 강만길, 김승훈, 백낙청, 임재경, 홍성우, 이병주, 최장학, 김승균, 김태홍을 선정했다. 대표적인 양심적 지식인과 언론운동가들이었다.

『청암송건호선생 화갑기념문집』은 11월 초에 출간되었다. 500쪽에 이를 만큼 묵직한 책이었다. 책에 실린 무위당 장일순의 서화 '守義枯槁 靑山其心 수의고고 청산기심, 정의를 굳세게 지키다 역경에 처했어도 그 마음은 청산이로구나'은 송건호의 삶과 잘 어울렸다.

김수환 추기경은 축하의 글에서 "비록 타의에 의하여 일찍이 언론계에서 쫓겨났으되 송 선생은 누구보다도 뚜렷하게 언론인의 표상으로 늘 우리 곁에 계셨고, 일자리와 붓을 빼앗겼으되 몸으로, 발로, 정신으로 언론 활동을 계속했으니 참 언론인의 자세가 어떠해야 하는가를 우리에게 보여 주셨습니다"라며 용기 있는 지성인의 삶을 상찬했다. 김 추기경은 이어서 송건호의 삶을 다음과 같이 평가했다. "송 선생이 보여 주고 있는, 현대사의 자료를 발굴하여 굴절되고 왜곡된 역사를 바로잡으려고 하는 노력 역시 시대의 진실을 빛 속에 밝히는 귀중한 작업으로서 평가되고 오래 기억될 것입니다. 또한 어려운 시대를 살아오면서 송 선생은 그 시대의 아픔을 자신의 것으로 받아들이고, 때로는 맞부딪쳐 투옥을 당하기까지 했으니 자신의 60 평생이 곧 현대사의 각인刻印이요, 자신이 겪은 아픔이 곧 우리 민족이 겪은 아픔이었습니다."[21]

『청암송건호선생 화갑기념문집』에 글을 쓴 이들은 이호철을 비롯해 강만길, 박현채, 김진균, 리영희, 백낙청, 이대근, 서동석, 한석태, 임재경, 김금수, 이우재, 함세웅, 정상모, 김유원, 고승우, 조영래, 그리고 일본인 다카사키 소지高崎宗司와 와다 하루키和田春樹 등으로 그 면면이 화려하다. 송건호 자신도 「고행 12년, 이런 일 저런 일」을 썼다.

강만길은 「송건호의 한국 민족주의론」에서 송건호가 그동안 줄기차게 추구하는 '민족주의'의 실상을 다음과 같이 들려준다.

해방 후의 우리 민족주의론이 이만큼의 방향을 잡게 된 과정은 결코 쉬운 것이 아니었다. 4·19나 광주사태와 같은 운동사적 측면이 뒷받침된 것은 더 말할 나위가 없지만, 또한 학문적 민족적 양심으로 권력의 탄압에 맞서서 과감히 옳은 의미의 민족주의론을 정립해 온 이론가들의 용기와 희생이 컸음도 잊을 수 없다.

그런 의미에 있어서의 우리 민족주의론 정립에 끼친 송건호의 역할은 뚜렷하다. 그는 이 시대의 민족주의운동, 민주화운동을 실천하는 한편 『민족지성의 탐구』, 『한국민족주의의 탐구』, 『한국현대인물사론』, 『분단과 민족』 등의 저술을 통해 우리 민족주의론을 바로잡는 데 앞장서 왔지만, 이번에는 『민족통일을 위하여』에 실린 글 「분단하의 한국민족주의」에서 이와 같은 자신의 민족주의론을 압축시키고 있다.[22]

이와 함께 송건호의 민족주의를 '민중형 민족주의'라고 부르며 다음과 같이 평가한다.

"송건호의 민족주의론이 지향하는 길은 민중형 민족주의의 길이며 그것은 분단국가주의의 극복, 민주주의의 발달, 주체적·평화적 민족통일의 달성을 과제로 하고 있다. 민중형 민족주의의 주체로서의 민중에 대한 사회과학적 분석과 그들이 민족주의적 주체가 되기 위한 과정 등에 대한 설명이 약하다는 점이 생각되지만 그것은 우리들 공동체의 과제이기도 하다. 송건호의 민족주의론이 지향하는 민중형 민족주의는 그가 말하는 '자본형 민족주의' 단계와 '병영형 민족주의' 단계를 극복함으로써 실현될 수 있는 단계이지만, 20세기 후반기의 시점에서 보면 그것은 식민지에서 해방된 민족사회의 정치·경제·사회 체제 및 외교방략까지도 직접 규제하는 다시 말하면 그 방향을 제시하는 이데올로기일 수밖에 없을 것이며 여기에 '민중형 민족주의'의 실체를 명백히 해야 할 필요가 있는 것이다."[23]

18. 6월 민주항쟁의 중심에 서다

'언협' 탄압에 온몸으로 맞서

"현재에 관심을 기울이지 않으면 절대 과거를 이해할 수 없다"마르크 블로크.

"도덕적 정당성 없이 타인의 자유와 인권·생명과 재산을 침해하고 짓밟는 힘이 바로 폭력이다"장 자크 루소.

이 두 명제는 1987년에 우리나라가 맞이한 현실에서 현대사를 왜 연구해야 하는지, 전두환 폭력 정권을 어떻게 대화해야 하는지 잘 드러내 주는 말이다. 1986년에 학생·노동자들의 분신·투신과 부천서 성고문 사건이 잇달아 벌어지고, 1987년 들어서도 서울대생 박종철 고문치사와 연세대생 이한열 최루탄 치사 등 정권의 반인륜적 폭력은 끊이지 않았다.

역사는 가장 고귀한 것을 그냥 흘려보내지 않는다고 한다. 불의와 폭력, 곡필아세가 세상을 영원히 지배할 것 같지만, 사서史書를 조금만 펼쳐 보면 그렇지 않다는 것을 금방 알 수 있다. 그런데도 독재자와 추종자들은 자신만은 '예외'일 것이라는 망상에 빠져서 '선배'들의 전철을 밟는다. 동서고금이 다르지 않은데, 한국의 독재자들은 그 증상이 특히 심했다.

1987년이 되면서 한국 현대사에 길이 남을 질풍노도의 시대가 서서히 다가왔다. 거대한 변혁의 물결은 한반도의 남녘에서부터 일기 시작했다. 뒷날 '87년 체제'라는 학술용어가 생길 만큼 거대한 변혁운동이었다. 1987년은 그렇게 시작되었다.

"누구의 간섭도 받지 않고 아무도 지배하지 않고 그러면서도 세상사에 깊은 관심을 갖고 비판의 펜을 놓지 않았던 지성과 교양인." 유럽 지성사를 집중적으로 파고들어 연구한 서양사학자인 이광주 교수가 에라스무스를 묘사한 말인데, 이를 송건호에게 적용해도 전혀 손색이 없다.

송건호가 군사독재의 폭압 속에서도 중단하지 않고 집필해 온 일련의 언론사론과 현대사론은 단순히 반시대적 고찰이나 사실을 기술하는 이론이 아니라 역사의 진보와 정의를 구현하려는 지식인 행위의 결과물이었다. 비참한 현실에서 아직도 믿고 싶은 정의를 구현하려는 지식행위였다. 암담한 현실에서 아직도 믿을 것이 있고 행복이 있다면, 그것은 역사에 대한 신뢰였다. 이승만이 종신집권을 위해 부정선거를 자행하다가 국민

동아투위 13주년 기념식에서 기념사를 하는 송건호.

의 궐기로 쫓겨나고, 박정희가 안가에서 술을 마시다가 부하에
게 암살당한 모습을 지켜보면서 전두환의 종말도 머지않았다
고 확신했다.

전두환은 어느 면으로 보나 이승만과 박정희보다 부족했다.
그런 인간이 앞의 두 독재자보다 더욱 포악무도한 짓거리를 벌
이는데, 국민이 이를 언제까지 용납할 것이라 보지 않았다. 송
건호는 역사의 진보를 믿고 발전의 법칙을 믿었다. 이런 믿음
이 있었기에 언협의 후배들과 재야언론 투쟁을 더욱 거세게 전
개할 수 있었고, 그토록 심한 시대적 어둠과 권력의 폭압을 견
딜 수 있었다.

우리나라의 겨울은 춥다. 흰 눈이 하늘을 덮고 영하 10도, 15도까지 내려가는 날은 정말 견디기 어렵게 춥다. 그러나 아무리 추위가 맹위를 떨쳐도 봄은 결코 멀지 않다는 것을 내다보아야 한다. 또 내다본 걸 알릴 수 있는 인내와 용기가 있어야 한다. 겨울이 아무리 추워도 봄은 어김없이 오게 마련이다.[1]

송건호가 이끄는 언협도 견디기 어려운 시련과 함께 1987년을 맞았다. 서울대생 박종철의 고문치사로 이끈 야만적인 고문이 언협 관계자들에게도 자행되었다. 김태홍과 신홍범 등 구속된 간부들을 4일간 한숨도 못 자게 하거나, 시멘트 바닥에 무릎을 꿇리는 등 갖은 고문을 가했다. 이들과 함께 구속된 김주언도 비슷한 고문을 당했다. 아무도 없는 언협 사무실은 심야에 난데없이 압수수색을 당하기도 했다.

이들뿐만 아니었다. 치안본부 남영동 대공분실 수사관들은 언협 실무책임자인 홍수원, 박우정, 박성, 이석원 등을 붙잡기 위해 이들의 가족들을 협박하거나, 공직에 있던 친인척들을 인사 조치하겠다고 위협했다.

박종철 고문치사 사건이 폭로되어도 제도언론 대부분이 침묵으로 일관할 때 언협은 항의성명을 발표하고, 이를 《말 소식》 제3호에 게재하여 알렸다. 묻힐 뻔한 이 사건이 세상에 드러나게 된 데는 언협의 노력도 적지 않았다.

언협이 대외적으로 발표한 모든 문건은 의장 송건호의 책임하에 발표되었다. 「살인·폭력·고문 즉각 중단하라!」라는 제목의 성명서의 내용은 다음과 같다.

　　살인·폭력·고문 즉각 중단하라!

　　지난 1월 14일 치안본부 남영동 대공분실용산구 갈월동 소재에서 "친구 박종운 군의 소재를 대라"는 협박 속에 수사를 받던 박종철 군서울대 언어학과 3년이 고문 끝에 숨져간 소식을 접하고 우리는 형언할 수 없는 분노와 슬픔을 느끼지 않을 수 없다. 직접 수배를 받는 당사자가 아닌 참고인에 대한 고문수사가 이러하다면 수사대상자가 붙잡힌 경우 그에 대한 고문은 그야말로 얼마나 혹독하겠는가? 현재 이유도 없이 불법 연행돼 소재조차 파악되지 않는 수많은 학생·노동자들에 대한 고문은 또 얼마나 극악하게 자행되고 있겠는가? 우리는 민주화의 헛된 구호가 난무하는 이 사회가 근본적으로 인간적인 풍요와 죽음 그 어느 쪽으로 향하고 있는지 또다시 되물으면서 이 세상에서 가장 고귀하고 존엄한 생명의 박탈마저 서슴지 않는 현 정권의 폭력성에 필설로서 다할 수 없는 개탄을 나타내지 않을 수 없다. 이 같은 폭력은 인간적 존재의 기반을 붕괴시키는 범죄행위로서 사상과 종교, 인종의 차원을 넘어 전 인류의 이름으로 규탄을 받아 마땅할 것이다.

지금도 치안본부 대공분실, 안전기획부, 보안사 등지에는 백여 명에 달하는 청년, 학생, 노동자들이 불법 연행돼 갔으며 이들 중 상당수가 소재는 물론 생사조차 파악되지 않는다는 가족들의 애끓는 호소가 끊이지 않고 있다. 또한 고문, 협박을 당하는 사례가 일반 사회에는 알려지지 않은 채 다반사처럼 속출하고 있다. 민중문화운동협의회 사무국 간사인 유지영 양 23세의 경우, 유 양은 지난 12월 26일 퇴근길에 어딘지 알 수 없는 곳으로 끌려가 "수배자들의 행방을 대라"는 협박과 함께 폭행을 당하고 심지어는 물고문까지 당해 아직도 피멍 자국이 가시지 않고 있다.

본 협의회 사무국장 김태홍 씨와 실행위원 신홍범 씨 그리고 한국일보 김주언 기자도 수일간에 걸쳐 잠을 자지 못하게 하고 벌을 서게 하는 고문을 당했다. 이와 함께 민주운동단체들에 대한 현 정권의 폭력은 사무실 강점, 수색, 압수, 직원의 불법연행 등 무법천지의 폭력상을 느끼게 할 정도이다. 지난 1월 8일 본 협의회 사무실의 출입문 대형 유리창이 부수어진 채 캐비닛과 책상 서랍들이 모두 열려 있고 사무실 집기와 물건들이 발로 짓밟힌 것은 무엇을 말해 주는 것인가?

우리는 이번 박종철 군의 사인이 "두 번째 물고문을 할 때 목젖이 눌려져 질식사한 것"이라는 치안본부 발표에 짙은 의혹감을 나타내지 않을 수 없다. 또한 "용공좌경세력을 척결하는 가운데 검찰의 과잉 의욕에서 빚어진 사건"이라는 당국의 해명은 국민에게 진상을 밝히고 진실로 사죄하는 뜻이 담겨져 있는가 의문을 제기하게 하고 있다. 우리는 박종철 군의 고문치사 사건을 현 정권의 좌경용공조작을 전가의 보도처럼 휘두르며 민주운동세력에게 가중해 온 구조적이고 제도적이며 조직적인 폭력의 결과라고 규정하기 때문이다. 김근태 씨 고문, 권 양에 대한 성폭행 등의 사건에서처럼 이 사건에서도 몇 명의 경찰에게만 그 책임이 있다는 것은 실로 사건의 진실을 은폐 왜곡하려는 것에 다름 아니다. 1월 20일 자 동아일보 3면의 "고문은 사라져야 한다"는 기사 중 고문하는 장면의 사진이 2판에서부터 경찰서가 인권을 존중한다는 인상을 주려는 사진으로 뒤바뀐 것은 무슨 이유 때문인가? 또다시 문공부의 '보도지침'이 동원되고 있기 때문인가?

박종철 군은 그가 다녔던 부산 해광고교의 학적부에 기록돼 있는 것처럼 가난한 집에서 태어나 어질고 성실하게 최선을 다하여 살다가 어쩌면 이 사회 전체가 책임져야 할 고문으로 꽃다운 목숨을 다하고 말았다. 이 죽음 앞에서 현 정권이 사실과 진실을 기만 왜곡하려 한다면 일파만파의 노도와 같은 분노와 규탄에 직면할 것이다. 서울대생 박종철 군의 고문 치사 사건으로 전 국민이 분노와 슬픔으로 몸을 치떨며 분연히 일어나 규탄하고 나선 것은 현 정권의 용공조작과 폭력을 이제는 더 이상 용납하지 않겠다는 결연한 의지이자 심판임을 현 정권은 알아야 한다.

박종철 군의 죽음은 경찰이 발표한 이른바 "과잉 의욕"으로 빚어진 사건이 결코 아니다. 이는 영구집권을 위한 폭력적 탄압의 결과일 따름이다.

우리는 민주화를 염원하는 전 국민과 더불어 인간의 생명마저 위협하는 현 정권의 폭력적 탄압을 규탄하며 민주언론과 민주주의의 쟁취의지를 다시금 결연히 천명한다.

1. 폭력 고문 살인정권은 퇴진하라!!
1. 비인간적 폭력 고문 즉각 중지하라!!
1. 민주인사를 전원 석방하라!!

1987. 1. 22.
민주언론운동협의회[2]

《말 소식》제작하며 반독재·제도언론과 싸워

언협의 《말 소식》은 6월항쟁으로 가는 길목에서 재야언론의 구심체 역할을 톡톡히 했다. 제6호1987. 4. 19는 '민주주의와 민주언론을 막는 정권은 자멸한다!'라는 제호 아래 '보도지침' 사건의 공판사실을 상세히 보도했다. 김태홍 사무국장과 신홍범 실행위원의 법정 모두진술을 보도하며, "우리는 '보도지침'을 폭로한 것에 대해 만세를 부르고 싶은 심정이다"김태홍, "언론은 어떤 권력이나 이해관계에 의해서도 침해받을 수 없다"신홍범라고 한 발언을 제목으로 뽑았다.

송건호는 이들의 재판정에 나가 후배들을 향해 격려를 아끼지 않았다. 다른 한편으로는 점점 달아오르는 민주항쟁의 열기를 체감하면서 재야·야당·학생들의 연대로 이루어지는 반독재 저항의 전선에 참여했다.

1987년 4월 2일, 언협은 성베네딕도 피정의 집에서 제3차 정기총회를 열었다. 제3차 정기총회는 원래 창립 3주년을 맞은 1986년 12월 19일에 열릴 예정이었다. 그러나 '보도지침' 폭로와 관련 실무진과 회원 다수가 구속·수배되는 등 정권의 탄압으로 무기한 연기할 수밖에 없었다. 언제 열릴지 기약할 수 없었으나 다행히 예정된 날짜에서 네 달여 지난 시점에 간신히 열리게 되었다.

이번에도 정부 당국이 조직적으로 탄압하는 바람에 시내에서 장소를 얻기가 쉽지 않았다. 당국의 방해로 회원과 내빈들도 70여 명만 참석했다.

송건호는 이날 "제도언론은 비핵심적이고 비본질적인 문제를 권력에 유리한 방향으로 보도함으로써 국민의 여론을 호도하고 있다. 언협은 민주주의, 진보, 통일의 문제를 민족적 언어로 다룸으로써 자유로운 언론을 구가하는 데 일익을 담당할 것이다"[3]라며 다시 한번 언협의 역사적 사명을 천명했다.

이날 총회에서는 송건호를 다시 의장에 선출했다. 공동대표로 최장학과 김인환을 유임하고 임재경과 김경일을 새로 선출했으며, 실행위원에는 윤활식, 이종옥, 성한표, 백기범, 이원섭, 고승우, 현이섭이 선출되었다. 김태홍 사무국장이 구속되면서 대행을 맡았던 정상모가 새 사무국장에 선임되었다.

3차 총회에서는 다음과 같은 결의문이 채택되었다.

민주언론운동협의회 제3차 정기총회 맞이하여

오늘로 우리 민주언론운동협의회는 창설된 지 만 2년이 넘는다. 우리들이 제작하는 《말》도 특집호를 포함해 벌써 11호에 달했다. 돌이켜 보건대 우리들이 언론의 자유와 독립을 되찾기 위해 독재와 싸우다 신문사에서 해고된 지도 어언 12년과 7년이라는 세월이 흘렀다. 우리가 신문사에 있을 때에는 거의 30대 전반의 한창 활동할 수 있는 소장기자로 앞날이 양양한 언론인이었으나 오늘날 우리 해직기자들은 50대의 반백이 되거나 좀 젊다는 기자들도 40대를 바라보는 중년 인생이 되었으니 이 땅의 민주주의가 아직도 수난의 길을 걷고 있다는 것을 말해 주는 것이다.

이 땅의 언론현실은 자유가 신장되기는커녕 홍보정책실이 창설되어 일상적인 신문제작이 완전히 관권에 장악되어 지난번의 보도지침 특집호가 보여 주듯이 철저한 제도언론으로 전락되었으며 민주주의는 아직도 가혹한 시련을 겪고 있다.

언론은 무엇보다도 독립적이어야 되고 자유로워야 하며 따라서 민주적이어야 한다. 권력체란 한 민족에 있어 매우 중요한 통치기능을 가지나 동시에 거대한 하나의 이권집단이 될 수도 있다는 점을 잊어서는 안 된다. 이들이 만약 부패하고 독재로 흐르면 걷잡을 수 없는 반민족적 반민주적 부정을 자행하여 그 통치하에 살고 있는 많은 국민들을 괴롭힌다. 오늘의 집권체가 바로 이러한 집단화되었다는 많은 국민들의 비난을 듣고 있음은 실로 불행한 일이다.

한 나라의 언론이 어느 정도 자유로우냐 하는 문제는 바로 민주주의의 척도가 되는 동시에 그 집권층의 부패도를 측정하는 기준이 되기도 한다. 언론은 모든 국민을 자유롭게 하고 억울한 일을 당하지 않고 인간답게 살 수 있는 민주사회를 지키는 가장 큰 힘이 된다. 그러므로 언론은 누구에게 예속되어서도 안 되며 부당한 간섭을 받아서도 안 된다.

알다시피 오늘 한국의 전 언론은 권력에 완전 종속되고 또 그들과 결탁하여 권력의 수족처럼 움직이는 제도언론으로 전락되어 있다. 일찍이 우리 언론이 이와 같은 타락과 수난을 겪은 적이 없다.

우리 민주언론운동협의회는 이들과의 공범자가 되기를 거부하고 이 땅에 민주주의와 정의를 실현시키고자 고난을 각오한 가장 옳은 길을 걷는 언론인의 모임임을 자부한다.

그간 언론에 대한 부당한 간섭인 보도지침을 폭로 비난하고 언론의 자유와 민주주의를 주장하다 회원 3명과 현직 기자한 명이 연행·구속되어 재판을 받고 있다. 앞으로 민주언론에 대한 박해와 탄압은 계속될 것이다. 그러나 우리는 이 나라에 민주언론이 꽃피고 민족의 숙원인 통일이 실현될 그날까지 기꺼이 이와 같은 수난을 감수할 것이다.[4]

마침내 6월 민주항쟁이 폭발하다

언협은 전두환 정권의 단말마적인 탄압에 맞서 진실 보도와 송건호가 제시한 민주주의·진보·통일을 지향하는 언론의 전위 역할을 하면서 6월 항쟁의 물꼬를 터 나갔다. 《말》은 월간이어서 비교적 속도가 늦은 까닭에 《말 소식》을 그때그때 발행하여 저항의 횃불을 높이 들었다.

《말 소식》 제7호 5월 12일에 「민주주의와 민주언론 실현은 역사적 소명」을, 제8호 5월 26일에 「신군부독재 타도하고 언론자유 쟁취하자!」를 실으면서 노골적으로 군부독재 타도를 외쳤다.

송건호와 언협 회원들은 더 이상 망설이거나 주저하지 않았다. 국민을 학살하고 민주주의를 짓밟은 권력은 타도하는 것만이 유일한 해결책이고, 이것이 곧 시민저항권이라고 믿었기에 이런 제목을 거침없이 내걸었다. 시민·학생·재야·야당 세력과 연대하여 반독재 투쟁전선에도 적극 나섰다.

1987년 5월의 신록은 여느 해 못지않게 푸르고 싱싱했다. 그러나 서울 광화문과 대학가의 가로수는 최루탄과 화염병에서 쏟아져 나온 최루가스로 몸서리치면서 시들어 갔다. 그만큼 전두환 정권도 그 수명도 점점 다해 가고 있었다.

6월 3일에 보도지침 폭로 사건 관련자들의 선고 공판이 열

보도지침 3인방과 함께(왼쪽부터 정태기, 신홍범, 송건호, 리영희, 김태홍).

렸다. 전두환 정권의 시녀로 전락한 사법부는 김태홍에게 징역
10월 집행유예 2년, 신홍범에게 선고유예, 김주언에게 징역 8
월 자격정지 1년 집행유예 1년을 각각 선고했다.

송건호는 이날 공판정에서 이들의 당당한 모습과 재판관들
의 비굴한 태도를 지켜보면서 인간이 불의에 맞서 어떻게 살
아야 하는지, 많이 배우고 세속적으로 출세한 법관과 검사들이
권력 앞에 얼마나 비굴한지를 다시금 깨달았다.

6월 9일 교내 시위 도중 경찰이 직격으로 쏜 최루탄에 맞아
사경을 헤매던 연세대생 이한열이 7월 5일에 사망했다. 이한열
은 연세대에 입학한 뒤 광주시민 학살에 대한 사진 전시회와
비디오를 보고, 학교 집회에도 참석하면서 사회적 관심이 높아

졌다. 그러다가 1986년 2학기부터 실천하는 사람이 되기 위해 시위에 나섰다가 참변을 당했다.

이한열 피격 사건은 곧 전국으로 알려지고, 학생·시민들의 분노를 불러일으켰다. 이 사건은 학생과 시민들의 궐기로 이어졌으며, 1987년 6월 항쟁을 촉발하는 직접적인 계기가 되었다. 1월 14일의 박종철 고문치사 사건에 이어 이한열 최루탄 피격 사망 사건은 그동안 침묵하던 수도권의 중산층과 '넥타이 부대'까지 거리로 나서게 만들었다.

한국 민주주의의 역사에서 1960년 4월 혁명, 1980년 광주민주화운동과 더불어 민주·민중·민족 항쟁으로 기록되는 1987년 6월 항쟁은 전국적인 규모로 장엄하게 막을 열었다.

연인원 400~500만 명 이상의 대중이 참여한 6월 민중항쟁은 6·10 대회로부터 6·29 선언까지 20일 동안 지속적으로 전개되었다. 6월 민중항쟁은 3단계로 나뉜다. 제1단계는 6·10 대회부터 6월 18일 '최루탄 추방 결의대회' 이전까지다.

6월 10일은 국민대회가 '민정당 제4차 전당대회 및 대통령 후보 지명대회'가 같이 개최되던 날이었다. 잠실체육관에서는 전두환과 노태우가 손을 맞잡고 호헌을 외치고 있었고, 반면 전국 각지에서는 이에 반대하는 국민들의 열기가 분출되었다. 국민대회는 시민들의 적극적인 동참 아래 전국 22개 지역에서 24만여 명이 참여하는 가운데 전개되었다. 이 과정에서 시위를 진압하던 경찰의 한계가 노출되는 양상까지 나타났다. 이어 15일까지 전개된 명동성당 농성은 이날의 시위 열기를 지속시키고, 이를 전국적으로 확산시키는 데 결정적인 역할을 했다.[5]

이렇게 전개된 6월 민주항쟁은 6월 26일 열린 국민평화대행진대회에 전국 33개 지역에서 180만여 명이 참여하는 범국민적 시위로 확산했다. 이날은 이전까지 벌어진 투쟁을 총결산하는 투쟁이었다. 이날 시위로 전국에서 3,467명이 연행되었다.

이러한 국민적 저항에 직면한 전두환 정권은 결국 노태우를 내세워 6·29 선언을 발표하게 했다. 4월 13일에 개헌을 유보한다는 특별담화4·13 호헌조치를 발표한 지 두 달 보름여가 지난 시점이었다. 직선제 개헌이 쟁취되면서 장엄한 6월 민중항쟁은 마무리되었다.

6월 항쟁은 박종철과 이한열의 비극적 죽음이 잠자던 시민의식을 일깨우고, 중산층과 넥타이 부대들까지 시위 현장에 참여했다는 성과가 있었다. 그러나 이에 앞서 수많은 학생·노동자들의 분신·투신·할복·행방불명·고문치사 등의 희생과, 민족·

민주인사들의 피어린 저항이 있었다.

송건호를 중심으로 하는 언협의 재야언론인들은 6월 항쟁의 중심에 있었다. 제도언론이 밝히지 못한 정권의 인권유린과 보도지침을 폭로하고, 이를 시민사회에 알리고 시위와 농성에 참여하면서 독재정권을 타도하는 일에 힘을 보탰다.

이 무렵 송건호는 《말》에 「6월 항쟁의 의미」라는 권두 시론을 썼다. 잡지에는 무기명으로 실었으나, 확인해 보니 송건호가 언협 간부들의 의견을 들어 집필했다고 한다. 이 시론 중 '6·29의 본질'이라는 부분의 일부를 들어 보자.

'6·29 선언'은 이러한 상황에서 군부정권이 취할 수 있는 가장 적극적인 공격자세라고 할 수 있다. 군부정권은 부분적이고 형식적인 양보를 통해 보수세력끼리의 협상을 유도, 국민운동본부 내의 온건·보수세력을 협상파, 대기파 등 기회주의적 입장으로 돌아서게 해 투쟁력을 약화시킨 뒤 그 영향권 안에 있는 광범위한 대중도 행동을 보류한 채 대기토록 하거나 일부를 자기들 쪽으로 끌어들임으로써 결과적으로 자신들의 열세를 만회하고 민족민주운동 세력을 고립 또는 개량화시켜 재집권을 노리는 반격적인 역포위전술을 구사하고 있는 것이다. 물론 6·29 선언이 대중의 투쟁에 의해 확보된 성과이며 군부정권의 일정한 패배라는 측면이 있는 것도 무시돼선 안 될 것이다. 따라서 6·29 선언은 대중들이 투쟁으로 얻어낸 부분적 승리인 동시에 반격을 위한 지배세력의 전술적 후퇴 내지 기만술책이라고 볼 수 있다.[6]

1987년 10월 27일에 실시된 국민투표에서 대통령직선제를 중심으로 하는 개헌안이 국민의 압도적 찬성으로 통과되고, 이틀 뒤에 공포됨으로써 6월 항쟁의 성과가 나타나는 것을 송건호는 크게 다행이라 생각했다.

김대중을 중심으로 평화민주당이 창당되면서 재야인사들도 속속 현실 정치에 참여했으나 송건호는 움직이지 않았다. 언협을 이끌면서 민주언론과 민족언론이 성장할 수 있는 기초를 튼튼히 하는 데 주력하기 위해서였다. 주변에서 정당에 참여해 달라는 권유도 있었다. 송건호는 이런 제안을 물리치면서 6월 항쟁 정신이 흐트러지거나 역류하지 않도록 언론을 감시하고 다시 글을 쓰는 데 전념했다.

언론사의 교본 『민주언론 민족언론』

송건호는 6월 항쟁의 혁명적 열기 속에서도 글쓰기를 멈추지 않았다. 글쓰기는 그의 '업業'이었다. 민주주의가 위기에 놓이고 언론이 권력자와 가진 자들의 장식품으로 전락할 때면 어김없이 '직접행동'에 나서기도 했다. 그러나 그의 본령은 행동보다 생각하고 자료 찾고 글 쓰는 언론인이고 학인學人이었다.

1987년 10월에는 '언론사史의 교본'이라 불리는 『민주언론 민족언론』두레이 출간되었다. 언론 관련 평론집으로는 첫 책이었다. 글은 대부분 1975년에 언론계를 떠난 이후에 쓴 글들이었다. 다만 책의 맨 앞자리에 실린 「우리의 언론현실과 민주화의 길」은 이 책을 위하여 새로 쓴 글이다. 1987년 당시 송건호의 언론관을 엿볼 수 있는 좋은 자료이다.

그는 머리말에서 신문기자들은 무엇보다 먼저 자신에게 가장 중요한 일이 무엇인지 알아야 한다고 말한다.

신문사에 오래 근무하면서 여러 가지를 배우고 느끼고 경험했다. 그중에서도 가장 뼈에 사무치다시피 한 깨달음은, 신문기자와 같이 막대한 영향력이 있는 직업임에도 불구하고 몇 푼 봉급을 받기 위해 적당히 이런 글 저런 글 곡필을 휘둘러서는 안 되겠다는 것이다.

한 시대를 보도하는 가장 결정적인 영향력은 신문에 있으며 따라서 신문기자에게 있다는 것을 깨달아야 할 때가 오지 않았나 한다.

오늘의 신문기자는 점점 셀러리맨화 되어 가고 있다. 자기 글에 책임을 질 줄 모르고 봉급만 준다면 오늘은 A 신문에 내일은 B 신문에 서로 정반대되는 글을 쓰고서도 태연자약 조금도 뉘우침 없어 보이는 기자들이 얼마든지 생기고 있다. 따라서 신문기자에게 제일 중요한 일은 기자라는 직업이 사회에 미치는 영향이 막대하다는 것을 우선 알아두어야 한다는 점이다.[7]

기자언론인들이 사회에 끼치는 영향력에 맞춰 정론을 써야 한다는 주장인데, 이는 송건호의 일관된 언론관이다. 지극히 상식적인 당위를 거듭거듭 강조하는 것은 6월 항쟁 과정에서 드러난 제도언론인의 추악한 민낯을 똑똑히 보았기 때문이다.

이 책에서 특히 「우리의 언론현실과 민주화의 길」을 주목해 볼 필요가 있다. 그는 당시의 한국 언론을 이해하기 위해서는 "먼저 80년 8월 이후의 권력당국의 언론에 대한 일련의 강경조치를 살펴볼 필요"가 있다며 다음과 같이 말한다. "현 집권당국은 10·26 사태로 박정희가 불의에 살해되자, 1980년 봄 실권을 장악하고 언론에 대해 일련의 강력한 통제를 실시하기 시작했다. 이 언론 통제는 계엄하의 언론 사전검열과 같이 일시적인 것이 아니라, 그것이 제도화됐다는 점이 그 특징이라 할 수 있다. 우선 8월을 전후해 680여 명에 달하는 언론인이 해직 내지 투옥되었다."[8]

송건호는 이어서 1980년 이후 언론 상황이 변질된 모습 다섯 가지를 더 제시한다. 전파 미디어의 국유화 조치, 지방주재 기자제 폐지와 지방주재 기자 대량 해고, 유신정권에서 생긴 프레스 카드제의 존속 강화와 새로 홍보조정실 신설 강화, 정부기관으로 홍보조정실홍보정책실로 개칭 설치, 문공부지금의 문화체육관광부 소속의 언론연구원 신설 등이다.

모두 언론을 통제하거나 약화·유착하기 위한 수단이다. 송건호는 이를 강하게 비판한다. "정부 주장대로 정부나 언론— 국민—은 한배에 타고 있는 것이 사실이다. 그러므로 배가 침몰하면 다 망한다는 것도 이해할 수 있다. 그래서 언론은 언론의 독립이니 자유니 떠들지 말고 정부를 돕는 동참언론이 되라는 것이다. 하지만 이것은 논리의 왜곡이다."[9]

송건호는 당시의 신문과 신문기자들이 정부의 완전한 통제를 받는 상황이지만, 이에 대해 저항 한번 제대로 못 한다고 질타한다.

1964년 공화당 때 한일협정 조인을 앞두고 '신문윤리위원회법'이 제정된 바 있으나 언론계가 총궐기 반대한 결과 당시의 공화당 정권은 마침내 이 법의 시행을 보류한 바 있다.

그때는 언론이 이렇게 자유와 독립을 위해 저항정신에 불타 있었는데 지금은 그때에 비해 몇 배나 언론통제가 심한데도 더욱이 뒤에 언급하겠지만 '언론기본법'같이 언론사상 유례를 볼 수 없는 가공한 언론통제법이 있는데도 언론 독립이나 자유를 주장하는 신문을 볼 수 없으니 실로 놀라운 일이 아닐 수 없다. 그러면 그 이유는 무엇인가?[10]

이어 그 이유를 들려준다. 먼저, 언론기업이 권력을 위해 시녀가 되었다는 점을 지적한다. 언론기업주로서 언론자유와 독립을 주장하는 사람이 거의 없다고 말하며, 사주의 비굴한 자세와 사주가 다른 기업에 손을 대면서 권력의 눈치를 보거나 유착관계를 맺는 현실을 비판한다. 두 번째 이유는 직접 들어보자.

둘째는 언론자유나 독립을 주장하고 운동한 기자들을 포함해 680명의 기자들이 대량 해고되었다는 것이다. 언론의 독립과 자유를 위해 투쟁할 만한 기자들은 1980년 8월에 거의 다 축출된 것이다.

75년 봄 유신치하에서 동아·조선·한국 등의 신문사에서 추방된 기자들까지 합치면 9백 명에 가까우며 그간 몇몇이 복직이 되었다고는 하나 아직도 8백여 명이 해직된 채 그대로 남아 있다. 이들의 복직이 논의될 때도 있었으나 그때마다 당국은 회사에서 알아서 해결하라고 발뺌을 하고 있다. 해직시킨 것이 누군데 신문사에서 알아서 처리하라는 것인가.[11]

송건호가 지적한 전두환 정권 시대의 언론 비판은 40여 년이 지난 오늘의 시점에서 그대로 적용해도 어색하지 않다. 다른 분야는 몰라도 적어도 족벌신문과 전두환 정권 시대처럼 관영화된 일부 방송매체는 문제점을 그대로 안고 있기 때문이다.

오늘의 한국언론이 사회에 온갖 해악을 끼치고 유언비어를 나돌게 하여 사회불안을 조성하고 진실보도를 하지 않으며 권력에 영합해 진실을 왜곡, 과장, 편파보도, 은폐를 일삼고 그래서 독자대중의 지탄을 받고 민주주의 발전을 저해하고 있다는 악평이 드는 것도 그 가장 큰 원인의 하나가 바로 언론인이 아닌 기업주에게 일방적으로 편집권을 독점시키고 있기 때문이다. 기자들이 지탄의 대상이 되고 있는 것도 책임의 일단은 기업주가 져야 한다.[12]

송건호는 이 글에서 독자국민에게 주고자 한 메시지의 방점을 '반론권'에 찍었다. 그 내용도 직접 들어 보자.

민주주의 사회에 있어서 언론에 대한 독자 대중이 가지는 '반론권'에 대해 한마디 하고자 한다. 만약 독자들은 언론이 독자를 무시하고 정도를 이탈하여 왜곡, 편파, 과장, 은폐 보도를 일삼는다면 이제까지와 같이 일방적으로 당하고만 있지 말고 그러한 언론사를 규탄, 항의하고 구독과 시청을 거부하는, 민주주의 사회에 있는 '반론권'을 행사해야 할 것이다. 언론이 권력 있는 줄만 알고 독자를 무시하며 독자에게 횡포를 부린다면 반론권이 마땅히 발동되어야 한다.

언론은 민주주의의 핵심이며 생명이다. 민주주의가 살아 있느냐 죽었느냐의 기준이 되는 척도가 바로 언론이다. 그러므로 독재권력일수록 언론의 독점적 지배를 포기하지 않을 것이다. 바로 그렇기 때문에 국민 대중도 민주화운동이란 바로 언론자유를 위한 투쟁이라는 것을 명심해 주었으면 좋겠다.[13]

19. 국민 주주의 《한겨레신문》 창간 주역

6월 항쟁의 산물로 태동

1987년 6월 항쟁은 정치적으로 박정희18년와 전두환7년 군부 독재가 25년간 구축한 단단한 기득권 세력의 장벽을 뚫지는 못했다. 정권 교체의 열망이 그 어느 때보다도 뜨겁고 가능성도 높았으나 투표 결과는 노태우의 어부지리 당선이었다. 관권과 공권 동원, 천문학적인 자금 살포, 보수언론의 편향 보도의 영향이 컸다.

이것들보다 더 큰 결정적 원인은 김영삼, 김대중, 백기완으로 쪼개진 야당의 분열이었다. 야권 후보 단일화 실패는 우리나라 현대사에서 가장 결정적 장면으로 꼽을 만큼 뼈아픈 대목이었다.

6월 항쟁으로 헌법이 개정되고 사회 전반에 어느 정도 민주화가 찾아오는 등 적지 않은 성과를 얻었다. 이런 변화의 물결에도 바뀌지 않는 것이 있었다. 정치권력을 비롯하여 '유신→5공'으로 이어져 온 기득권 구조는 여전히 흔들림 없이 굳건했다. 특히 민주화에 검찰·사법부와 더불어 가장 역행적 행태를 보여 왔던 제도언론도 마찬가지였다.

정권교체와 민주화에는 실패했으나, 6월 민주항쟁이 뜨겁게 불타오를 때 그 속에서 또 하나의 생명이 자라고 있었다. 국민 주주 형식으로 탄생할 《한겨레신문》이라는 새싹이었다.

《한겨레신문》은 1980년대 한국사회가 만들어 낸 가장 탁월한 걸작품의 하나라고 할 수 있다. 자유언론·민족언론에 대한 간절한 국민적 소망이, 단편적인 소망으로 그치지 않고 조직화·집단화되어 불가능으로 보이던 국민신문을 현실화시켰던 것이다. 《한겨레신문》의 창간 및 발행은 이 시대 사회운동의 가장 놀라운 전형을 보여 준다는 점에서 역사적인 사건이다.[1]

새 언론기관의 창간 문제는 6월 항쟁 이전부터 동아투위와 조선투위, 80년 해직기자들 사이에서 줄기차게 논의되어 온 사안이었다. 이들이 중심이 되어 발족한 민주언론운동협의회언협는 1985년 여름에 기관지 《말》 창간호에서 이런 내용을 이미 밝힌 바 있었다.

1987년 9월 23일에 열린 새 신문 발의자 총회에서 사인하는 송건호(가운데 펜을 들고 있는 사람).

　「새로운 언론기관의 창설을 제안한다」라는 제언에서 "우리는 지금 전개되고 있는 '민중언론시대'의 요청에 따라 새로운 언론기관의 창설을 제안한다. 새로운 언론기관은 한마디로 민중의 현실과 의사를 대변할 뿐만 아니라 민중이 스스로의 힘으로 창설하는 언론기관이 될 것이다"라고 선언했다.

　'새로운 언론기관'의 구체적인 내용을 조금 더 들어 보자.

　　새로운 언론기관은 기존 언론기관이 개인 또는 소수의 언론기업들에 의해 독립적으로 소유되고 있는 것과는 달리 참다운 민주언론을 갈망하는 모든 민중들이 출자하여 스스로의 힘으로 자신의 표현기관을 창설하는, 그리하여 민중이 공동으로 소유하고 움직이는 그런 민중의 표현기관이 될 것이다.

그동안 이 땅의 언론은 언론기관을 영리추구, 돈벌이 수단으로 생각하는 소수의 기업가에 의해 독점적으로 소유되어 왔을 뿐만 아니라 그 언론기업과 자신이 지배체제 자체였던 까닭에 막중한 책임을 갖고 있는 사회적 공기公器로서 반민중적 세력의 자의에 방치되어 왔으며 그들의 언론폭력 앞에 민중 또한 무방비 상태로 방치되었다. 이와 같은 언론의 반역사성·반민중성이 이제 부정·타파되지 않으면 안 된다는 것이 우리의 믿음이다.[2]

언협이 출범과 함께 이렇듯 새로운 민주언론 창설을 목표로 내걸었다. 다만 5공 독재정권의 폭압이 계속되는 상황에서는 이 목표가 실현될 여지가 없었다. 그러던 차에 6월 항쟁이 벌어지면서 민중의 역량은 그만큼 커지고, 새로운 민주언론을 기대하는 국민의 여론도 높아졌다.

언협에서 활동한 해직기자들은《말》을 디딤돌 삼아 종합일간지 창간을 꿈꾸었다. '지하 매체'로는 성이 차지 않았다. 불법 잡지를 이끌었던 성유보 언협 사무국장, 박우정·홍수원 편집장, 이근영·한승동·권오상·정의길 기자 등은 나중에 한겨레 창간에 고스란히 합류한다.

　1970년대 후반 이래 새 신문 창간에 대한 공감대는 더 강해지고 더 넓어졌다. 1980년대 중반에 이르러 새 언론의 편집방향과 소유 구조에 대한 구체적 제안까지 나왔다. 불법 매체나마 해직기자들이 직접 만드는 새로운 매체의 가능성도 시험했다. 해직기자들이 중심이 된 자유언론은 한겨레 창간의 토양이 됐다. 그러나 가장 중요한 문제가 남아 있었다. 집단의 선언과 개인의 공상 속에 흩어져 있는 종합일간지의 꿈을 어떻게 현실에 옮겨 놓을 것인지 답해야 했다.[3]

　이런 토양에서 새 신문 창간의 씨앗은 1987년 6월 항쟁의 공간에서 착실하게 움트고 있었다. 민주 세력이 12월의 대통령 선거를 준비할 때 송건호, 리영희, 임재경, 이병주, 정태기, 김태홍 등은 새 언론을 창간하는 데 몰두했다. 그중 핵심은 정태기였다.

　《조선일보》 해직기자 출신인 정태기는 바쁘게 움직였다. 언협에서 함께 활동하는 언론계의 선배들과 자주 만나 신문 창간의 구체적 방안을 논의했다.

　정태기는 7월 초에 리영희, 이병주, 임재경 등을 만났다. 인쇄, 판매, 광고 쪽 전문가들을 만나 기초 자료를 수집한 뒤였다. 정태기는 이들에게 새 신문 창간 구상을 내비쳤다. 리영희가 크게 찬성했다. 이병주는 온 국민이 한 주씩 갖는 국민주 캠페인을 제안했다. 임재경은 송건호 등을 만나 해직기자 차원으로 논의를 확산하자고 제안했다.

뒤이어 정태기는 송건호와 김태홍을 만났다. 이들에게 창간 작업의 전면에 나서 달라고 요청했다.

1987년 7월 중순, 서울 마포의 언협 사무실에서 회의가 열렸다. 송건호, 임재경, 윤활식, 성유보, 신홍범, 김태홍, 박우정, 고승우, 정상모 등 10여 명이 참석했다. 이들은 이 자리에서 새 신문 창간에 뜻을 모으고 구체적 계획을 입안하기로 했다. 김태홍에게 초안을 맡겼다.[4]

송건호는 신문사를 뛰쳐나온 이래 기회 있을 때마다 독립언론의 필요성을 절감했다. 이와 관련해 평론을 쓰거나 강연할 때면 이를 피력하곤 했다.

1978년 7월 어느 날, 서울 성북구 상지회관에서 '자유언론'을 주제로 하는 세미나가 열렸다. 송건호는 천관우, 한완상 등과 함께 연사로 참석했다. 이 자리에서도 역시 그는 새 시대의 새로운 신문 창간의 필요성을 제기했다.

이날의 토론 내용을《동아투위 소식》은 다음과 같이 전했다.

우리는 한밤 끝의 여명을 예감하면서 말하고 싶은 자는 누구나 말하고 듣고 싶은 자는 누구나 새 시대의 언론을 예비한다. 새 시대는 언론에 대한 모든 법적·제도적 제한이 철폐되고 민중의 언론이 제도화될 것이다. 이래서야 비로소 민주 민족 언론이 꽃피게 될 것이다.[5]

씨앗이 살아 있으면 아무리 척박한 땅이라도 뿌리를 내리고 움을 틔운다. 군부독재를 거치면서 이 땅의 씨알들은 제도언론의 패악을 똑똑히 지켜보았다. 진정한 민주·민족언론이 얼마나 중요한지 절감하게 되었다. '다행히' 군사정권과 제도언론에서 추방된 양심적 기자들이 수백 명이나 거리에서 떠돌고 있었다.

새 신문 창간의 주역

송건호가 모색하던 새 신문 창간이라는 시대적 과업이 젊은 동지들 손에서 조금씩 무르익고 있었다. 줄탁동시啐啄同時라고 할까. 새 신문의 창간 작업은 낙타가 사막을 걷듯이 뚜벅뚜벅 그러나 쉼 없이 이어졌다. 힘든 과정이었으나 포기할 수 없는 길이었다.

새 신문 창간 논의의 최초 단계에서 송건호·리영희·임재경·이병주·정태기·김태홍 등이 뜻을 함께한 것은 의미심장하다. 송건호와 리영희는 당시 환갑을 전후한 나이였다. 두 사람은 각계각층의 존경을 받으며 민주세력의 정신적 지주 노릇을 해 왔다. 언론인 이전에 실천하는 최고 지성의 표상이었다.

정태기는 조선투위 위원장, 이병주는 동아투위 위원장을 맡아 각각 75년 해직 세대를 이끌었다. 두 사람은 한동안 본격적인 기업인의 길을 걸었다는 점에서도 닮아 있었다. 김태홍은 80년 해직기자 세대를 대표하는 인물로 언협 창립을 주도했다. 80년대 자유언론운동의 실질적 지도자였다. 1980년 한국일보에서 해직된 임재경은 정태기·이병주·김태홍의 열정을 송건호·리영희의 이성 위에 올려놓는 가교 역할을 하기에 가장 적합한 인물이었다. 이들은 70·80년대 자유언론운동의 정통성과 대표성을 한 몸에 안고 있었다.[6]

송건호도 새 신문 창간 작업에 발 벗고 나섰다. 전인미답의 길이기에 수많은 난관이 앞을 막았다. 가면 갈수록 첩첩산중이었다. 대선을 앞둔 시점이어서 아직 새 시대는 열리지 않았을 때였다. 다시 보수반동 세력이 노태우 민정당 대선후보의 주변에 포진했다. 언론계도 별반 다르지 않았다.

《한겨레신문》 창간 작업이 한창일 때 한 월간지가 「푸른바위 송건호의 언론사」라는 제목으로 취재 기사를 실었다. 송건호는 현직에서 물러난 뒤 10여 년 만에 처음 월간지와 인터뷰를 가졌다.

송건호를 취재한 기자는 자유기고가 임경민이었다. 그는 병상에 누워 있는 송건호를 처음 보았을 때 고개가 갸우뚱거려졌다고 한다. 기사는 다음과 같이 시작한다.

사람 얘기 쓴다는 건 참으로 어려운 노릇이다. 냇가에서 펄펄 날뛰는 고기를 잡아 망태기에 집어넣는 일이 어디 그리 쉬운 일이던가. 꼭 그짝이다. 더욱더 청암 송건호를 아는 이들을 만나 본즉 이 생각은 백번 옳았다. 하나같이 "좋은 분이시다," "선비시다"는 거다. 그 말 말고는 없다. 사람 얘기를 쓰자면 어느 정도 굴곡이 있고 모가 있어야 재미있게 엮어 갈 수 있는 법이다. 그러나 이처럼 듣기 좋은 소리 일변도이고 보면 취재 과정이나 쓰는 과정이 자연 난감할 수밖에 없다.

이대부속병원으로 향했다. 최근 전립선에 이상이 생겨 입원, 수술하셨다는 가족들의 전언이 있었다. 803호 병실 문을 밀치고 들어섰을 때 거기엔 참으로 해맑은 조선 민둥산 하나가 조용히 잠든 듯 두 눈을 지긋이 감고 있었다.

"저분이?" 필자의 고개가 자기도 모르게 저절로 갸우뚱거려진다.

'불가사의'란 단어가 언뜻 뇌리를 스친다. 맑다. 자신의 얼굴만 맑은 게 아니라 주위 배경까지도 모조리 환하고 맑다. 환갑을 막 넘은 노인네의 얼굴이 그렇다. 인물대사전을 들춰 거기 한 유명한 유학자의 캐리커처를 보고 있는 듯한 착각에 빠져든다. 참 '과거지향적'이다. 청암의 얼굴은 자꾸만 과거로 되돌아가고 있었다. 어린 시절로 어린 시절로, 그리고 조선시대로 조선시대로.[7]

임경민은 그의 맑디맑은 얼굴보다 저같이 해맑은 백면서생을 내란음모 사건에 연루시킨 권력의 폭압성에 더 놀랐다고 한다. 기사는 이어서 새 신문 창간 준비에 여념이 없는 송건호의 근황과 '비화'를 소개한다.

《한겨레신문》 일에 매달리고 있는 청암은 어쩌면 이 일이 자신의 일생에서 이 나라 언론을 위해 몸을 불사를 마지막 기회라고 생각하고 있는지 모른다. 일전에 청암은 모 신문 주필로 있는 분에게 자신의 팔자를 점쳐 본 적이 있는 모양인데 그 점괘가 '식소사분食小事奔'으로 나왔다 한다. 글자 그대로 '얻어

1987년 10월 30일 한겨레신문 창간 발기선언대회에 참석한 함석헌과 함께. 함석헌 뒤로 문익환 목사의 모습도 보인다.

걸리는 것이 없이 몸만 바쁘다'는 뜻일 터인데 송건호가 사는 모습을 보면 그 주필이란 분 참 '용하다'는 생각이 든다.[8]

송건호는 새 신문 창간발기위원장으로 추대되었다. 역경 속에서도 실무 책임을 맡은 후배들과 치열하게 준비 작업을 서둘렀다. 마침내 1987년 10월 30일, 서울 명동 YWCA 대강당에서 전·현직 언론인과 각계 인사 1천여 명이 참석한 가운데 한겨레신문 창간 발기선언대회를 열었다.

신문 제호로는 '민중신문', '자주민보', '민주신문', '독립신문'

등이 거론되었다. 여론조사도 하는 등 충분한 논의를 거쳐 '한겨레신문'으로 확정했다. 우리말 제호인 '한겨레신문'이 새 신문의 성격이나 이념에 가장 잘 어울린다는 데 의견이 모였다.

창간발기위원장으로서 송건호는 제호 후보 중에서 '독립신문'을 지지했다. 권력과 자본으로부터 독립된 신문이라는 창간 지향을 잘 드러낸다고 생각해서였다. 그러나 다수가 이는 조선 말기의 《독립신문》과 겹친다는 의견을 내놓았고, 송건호는 이 의견을 받아들였다.

송건호와 창간 주역들은 이날 대회를 앞두고 「한겨레신문 창간발기선언문」을 작성했다. 이 선언문은 곧 새 신문의 '출생신고서'였다. 그 요지는 다음과 같다.

오늘 우리는 언론사상 유례를 찾아보기 어려운 범국민적인 모금에 의한 새 신문의 창간을 내외에 선언합니다.

우리는 지금 나라와 민족의 역사를 새로이 열어야 할 중대한 전환점에 서 있습니다. 자유와 인간의 기본권을 유린해 온 오랜 독재체제를 청산하고 사회 구석구석에 만연되어 있는 비민주적인 요소들을 제거하여 국민이 주인이 되는 진정한 민주화를 실현시키고 분단을 극복하여 민족의 평화통일을 성취해야 할 중대한 과업을 우리는 안고 있습니다. 우리는 또한 왜곡된 민족경제를 재건하고 민중의 생존권을 확보하여 생활의 향상을 이룩하는 한편, 사회정의를 실현하고 민족정기를 바로잡아 오늘의 이 병든 사회를 치유하여 건강한 사회로 바꾸어 놓아야 할 시급한 과제를 안고 있습니다. 표현의 자유 속에서 참다운 민족문화를 꽃피게 하는 한편 비뚤어진 교육을 바로잡아 인간의 자주성과 창조성을 발휘케 할 수 있는 민주교육체제를 이루는 것 역시 우리가 성취해야 할 주요 과제입니다.

우리가 한 세기에 가까운 언론의 역사를 두고서도 이제 새 신문을 창간하고자 하는 것은 이 같은 민족적 역사적 과제가 참된 새로운 언론을 어느 때보다도 시급히 요구하고 있기 때문입니다.

오늘 우리는 새 언론의 창간을 통해 지금의 제도언론이 갖는 이 같은 구조적 결함을 극복하고자 합니다. 이것을 위해 첫째 요건은 기존의 언론처럼 몇 사람의 사유물이 되거나 권력에 예속되지 않게 해야 하는 것입니다. 그러기 위해서 우리가 책정한 창간기금 50억 원을 나라의 민주화를 염원하는 모든 사람의 참여로써 이룩하여 문자 그대로 국민이 주인이 되는 신문을 만들고자 합니다.

신문이 걸어야 할 정도를 지키기 위해 우리는 권력이 요구해 올지도 모를 부당한 간섭을 거부하고, '국민의 신문이며 신문인의 신문'이라는 주인 의식을 가지고 공정하고 신중하게 그러나 용기 있게 국민을 위해 진실 보도를 할 것입니다. 우리는 이 한겨레신문이야말로 민주주의 사회에서 언론의 정도를 걷는 참된 신문임을 보여 주고자 합니다.[9]

《한겨레신문》 창간 발기인에는 각계 인사 3,317명이 참여했다. 사회원로 24명도 별도로 '창간 지지 원로 성명'을 통해 격려했다.

창간 지지 원로 성명

새 신문 창간에 성원 바랍니다.

우리는 70년대 중반부터 80년 초에 이르기까지 언론계의 일선에서 자유언론을 실천하려다 온갖 고난과 박해를 당한 사람들이 새 신문을 만들기로 했다는 소식을 듣고 자못 반가운 마음이 들었습니다.

새 신문은 기존의 신문과는 달리 돈 많은 사람들의 지배를 받지 않고 권력의 간섭에서도 벗어나려고 국민 여러분의 땀이 묻은 돈으로 살림을 시작하기로 했다고 합니다. 이는 일찍이 언론의 역사에서 없었던 일입니다.

바른 소식을 애타게 기다리는 국민의 갈증을 해소시키고 국민의 알 권리를 충족시켜 줄 새로운 신문의 출현이 절실히 요구되고 있습니다. 이번에 첫걸음을 내딛는 새 신문은 국민이 알아야 할 것을 알리고 비판해야 할 것을 제대로 비판해서 우리의 이러한 소망을 들어줄 것으로 확신하며, 이들의 이 역사적인 작업이 열매를 맺을 수 있도록 각계의 대표들과 시민 여러분이 새 신문에 적극 참여하시고 이 신문을 아끼고 키워주시기를 간곡히 부탁드립니다.

창간 지지 원로 24명
김관석 김수환 김옥길 김정한 김지길 문익환 박경리 박두진 박형규 박화성 변형윤 성내운 송월주 윤공희 이돈명 이우정 이태영 이효재 이희승 조기준 지학순 함석헌 홍남순 황순원[10]

세계 언론 역사상 국민모금으로 설립된 신문은 《한겨레신문》이 처음이다. 1988년 2월 25일 국민주주 5만 9,000여 명이 낸 창간기금 50억 원이 종잣돈이 되었다. 같은 해 9월 발전기금목표 100억 원 모금에 나서고, 이듬해인 1989년 5월 15일 창간 1주년에는 목표액을 초과한 110억 원을 무난히 모금했다. 이로써 신문사 설립의 물적 기반을 갖춘 셈이었다.

한겨레신문 창간 발기선언대회(1987년 10월 30일).

　기금 모금에는 송건호의 역할이 적지 않았다. 평생 올곧게 살아오면서 정론을 쓰고 역사의 바른 방향을 제시해 온 것이 각계 원로는 물론 저명인사들과 일반 국민에게 신뢰감을 보여 주었다. 원로와 명사들의 발기인과 기금 모금에 참여는 송건호의 존재가 크게 작용했다.

　《한겨레신문》의 창간을 지켜본 언론인 박근애는 해직기자들의 '대부'인 송건호의 역할이 핵심이었다고 말했다. "새 신문을 만드는 일에 대선에서 쓰라린 좌절감을 맛본 사람들의 기대가 주식 사기로 나타나기 시작했는데 그 구심이 청암이었던 것이다. 이른바 제도권 언론이라 싸잡아 부를 수 있을 만큼 언론이 권력에 종속되어 있는 상황에 넌더리를 내던 사람들에게 이 새 신문은 청신한 돌파구였다. 그것은 그 이름이 갖는 상징성만으로 사람들에게 희망을 품게 할 수 있었던 청암 때문이었다. 해직기자들이 만드는 신문, 그리고 청암은 해직기자들의 '대부'였다. 실로 한겨레신문이 세상에 얼굴을 내밀 수 있었던 이면에는 청암의 '구실'이 거의 전부라 해도 지나친 말은 아닐 것이다."[11]

아무리 목적이 좋고 시대적 사명에 부합하더라도 역시 100억 원이 넘는 기금을 모으는 일은 쉽지 않다. 송건호는 밤낮을 가리지 않고 이 일에 매달렸다.

새 신문 창간을 주도하며 정신없이 힘을 쏟을 때 송건호의 몸에 이상 신호가 왔다. 전립선이 문제였다. 수술을 피할 수 없었다. 1987년 가을에 그는 이대부속병원에서 수술을 받았는데, 수술 결과는 다행히 좋았다. 그래도 의사는 과로하지 말라고 당부했다.

의사의 당부는 병원을 나서면서 그의 머릿속에서 사라진 듯했다. 그는 무슨 일을 맡으면 온갖 노력을 쏟아붓는 성격이었다. 언제 아팠냐는 듯 퇴원하자마자 그는 곧장 새 신문 창간 준비를 위해 다시 동분서주했다.

《한겨레신문》 대표이사로 추대

모금운동이 한창 진행 중이던 1987년 12월 14일, 안국동 한식집에서 《한겨레신문》 창립총회가 열렸다. 이 자리에서 임원을 선출했다. 대표이사에 송건호, 편집인에 임재경이 선임되었다. 정태기와 이병주가 상임이사가 되고, 김정한과 이돈명, 홍성우는 비상임이사로 선임되었다. 김인환, 성유보, 권근술, 신홍범, 김태홍은 비등기이사로 선임되었다.

그다음 날 서울민사지방법원에 법인 설립 등기를 마쳤다. 이로써 새 신문사의 법적 실체가 만들어졌다.

《한겨레신문》 창간에는 해직기자들뿐만 아니라 제도언론의 현직 기자 24명도 참여했다. 이들은 소속 신문사와 방송, 통신사에 실망하면서 월급이 반으로 줄어드는데도 새 신문사 입사를 망설이지 않았다.

신입 기자 공채1기에는 8,000여 명이 응시했다. 당시 새 신문에 대한 국민의 염원이 얼마나 뜨거웠는지 알 수 있었다. 공채 1기로 수습기자 23명과 수습사원 10명이 뽑혔다.

새 신문 《한겨레신문》의 대표이사사장가 된 송건호는 책임이 무거웠다. 그는 언론인이고 논객이고 연구가였지 경영자로서는 이력이 별로 없었다. 그동안 《말》의 발행인으로 활동해 왔지만, 소규모 잡지와 종합일간지의 경영은 비교한다는 건 어불성설이었다. 이런 이유를 들어 대표이사직을 여러 차례 사양했다. 그의 생각과 달리 새 신문의 주역들은 '상징성'을 들어 그를 대표이사로 추대했다. 결국 송건호도 이를 시대적 사명으로 생각하며 받아들였다. 송건호의 생애에서 신문사 사장의 제4기는 이렇게 막이 올랐다.

국민적 열망을 담아 새 신문사가 모양을 갖춰 나갈 때 또다시 고난의 먹구름이 밀려왔다.

새 신문의 모든 법적 요건을 마치고 관련 서류를 제출했는데, 관할세무서에서 일간지 등록증을 발급해 주지 않았다. 정권은 바뀌었으나 여전히 군사독재의 후예인 노태우 정권이 발목을 잡았다.

제도권 언론과 유착해 온 권력자들에게 해직기자가 중심이 되어 만든 새 신문이 지향하는 방향은 보지 않아도 뻔한 일이었다. 이를 두려워한 정권은 문공부를 움직여 일간지 등록증을 교부하지 않았다. 실정법으로는 법적 요건을 갖추면 신청 즉시 등록증을 발급해 주게 되어 있었다. 그럼에도 정부는 실정법을 무시하면서까지 일간지 등록증 교부를 거부했다. 생각지 못하게 창간 예정일은 계속 늦춰졌다.

창간 예정일이 2월에서 3월로, 다시 5월로 늦춰졌다. 등록증이 나오지 않아 신문용지 구입 계약, 윤전기 도입 계약, 지사 설치 계약 등 모든 업무의 진척이 더뎌졌다. 양평동 사옥, 명동성당, 문공부, 세종문화회관 앞 등에서 한겨레 사원들이 시위를 벌였다. 노골적인 언론자유 탄압이라며 정부 당국을 규탄했다.

한겨레 임원진은 결단을 내렸다. 정부의 허가만을 마냥 기다릴 수는 없었다. 4월 18일, 이사회를 열어 1988년 5월 15일을 창간일로 확정하고 소식지 등을 통해 이를 안팎에 공표했다. 등록증 발급이 더 늦어질 경우 전 국민적 투쟁을 벌이겠다고 경고했다. 그런 싸움에 이골이 난 사람들이 한데 뭉친 판이었다. 두려울 게 없었다.

사뭇 분위기가 험악해지려는 데 4월 25일 정기간행물 일간지 등록증이 나왔다. 등록신청 석 달 만이었다. 실은 3월 중순에 송건호 등 이사진이 문공부 장관을 찾아갔을 때 들은 이야기가 있었다. "우리가 허가를 안 내줘도 당신들은 그냥 법 무시하고 신문을 낼 거 아닙니까. 5월 발행에 지장이 없도록 등록증 내 드리겠습니다."[12]

1988년 5월 15일, 《한겨레신문》 창간호 발행인 송건호 가 세상에

《한겨레신문》 창간호를 보는 송건호와 김대중.

나왔다. 창간호는 정확하게는 5월 14일 오후 4시에 15일 자로 발행되었다. "1975년 군사정권의 탄압 이후 13년 만에 해직기자들이 주도해 만들었다. 범국민적 모금운동이 시작한 지 반년 만이었다. 사상 첫 국민주주 신문이었다. 유일무이한 자유 언론이었다."[13]

창간호는 50만 부를 발행했다. 오랫동안 송건호와 언협 동지들의 염원, 여기에 새로 입사한 젊은 기자들의 재기발랄한 기획 기사가 36면에 걸쳐 가득 담겼다.

창간 논설위원인 리영희, 정운영, 조영래를 비롯해 김수환, 김대환, 김낙중, 김지하, 김진균, 박형규, 백낙청, 송월주, 이부영, 이오덕, 황석영, 이기영의 글과 고은의 축시, 장일순의 휘호, 이철수의 판화 등이 지면을 장식했다. 창간호가 나오는 날 송건호와 사원들은 각계 민주인사들과 인쇄소 앞에 모여서 감격의 환호를 터뜨렸다.

송건호는 경건한 마음으로 창간사를 썼다. 여러 날 구상했던 내용이었다. 한 사람이 평생 살면서 신문을 창간하고 또 창간사를 쓰는 일은 보통 행운으로는 불가능한 일이었다. 그만큼 부담도 컸다. 내용이 길지만 그의 창간사를 다시 들어 보자.

한겨레 창간사

우리는 떨리는 감격으로 오늘 이 창간호를 만들었다. 세계에서 일찍이 유례를 찾아볼 수 없는 국민 모금에 의한 신문 창간 소식이 알려지자 그간 수십 명의 외신 기자들이 찾아왔고, 우리 역시 억누를 수 없는 감격으로 전혀 새로운 신문의 제작에 창조적 긴장과 흥분으로 이날을 맞이했다.

한겨레신문의 모든 주주들은 결코 돈이 남아돌아 투자한 것이 아니요, 신문다운 신문, 진실로 국민 대중의 입장을 대변해 주는 참된 신문을 갈망한 나머지 없는 호주머니 돈을 털어 투자한 어려운 시민층이므로 이 신문은 개인 이익에서 벗어나지 못하는 재래의 모든 신문과는 달리 오로지 국민 대중의 이익과 주장을 대변하는 그런 뜻에서 참된 국민 신문임을 자임한다.

이와 같은 점을 염두에 두고 우리는 다음과 같은 원칙에서 앞으로 새 신문을 제작하고자 한다.

첫째, 한겨레신문은 결코 어느 특정 정당이나 정치세력을 지지하거나 반대하는 것을 목적으로 하지 않을 것이며, 절대 독립된 입장, 즉 국민 대중의 입장에서 장차의 정치·경제·문화·사회 문제들을 보도하고 논평할 것이다.

왜 이 같은 점을 강조하느냐 하면 지금까지 거의 모든 신문들이 말로는 중립 운운하면서 현실로는 언제나 주로 권력의 견해를 반영하고, 한때는 유신 체제를 지지하다가도 전두환 정권이 들어서자 어느새 유신을 매도하고, 새 시대 새 질서를 강조하고, 노태우 정권이 들어서자 일제히 이제까지 우러러 모시던 전 정권을 매도하는, 하룻밤 사이에 표변하는 자주성 없는 그 제작 태도야말로 사회 혼란을 조장하는 지극히 위험한 언론으로 보지 않을 수 없기 때문이다.

우리가 특별히 야당 여당 할 것 없이 어떠한 정치세력과도 특별히 가까이하지도 않고, 특별히 적대시하지도 않고 오로지 국민 대중의 이익과 주장만을 대변하겠다는 이유가 여기에 있는 것이다.

재래 신문사의 많은 언론인들이 이렇게 표변하는 까닭은 그 원인을 그들의 윤리도덕에서 찾을 것이 아니라 오늘의 한국 언론기업의 구성이 이미 순수성을 잃고 독립성을 상실하고 있기 때문이다.

한겨레신문이 정치세력 앞에 공정할 수 있는 힘은 무엇보다도 신문사의 자본 구성이 국민 대중을 바탕으로 삼고 있기 때문이다.

우리는 한겨레신문이 정치적으로 절대 자주독립적임을 거듭 밝히고자 한다.

둘째, 한겨레신문은 절대로 특정사상을 무조건 지지하거나 반대하지 않을 것이며, 시종일관 이 나라의 민주주의 실현을 위해 분투 노력할 것이다.

우리는 오늘의 현실에서 크게 벗어나지 않는 범위 안에서 사상적으로 자유로운 입장임을 거듭 밝힌다. 한겨레신문이 이 사회에 민주주의 기본 질서를 확립하고자 하는 염원 외에는 어떠한 사상이나 이념과도 까닭 없이 가까이하거나 멀리하지 않을 것을 밝히고자 하는 것이다.

그간 우리나라는 일부 정치군인들이 쿠데타로 정권을 탈취, 고도성장이 되면 될수록 오히려 사회불안이 조성된다는

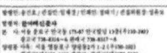

《한겨레신문》 창간호 1면.

지극히 위험한 상황에 놓여 있다.

　반항적인 민중이 경제성장이 되면 될수록 더욱 거세게 저항하는 이유가 여기에 있음을 간과해서는 안 된다.

　이제까지 집권자들은 이러한 불안정을 경제정책의 민주화로 개혁할 생각은 없고, 안보를 강조하여 반항하는 민중을 탄압하는가 하면 한편에서는 각종 구실로 언론자유를 억압하여 정보를 독점하고, 그 뒤에서는 권력을 휘둘러 부정과 도둑질을 자행하여 당대에 천문학적인 치부를 하는 것이 이제까지 우리나라의 권력의 일반적 행태였다.

자유롭고 독립된 언론은 따라서 권력의 방종과 부패를 막고 국민의 민권을 신장하여 사회 안정을 기할 수 있는 가장 믿을 수 있는 운동이랄 것이다.

이 나라의 민주화는 남북 간의 관계개선을 위해서 특히 동족의 군사대결을 지양하고 통일을 이룩하는 데 있어 절대적인 조건이 될 것이다.

치부를 위해 광분하는 자일수록 남북 간의 군사대결을 필요로 하고, 그럴수록 안보를 강조하고, 정보를 독점하여 독재를 지배하는 것이 이제까지 이 나라의 독재정권의 특징이기도 했다.

따라서 민주화는 남북문제의 해결에 불가결의 조건이 되나 한편 남북관계의 개선은 민주화를 위해 불가결의 조건이 된다는 것을 깨달아야 한다. 민주화와 남북관계의 개선을 떼어서 생각할 수 없는 한 가지 문제의 표리를 이루고 있다는 것을 깨달아야 한다.

남북통일문제는 전 민족의 이해관계와 직결된 생사가 걸린 문제로서, 어느 누구도 이를 독점할 수 없으며, 이런 뜻에서도 민주화는 기필코 실현되어야 한다.

한겨레신문은 따라서 이 나라에 이제까지 이데올로기로서만 이용되어 온 민주주의와 자유로운 언론을 실현하기 위해 앞장서 노력할 것이다.

신문사에서 자기 봉급의 절반도 안 되는 수입을 감수하고, 참된 신문 기자가 되어 보겠다고 기성 타 신문사에서 옮겨온 야심적인 기자들이 수십 명에 달하고, 다른 어느 신문사보다도 치열한 경쟁을 뚫고 합격한 유능한 수습사원들이 수두룩하고, 그리고 온갖 어려움을 무릅쓰고 십여 년간 신문다운 신문을 만들어 보겠다고 온갖 고난을 참고 오늘까지 견뎌 온 수십 명의 해직 기자들이 중심이 되어 제작에 참여하고 있으므로, 한겨레신문의 등장은 틀림없이 타성과 안일 속에 젖어 있는 기성 언론계에 크나큰 충격과 파문을 일으켜 한국 언론에 하나의 획기적 전기를 가져올 것으로 믿어 의심치 않는다.

한겨레신문의 3만 명에 달하는 주주들은 참된 신문을 만들어 보겠다는 일념으로 가난한 호주머니를 털어 투자를 했다. 그러나 이와 같은 염원은 오늘날 4,000만 전체 국민 대중의 꿈이지 어찌 한겨레 주주들만의 꿈이겠는가.

한겨레신문은 실로 4,000만 국민의 염원을 일신에 안고 있다 해서 과언이 아니다. 따라서 한겨레는 기성 언론과는 달리 집권층이 아닌 국민 대중의 입장에서 나라의 정치·경제·사회·문화를 위에서가 아니라 밑에서 볼 것이다. 기성언론과는 시각을 달리할 것이다.

5월 15일 창간일을 맞아 밤잠을 설치고 창간 준비에 심혈을 바친 300여 사원들의 노고를 만천하의 독자들에게 알리며, 참된 언론을 지향하는 한겨레신문에 뜨거운 격려와 성원을 보내주시기를 손 모아 빌고자 한다.[14]

송건호는 《한겨레신문》을 이끌면서 두 가지 원칙을 분명히 했다. '절대로 신문 제작에 간섭하지 않는다'와 '사람을 추천하는 등 인사에 관여하지 않는다'라는 원칙이었다. 그는 이 원칙을 끝까지 지켰다.

그는 또 편집국장을 기자들이 직접 뽑도록 했다. 당시 편집국장은 사장이 임명하는 것이 언론사의 관례처럼 되어 있었다. 이 관례를 깨고 편집국장 선임 권한을 기자들에게 돌려주었다. 당시에는 유례가 없는 파격적인 일이었다.

13년 만에 언론 현장으로 돌아온 송건호는 《한겨레신문》을 '독립언론'으로 발전시키고자 노심초사했다.

그가 처음에 우려한 대로 신문사 경영도 쉽지 않았다. 해직기자들과 각 언론사에서 모여든 구성원들은 모두 개성이 강했다. 사내의 위계나 질서가 잘 잡히지 않았다. 동아투위와 조선투위, 영남과 호남 등 출신에 따라 생각이 다르고, 이념적 지향도 조금씩 차이가 있었다.

송건호는 이처럼 다양하고 이질적인 내부 구성원들을 인격과 겸양, 포용, 그리고 사심 없는 공정한 경영으로 융합하면서 이끌었다.

고승우 80년 해직언론인협의회 공동대표는 오늘날 《한겨레》가 있을 수 있었던 것은 송건호가 회사를 민주적으로 운영했기 때문이라고 했다. "송 선생은 경영자로서도 단지 이상주의자라고만 할 수 없는 탁월한 점이 있었다. 평생을 일관해 오신 대로 가장 민주적인 방식으로 회사를 운영해 아랫사람들에게 전폭적인 자율권을 주었기 때문에 그나마 한겨레신문이 발전할 수 있었다고 본다. 그분이 만약 다른 사람들처럼 독단적이고 독재적인 방식으로 회사를 운영하고 자기 사람을 심는 등 회사를 장악하려고 했다면 오늘의 한겨레가 있을 수 있겠느냐."[15]

"참된 신문 만들기 위해 노력할 터"

《한겨레신문》이 노태우 정권의 방해로 창간이 지연되고 있을 때였다.《말》은 3월 15일에 송건호와 인터뷰하고, 새 신문의 지향점과 운영방침 등을 물었다. 송건호가 물러나고 김태홍이 《말》의 발행인을 맡고 있었다.

인터뷰 기사의 제목은 "참된 신문 만들기 위해 노력할 터"였다. 기사의 주요 내용은 다음과 같다.

• 선생님이 말씀하시는 참된 신문은 어떤 것을 말하는지요?

 – 참된 신문은 다수 국민이 알아야 할 것은 꼭 알리고, 다수 국민의 입장에서 바람직하지 못한 것은 비판하는, 즉 소수인을 위해서가 아니라 국민 절대다수 사람들이 원하는 것을 보도하고 논평하는 신문입니다. 또 외부의 간섭을 받지 않고 보도·논평하는 참된 구실인데, 이제까지 신문은 이것을 못 하고 있습니다.

• 주변에서는 한겨레신문이 자본금이나 광고 등에서 기존 매체들과 경쟁이 어렵지 않겠느냐는 시각이 있습니다. 이러한 문제들은 앞으로 어떻게 타개해 나가실 작정이십니까?

 – 광고주들은 사상적으로 정치적으로 이념을 갖고 있는 것이 아니라 장삿속이기 때문에 한겨레신문에 광고를 내는 것이 유리하다고 판단할 때는 탄압이 있어도 광고를 할 것입니다. 다만 한 가지 한겨레신문에 광고를 주지 않도록 음성적인

압력이나 작용은 할 수 있겠죠. 그러나 우리는 한겨레가 순풍에 돛을 단 듯이 발전할 것이라 기대하기는 어려워도 노력을 통해 한겨레신문을 발전시킬 수 있다고 희망적인 전망을 하고 있습니다.

• 현재 제도언론 기자들은 어떻게 보면 이 사회에서 특권층이라고 볼 수 있습니다. 그런데 절대다수 국민의 입장을 대변할 것을 표방하는 한겨레신문은 이와는 다르리라 생각합니다. 기자들에 대한 처우는 어떻습니까?

－ 국민에게 모금한 돈으로 신문을 만들고 있는데 월급을 많이 줄 수는 없지요. 한겨레신문의 발행인인 내가 받고 있는 봉급이 다른 기성언론 신입사원의 초봉만도 못해요웃음. 35만 원이 기본입니다. 그런데 한 가지 놀라운 것은 다른데서 1백50~2백만 원 받던 사람들이 여기 와서 30~40만원 받고 일하는 사람도 있어요. 제도권 언론에서 1백~1백50만 원 받던 사람이 35만 원 받는 사람도 있습니다.

• 촌지에 대한 원칙은 있는지요.

－ 촌지는 절대 받지 않습니다. 이것은 강화도 연수과정에서 한겨레신문 윤리강령의 하나로 제시되었습니다. 촌지를 받고 기사를 허위·날조·은폐하면 응분의 처분을 받을 것입니다. 촌지를 안 받으면 처음에는 촌지를 받는 다른 언론사들로부터

상당히 고립되고 취재에 지장이 있을 것은 예상하나, 시간이 지나면 없어질 수 있을 것입니다. 왜냐하면 우리 운동이 비록 고립된 운동이지만 올바른 운동이기 때문에 많은 기자들이 우리에게 동조해 올 것으로 봅니다.[16]

《한겨레신문》에 닥친 시련

《한겨레신문》이 진보적 고급지를 표방하고, 노태우 정권의 비리를 폭로하고 노동자 권익 등 소외계층의 권익보호에 앞장서면서 보수 일색인 언론 풍토에 새바람을 불러일으켰다. 국민의 지지는 뜨거웠고 발행 부수는 예상을 뛰어넘었다.

유신과 5공 체제를 거치면서 보수언론과 유착해 온 노태우 정권과 보수세력은 《한겨레신문》의 비판적 보도 기능에 적잖이 불편해했다. 그러자 이 새 신문의 뜻밖의 인기에 찬물을 끼얹기 위해 빌미가 될 만한 일을 찾는 데 혈안이 되었다. 그들의 그물망에 논설고문 리영희 교수의 북한 취재 기획이 걸렸다.

노태우는 1988년 7월 7일에 이른바 '7·7 특별선언'을 통해 남북 간 평화공존 원칙을 밝혔다. 정치인과 경제인, 언론인 등 남북 동포 간의 상호 교류를 적극 추진한다는 내용도 들어 있었다. 이에 따라 《한국일보》, 《중앙일보》, 《조선일보》가 미주지

사 소속 기자들을 평양에 특파하여 평양발 기사를 지면에 실었다.

《한겨레신문》은 겨레의 자주적 평화통일을 내세워 온 창간 정신에 따라 북한 취재 방안을 준비했다. 리영희가 그 책임을 맡았다.

리영희는 일본으로 건너가 《세카이世界》 편집장을 지낸 야스에 료스케를 만났다. 그에게 북한 김일성 주석과 인터뷰를 주선해 줄 것을 요청했다. 료스케는 북한을 네 차례나 방문했고, 그때마다 김주석과 인터뷰한 언론인이었다. 당시는 도쿄에서 미나미 서점의 상무를 맡고 있었다. 리영희는 오래전부터 료스케와 교분이 있었다.

《한겨레신문》 방북 취재 기획은 차질 없이 진행되었다. 그러던 중 갑자기 이 기획이 준비 단계에서 중단되는 위기를 맞았다. 1989년 3월 25일에 문익환 목사 일행이 전격적으로 평양을 방문했는데, 이 사실이 알려지면서 정부가 이전까지의 태도를 바꾸었다. 다른 일간 신문들과 정주영 현대그룹 회장의 방북까지 허용했던 노태우 정권은 갑자기 공안 정국으로 몰아갔다.

공안합동수사본부는 4월 12일 새벽에 리영희를 자택에서 끌고 갔다. 14일에는 임재경의 집에 들이닥쳐 편지와 책 등을 압수하고 임재경을 끌고 갔다. 이어서 편집위원장 장윤환의 가택

수색과 신문사 편집실에 전화를 걸어 장윤환의 임의동행에 응할 것을 요구했으나《한겨레신문》은 이를 단호히 거부했다.

정부는 리영희 등이 반국가단체의 수괴를 찬양·고무하고, 사전허락 없이 반국가 단체의 지배 아래 있는 지역으로 탈출을 예비 음모했으므로 국가보안법 6조 5항을 위배했다는 이유를 들었다.

《한겨레신문》은 문익환 목사 방북 사건 등으로 인해 방북 취재 준비를 중단하고 있다가 갑자기 신문사 최고 간부들이 구속되는 사태를 당하게 되었다. 4월 20일에는 신문사에서 장윤환과 정태기가 국가안전기획부 요원들에게 임의동행 형식으로 연행되어 갔다.

《한겨레신문》 임직원들은 '민주언론수호결의대회'를 열고 성명서를 통해 정부의 언론탄압 행위를 규탄했다. 4월 14일부터 일주일 동안 양평동 사옥에서는 송건호 대표를 비롯하여 전 사원이 철야 농성을 벌였다. 140개 시민·민주단체들이《한겨레신문》을 지원하고, 정부의 부당한 언론탄압을 규탄하는 성명을 발표했다. 양평동 사옥에는 수많은 시민·독자·민주단체 회원들이 방문하여 격려했다. 전국언론노동조합연합, 한국기자협회 등 언론단체와 기존 언론사 노조에서도 정부의 폭거를 규탄하고《한겨레신문》을 지지하는 성명을 발표했다.

《한겨레신문》압수수색을 규탄하는 기자회견.

　《한겨레신문》과 노태우 정권이 팽팽하게 대결하던 6월 28일, 평민당 소속 서경원 의원의 평양 방문 사실이 뒤늦게 밝혀졌다. 공안정국은 더욱 서슬푸르게 전개되었다. 김대중 평민당 총재가 검찰에 강제 구인되고, 서경원과 인터뷰한《한겨레신문》윤재걸 기자가 방북 사실을 알고도 신고하지 않았다는 이유로 구속되었다. 심지어 윤 기자는 입원 중이던 병원에서 끌려갔다. 국가보안법상 불고지죄에 해당한다는 이유였다.

　《한겨레신문》은 7월 3일 비상대책위원회를 구성하고 밤샘 농성에 들어갔다. 송건호는 정권의 탄압에 끝까지 싸우자며 사원들을 격려하며 함께 밤을 지새웠다.

　노태우 정권은 이 기회에 아예《한겨레신문》을 말살시키려는 태도로 나왔다. 7월 12일 오전 7시, 안기부 수사요원 70여 명, 전투경찰 450여 명, 사복 체포조 300여 명 등이 신문사에 들어와 쇠망치와 전기톱을 이용해 2층 철문을 부수고 편집국에 난입했다.

한국은 물론 세계 언론사에도 일찍이 유례가 드문 폭압이었다. 안기부 수사과장과 영등포경찰서장이 현장을 진두지휘했다. 신문사에 난입한 사복 체포조는 닥치는 대로 임직원들을 붙잡아 끌어내고 편집국 서류함을 뒤졌다. 신문사 사옥은 흡사 전쟁이 휩쓸고 간 전쟁터나 다름없었다.

긴급임원회의, 비상대책회의 등이 열리고, 내외신 기자 회견을 겸한 '언론자유유린 규탄대회'가 열렸다.

노태우 정권의 《한겨레신문》 탄압은 끈질기고 집요했다. 편집국 압수수색 뒤에도 전국에 있는 독자들의 성향과 지국 실태 등을 안기부 전국의 분실을 통해 조사하고, 광고주도 협박했다.

구독자 성향, 구독자의 계층별·연령별 현황, 독자 반응, 현지 여론, 보급소의 인적 구성, 운영자금 조달 방법, 창간 이후 변동 사항, 지역 주재 기자의 성향 및 취재 활동, 특이 동향, 정기구독 부수, 가두 판매 부수 등 21개 사항을 일일이 파악해 보고하도록 지시했다. 안기부 요원들은 각 시·군과 경찰 등을 동원해 정보를 모았다. 일부 요원들은 신분을 숨기고 한겨레 지사에 직접 전화해 관련 정보를 캐묻기도 했다. 한겨레는 1989년 10월 9일 치 지면에 이 사실을 폭로했다.[17]

정부의 야만적 탄압은 역설적으로 《한겨레신문》의 위상을 높이고 독자를 늘리는 데 크게 도움을 주었다. 탄압이 저항과 국민의 성원을 불러일으켰기 때문이다.

야만적 탄압이 새 신문의 위상을 높이다

1987년 6월 항쟁 직후의 유화 국면에서 노태우 정권은 《한겨레신문》 창간을 마지못해 허락했다. 그러다가 대선이 끝나자마자 노골적인 탄압작전으로 태세를 전환했다.

《한겨레신문》은 1989년 내내 안기부와 싸웠다. 자유언론을 수호하기 위해서 한 치도 물러서지 않았다. 그런 과정에서 국민은 신문을 더 믿고 더 크게 응원해 주었다.

1989년 한 해 동안 정기독자만 6만여 명이 더 늘었다. 새 사옥과 고속 윤전기 마련을 위해 1988년 10월부터 발전기금 모금운동을 벌이고 있는데, 안기부의 탄압이 시작된 1989년 4

월부터 모금액이 폭발적으로 늘었다. 초창기 하루 5,000만 ~7,000만 원을 오르내리던 모금액은 한겨레 탄압 사태 직후부터 하루 1억~2억 원으로 급상승했다. 100억 원을 목표로 했던 모금은 1989년 6월에 끝났다. 모두 119억 원이 모였다.[18]

송건호는 1989년 신년호 《말》에 「위대한 89년 새해를 맞이하며」라는 시론을 썼다. 언협 고문과 《한겨레신문》 발행인 자격으로 쓴 글이었다.

지금껏 부패한 군사통치를 지지해 온 미국이 이제 민주주의 실현만이 자국의 이익에 부합된다는 생각으로 달라진 점도 간과할 수 없다. 민중의 자각이 그만큼 저변 확대되고 군사독재를 지지해 온 미국에 대한 광범한 반미운동의 확산은 그들로 하여금 지금껏 안이한 대한정책에 커다란 반성의 기회를 주었다는 점도 88년의 크나큰 수확의 하나다. 새해에는 대북정책에도 획기적인 한 해가 될 것이 예상된다.

반공이데올로기에 자승자박되어 있던 한국의 대북관계도 괄목할 만한 진전이 예상된다. 내외로 한국의 운명이 이제까지의 안이한 정체상태로부터 변화와 발전의 새 시대로 들어갈 것이다.

89년이라는 새해는 이같이 발전적인 변화도 예상되는 한편 40년간 이 땅에서 기득권을 지키고자 하는 냉전 이데올로기 편승세력도 필사적인 저항을 시도할 것으로 보인다. 아마 그들의 최후 저항에 89년에는 어떤 형태로든지 분출되리라고 예상된다. 때로는 '반공'이라는 간판 아래 또는 '안보' 논리를 내세우거나 혹은 안정희구라는 간판 아래 기득권의 유지에 반격을 시도할는지 모른다.[19]

송건호의 이런 예상이 현실로 나타났다. 1988년에 올림픽이 치러지고 그 공간에서 민주세력은 다양한 사회민주화를 추구했다. 호시탐탐 역전을 노리던 수구세력은 문익환, 임수경, 서경원 등의 방북을 빌미로 공안정국을 조성하고, 아직 준비 단계에 불과했던 방북 취재 기획을 빌미 삼아《한겨레신문》을 폭압적 수법으로 탄압했다.

송건호는 1989년 새해에는 민주화가 크게 진척될 것으로 내다봤으나 현실은 거꾸로 돌아갔다. 다만 이런 시국에서 국민의 성원으로 오히려《한겨레신문》은 민족·민주언론의 존재성이 부각되고 독자가 늘면서, 역사의 진보를 믿어 온 송건호에게는 큰 희망이자 위로가 되었다.

그해 말에 계간《사회와 사상》은 제15호 1989년 11월에서「자본가의 신문은 국민대중의 편에 설 수 없다」라는 제목으로《한겨레신문》의 '송건호 사장'을 인터뷰한 기사를 실었다.

"언론운동의 중심으로서《한겨레신문》, 그 다양한 구성의 한 주체로서 언론인 송건호의 생각"을 들어 보는 인터뷰의 주요 대목은 다음과 같다.

• 《한겨레신문》이 지향하는 바를 요약해서 말씀해 주시지요.

 – 첫째는 민족통일에 대해서 긍정적이고 민주주의를 옹호하되, 우리가 추구하는 민주주의는 보수적이 아니라 진보적이고 다수의 대중을 위하는 그런 것입니다. 기존 언론은 권력의 입장, 자본가의 입장, 가진 자의 입장에 섭니다. 그러나 우리는 국민대중의 입장에서 보도·논평합니다. 이런 입장에 서는 《한겨레신문》을 권력이나 자본가들은 용공적이다, 좌경적이다 하는 모양인데, 근본적으로 잘못 보고 있는 것이지요.

• 선생님 자신의 민족통일관을 듣고 싶습니다.

 – 통일이 뭐 그리 꼭 필요하냐는 사람들이 있습니다. 이들은 기득권자들입니다. 우리의 통일은 전쟁을 해서 이룩할 수도 없는 것이고, 선거를 통해서는 현실적으로 더욱 불가능합니다. 선거에 진 쪽이 승복하지 않을 것입니다. 결국 양쪽의 체제를 존중하는 통일을 해야 합니다. 좀 더 구체적으로 말하

면 남북의 기득권을 존중할 수밖에 없다는 겁니다. 현재 남한 정부는 유엔에 동시 가입해도 좋다고 봅니다. 소련과 우크라이나가 유엔에 동시 가입하고 있습니다. 그러나 그것은 조건부입니다.

동시 가입하되 대내적으로는 하나로 얽어매야 한다는 겁니다. 상호의 체제와 기득권을 존중하는 얽어맴입니다. 대내적으로나 대외적으로 모두 따로따로 하면 영구분단입니다. 동시 가입하되 그러나 외국군과 핵무기를 철수하고 평화협정을 남북이 체결해야 합니다. 냉전적 이데올로기를 강요하는 제도적 장치를 없애고, 상호 자유롭게 방문하게 해야 합니다. 국제연합이 되든 연방제가 되든, 무엇이 되려고 하면 제1조건으로 외국군이 나가야 합니다. 그래야 민족 자주적으로 민족문제를 풀어 나갈 수 있습니다. 북한의 통일정책도 사실은 상호의 기득권을 존중하자는 것이지요. 북한의 연방제란 대외적으로는 하나로 하고 대내적으로는 따로따로 하자는 것이니, 이건 분명히 기득권을 존중하자는 것 아닙니까.

• 한 지도적인 언론인으로서 선생님은 지금 우리 사회에서 가장 시급하게 해결되어야 할 과제를 무엇이라고 보십니까?

– 분단극복입니다. 우리의 모든 불행의 원인은 분단으로부터 옵니다. 나는 1945년 이후 우리 민족사회가 해야 할 세 가

지 과제를, 일제 식민잔재의 청산, 민족자주독립국가의 수립, 민주주의의 실현이라고 생각하고 있습니다. 남북의 군사대결로 인해서 민족사회의 엄청난 에너지가 낭비됩니다. 친일파가 득세하고 외세 추종주의자들이 활개를 치는 현상이 벌어져 민족의 양심이 파괴되고 있습니다. 분단이데올로기로 인해 학문의 자유가 억압됩니다. 군사대결 체제는 국민을 일사분란하게 동원함으로써 민주주의가 꽃피지 못하고 있습니다. 동족에게 총부리를 대면서 우리를 지배했던 일본과 공동 군사훈련을 생각합니다. 이 모든 반역사적이고 반민족적인 것이 분단으로 합리화됩니다. 지금 젊은이들이 힘차게 통일운동을 펼쳐 내고 있는 것은 기성정치인이나 권력자들에게 민족문제·통일문제를 더 맡겨 둘 수 없다고 생각하기 때문입니다. 나는 지금 계급문제도 중요하다고 생각하지만 분단극복문제가 더 시급하다고 확신합니다.

• 75년 동아일보사 사태로 언론계 일선에서 떠나 재야저술가로 활동하시다가 국민의 힘으로 만들어진 신문사의 사장이 되셨는데, 그 소감이 어떻습니까.

– 나는 이렇게 살다가 죽을 수밖에 없다는 단념도 하고 또 각오도 했습니다. 나는 반통일적이고 반민족적·반민주적이라는 구호적인 말을 사실은 싫어합니다. 구호가 아니라 한 기자

로서 구체적으로 설명하려고 합니다. 자유언론을 갈망하는 국민들의 힘이 《한겨레신문》을 만들어서 나를 대표로 앉혔는데, 나에게는 새로운 삶의 출발이자 한 언론인으로서 생의 마지막을 민족과 사회에 봉사할 수 있는 기회로 생각하고 있습니다.

• 지금은 《한겨레신문》의 발행인 겸 편집인이 되어 다르겠지만, 사람들은 선생님을 재야인사 또는 운동가로 보기도 하는 것 같습니다만, 직접 뵙게 되면 투사적인 모습이라곤 전혀 없는 듯한데요.

– 나는 천성적으로 투사가 될 수도 없고 운동가도 될 수 없습니다. 나는 가만히 놔두었으면 평범한 신문기자로 늙어 죽을 사람입니다. 이 경우 없는 시대가, 이 더러운 세상이 나를 가만히 놔두질 않고 재야운동가로 만들었습니다. 나는 본의 아니게 투사라면 투사가 되었습니다. 나를 처음 보는 사람들은 당신이 정말 송건호냐고 물어요. 그렇다고 하면 의외라는 표정입니다.[20]

20. 20세기 최고 언론인, 펜을 영원히 놓다

'편집권 독립' 약속을 지키다

"인내와 노력 이 두 가지만 있으면 이 세상에 못 할 일이 없다. 인내야말로 환희에 이르는 길이다." 송건호가 일선 기자 시절부터 취재 수첩 첫 장에 빼놓지 않고 적는 안중근 의사의 어록이다. 해마다 수첩이 바뀔 때도 어록은 바뀌지 않았다.

이 어록은 송건호의 생활신조이기도 했다. 타고난 재능이나 우수한 두뇌보다는 인내와 노력으로 언론의 정도를 걸어 정상에 이르렀고, 연구를 거듭하여 적지 않은 논문과 저서를 발행했다. 잡기는 물론 사교술도, 언변도 뛰어나지 않아서 끊임없이 인내하고 노력하면서 오로지 한 길을 걸었다.

송건호는 《한겨레신문》 운영 기본방침을 편집권 독립과 자율에 맡겼다. 어디까지나 담당자들에게 자율성과 책임을 맡기고 자신은 상징적 위치에서 관리했다.

한겨레신문을 운영해야 할 나의 방침은 '편집권 독립'을 존중하여 일체 신문제작에 간섭을 하지 않는 일이었다. 모여든 기자들도 신문다운 신문을 만들고자 결심한 젊은이들이 많았다. 신문사의 제작에 불만을 품은 외부에서는 주로 나에게 전화를 걸어 자기주장을 했으나, 나는 이와 같은 사실을 편집진에게 알리지 않고 내가 모두 그들의 비난을 받았다. 그들은 한겨레신문도 다른 신문사와 같이 사장 마음대로 신문 제작을 할 수 있다는 생각이었던 것 같다.

나는 한겨레신문의 경영구조가 다른 신문사와 달리 주주가 6만 명이 넘고 또 모여든 기자들이 거의 전부 언론자유를 갈망하고 있기 때문에 철저하게 자유를 존중하여 신문제작은 당사자들의 판단에 맡겼다. 따라서 모든 사원들에게 자기 일을 누구의 간섭도 받음이 없이 자율적으로 해결토록 했다.[1]

송건호는 신문의 정치적 중립을 위하여 재야 민주인사들의 모임에도 되도록 참석하지 않았다. 오로지 신문사가 발전하는 데 열과 성을 다했다. 창간호부터 50만 부를 발행했는데, 이후 발행 부수는 이 수준을 유지했다. 소자본의 신생 신문이 짧은 시간에 이런 부수를 발행하는 건 결코 쉬운 일이 아니었다.

송건호는 일요일이나 쉬는 날이면 어김없이 집에 틀어박혀 글을 썼다. 여기저기서 원고 청탁과 강연 요청도 잦았다. 13년 만에 다시 시작한 직장 생활이었다. 오랜 세월 꿈꾸어 왔던 독립언론의 수장으로서 또 다른 의미로 치열하게 하루하루를 보냈다. 쓰고 싶은 글도 쓰고, 하고 싶은 말도 할 수 있어서 더없이 행복한 시간이었다. 1975년에 신문사를 떠난 뒤에 모처럼 안정감을 느껴 보는 시기이기도 했다.

부끄러운 지식인의 모습 비판

송건호는 오랫동안 '지식인' 문제에 관심이 많았다. 1989년 6월에 『한나라 한겨레를 향하여』풀빛라는 평론집을 펴냈는데, 여기에 실린 「지식인론」에서 한국 지식인의 행태를 강하게 비판한다.

이승만 이후 계속 이어진 독재정치와 분단 상황이 낳은 지식인의 기회주의적 속성을 비판하고, 미국 중심이 된 '유학형' 지식인의 행태에 분노한다.

선진국 특히 미국에서 사회과학의 훈련을 쌓고 돌아와 정부 요직에 앉은 사람들은 후진국에 있어서의 '위기'가 왜, 어떻게, 어디에서 생기는가에 대해서 뚜렷한 인식을 하지 못하고 위기 속에서도 오히려 미래를 낙관한다.

이들은 정부가 어떤 성격의 정부냐라는 점에 별반 관심을 가지지 않는다. 묘하게도 이러한 점에는 무감각하게 보이고, 따라서 그들의 권력 참여는 위기를 극복하거나 부패를 시정하기 위한 것이 아니라 한몫 참여하는 것으로 만족하는 듯이 보인다. 때문에 이런 유의 지식인이 정치에 아무리 많이 참여해도 위기나 '부정부패'는 시정되지 않고, 오히려 해를 거듭할수록 심화되어 간다. 이들은 자기가 몸에 지니고 있는 학문적 능력을 필요로 하는 권력이 있다면, 그 정권이 어떤 성격의 것이냐는 특별히 관심의 대상이 되지 않는 것 같다.[2]

송건호는 한국의 지식인을 보호색 속에 자기의 본심을 감추는 지식인이 8%, 현실 비판적 지식인이 10% 이하, 현실 긍정적인 참여 지식인이 10% 정도 될 것으로 분석한다. 아무 권력에나 참여하는 무뇌 지식인과 함께 보호주의적 또는 기회주의적 지식인이 문제라고 일갈한다.

유신 8년간 이 체제의 이데올로기를 지지, 옹호·찬양한 지식인은 헤아릴 수 없이 많았으나 일단 박정희 대통령이 사살되자, 손바닥을 뒤집듯 어제까지의 지지 태도를 버리고, 유

송건호 평전

거리에서 《한겨레신문》을 홍보하는 송건호(가운데 안경 쓴 사람).

신을 비난하는 것이 이른바 유신참여 지식인들의 태도였다.
10·26 후 그들 중 누구 하나 유신 체제를 옹호하는 자가 없었
다. 6년이 지난 오늘날까지 한때의 유신 학자 중 단 한 사람도
유신 체제를 변론하는 사람이 없었고, 내가 언제 그랬느냐는
듯이 유신을 비난하고 '새 시대'에 편승하기에 바쁜 그들을 볼
때 우리나라에 있어 지식인 풍토의 일단을 보여 주는 것 같다.[3]

'유신 지식인'만 그런 것이 아니었다. 자유당 때 이승만과 이
기붕을 예찬했던 이른바 '만송족 지식인', 4월 혁명을 찬양하다
가 5·16 쿠데타 정권에 기생한 '5·16파 지식인', 전두환 5공 체

제를 지지했던 '5공 지식인'들의 속성이 서로 다르지 않았다. 언론인들도 마찬가지였다.

송건호는 서울에서 특파원으로 오랫동안 취재 활동을 한 일본 기자 가마타謙田光登의 글을 인용하여 부끄러운 유신 지식인들의 행태를 조명한다.

마지막으로 내가 납득할 수 없는 일로 생각된 것은, 박 대통령이 죽은 뒤 그를 따라 순사殉死한 자가 한 사람도 나타나지 않는다는 사실이다. 수많은 정부 요직 인사들 가운데 박정희 씨에의 절대충성과 그 신임을 자랑스럽게 말하는 사람이 많았으며, 심지어 저세상까지 박정희 씨와 행동을 같이하겠다고 공언하기를 주저하지 않던 자들의 이름을 원하면 밝혀도 좋다고 생각한다. 그러나 실로 슬픈 일이 아닌가. 어제까지 마치 제왕을 모시듯 머리를 조아리고 충성을 맹세하던 자들이 일단 독재자가 죽자, 그 순간부터 입을 다물고 심지어 비판적인 언사까지 늘어놓으며 보신에 급급한 그 꼴이란! 순사를 못 할 바에야 차라리 스스로의 손으로 자기의 불알을 까고 산속에 들어가 다시는 이 세상에 모습을 나타내지 않으면 어떻겠는가.

일찍이 신라의 대학자 최치원은 신라가 망하자 산중에 들어가 다시는 이 세상에 모습을 나타내지 않고 죽었다고 전해지고 있는바, 유신 체제 확립에 참여한 자들, 역시 솔선하여 물러서는 것이 민족에 대한 의무가 아니겠는가. 다른 나라로 부터 지조와 의리가 없는 민족이라는 비웃음을 받지 않기 위해서라도 말이다.[4]

한국전쟁 40주년에 민족통일방안을 제시

1990년은 한국전쟁이 벌어진 지 40주년이 되는 해였다. 이를 기리기 위해 《씨ᄋᆞᆯ의 소리》6월호는 '6·25 40주년에 생각한다'라는 특집을 마련했다.

1970년에 《씨ᄋᆞᆯ의 소리》를 발간한 뒤 이를 이끌어 온 함석헌은 1989년 2월 4일 새벽에 88세를 일기로 별세했다. 송건호는 《씨ᄋᆞᆯ의 소리》 편집위원을 역임하면서 함석헌을 가까이서 모셨다. 자연스레 그의 자유정신과 기개, 거침없는 글쓰기에서 많은 것을 배웠다.

함석헌이 사망한 뒤에 《씨ᄋᆞᆯ의 소리》는 고대 교수를 지낸 김용준이 발행인 겸 편집인을 맡아 발행했다.

한국전쟁 40주년 특집에는 노명식의 「6·25의 그 북침설에 대하여」, 홍근수의 「우리에게 6·25는 과연 무엇인가?」, 손규태의 「6·25와 남북 이데올로기 문제」, 최봉대의 「'한국전쟁'의 역

사적 위상」, 서광선의 「눈 속의 눈물―6·25 체험기」과 함께 송
건호의 「민족통일의 실마리를 푼다」가 실렸다.

송건호는 이 주제를 청탁받고 여러 날 동안 고심했다. 한때
남북적십자 자문위원으로 평양을 두 차례 방문하고, 기회 있을
때마다 남북 화해와 민족통일과 관련한 글을 쓰거나 강연을 했
다. 이런 노력에도 통일 문제는 조금도 진전되지 못했다. 오히
려 정권이 몇 번이나 바뀌어도 남북관계는 여전히 살얼음판이
었고, 독재자들은 정권 유지의 방편으로만 악용했다.

그래도 송건호는 현실을 외면할 수 없었다. 다시 이 주제로
펜을 든 이유를 다음과 같이 말했다.

입으로는 '통일, 통일' 하면서 분단된 지 45년이 지난 지금
까지 통일은 고사하고 남북 대립은 더욱 심화되어 민족의 화
해는 더욱 어려워져만 가고 있는 것 같다. 전쟁을 통하지 않고
통일은 도저히 안 될 것 같고, 일단 전쟁이 일어나기만 한다면
40년 전의 6·25 때보다 아마 10배 이상의 많은 국민이 죽을
것 같다. 어떤 명분으로도 통일을 하기 위해서 전쟁을 할 수
는 없게 되었다. 말로는 아무리 그럴듯하지만 현실적으로 힘
이 따르지 못하는 판에 대중을 주체로 하는 반공통일도 불가
능할 것 같고, 그렇다고 일부 사람들의 구태의연하게 주장하

는 반공통일도 실현할 힘이 없을 것 같다. 이대로 가다가는 남북 동족만이 고통받고 도저히 성공할 가망이 없어 보인다. 그래서 실현가능한 통일방안을 연구해 보자는 것이 이 글의 목적이다.[5]

먼저, 통일이 되지 않는 이유는 "통일을 필요하다고 생각하는 세력이 점점 줄어 가고 있기 때문이다. 오히려 분단 속에서 자기의 기득권을 유지할 수 있다고 생각하는 사람들이 형성되어 가고 있기 때문"이라고 분석한다. 이와 함께 "그들의 기득권은 분단을 전제로 형성되어 온 것이기 때문에 만약 통일이 된다면 분단을 전제로 쌓아 온 기득권이 위협을 받게 된다"[6]라며 기득권 세력의 행태를 통절하게 비판한다.

송건호는 원인 분석에 이어 민족문제 해결의 '실마리'를 다음과 같이 명쾌하게 제시한다.

남북 간에 이미 굳어진 체제를 우선 그냥 존속시키고 남북 문제를 해결해 보자는 것이다. 분단 속에서 서로 적대적인 기득권이 형성되어 있는 속에서 지금 남북 간에는 한반도 문제 해결방안이 상당히 상반되어 있다. 한국 쪽의 주장은 우선 UN에 따로따로 들어가자는 주장이다. 이에 대해서 북한은 따

로따로 들어가면 영구분단이 되기 때문에 절대 반대이며 UN
에는 하나로 들어가야 한다는 것이다. 남북이 다 같이 서로의
기득권을 존속시키자는 주장은 같다. 서로 대립된 문제에서
하나의 타협점을 찾아보자는 것이다. 즉 남북문제를 남북 주
장을 다 같이 받아들이면 어떻겠느냐는 의견이다.

　즉 UN에는 남쪽 안대로 따로따로 가입하되 남북을 대외적
으로 하나의 연합체를 형성하고 모든 외국군을 철수시키고 남
북이 평화협정을 체결하면 어떻겠냐고 하는 것이다. 구체적으
로 따지자면 여러 가지 문제가 많이 있겠지만 기본 줄거리를
이와 같이 세워 놓고 보면 합의 안 될 것이 없다. 남북이 평화
협정을 체결하는 마당에 미국 군대가 주둔할 필요는 없는 것
이고 더욱이 외국의 핵무기가 주둔할 필요는 없다. 한반도 문
제의 해결은 여기서부터 서서히 해결의 실마리가 풀려질 수
있는 것이다.[7]

　송건호의 '실마리'는 비록 체계적이지는 못하지만 상당히 가
능성이 있는 방안이다. 이 논문은 당시 정부는 물론 관계기관,
재야 쪽에서도 비중 있게 논의가 있었다고 한다.

　이 방안이 제시된 직후인 1990년 7월 20일에 노태우 정부는
「남북간의 민족 대교류를 위한 특별선언」을 발표했다. 9월 14

일에는 서울에서 남북고위급 회담이 열렸고, 9월 30일에는 소련과 국교를 수립했다. 이듬해 9월 17일에는 남북한이 유엔에 동시 가입했다. 송건호의 이런 통일방안은 뒷날 김대중의 3원칙 3단계 방안과 6·15 선언에도 적잖은 영향을 주었다.

계속되는 인물 연구, '홍사익 중장'

송건호의 인물 연구 작업은 치열하게 이어졌다. 1991년에는 홍사익이라는, 우리에게는 조금 낯선 인물을 소개했다. 홍사익1889~1946은 한국 출신 일본군 장성으로, 해방 이듬해 미군에 의해 전범으로 몰려 처형된 비운의 인물이다. 일제강점기에 수많은 한국인이 일본군에 입대했으나 중장에까지 올라간 사람은 홍사익이 유일하다.

송건호는 국사편찬위원회에서 발행한 《국사관논총》제28집에 「홍사익 중장의 평전」이란 제목으로 글을 썼다. 19쪽에 이르는 꽤 많은 분량의 글이다.

홍사익은 일본에 충성을 다한 일본군 출신 전범이고, 그에 관한 자료도 거의 없다시피 했다. 그럼에도 민족주의자 송건호가 언론사 대표이사로서 바쁜 시간을 쪼개서 홍사익에 관심을 두고 '평전'까지 쓴 이유는 무엇일까? 그는 "그에 대한 평가가 일제시대와 해방 후 시점에서 보는 판단이 크게 달라졌다는 것을 말하고 싶을 뿐"[8]이라고 한다.

홍사익은 조선 말기에 군인이 되기 위해 대한제국 육군 무관학교에 입학했다. 그러다가 대한제국 군대가 해산되고 일제에 의해 무관학교가 폐지되자 일본 육군 중앙유년학교일본 육군사관학교에 편입한 뒤 우수한 성적으로 졸업한다. 일본 최고 엘리트 부대였던 1사단 1연대에서 근무했다. 1920년에는 일본 육군대학에 입학한 뒤 역시 우수한 성적으로 졸업한다.

아무리 나라가 망했다고는 하지만 대한제국 무관학교 학도가 일본의 엘리트 군사 과정을 모두 거쳤다는 것은 그만큼 머리가 좋고 친일 성향도 강했다고 볼 수 있다.

3·1 혁명 뒤 일본 육군사관학교 출신이나 일본 육군대학 졸업생 중에는 일본군 부대를 탈출하여 독립운동에 참여한 사람이 적지 않았다. 노백린, 김희선, 이청천, 유동렬 등이 대표적인 인물들이다. 홍사익은 이들과 다른 길을 걸었다.

일제 말기에 홍사익은 필리핀 루손섬에서 연합군의 포로를 감시하는 총책임을 맡았다. 일제는 패망에 대비하여 포로수용소의 책임자와 간부들을 한국인 출신들에게 맡긴 상황이었다. 전후 전범 처리 재판에 대비해 치밀하게 세운 전략이었다.

일본이 항복한 직후에 미국 정부는 도쿄의 태평양사령부를 통해 일본 국내에 있는 전범 용의자를 체포했다. 확실한 자료와 근거에 따라 선별한 작업이었다.

그러나 지난날 일본이 점령했던 각지의 사정은 이와 달랐다. 일본군의 온갖 만행과 학대를 직접 체험한 원주민들이 독자적인 전범 처리를 주장하고 나섰다. 필리핀도 그 예외는 아니었다. 특히 필리핀은 곧 미국으로부터 완전 독립될 예정이었기 때문에 이들의 요구를 묵살할 수 없었다. 그 결과 필리핀에서의 전범재판은 미 서태평양 육군사령관 W. D. 스타이어 중장에게 위임되었다. 이에 따라 현지 전범재판이 열려 대장으로부터 하사관에 이르기까지 많은 군인들이 심판대 위에 섰다.[9]

필리핀 방면 군사령관 야마시타 대장, 죽음의 행군 명령자 후마 중장이 체포되어 처형되었다. 홍사익도 재판에 회부되었다. 이 소식이 국내에 전해지자 정당·사회단체에서 구명운동이 일어나고, 점령군 사령관 하지 장군에게 구명진정서가 전달되었다.

홍사익에 대한 재판은 1946년 3월 15일부터 3월 18일까지

4일간 마닐라에서 열렸다. 판사·검사·변호인 모두가 미국인이었다. 그의 재판기록은 영문 타이프 인쇄로 1,430페이지에 달하는 방대한 것인데 현재 동경 모처에 보관 중이라 한다. 이 기록과 본인의 변론을 토대로 하여 일본 쓰쿠바 씨가 집필한 「홍사익 중장의 사형」문예춘추, 1973년 8월호에 의하면 당시 검사가 열거한 죄상은 무려 107개 조에 달했다 한다. 그중 검사관이 강조한 것이 포로수용소의 기아, 의료시설의 불비, 실내 환경의 불량, 기타 일본병에 의한 구타·상해·강제노동·살해 또는 포로 수송 중에 있어서의 일본군의 발포 등이었다.[10]

홍사익은 검사들이 주장한 107개 조의 죄상 가운데 84개 조가 유죄로 인정되어 교수형이 선고되고 사형이 집행되었다. 남기고 싶은 말을 묻자 '진인사대천명盡人事待天命'을 써 보였다. 재판 과정에서 한국인의 특수한 정상은 전혀 참작되지 않았다. 형이 집행될 때 성서를 읽어 달라고 했다고 한다.

홍사익 중장은 이렇게 전범이라는 불명예를 씻지 못한 채 천추의 한을 품고 형장의 이슬로 사라졌다. 그때 그의 나이 57세였다.

그로부터 1년이 지난 1947년 6월 일본 외무성 중앙연락사무국으로부터 이미 고인이 된 홍사익의 유품이 유가족에게 전달

되었다. 그것은 홍사익이 평소 사용하던 손목시계, 담배 파이프, 안경, 수첩, 그리고 저금통장이었다. 이렇게 해서 홍사익의 생애는 끝이 났다.

57년간 그는 나서부터 죽을 때까지 민족의 원수 일본제국을 위해서 충성을 바치고 갔다. 본의이든 본의가 아니든 그는 친일파라는 비난을 면치 못할 것이다. 개인적으로 볼 때 그는 우수한 인간이었고 온후한 인격자였다는 호평을 받았다. 개인적으로는 이렇게 장점도 없지 않았으나 공인으로서는 친일파 민족반역자라는 비난을 면치 못하게 됐다. 그는 한국인으로서는 적국 일본군의 장성으로서 최고지위에 오른 사람이다. 일제 말기 그는 일본군에 편입된 수십만 한국군의 대표자로서 그의 일거일동은 그대로 한국인을 대표하는 것이 되었다.

그는 구한말 한국군의 한 사람으로 입대하여 후일 일본군의 장성으로까지 출세한 유일한 한국인으로서 비슷한 환경에 있던 그의 장인 이갑 씨를 비롯해 그의 선배 김광서·이청천 등 적지 않은 동료들이 조국의 광복을 위해 일본군을 탈주, 중국에서 항일 광복군에 투신하고 수 차례 걸쳐 홍사익 중장에게도 항일군에 함께 참여할 것을 비밀로 권유했으나 끝내 응하지 않고 최후까지 일본에 남아 침략전쟁에 협조하다가 전범으로 몰려 미 군사재판에서 처형되었다. 그의 평생은 본의 아니게 불명예로 끝났으나 개인적으로는 한 가닥 동정이 없을 수 없다.

한 분야의 지도급 인물이 된다는 것은 그만큼 어려운 일이며 일신의 안락을 위해서 본의 아닌 정도를 일탈해서는 안 된다는 교훈을 남겼다.[11]

송건호가 처음부터 끝까지 친일파로 남았던 홍사익의 평전을 쓴 것은 이 마지막 부분을 강조하기 위해서였을 것이다.

대표이사에 다시 선임되다

1991년 4월 26일, 송건호는 《한겨레신문》 대표이사에 다시 선임되었다.

12월 14일에는 그동안 건립해 온 새 사옥이 준공되어 마포구 공덕동의 새 사옥으로 입주했다. 3년여 셋집 생활을 마치고 단독 사옥에 자리를 잡게 되었다. 《한겨레신문》의 새로운 마포시대가 열렸다.

사옥이 신축되고 독자가 늘었으나 회사의 경영은 날로 어려워졌다. 신문사는 신문을 판매하는 수입구조보다 기업의 광고

1990년 2월 7일, 한겨레신문사 공덕동 새 사옥 기공식(왼쪽에서 넷째가 송건호).

로 운영된다는 것은 공공연한 사실이다. 《한겨레신문》은 다른 신문사들에 비해 광고 수입이 월등히 적었다. 만성적인 적자에 허덕일 수밖에 없는 구조였다. 사장을 비롯하여 기자와 직원들이 받는 급여는 다른 신문사의 절반 수준에도 못 미쳤다.

《한겨레신문》은 노태우 정권의 비정을 사정없이 파헤치고 재벌기업의 비리를 폭로했다. 그러다 보니 재벌은 권력의 눈치를 보면서 《한겨레신문》에 광고를 주지 않았다. 권력층의 암묵적인 '고사작전'도 작용했을 터였다.

송건호는 평생 누구에게 손을 벌리거나 부탁하지 못하는 성격이었다. 이런 성격에도 회사의 경영을 타개하고자 몇 차례

기업체를 방문했으나 차마 입이 떨어지지 않아 빈손으로 돌아오곤 했다. 그러던 중 정계에 지각변동이 일어났다.

1990년 1월 22일, 노태우의 민정당과 김영삼의 통일민주당과 김종필의 신민주공화당이 야합해 거대 여당인 민주자유당민자당을 만들었다. 이른바 이 '3당 통합'은 총선 민의를 배반한 정계의 지각변동이었다.

매머드급 거대 여당의 출범으로 5공 청산 작업은 지지부진해졌다. 노태우 정권은 막강한 힘을 배경으로 다시 공안통치를 시작했다.

학생과 노동자들은 이런 정권에 다시 거세게 저항했다. 1991년 4월 26일에 명지대생 강경대가 시위 도중 경찰에 맞아 사망하는 사건이 벌어지면서 항의시위가 전국으로 확산했다. 정부는 학생시위에 강경진압으로 맞섰다.

이는 결국 안동대생 김영균 분신 사망5월 1일, 경원대생 천세용 분신 사망5월 3일, 전민련 사회부장 김기설 분신 사망5월 8일, 전남 광주에서 정상순 분신 사망5월 22일 등으로 이어졌다. 이른바 '분신정국'이었다. 5월 25일에는 성균관대생 김귀정이 시위 도중 경찰의 폭력진압 과정에서 사망했다.

신공안정국에서 《한겨레신문》의 역할은 단연 돋보였다. 권력의 입장에서가 아니라 학생과 노동자들의 소리를 전했다.

1991년 3월 23일에는 전국 10여 곳에서 민정당원 또는 괴한들이 신문사 보급소에 들이닥쳐 횡포를 부렸다. 비판적인 기사를 트집 잡아 벌인 난동이었다.

《한겨레신문》의 정론은 경영 적자로 나타나고, 날이 갈수록 적자는 쌓여 갔다. 창간 첫해인 1988년부터 1993년까지 누적 적자는 약 48억 원에 이르렀다. 앞에서 말한 대로 권력의 작용과 재벌기업의 권력 눈치 보기로 인해 광고 수입이 적었기 때문에 빚어진 현상이다.

엎친 데 덮친 격으로 내부 분란까지 벌어졌다. 그 시작은 '편집국 인사 파동'이었다. 국민주주 6만여 명으로 구성된 《한겨레신문》은 대주주가 존재하지 않기에 그만큼 회사 경영상의 구심점을 갖지 못했다. 더욱이 송건호는 자율성을 존중하여 책임을 중간 간부들에게 맡겨 두었다.

그 결과 한겨레신문은 '정치권력과 자본으로부터 자유로운 독립언론'이라는 창간 이념에 맞는 자본구조를 갖게 되었지만, 앞서 말했듯이 만성적인 자금 부족에 시달리는 한편, 회사의 대표성과 경영권을 안정적으로 차출하고 유지하는 데 있어 취약점을 갖게 되었다. "한겨레는 온 국민이 주인이다. 고로 주인이 없다"는 회사발전위원회의 보고서는 한겨레의 특징을 압축적으로 표현하고 있다. 바로 이 점 때문에 한겨레는 창간 이후 상당 기간 동안 회사 운영을 둘러싸고 숱한 진통과 시행착오를 겪어야 했다. 언론민주화의 상징이었던 송건호가 훗날 쓸쓸한 퇴장을 한 이유도 바로 여기서 싹튼 것이다.[12]

《한겨레신문》의 기록과 송건호의 기록을 인용하여 당시의 상황을 간단히 살펴보자. 그 당시 자세한 내막은 《한겨레》1996년에 제호를 '한겨레신문'에서 '한겨레'로 바꿈가 창간 20돌을 맞아 편찬한 『한겨레 22년의 역사: 희망으로 가는 길』에 상세히 기록되어 있다.

소송이 진행되는 내내 송건호는 소를 제기한 주주와 그 때문에 혼란을 겪고 있는 신문사 사이에서 힘들어했다. 송건호는 한겨레 창간 때부터 두 가지를 염두에 두었다. 평소에도 주변 사람들에게 이를 강조했다. "신문을 만드는 사람들이 다른 장사를 하면 정부의 눈치를 보게 되어 절대로 정론을 펼 수 없어." 70·80년대 한국 신문사들의 타락상을 보면서 굳어진 생각이었다. 그의 이런 생각은 신문사의 확대 성장을 꾀하는 이들과 갈등하게 되는 이유가 되었다. "국민들이 힘들게 모은 돈이야. 허투루 쓰면 안 돼." 전국을 다니며 직접 국민모금운동을 벌이던 시절부터 다짐한 생각이었다. 이 때문에 국민주주한 사람의 지적과 질책에 예민하게 반응했다.

신문사 안팎으로 문제가 불거진 뒤에는 무력감을 자주 호소했다. "왜들 다투는지 모르겠어. 다 함께 가야 하는데 누구를 배제하는 건 건강하지 못해. 왜 나를 그런 문제의 가운데 올려놓은 거지?" 대표이사 시절 그를 만나 이야기를 나눈 임직원들은 당혹스러운 일들도 적잖이 겪었다. 이 사람의 이야기를 들으면 "그 말이 옳다"고 하다가, 다른 사람의 이야기를 듣고 "그게 옳다"고 했다. 대표이사가 문제를 해결하지 못하고 오히려 키운다는 지적이 이런 일에서 비롯됐다.

좋지 않은 건강도 그의 분명한 판단을 흐리게 했다. 군사정권 시절, 그는 여러 차례 당국에 끌려가 고초를 겪었다. 특히 신군부 쿠데타 직후인 1980년에 겪은 후유증이 컸다. 당시 50대 중반이던 그는 각목으로 허벅지를 구타당하는 모진 고문을 보름 동안 당했다.

1990년대 들어서는 이사회 자리에서 잠이 들거나 사소한 일을 기억하지 못하는 증세도 자주 찾아왔다. 의결권 위임 여부를 놓고 다툼이 벌어진 데에는 기억력까지 흐려진 당시 송건호의 병세가 적잖은 영향을 미쳤다.[13]

퇴임식도 없이 쓸쓸히 퇴사

송건호는 자신이 창간 주역이었고, 직접 창간사를 쓴 신문사를 떠나게 되었다. 신뢰하던 일부 후배들의 행동에 크게 실망하기도 했다. 그래도 원래 심성이 온후한 그는 누구를 원망하거나 자리에 미련을 두지 않고 떠나기로 했다. 그도 사람인 이상 서운하고 섭섭한 대목이 없지 않았을 터이다. 특히 주주총회 의결권 위임 문제 등 자신의 사고로는 이해하기 어려운 처사에는 마음이 쓰여 건강에도 상처를 입었다.

이런저런 일들을 뒤로하고 송건호는 신문사를 떠났다. 퇴임식도 없는 퇴임이었다.

신문사를 떠나면서 「언론계를 떠나면서」라는 글을 통해 자신의 심경을 밝혔다. 서두 부분은 앞에서 인용했기에 여기서는 중간 부분부터 소개한다.

나는 몇 년간의 신문사 생활 중 신문제작에 일체 관여를 하지 않았다. 한겨레신문에 모여든 사람들은 경영에 경험이 없었기 때문에 미숙한 점이 없지 않았으나 모두들 그런대로 열심히 일을 했다. 그러나 한 가지 문제가 있었다. 사내의 민주화와 자율이 존중되었기 때문에 위계질서가 제대로 서지 않는다는 비난과 파벌이 생겼다는 비난도 듣게 되었다. 창간 이후 들어온 사원들은 능력에 의해서 평가받고 해직 기자들은 해직 기자 동안 어떠한 생활을 했는가가 평가기준이 되어야 한다는 것이 나의 생각이었다. 하여간 한겨레신문의 운영은 의욕대로는 되지 않고 경영이 점점 어려워져 갔다. 일간신문의 창간은 엄청난 자금이 필요하므로 200억 원의 자금이 모아지긴 했으나 최소한 1,000억 원은 있어야 한다는 것이 경험에서 발견된 점이었다. 200억 원 갖고 신문사를 경영하는 일은 참으로 어려웠다. 그래서 사원들은 보너스도 없고 수입도 타사의 반밖에 되지 않았으며, 기자들도 철저히 촌지를 거부하면서 신문 제작에 노력했다.

한겨레신문의 창간으로 여러 가지 새로운 경험이 얻어졌고 이는 앞으로의 한국 언론 발전에 많은 도움이 될 것이다.

이럭저럭 어려운 고비를 겪으면서 몇 년의 세월이 흘러 지난 6월 19일이 회사정관의 변동으로 임원 선임을 위한 임시 주총을 열었다. 한겨레신문의 주총은 3만 명 이상의 주주들이 참여해야만 가능하기 때문에 직접 참여하는 주주를 제외하고는 대표이사 회장과 사장에게 주주들의 주총의결권을 위임하는 방법을 택했다.

임시주총 전날 나는 한마디 상의도 없이 일방적으로 새로운 10명의 이사진 후보 명단을 알게 되었다. 그 후 나는 임시 주총에 참여하지 않기로 결심하고 이 사실을 김태홍 이사에게 통고했으나, 김두식 상무가 임시주총에 참석하지 않으면 회의가 성립되지 않는다고 하여 나는 주총에 참여하여 임시주총을 성립시키고 10여 분 뒤 바로 퇴장하고 나왔다.

그러나 그 후 주총에 참석한 주주들이 새로 추천된 이사 후보들이 불만이라고 하여 표결을 요구하고 표결을 실시한 결과, 주주들의 의견이 다수이고 회사안이 소수였으나, 주주들이 나에게 위임한 주총의결권이 총 주식의 41%임시주총 의결주식의 79%에 달하므로 내 의결권까지 계산하여 회사안을 통과시켰다고 한다. 그래서 주주들은 위임받은 주총의결권을 다시 위임할 수 없다고 하면서 어째서 선생은 위임된 의결권을 또다시 위임해 주었냐고 나에게 항의했다.

나는 청천벽력과 같은 이 공박에 당황하여 주총의결권을 누구에게도 위임한 바 없다고 답변했다. 그 후 주주들은 나를 직접 찾아와서 회사에서 위임장을 복사해 주지 않는다고 하면서 적어 온 것을 제시하고 나에게 사실 여부를 확인했다. 나는 주총의결권을 다시 위임한 일도 없고 회사에서도 그러한 부탁을 한 일도 없다고 답변했다. 내가 의결권을 사인하여 위임한 일이 없는데도 만일 위임장을 회사에서 가지고 있다면 필시 회사에서 위임장을 조작한 것이라고 생각할 수밖에 없다. 이 것이 사실이라면 회사 현 경영진의 도덕성에 큰 문제가 있다 고 볼 수밖에 없다. 그리고 나는 회사의 일방적인 고문 임명에 동의한 사실도 없다.

한겨레신문은 자본이 부족하고 광고주들이 사상이 불온하 다고 광고를 잘 주지 않기 때문에 경영이 어려워지고 있다.

게다가 사내에는 자유가 존중되는 나머지 위계질서가 제대 로 서지 않고 파벌이 생겨서 인사 문제 때마다 시비가 그치지 않는 폐단이 있다.

이와 같은 어려운 상황에서 한겨레신문이 발전하는 길은 주주들이 적극적으로 회사 문제를 걱정해 주는 일이라고 생각 하며, 사내에서는 파벌 현상을 없애고 적재적소로 인물을 배 치하는 일이다.

또한 새로운 마음으로 창간 때의 정신으로 돌아가서 회사 를 살리겠다는 열의를 가져야 한다. 한겨레신문은 일반 신문 과는 다르다는 것을 명심하고 진실을 알고자 하는 국민대중의 기대를 저버리는 일이 없도록 끊임없이 노력해야 할 것이다. 독자·주주 여러분들도 한겨레신문이 국민신문이라는 것을 잊 지 말고 계속 성원해 주시기를 바라마지 않는다.

나는 평생토록 민족의 자주와 민주화를 위해서 끊임없이

노력을 해 왔으며, 지나간 파란 많은 나의 언론계 생활을 생각하면 만감이 교차하는 심정이다.

말년에 한겨레신문을 국민 여러분의 힘으로 창간하게 된 것은 나의 평생 가장 보람 있는 일이었다.

앞으로도 한겨레신문에는 어려운 일이 많을 것이나 주주·독자 여러분의 적극적인 참여와 한겨레신문 사원 여러분의 단결된 힘으로 참된 언론을 바라는 국민의 기대에 어긋나지 않게 한겨레신문이 성장하기를 바라마지 않는다.[14]

고문 후유증으로 건강 악화

송건호는 단순히 경영인으로서 《한겨레신문》 대표이사로 추대된 것은 아니었다. 그는 글쟁이였고 정직한 언론인으로서 1970~80년대 한국 언론의 상징적 인물이었다. 이 때문에 새 신문 창간 작업에서 그는 상징적 존재로 받들어졌고, 국민주주 모금에서도 그의 존재 때문에 기대 이상의 기금이 모아졌다.

신문사 내부의 구성 인자因子는 이념과 지역과 출신 언론사 성분에 따라 각양각색이고, 개성이 강했다. 족벌신문들처럼 사주가 군림하여 인사권을 전횡하는 구조도 아니고, 정부·재벌에 대한 강한 비판으로 광고도 제대로 수주되지 못하여 만성적인 적자에 시달렸다. 게다가 소액주주 중에서는 회사가 수용하기 어려운 주장을 펴는 이들도 있었다.

송건호는 1993년 7월 22일 '한겨레 전국 독자주주모임'이 발행한 《특보》에 앞서 본 「언론계를 떠나며」라는 글로 퇴임의 변을 남기고 신문사를 떠났다. 5년여 만의 쓸쓸한 퇴사였다.

송건호를 아끼는 사람들의 생각은 이러하다. 속(俗)에 물들지 않은 송건호가 세속적인 일에 휘말릴 수밖에 없는 한겨레신문 사장직을 맡은 것 자체가 문제였다. 김태홍은 송건호를 증류수라고 표현한다. 증류수는 세상에 노출되는 순간 곧장 세균이 달려든다는 것이다. 옳은 말이다. 그러나 송건호는 세속적인 사람이 아니면서 속을 부정하지도 않았다. 속 또한 엄연히 인간의 한 부분이며, 그가 독재정권의 유혹 앞에서 눈물을 보인 것 또한 속의 절실함을 누구보다 적절하게 알기 때문이었다. 속을 버리기도 쉽지 않지만 속을 품고 그것을 뛰어넘기는 더더욱 어렵다. 송건호는 결코 증류수로 살고자 하지 않았다. 인간은 증류수일 수 없기 때문이다. 그를 부정했던 세월의 한 시기가 훗날 어떻게 평가될지는 두고 볼 일이다.[15]

'증류수' 같은 인물 송건호는 신문사를 떠나 다시 자유인이 되었다. 그때가 68세이니 신체적으로 노령에 이른 나이였다. 1990년부터 파킨슨 증후군이 나타나기 시작했다. 1980년에 신군부에 당한 모진 고문의 후유증이었다. 이 무렵부터 회사에 나와서도 가끔 꾸벅꾸벅 졸았고, 거동도 조금씩 불편해 보였다고 한다. 송건호의 강한 의지력으로 버텨 낼 수 있었다.

송건호는 뒤늦게 상복이 터졌다. 중년기의 고초와 노력에 대한 일종의 보상이었을 것이다. 1986년에 심산상을 받은 데 이어 1991년에 서울언론인클럽이 주는 제7회 서울언론상을 받았다. 1992년에는 한국언론학회에서 제정한 제2회 한국언론상 본상을, 1993년에는 삼성복지재단의 제4회 호암상 언론상을 받았다.

송건호의 건강은 1993년과 1994년 사이에 급격히 나빠졌다. 그는 병환을 담담하게 받아들이면서 투병 생활을 시작했다. 1990년에 발간한 생애 마지막 저서 『한국현대언론사』의 서문에서 밝힌 심경은 이런 경우를 내다보고 쓴 것 같다.

나는 점점 나이가 들어 이제 어언 60대도 중반에 들어섰다. 죽을 날도 멀지 않지만 한편 그만큼 철이 들어 간다고 볼 수 있을 것이다. 나이가 들수록 세상의 칭찬을 전처럼 기대하지 않게 되었다. 욕하고 칭찬한다는 일이 모두 뜬구름처럼 부질 없다는 생각도 든다. 내가 바라는 바는 저자와 더불어 진지하게 고민하고 진지하게 생각해 주면 그것으로 족하겠다는 것이다.

물욕도 명예욕도 더욱이 권력욕도 없어진 지 오래다. 남에게 욕 안 얻어먹고 한평생 고민하지 않고 부끄럽지 않게 살다 죽으면 그것으로 만족이다. 민족이 분열되어 서로 증오하고 국토로 분단되어 이 땅이면서도 마음대로 오가지도 못하고, 오늘은 여기에 붙었다 내일은 저기에 붙고 외세에 아부하고 친해야만 '애국자' 소리 듣는, 거꾸로 된 이 세상 더러운 시대에 왜 생을 얻어 이 고생인가 싶다. 내 죄와 고민은 하늘만이 심판할 수 있다.[16]

'20세기 최고 언론인'으로 선정

송건호의 건강 상태는 나아지지 않았다. 오히려 날이 갈수록 파킨슨 증후군은 점점 심해졌다. 본인도 이를 알고 운명에 대비했다. 그중의 하나가 50여 년간 모으고 아껴 손때 묻은 장서를 처리하는 일이었다. 모교인 서울대학교에 기증할까도 생각했으나 결국 자신이 중심이 되어 국민의 힘으로 창립한 《한겨레신문》을 택했다.

서점에 가면 시간 가는 줄 몰랐던 송건호.

송건호 평전

그의 책에 관한 비화는 한두 가지가 아니다. 젊은 날부터 박봉에도 틈만 나면 고서점과 헌책방을 찾아다니며 책을 샀다. 좋아하는 생선회를 먹고 싶을 때도 이를 참고 책을 샀다. 부인과 외출해서도 헌책방만 보이면 뛰어 들어가 '잠깐'만 본다고 해 놓고 몇 시간을 보내기도 했다.

집이 좁아 2만여 권에 이르는 책을 놓아둘 공간이 마땅치 않아 지하 보일러실에 보관했다. 이 때문에 장마철에 두 차례나 수해를 입기도 했다. 그때마다 여러 달 동안 온 가족이 비에 젖은 책을 말리고 손질하느라 진땀을 흘려야 했다. 그의 책에 남아 있는 얼룩은 수해로 입은 흔적이다.

책 수집가이면서 장서가이지만 엄청난 독서가이기도 했다. "세미나 참석차 일본에 일주일간 머무를 때는 숙소와 책방 사이의 길만 익혀서 하루 종일 책방에서 책만 읽은 적도 있다"[17]라고 할 만큼 해외에 나가서도 늘 책과 함께 지냈다.

송건호는 1996년에 장서 2만여 권을 《한겨레신문》에 기증했다. 이에 신문사는 회사에 '청암문고'를 마련하여 이 책들을 직원들의 연구자료로 활용케 했다.

'청암문고'는 분야도 다양하다. 사회과학은 물론 철학·종교·문학·역사에다 경영학·자연과학·예술오락에 이르기까지

1996년 9월에 한겨레신문사 사옥에 개설된 '청암문고' 현판.

그의 다양한 지적 편력을 말해 주고 있다. 그중 230여 권은 초
판본 또는 국내 도서관에 거의 소장되어 있지 않은 희귀자료
로서 가치가 크다.

『동국사략』1907년 판, 이광수의 『단종애사』1935, 『꿈』1947,
홍명희의 『임거정』1939, 홍기문의 『조선문화총설』1946, 박태
원의 『천변풍경』1947, 최남선의 『조선상식』1953 등 귀중한 자
료가 한둘이 아니다.[18]

송건호의 인생 역정이 담긴 분신과도 같은 애장서는 그 뒤에
국회도서관으로 옮겨져 연구자들의 자료로 활용되고 있다.
1998년에 《한겨레》가 제정한 한겨레대상을 받고, 1999년에

는 김대중 정부로부터 금관문화훈장을 받았다. 언론 운동과 민주화 투쟁의 공적으로 문화 부문의 최고 훈장인 이 훈장을 받게 된 것이다.

그해에는 또 《기자협회보》에서 전국 신문·방송·통신사 편집·보도국장과 언론학 교수를 상대로 '20세기 최고 언론인'을 뽑는 설문조사가 있었다. 그 결과 송건호는 위암 장지연과 함께 '20세기 최고 언론인'으로 선정되었다. 장지연이 2011년에 친일 언론 행적과 관련하여 정부에서 추서한 훈장이 치탈됨으로써 송건호는 명실상부하게 '20세기 최고 언론인'이라는 명예를 갖게 되었다. 2000년에는 정일형박사기념사업회가 주는 제14회 정일형자유민주상을 수상했다.

노후에 그리고 병상에서 받은 각종 언론상과 정부의 훈장은 파란 많고 고난에 찬 그의 삶에 한 가닥 위안과 자긍심을 갖게 했다. 송건호는 60대 중반에 이르러 가끔 생의 회한에 젖기도 하고, 이와 관련한 글을 쓰기도 했다. 그러면서도 다시 태어나도 기자가 되고 싶다고 토로했다.

'시대의 의인'을 추모하는 물결

2001년 12월 21일 아침 6시, 송건호는 은평구 역촌동 자택에서 76세를 일기로 삶의 여정을 끝냈다. 어려움과 시련이 많은 인생이었으나 늘 굽힘 없이 당당했다. 고문 후유증 때문에 발병한 파킨슨 증후군으로 8년간 투병하다가 숨을 거두었다. 유족은 부인 이정순과 장남 준용, 차남 제용, 장녀 희진, 2녀 려금, 3녀 희정, 4녀 주연이었다.

송건호는 숨지기 전에 가족들에게 어느 출판사에서 받은 원고료 200만 원을 갚아 달라고 '유언'했다. 마치 소크라테스가 독약을 마시기 전에 친구에게 빚진 닭 두 마리 값을 갚아 달라고 했다는 고사와 비교된다.

정부는 이날 고인의 공적을 기려 국민훈장 무궁화장을 추서했다. 빈소는 서울 송파구 풍납동 서울중앙병원에 마련된 영안실에는 각계 인사들의 조문이 잇따랐다. 장례는《한겨레》주관으로 사회장으로 치러졌다. 한국에서 언론인 출신의 사회장은 처음이었다. 24일 오전에 영결식을 치른 뒤 광주 5·18민주묘역에 안장되었다.

《한겨레》는 12월 22일 사설에서 "고인은 투철한 비판정신을 가진 언론이었을 뿐 아니라, 암울했던 군부독재 시절 온몸으로 이에 맞서 싸운 행동하는 지식인이었다. 그리고 많은 역사학자들이 외면했던 현대사 연구에서도 큰 족적을 남긴 역사학자였다"라고 전제한 뒤에, "그처럼 당당하고 거침없이 비판할 수 있었던 것은 그 자신 평생토록 곧은 선비처럼 지조와 절개를 굽히지 않고 청렴결백한 생활을 했기 때문"[19]이라고 애도했다.

역사학자 강만길은 《한겨레》에 추도문 「이 시대의 의인으로 영원할 것입니다」를 기고했다. 이 글에서 "선생의 저서 『한국현대사론』, 『한국현대인물사론』 등은 어느 강단 사학자도 따를 수 없는 업적입니다. 선생이 쓰신 글에는 항상 강한 역사의식이 깃들어 있음을 쉽게 발견할 수 있습니다. 선생이 언론인으로서 대성했을 뿐 아니라 이 시대의 의인으로 추앙받을 수 있었던 가장 중요한 원인의 하나는 바로 투철한 역사의식의 소유자였다는 데 있다고 생각합니다"[20]라며 고인의 '역사의식'을 높이 평가했다.

고인의 후배이자 오랜 동지인 성유보는 「삶을 통해 '언론' 가르친 내 인생의 큰 스승」이란 제목의 글에서 "오늘날 한국의 언론인들이 송건호 선생님이 사셨던 '언론인의 혼'을 반의반만 지키고자 한다고 해도 한국 언론은 진정한 의미의 '사회적 목탁'으로 자리 잡고도 남을 것이다"라고 언론인들의 책무를 강조했다.

《한겨레》 고명섭 기자는 「불의의 시대 참길 밝힌 의로운 '횃불'」이란 제목으로 부고 기사를 썼다. 그는 "고인은 병이 깊어지기 전 후학과 나눈 회고담에서 '나는 어디까지나 언론인'이라며 다시 태어나도 언론인으로 살고 싶다고 털어놓았다. 올곧은 선비이자 학자로서, 사회운동가로서, 그리고 이 모든 것에 앞서 진정한 언론인으로서 이제 영면한 그가 오늘의 언론인들에게 남기고 싶은 말은 무엇일까. 진실과 거짓을 갈라 세상의 혼탁을 걸러 내는 참다운 기자를 보고 싶다는 말이 아닐까"라며 고인을 기렸다.

고인의 사망 소식에 김대중 대통령도 조화를 보내고, 미망인에게 전화를 걸어 위로의 말을 전했다. 정계와 언론단체, 시민단체 그리고 시민들의 애도 물결이 끊이지 않았다. 한국기자협회는 성명을 내어 "선생의 죽음 앞에 옷깃을 여미며 언론기업에 소속된 초라한 사원이 아니라 오직 진실에만 복종하는 '당당한 기자'가 될 것을 눈물로 다짐한다"라고 추모했다.

전국언론노동조합도 애도 성명에서 "고인은 한국 사회에 양심과 진보의 소리를 웅변했다"라며 "진실과 여론을 호도하는 족벌언론을 개혁하는 그날까지 한 치의 흐트러짐도 없이 선생이 남기신 과제를 다할 것을 선생의 영전에서 다짐한다"라고 말했다.

장례위원장을 맡은 한승헌 변호사는 장례식 추도사에서 다음과 같이 고인을 추모했다. "청빈의 어려움, 직필의 어려움, 박해 수난의 어려움 등 세상의 온갖 고난 풍파를 이겨내시고,

송건호.

선비의 길, 지사의 길, 언론의 길, 의로운 자의 길을 걸어가셨습니다. 불의한 시대의 어둠 속에서 우리의 갈 길을 밝혀 주신 스승이요, 양심의 기둥이셨던 선생께서 이렇게 떠나시고 나서, 그 빈자리가 너무도 넓고 크게 느껴집니다. 고인께서 염원하시던 민주적이고 정의로운 세상을 이룩하는 일이 우리가 선생의 유업과 유덕을 기리는 참된 길이라고 믿습니다."

오랜 동지였던 박형규 목사는 "송 선생, 아주 가시지는 마시고 어떤 폭력과 기만으로도 꺾을 수 없는 겨레의 양심으로 살아서 우리들 곁에 머무소서"라고 눈물의 추도사를 하여 장내를 숙연하게 했다.

유족들은 2001년 말에 가족 출연금 6억 원으로 《한겨레》와 공동으로 '청암언론문화재단'을 설립했다. 청암재단은 이어 《한겨레》와 송건호의 올곧은 언론정신을 기리고자 '송건호 언론상'을 제정하여 지금까지 이어오고 있다.

청암언론문화재단은 2002년 11월에 송건호전집 간행위원회 위원 강만길, 김언호, 김태진, 리영희, 방정배, 백낙청, 성유보, 이문영, 이상희, 이해동, 정연주, 한승헌를 구성하고 『송건호 전집』전20권을 간행했다. 2008년 11월에는 정지아 작가의 집필로 송건호 전기 『나는 역사의 길을 걷고 싶다』를 간행했다.

마지막으로 송건호의 좌우명을 소개한다.

나는 글을 쓸 때마다 항상 30년, 40년 후에 과연 이 글이 어떤 평가를 받을 것인가라는 생각과 먼 훗날 욕을 먹지 않는 글을 쓰겠다는 마음을 다짐하곤 한다. 크게는 이 민족을 위해서 작게는 내 자식들을 위해서 어찌 더러운 이름을 남길 수 있겠나라는 점을 생각해 본다.[21]

몰상식에 도전한 상식적 지식인

2001년에 청암 송건호 선생이 서거했을 때 언론·사회단체와 저명인사들의 성명이나 추도사를 보면 '시대의 의인'이라는 표현이 유독 많았다. 불의의 시대에 의인은 귀한 존재이다.

패도覇道에 눈이 먼 자들의 광란이 이 땅을 어지럽힐 때, 또 많은 사람이 침묵하거나 패도와 패론, 억설을 추종·재생산하면서 제 나름의 변명을 창작할 때 청암은 언론·지식인의 정도를 힘겹게 걸었다.

모든 선각자가 그렇듯이 당연히 불의한 세력의 핍박이 뒤따랐고, 옥고와 생활고에 시달려야 했다. 양심을 팽개치면 안일한 편안한 길을 걸을 수 있었지만, 스스로 고난의 길과 역사의 길을 택했다. 언론인과 지식인으로서의 책임감 때문이었다.

중국 혁명의 선구자 량치차오梁啓超의 「방관자를 꾸짖노라」

라는 글이 떠오른다. "인간이 세상에 태어나면 각자 그 책임이 있다. 사람이 책임을 안다는 것은 인간 구실의 시작이며, 책임을 진다는 것은 인간 구실의 마지막이다."

청암은 이승만의 친일파 비호와 독재정치, 박정희의 쿠데타와 인권유린, 유신 체제의 사생아 전두환의 폭압, 그리고 반언론적 괴물 제도언론과 싸우면서 방관자들을 꾸짖고 언론인과 지식인의 책임을 다하고자 노력했다.

그는 '지식 또는 지식인'의 사회참여가 아니라 '지성' 그 자체의 사회참여를 주창했다. 독재정권과 사이비 문민정부에 참여하여 그들의 하수인 노릇을 한 지식인들을 비판한 것이다. 그는 '지성'이란 역사적 자각의식 또는 역사의식과 그 표현능력을 가진 자라고 할 수 있다고 했다. 오늘 지식인들에게 들려주고 싶은 말이다.

청암은 언론인이자 지식인의 구실을 다했다. 이 평전을 쓰면서 그의 치열했던 글쓰기 정신에 놀라움을 금하기 어려웠다. 민족·민주주의·독립언론·통일 같은 열쇳말은 그가 평생 간직한 가치관이자 실천 논리가 되었다. 그가 떠난 지 20년도 훌쩍 지난 지금, 현대사는 다시 반동의 시대가 되었다가 내란 세력을 심판하고 민주주의를 복원 중이다. 그가 그토록 질타했던 족벌신문과 일부 공영방송의 행태는 달라지기는커녕 더 기고

만장해졌다. 수구 지식인들의 행태도 바뀐 것이 별로 없다.

각종 사론邪論과 곡설曲說이 정론正論과 공도公道를 해치고 있다. 우리 역사현대사의 진행이 비코의 나선형적 순환사관인지, 볼테르의 굴곡의 사관인지, 헤르더의 사관인지, 갈피를 잡을 수 없으나 민주주의, 남북관계, 서민 대중의 생계에서 역류했던 것만은 분명하다. 족벌신문과 수구 지식인의 타락상도 마찬가지이다.

평온한 시대였으면 줄곧 언론인으로 살고 싶었다는 것이 청암의 소망이었다. 그는 결코 거리의 투사도, 역사상의 의열 지사도 되기 어려운 평범한 인간이었다. 그저 어지러운 시대가 그를 거리로, 역사의 현장으로 불러냈다. 청암은 역사의 소명을 받아들여 꺼져 가는 민주주의의 햇불을 들고, 타락한 언론에 경종을 울리는 재야언론인이 되었고 대안 언론을 창설했다. 그리고 아무나 쉽사리 덤비지 못하는 현대사 연구에 물꼬를 텄을 뿐만 아니라 연구에 크나큰 업적을 남겼다.

청암 선생을 한마디로 규정하기는 어렵다. 그래도 굳이 표현한다면 '상식적인 지식인'이 어울릴 성싶다. 상식이 통하지 않고 비상식과 몰상식이 지배하던 사회에서 상식을 지키는 일도 쉽지 않다. 그는 대단히 상식적이었고 글 쓰기와 사회활동의 준거를 상식에 두었다. 권력이 상식을 넘어설 때, 신문사가 상식을 벗어날 때, 지식인들이 상식을 지키지 않을 때, 그는 세상의 상식을 지키고자 글을 쓰고 행동했다. 언론인과 지식인의 책임을 다하기 위해 노력했다.

사회적 불의와 몰상식을 날카롭게 투사했던 청암의 시선은 항상 역사의 지점에 머물렀고, 글쓰기 정신은 최소한 한 세대 30년를 내다보고 펜을 들었다. 그때나 지금이나 어용곡필을 남발하는 언론인과 지식인들이 역사의 쓰레기통으로 사라져 가도 '푸른 바위'처럼 청암의 청정함은 변함이 없었다. 그의 삶을 돌이켜 보면 현실의 길과 역사의 길은 한 세대가 가기 전에 판정된다는 사실을 새삼 깨닫게 된다.

조선조의 진짜 선비, 칼을 차고 유학 경전을 공부하고 의義와 경敬을 실천했던 남명 조식이 사망했을 때 후학 노진盧禛이 제문을 올렸다. 청암에게 적용해도 어색하지 않아 소개한다.

생각건대 공은,
하늘의 바른 기운 받았습니다.
깨끗함과 정성스러움이 안으로 득실했고,
곧고 반듯한 것은 바깥으로 나타난 절조節操였습니다.
옛날 훌륭한 분들처럼 뜻을 고상하게 가지고,
용감하게 나아가기를 게을리하지 않았습니다.

높은 벼슬을 흙탕처럼 여겼고,

자신이 더럽혀질까 곱지 않은 눈으로 보았습니다.

확고하게 스스로를 지켜,

돌처럼 단단했습니다.

말씀하시면 재주가 번뜩여서,

우레가 사나운 듯 바람이 매서운 듯했습니다.

시대를 걱정하고 풍속을 근심하여,

그것이 얼굴빛이 나타났습니다.

착한 것을 좋아하고 사악한 것을 미워하는 마음이

가슴 속 진실한 데서 나왔습니다.

기미幾微를 꿰뚫어 살펴,

근본적인 것을 해결하려고 했습니다.

일을 만나면 강직하고 과감하여,

머뭇거리거나 막힘이 없었습니다.[1]

18세기 조선의 북학파를 선도한 실학자 담헌 홍대용의 선비론으로 이 책을 마무리한다. 청암 선생의 삶을 여기에 대입했으면 한다.

반드시 도덕과 정의에 대해 깊이 생각하고 예법을 따른다.

대단한 부귀가 주어져도 그의 뜻은 흔들리지 않고, 고생스러운 가난도 그의 즐거움을 꺾지 못한다. 천자天子도 감히 신하로 삼지 못하고, 제후도 감히 친구로 삼지 못한다. 출세하여 덕정을 펴면 온 세상이 혜택을 받게 되고, 벼슬하지 않고 조용히 은거하면 그의 덕이 천년을 밝힌다. 이런 사람이야말로 참된 선비라 할 수 있다.[2]

주註

1. 한국 언론 풍토에서 송건호의 위상

1 《뉴욕 타임스》에 의해 미국에서 가장 영향력 있는 리포터로 선정된 언론인. 워터게이트 사건을 취재했으며, 1982년부터 《워싱턴 포스트》 편집국장으로 일했다. '미국언론인상'과 '퓰리처상' 등을 수상했다.

2 프랑스의 대표적인 민영기업 중의 하나로, 건설·통신·부동산 등에 과감한 투자를 하고 있으며, 프랑스 제1TV 방송을 소유하고 있다.

3 세르주 알리미, 김영모 옮김, 『새로운 충견들』, 동문선, 2005, 17쪽.

4 서중석, 「송건호—형극으로 지켜온 언론자유와 현대사 개척」, 역사문제연구소, 《역사비평》, 계간 19호(1992 겨울), 역사비평사, 1992, 242쪽.

5 위의 글, 247쪽.

6 서중석, 「언론계의 살아 있는 양심」, 역사문제연구소 엮음, 『학문의 길 인생의 길』, 역사비평사, 2000, 158쪽.

7 위의 책, 256~257쪽.

8 위의 책, 258쪽.

9 서중석, 앞의 글, 1992, 254쪽.

10 위와 같음.

11 송건호, 『직필과 곡필(송건호 전집 10)』, 한길사, 2002a, 361쪽.

12 위의 책, 124~125쪽.

13 김삼웅, 『민족 민주 민중선언』, 일월서각, 1984, 127~128쪽.

14 위의 책, 135~136쪽.

15 위의 책, 143쪽.

16 위의 책, 146~147쪽.

17 서중석, 앞의 글, 2000, 254쪽.

18 위의 책, 255쪽.

19 김언호, 「오늘 이 땅의 역사를 기록하는 통일지향의 언론인」, 《오늘의 책》, 1984 봄호(창간호), 한길사, 1984, 42~43쪽.

20 김삼웅, 『곡필로 본 해방 50년』, 한울, 1995, 13쪽.

21 서중석, 앞의 글, 2000, 244쪽.

22 송건호, 앞의 책, 2002a, 125쪽.

23 이호철, 「청암 송건호론」, 청암화갑기념문집 편집위원회 편, 『청암 송건호 선생 화갑기념문집』, 두레, 1986, 20쪽.

24 위의 책, 5쪽.

25 위의 책, 8~9쪽.

26 송건호, 『민주언론 민족언론』, 두레, 1987, 4~5쪽.

2. 일제 말기에 보낸 소년 시절

1 정지용, 〈애국의 노래〉, 『향수』, 미래사, 2001.

2 송건호, 「나의 젊은 시절」, 《샘이 깊은 물》, 1986년 11월호; 송건호, 『고난의 길 진리의 길(송건호 전집 18)』, 한길사, 2002b, 235~236쪽.

3 송건호, 「나의 청소년 시절」, 《건강의 벗》, 1983년 5월호, 유한양행.

4 위와 같음.

5 위와 같음.

6 송건호, 앞의 책, 2002b, 241~242쪽.

7 정지아, 『나는 역사의 길을 걷고 싶다』, 한길사, 2008, 18~19쪽.

8 송건호, 『아쉬움 속의 계절』, 진문출판사, 1977; 송건호, 『파도야 어쩌란 말이냐(송건호 전집 19)』, 한길사, 2002c, 353쪽.

9 송건호, 앞의 책, 2002b, 236쪽.

10 위의 책, 238쪽.

11 송건호, 「분단 42년과 나의 독서편력」, 《역사비평》 제1집, 역사문제연구소, 1987, 331쪽.

12 네이버 지식백과, '황국신민서사(皇國臣民誓詞)', 두산백과 두피디아.

13 송건호, 앞의 글, 1987, 239쪽.

14 위의 글, 239~240쪽.

15 위의 글, 241쪽.

16 송건호, 앞의 글, 1983, 193쪽.

17 송건호, 앞의 글, 1987, 332쪽.

18 서중석, 앞의 글, 2000, 241~242쪽.

19 송건호, 앞의 글, 1987, 332쪽.

20 위와 같음.

21 위와 같음.

22 위의 글, 333쪽.

23 위의 글, 332쪽.

24 위의 글, 333쪽.

3. 해방과 전쟁, 그리고 대학 생활

1 송건호, 「50대와 10대」, 《여성동아》, 1974; 송건호, 앞의 책, 2002c, 43쪽.

2 김언호, 「나는 역사의 길을 걷고 싶다」, 『책의 공간에서』, 한길사, 2009, 105쪽.

3 위와 같음.

4 정지아, 앞의 책, 38~39쪽.

5 이호철, 앞의 글, 10쪽.

6 송건호, 앞의 책, 2002b, 242쪽.

7 위의 책, 242쪽.

8 서중석, 앞의 글, 2000, 243쪽.

9 위와 같음.

10 송건호, 앞의 책, 2002b, 242~243쪽.

11 정지아, 앞의 책, 47쪽.

12 이호철, 앞의 글, 11쪽.

13 정지아, 앞의 책, 55쪽.

4. 언론인으로 사회 진출하다

1 김삼웅, 『한국민주사상의 탐구』, 일월서각, 1985, 101쪽.

2 송건호, 『한국현대언론사』, 삼민사, 1990, 18쪽.

3 위의 책, 21~23쪽.

4 위의 책, 19~20쪽.

5 위의 책, 17쪽.

6 《매일신보》, 1945년 9월 23일 자.

7 송건호, 앞의 책, 1990, 14쪽.

8 위의 책, 78~79쪽.

9 위의 책, 80쪽.

10 정지아, 앞의 책, 56쪽.

11 송건호, 2002b.

12 위와 같음.

13 정지아, 앞의 책, 72쪽.

14 박근애, 「청암 송건호의 직필 40년」, 《저널리즘》, 1994년 겨울호, 한국기자협회, 1994, 209쪽.

15 송건호, 「8·15 후의 한국민족주의」, 『분단과 민족』, 지식산업사, 1986, 88쪽.

5. 논설위원으로 소장 논객 활동 시작

1 김경재, 『혁명과 우상 2: 김형욱 회고록』, 전예원, 1991, 277쪽.

2 송건호, 『소크라테스의 행복(송건호 전집 16)』, 2002d, 201~202쪽.

3 김언호, 앞의 책, 106쪽.

4 위의 책, 106쪽.

5 임경민, 「푸른바위 송건호의 언론사」, 《월간 경향》, 1988년 1월호, 경향신문사, 427쪽.

6 정지아, 앞의 책, 122~123쪽.

7 송건호, 앞의 책, 1990, 152쪽.

8 박근애, 앞의 글, 209쪽.

9 《세대》, 1963년 7월호, 84쪽.

10 위의 글, 82~83쪽.

11 위의 글, 85~86쪽.

12 위의 글, 89쪽.

13 위의 글, 90쪽.

14 위의 글, 92쪽.

15 《사상계》, 10주년 기념 특별증간호, 1963년, 436쪽.

16 위와 같음.

17 위의 글, 440쪽.

18 송건호, 「민족지성의 반성과 비판」, 《사상계》, 1963년 11월호, 228쪽.

19 위와 같음.

20 위의 글, 231쪽.

21 위의 글, 238쪽.

22 위의 글, 240쪽.

23 송건호, 「지성의 사회참여」, 《청맥》, 1964년 11월호, 32쪽.

24 위의 글, 33쪽.

25 위의 글, 34쪽.

26 위의 글, 35쪽.

27 위의 글, 36쪽.

28 김삼웅, 『곡필로 본 해방 50년』, 한울, 1995, 11쪽.

29 송건호, 「곡필언론사」, 《사상계》, 1964년 10월호, 208쪽.

30 위의 글, 208~109쪽.

31 위의 글, 209~210쪽.

32 위의 글, 218쪽.

33 《정경연구》, 1965년 9월호, 한국정경연구소, 125~126쪽.

34 송건호, 「정치자금과 재벌」, 《정경연구》, 1965년 3·4월호, 한국정경연구소, 254쪽.

35 위의 글, 255쪽.

6. 언론계 실직·복직 되풀이하면서 논설 집필

1 서중석, 앞의 글, 2000, 179쪽.

2 위와 같음.

3 김삼웅, 「곡필의 사촌 양비론」, 《민주광장》, 1992년 3월호.

4 서중석, 앞의 글, 2000, 180쪽.

5 《사상계》, 1968년 10월호, 106쪽.

6 위의 글, 106~107쪽.

7 위의 글, 107쪽.

8 위의 글, 108쪽.

9 위와 같음.

10 위와 같음.

11 위와 같음.

12 위의 글, 111쪽.

13 서중석, 앞의 글, 2000, 178쪽.

14 정지아, 앞의 책, 133쪽.

15 김삼웅, 앞의 책, 1984, 136쪽.

16 송건호, 『한국현대언론사』, 삼민사, 1990, 170쪽.

17 위의 책, 143쪽.

18 정지아, 앞의 책, 136쪽.

19 송건호, 앞의 책, 1990, 171쪽.

20 《저널리즘》 1969년 가을(창간호), 한국기자협회, 25쪽.

21 김삼웅, 앞의 책, 1995, 132~133쪽.

22 《신동아》, 1971년 4월호, 동아일보사, 62쪽.

23 위의 글, 63쪽.

24 위의 글, 72~73쪽.

25 위의 글, 74쪽.

7. 박정희의 폭압 조치에 저항

1 김삼웅, 앞의 책, 1995, 151~152쪽.

2 하야시 다케히코, 최현 옮김, 『한국현대사』, 311쪽; 정지아, 앞의 책, 142쪽, 재인용.

3 송건호, 앞의 책, 1990, 171쪽.

4 《신동아》, 1971년 10월호, 동아일보사, 126쪽.

5 위의 글, 126~127쪽.

6 위의 글, 130쪽.

7 위의 글, 132쪽.

8 《신동아》, 1972년 8월호, 동아일보사, 54쪽.

9 위의 글, 57쪽.

10 위와 같음.

11 위의 글, 58쪽.

12 위의 글, 59쪽.

13 송건호, 앞의 책, 1990, 176쪽.

14 정지아, 앞의 책, 141쪽.

15 김정렴, 「김정렴 정치 회고록」, 1997년 5월 9일 자, 중앙일보사.

16 남재희, 『언론·정치 풍속사』, 민음사, 2004, 133~136쪽.

17 김언호, 앞의 책, 109쪽.

18 송건호, 『민주언론 민족언론 1(송건호 전집 8)』, 2002e, 17쪽.

19 송건호, 앞의 책, 1990, 176쪽.

20 김언호, 앞의 책, 108쪽.

21 민주화운동기념사업회 연구소 편, 『한국민주화운동사 연표』, 민주화운동기념사업회, 2006, 261쪽.

22 송건호, 앞의 책, 1990, 177~178쪽.

8. 기자 대거 해직에 항거해 편집국장 사퇴

1   김언호, 「르뽀 자유언론운동」, 《신동아》 1975년 3월호, 동아일보사, 79쪽.

2   위의 글, 54~55쪽.

3   『동아자유언론실천운동백서』, 동아일보사노동조합, 1989, 186쪽.

4   위의 책, 106~107쪽.

5   위의 책, 107쪽.

6   위와 같음.

7   위의 책, 252쪽.

8   위의 책, 198쪽.

9   서중석, 앞의 글, 2000, 256쪽.

10 송건호, 앞의 책, 1990, 194~195쪽.

11 위의 책, 197쪽.

12 정연주, 「겨레의 양심으로 영원히 머무소서」, 《신문과 방송》, 2002년 2월호, 한국언론 진흥재단, 91~92쪽.

13 송건호, 앞의 책, 1990, 181쪽.

14 위의 책, 183쪽.

15 송건호, 「한국언론의 방향」, 『민중과 자유언론』, 아침, 1984, 243~244쪽.

16 송건호, 「한국현대사언론사론」, 『언론과 사회』, 민중사, 1983, 275쪽.

17 성유보 외 6인, 『너마저 배신하면 이민 갈 거야!』, 월간 말, 2001, 92쪽.

9. 언론인에서 점차 언론학자로

1 송건호, 앞의 책, 1986, 193쪽.

2 위의 책, 193~194쪽.

3 위의 책, 199쪽.

4 《창작과 비평》, 1975년 여름호, 창작과비평사, 234쪽.

5 위의 글, 235쪽.

6 송건호, 『민주언론 민족언론』, 두레, 1987, 278~279쪽.

7 위의 책, 189~190쪽.

8 《저널리즘》, 1976년 봄호, 한국기자협회, 24~25쪽.

9 위의 글, 25쪽.

10 위의 글, 29쪽.

11 위의 글, 31쪽.

12 위와 같음.

13 위의 글, 32쪽.

14 위와 같음.

15 위의 글, 33쪽.

16 송건호, 앞의 책, 1986, 201~202쪽.

17 위의 책, 204쪽.

18 송건호, 『민족지성의 탐구』, 창작과 비평사, 1975, 111쪽.

19 위의 책, 113쪽.

20 송건호, 앞의 책, 1986, 212쪽.

21 송건호, 「신채호와 최남선」, 《뿌리깊은 나무》, 1977년 9월호, 한국 브리태니커, 126쪽.

22 위의 글, 130쪽.

23 위의 글, 131쪽.

24 《명대신문》, 1975년 8월호.

25 위와 같음.

26 정연주, 「겨레의 양심으로 영원히 머무소서」, 《신문과 방송》, 2000년 2월호, 한국언론진흥재단, 93쪽.

27 《월간 대화》, 1977년 7월호, 165~166쪽.

28 위의 글, 173쪽.

10. 반독재 재야운동과 저술 활동

1   송건호, 앞의 책, 1986, 213쪽.

2   위와 같음.

3   송건호, 앞의 책, 1986, 215쪽.

4   위의 책, 215~216쪽.

5   민주화운동기념사업회 연구소 편, 앞의 책, 315쪽.

6   송건호, 앞의 책, 1986, 217쪽.

7   천관우, 「60자서(六十自序)」, 천관우선생환력기념한국사학논총간행위원회 편, 『천관우선생환력기념 한국사학논총』, 정음문화사, 1985, 1093쪽.

8   송건호, 「사상사적으로 본 한국언론」, 《저널리즘》, 1976년 가을호, 한국기자협회, 26쪽.

9   위의 글, 34~35쪽.

10 송건호, 『한국민족주의의 탐구』, 한길사, 1977, 272쪽.

11 위의 책, 276~277쪽.

12 위의 책, 277쪽.

13 위의 책, 287쪽.

14 위의 책, 290쪽.

15 위의 책, 246쪽.

16 위의 책, 255쪽.

17 위와 같음.

18 위의 책, 257~258쪽 (요약 정리).

19 위의 책, 260쪽.

20 위의 책, 261쪽.

21 위의 책, 281~282쪽.

22 위의 책, 286~287쪽.

23 위의 책, 292쪽.

11. 현대사 연구의 새 길을 열다

1   최성철, 「현대사란 무엇인가: 독일 역사학계에서의 담론들을 중심으로」, 《한성사학》, 14권, 한성사학회, 2002년 3월, 91쪽, 재인용.

2   위의 글, 111~112쪽.

3   《한겨레》, 2011년 4월 13일 자.

4   송건호, 「현대사 연구의 이모저모」, 《역사비판》, 제12호, 다섯수레, 1992, 72쪽.

5   위의 글, 72~73쪽.

6   위의 글, 73쪽.

7   송건호, 앞의 책, 1986, 219쪽.

8   송건호, 「저자의 말」, 『한국현대사론』, 한국신학연구원, 1979.

9   위의 책, 9~10쪽.

10 위의 책, 10~11쪽(요약 정리).

11 위의 책, 12쪽.

12 송건호, 「친일파와 반공」, 《기독교사상》, 1978년 11월호, 대한기독교서회, 54쪽.

13 위의 글, 55쪽.

14 위의 글, 56쪽.

15 위의 글, 58쪽.

16 송건호, 「한국민중 희망과 그 좌절의 역사」, 《기독교사상》, 1978년 1월호, 대한기독교서회, 50쪽.

17 송건호, 앞의 글, 1992, 75쪽.

18 위와 같음.

19 송건호 외, 『해방전후사의 인식 1』, 한길사, 1979, 13~14쪽.

20 김언호, 『책의 공화국에서』, 한길사, 2009, 115쪽.

21 위의 책, 116쪽.

22 송건호 외, 앞의 책, 1979, 22~23쪽.

23 최성철, 앞의 글, 108~109쪽.

12. 유신 말기 재야 활동과 비판적 글쓰기

1 송건호, 앞의 책, 1986, 223~224쪽.

2 《씨올의 소리》, 1976년 4월호, 씨알의소리사, 11~12쪽.

3 위의 글, 28쪽.

4 위의 글, 29쪽.

5 《씨올의 소리》, 1977년 3월호, 씨알의소리사, 42쪽.

6 위의 글, 43쪽.

7 송건호, 앞의 책, 1986, 220쪽.

8 위와 같음.

9 박근애, 앞의 글, 211~212쪽.

10 위의 글, 224쪽.

11 위의 글, 226쪽.

12 송건호, '머리말', 『드골 평전』, 태양사, 1978.

13 위와 같음.

14 위의 책, 26쪽.

15 위의 책, 178쪽.

16 위의 책, 318~319쪽.

17 필리트 라트, 윤미연 옮김, 『드골 평전』, 도서출판 바움, 2002.

18 박근애, 앞의 글, 212쪽.

19 송건호, 『새역사의 모색』, 인문연구소, 1978.

20 위의 책, 3~4쪽.

21 송건호, 앞의 책, 1986, 221~222쪽.

22 《기독교사상》, 1976년 9월호, 대한기독교서회, 61쪽.

23 《기독교사상》, 1978년 8월호, 대한기독교서회, 77쪽.

24 위의 글, 80쪽.

25 《기독교 사상》, 1979년 3월호, 대한기독교서회, 60쪽.

26 위의 글, 67쪽.

13. 지식인 선언을 주도하다

1   송건호, 앞의 책, 1986, 226~227쪽.

2   위와 같음.

3   위의 책, 227쪽.

4   위의 책, 206~208쪽.

5   송건호, 『서재필과 이승만』, 정우사, 1980, 4~5쪽.

6   위의 책, 125쪽.

7   위의 책, 260쪽.

8   송건호, 앞의 책, 2002d, 125쪽.

9   윤석한, 「기자협회의 검열 및 제작거부 결정」, 『언론자유와 기자의 날』, 한국기자협회, 2006, 173쪽.

10 《뿌리깊은 나무》, 1980년 2월호, 한국 브리태니커, 150쪽.

11 송건호, 앞의 책, 1986, 227쪽.

12 장을병, 『옹이 많은 나무』, 나무와 숲, 2010, 192쪽.

13 이호철, 「청암 송건호론」, 청암화갑기념문집 편집위원회 편, 앞의 책, 13쪽.

14 위의 글, 196~198쪽.

14. 투옥과 혹독한 고문

1   송건호, 앞의 책, 1986, 228~229쪽.

2   정지아, 앞의 책, 305쪽.

3   위의 책, 305~306쪽.

4   서중석, 앞의 글, 2000, 256~257쪽.

5   정연주, 앞의 책, 94쪽.

6   송건호, 『역사에서 배운다(송건호 전집 20)』, 한길사, 2002f, 303쪽.

7   송건호, 앞의 책, 1986, 229쪽.

8   박근애, 앞의 책, 213쪽.

9   정지아, 앞의 책, 312쪽.

10 송건호, 앞의 책, 1986, 230쪽.

11 이호철, 앞의 책, 12쪽.

12 송건호, 앞의 책, 1986, 231쪽.

13 위의 책, 234쪽.

14 위의 책, 29쪽.

15 위와 같음.

16 《동아일보》, 1980년 9월 12일 자.

17 송건호, 앞의 책, 1986, 29쪽.

18 위의 책, 240쪽.

19 위의 책, 241쪽.

15. 망가진 육신 붙들고 활동 재개

1 윤석한, 앞의 글, 188~189쪽.

2 위의 글, 189쪽.

3 김강석, 『언론인의 권력이동』, 새로운 사람들, 2000, 276~279쪽(요약 정리).

4 위의 책, 208쪽.

5 송건호, 앞의 책, 1986, 242쪽.

6 송건호, 앞의 책, 2002d, 139쪽.

7 위의 책, 145쪽.

8 송건호, 「생선회」, 『살아가며 고생하며』, 시인사, 1985, 284쪽.

9 《마당》, 1982년 12월호, 232쪽.

10 위의 글, 233~234쪽.

11 위의 글, 242쪽.

12 위의 글, 243쪽.

13 송건호, 앞의 책, 1986, 242~243쪽.

14 이호철, 앞의 책, 19쪽.

15 송건호, 앞의 책, 1985.

16 위의 책, 196쪽.

17 위의 책, 197쪽.

18 《대학주보》, 1982년 11월 22일 자, 경희대학교 주보사.

19 송건호, 앞의 책, 1985, 32쪽.

20 위의 책, 34쪽.

21 위의 책, 34쪽.

22 위의 책, 37쪽.

23 송건호, 『민족주의와 기독교』, 민중사, 1981, 82쪽.

24 위의 책, 88쪽.

25 위의 책, 85쪽.

26 위의 책, 90쪽.

27 위의 책, 96쪽.

28 위의 책, 96~97쪽.

29 위의 책, 109쪽.

16. 5공 격동기의 활동과 저술

1 한국기독교사회문제연구원, 『언론과 사회』, 민중사, 1983, 5쪽.

2 위의 책, 4쪽.

3 위의 책, 278~279쪽.

4 송건호, 『한국현대인물사론』, 한길사, 1984, 2~3쪽.

5 위의 책, 3쪽.

6 송건호, 「한반도 분단의 민족사적 의미」, 《기독교사상》, 1985년 8월호, 대한기독교서회, 1985, 153쪽.

7 위의 글, 154~156쪽(요약 정리).

8 위의 글, 160쪽.

9 송건호, 앞의 책, 1984, '머리말'.

10 위의 책, 247~248쪽.

11 위의 책, 253~254쪽.

12 송건호·박현채 외, 『해방40년의 재인식 1』, 돌베개, 1985, 139쪽.

13 위의 책, 145~146쪽.

14 위의 책, 146~147쪽.

15 위의 책, 148~149쪽.

16 위의 책, 171쪽.

17 백범 김구선생 기념사업협회, 《백범 연구》, 제1집, 교문사, 1985, 8쪽.

18 위의 책, 8~9쪽.

19 위의 책, 11쪽.

20 위의 책, 33쪽.

21 송건호, 『의열단』, 창작과비평사, 1985, 4쪽.

22 위의 책, 20~21쪽.

23 위의 책, 252쪽.

17. 언론이 죽은 시대, 새로운 언론이 태동하다

1 《말》 창간호, 민주언론운동협의회, 1985, 88~89쪽.

2 위의 책, 5쪽.

3 위의 책, 7쪽.

4 위의 책, 2쪽.

5 박근애, 앞의 책, 213쪽.

6 「《말》 왜 수난당하나」, 《말》, 제2호, 민주언론운동협의회, 1985, 2쪽.

7 《말》, 1986년 특집호, 민주언론운동협의회, 1986, 2쪽.

8 송건호, 앞의 책, 1986, 248쪽.

9 《말 소식》 제1호, 민주언론운동협의회, 1986년 12월 24일.

10 《말 소식》 제2호, 민주언론운동협의회.

11 위와 같음.

12 《뉴스위크》, 1986년 6월 2일 자.

13 송건호, 『분단과 민족』, 지식산업사, 1986, 2쪽.

14 위와 같음.

15 위의 책, 333쪽.

16 위의 책, 3쪽.

17 송건호, 『한국현대사』, 두레, 1986, 9쪽.

18 위의 책, 12쪽.

19 위와 같음.

20 위의 책, 304쪽.

21 김수환, 「하서(賀書)」, 『청암송건호선생 화갑기념문집』, 두레, 1986.

22 위의 책, 24쪽.

23 위의 책, 37쪽.

18. 6월 민주항쟁의 중심에 서다

1 「계절의 교훈」, 『이 땅의 젊은이들에게』, 삼민사, 1984, 83쪽.

2 《말 소식》, 제3호, 1987년 1월.

3 《말 소식》, 제6호, 1987년 4월.

4 위와 같음.

5 민주화운동기념사업회 연구소 편, 앞의 책, 479쪽.

6 《말》, 제12호, 민주언론운동협의회, 1987년 8월.

7 송건호, 『민주언론 민족언론』, 두레, 1987, 4쪽.

8 위의 책, 12쪽.

9 위의 책, 13쪽.

10 위의 책, 21~22쪽.

11 위의 책, 23~24쪽.

12 위의 책, 35~36쪽.

13 위의 책, 36쪽.

19. 국민 주주의 《한겨레신문》 창간 주역

1 김언호, 『책의 탄생 2』, 한길사, 1997, 193쪽.

2 《말》, 창간호, 민주언론운동협의회, 1985년 6월, 5쪽.

3 한겨레 20년 사사편찬위원회, 『희망으로 가는 길: 한겨레 20년의 역사』, 한겨레신문사, 2008, 35쪽.

4 위와 같음.

5 위의 책, 32쪽, 재인용.

6 위의 책, 37쪽.

7 《월간 경향》, 1988년 1월호, 경향신문사, 420~421쪽.

8 위의 글, 435쪽.

9 《말》, 제16호, 민주언론운동협의회, 1987년 11월.

10 한겨레 20년 사사편찬위원회, 앞의 책, 367쪽.

11 박근애, 앞의 책, 215쪽.

12 한겨레 20년 사사편찬위원회, 앞의 책, 54~55쪽.

13 위의 책, 68쪽.

14 《한겨레신문》, 창간호(1988년 5월 15일 자).

15 박근애, 앞의 책, 216쪽, 재인용.

16 《말》, 1988년 4월호, 민주언론운동협의회, 25~28쪽.

17 위의 책, 105쪽.

18 위의 책, 107쪽.

19 《말》, 1989년, 민주언론운동협의회.

20 위의 책, 134~145쪽(발췌).

20. 20세기 최고 언론인, 펜을 영원히 놓다

1 한겨레 전국독자주주모임, 《특보》, 1993년 7월 22일.

2 위의 책, 298쪽.

3 위의 책, 300~301쪽.

4 위의 책, 301쪽, 재인용.

5 《씨올의 소리》, 1990년 6월호, 81쪽.

6 위의 책, 82쪽.

7 위의 책, 87~88쪽.

8 《국사관논총》, 국사편찬위원회, 1991, 176쪽.

9 위의 책, 184~185쪽.

10 위의 책, 185쪽.

11 위의 책, 187쪽.

12 정지아, 앞의 책, 375~376쪽.

13 한겨레 20년 사사편찬위원회, 앞의 책, 145~146쪽.

14   한겨레 전국독자주주모임, 앞의 글.

15   정지아, 앞의 책, 395~396쪽.

16   송건호, 「머리말」, 앞의 책, 1990.

17   유종필, 「국민의 품에 안긴 '송건호 문고'」, 《한겨레》, 2009년 7월 2일 자.

18   위와 같음.

19   사설 「송건호 선생을 애도함」, 《한겨레》, 2001년 12월 22일 자.

20   위와 같음.

21   송건호, 『소크라테스의 행복』, 동광출판사, 1979, 168쪽.

나오는 말: 몰상식에 도전한 상식적 지식인

1   하권수 편역, 『남명 그 학덕을 그리며』, 경인문화사, 2011, 21~22쪽.

2   『홍대용 선집』.

지은이 **김삼웅**

독립운동사 및 친일반민족사 연구가로, 현재 신흥무관학교 기념사업회 공동대표를 맡고 있다. 《대한매일신보》(지금의 《서울신문》) 주필을 거쳐 성균관대학교에서 정치문화론을 가르쳤으며, 4년여 동안 독립기념관장을 지냈다. 민주화운동관련자 명예회복 및 보상심의위원회 위원, 전 제주 4·3사건 희생자 진상규명 및 명예회복위원회 위원, 백범학술원 운영위원 등을 역임하고 친일반민족행위진상규명위원회 위원, 친일파재산환수위원회 자문위원, 국립대한민국임시정부기념관건립위원회 위원, 3·1운동·임시정부수립100주년기념사업회 위원 등을 맡아 바른 역사 찾기에 부단히 노력하고 있다.

역사·언론 바로잡기와 민주화·통일운동에 큰 관심을 두고, 독립운동가와 민주화 운동에 헌신한 인물의 평전 등 이 분야의 많은 저서를 집필했다. 지금까지 쓴 책으로 『백범 김구 평전』, 『단재 신채호 평전』, 『빨치산 대장 홍범도 평전』, 『우당 이회영 평전』, 『다산 정약용 평전』 등 평전 50여 권을 비롯해 『할 말이 있다: 한국을 바꾼 역사의 순간』, 『한국필화사』, 『을사늑약 1905 그 끝나지 않은 백년』, 『3·1 혁명과 임시정부』, 『꺼지지 않는 오월의 불꽃: 5·18 광주혈사』, 『겨레의 노래 아리랑』, 『10대와 통하는 독립운동가 이야기』, 『선생님, 홍범도 장군이 누구예요?』 등과 첫 소설 『네 칼이 센가 내 칼이 센가』가 있다.

송건호 평전
: 시대가 투사로 만든 언론인

1판 1쇄 펴낸날 2025년 11월 20일

지은이 | 김삼웅
펴낸이 | 신복진
펴낸곳 | 달빛서가
주　소 | 경기도 부천시 소사구 경인로 477, 4층 27호
등　록 | 2024년 5월 17일 제2024-000038호
팩　스 | 0504-257-9729
교　정 | 신서진
디자인 | 유나의숲
이메일 daymoonpub@gmail.com
인스타그램 @moonlit.pub

ⓒ 김삼웅, 2025

ISBN 979-11-988969-1-9　　03990